普通高等教育"十一五"国家级规划教材

政治经济学

（第四版）

十六所大学《政治经济学》教材编写组

主　编　于良春
副主编　许庆明
　　　　徐超丽
　　　　曾国安

经济科学出版社

图书在版编目（CIP）数据

政治经济学/于良春主编. —4 版. —北京：经济科学出版社，2012.4 （2016.7 重印）
普通高等教育"十一五"国家级规划教材
ISBN 978-7-5141-1689-2

Ⅰ.①政… Ⅱ.①于… Ⅲ.①政治经济学–高等学校–教材 Ⅳ.①F0

中国版本图书馆 CIP 数据核字（2012）第 045225 号

责任编辑：柳　敏　宋　涛
责任校对：康晓川
版式设计：代小卫
责任印制：李　鹏

政治经济学
（第四版）

主编　于良春
副主编　许庆明　徐超丽　曾国安

经济科学出版社出版、发行　新华书店经销
社址：北京市海淀区阜成路甲 28 号　邮编：100142
总编部电话：88191217　发行部电话：88191540
网址：www.esp.com.cn
电子邮件：esp@esp.com.cn
北京汉德鼎印刷有限公司印刷
华玉装订厂装订
710×1000　16 开　23.75 印张　400000 字
2012 年 3 月第 1 版　2016 年 7 月第 3 次印刷
印数：6001—9000 册
ISBN 978-7-5141-1689-2　定价：38.00 元
（图书出现印装问题，本社负责调换，电话：88191502）
（版权所有　翻印必究）

导言 ·· 1

  一、政治经济学的产生与发展 ·· 1

  二、政治经济学的研究对象 ·· 4

  三、政治经济学的性质和任务 ·· 7

  四、政治经济学的研究方法 ·· 10

第一篇　社会生产过程

第一章　社会生产与再生产 ·· 1

  第一节　社会生产的构成要素 ·· 1

  第二节　社会生产的总过程 ·· 9

  第三节　生产和再生产 ·· 13

  第四节　社会生产的历史过程 ·· 19

第二章　社会生产和再生产的经济形式 ·· 35

  第一节　自然经济和商品经济 ·· 35

  第二节　商品 ·· 37

  第三节　货币 ·· 46

  第四节　信用 ·· 66

  第五节　价值规律 ·· 73

第三章　市场与资源配置 …………………………………………… 77

第一节　供求与市场 ……………………………………… 77
第二节　市场结构 ………………………………………… 88
第三节　市场体系 ………………………………………… 97

第二篇　社会经济制度

第四章　资本主义经济制度 ……………………………………… 104

第一节　资本主义经济关系的基本特征 ………………… 104
第二节　剩余价值的分配 ………………………………… 114
第三节　资本积累 ………………………………………… 124

第五章　资本主义经济制度的发展演变 ………………………… 129

第一节　私人垄断资本的形成和发展 …………………… 129
第二节　国家垄断资本主义 ……………………………… 138
第三节　资本主义生产方式的历史地位 ………………… 148

第六章　社会主义基本经济制度 ………………………………… 155

第一节　社会主义经济制度的建立 ……………………… 155
第二节　社会主义生产资料所有制 ……………………… 161
第三节　社会主义的分配方式 …………………………… 168

第七章　社会主义经济体制及其发展完善 ……………………… 176

第一节　经济体制与经济制度 …………………………… 176
第二节　传统社会主义经济体制在实践中的矛盾 ……… 182
第三节　社会主义经济体制改革 ………………………… 190

第三篇　社会经济运行

第八章　微观经济运行 …… 199
第一节　个人经济行为 …… 199
第二节　企业经济活动 …… 216

第九章　国民经济的总量平衡与宏观调控 …… 240
第一节　国民经济的总量平衡 …… 240
第二节　政府与经济活动 …… 255
第三节　财政收支与财政政策 …… 258
第四节　货币流通与货币政策 …… 264

第十章　国民收入分配与社会保障 …… 270
第一节　国民收入分配 …… 270
第二节　社会保障制度的目标 …… 272
第三节　社会保障的主要内容 …… 277

第四篇　社会经济发展

第十一章　经济增长与经济发展 …… 281
第一节　经济增长 …… 281
第二节　经济发展 …… 287
第三节　可持续发展 …… 294

第十二章　产业结构与产业地区布局 …… 303
第一节　产业结构及其演变规律 …… 303
第二节　产业发展的地区布局 …… 311

第三节　产业结构优化与产业政策 ………………………… 316

第五篇　国际经济关系

第十三章　国际分工与国际经济关系 ………………… 324
第一节　国际分工 ………………………………………… 324
第二节　国际贸易关系 …………………………………… 328
第三节　国际资本流动 …………………………………… 334

第十四章　经济全球化与区域经济集团化 …………… 340
第一节　经济全球化的特点及其影响 …………………… 340
第二节　世界经济区域集团化 …………………………… 346
第三节　国际经济关系的发展趋势 ……………………… 351

后记 …………………………………………………………… 356
第二版后记 …………………………………………………… 358
第三版后记 …………………………………………………… 359
第四版后记 …………………………………………………… 360

导　言

DAO YAN

一、政治经济学的产生与发展

人类社会的存在和发展离不开从事物质资料生产的经济活动。人们在长期经济实践活动的基础上萌发出经济观点，并逐步形成了一些经济思想和经济理论。政治经济学是这一过程长期发展的产物，并随着这一过程的继续而不断地发展。

"经济"这一概念的出现，大约在3000多年前，古希腊人最早使用了"经济"一词，它的原意是家庭管理。现代西方语言中的"经济"一词，就是由希腊文"家庭管理"这个词演变而来的。中国古汉语原有的"经济"一词，具有"经邦济世"、"经国济民"的含义，即治理国家、拯救庶民的意思，其意义与西方语言中的"经济"不同。19世纪后半期，日本学者翻译西方著作，借用古汉语中"经济"这个词。中国学者在翻译西方经济著作时最初是译为"富国"、"生计"、"理财"等，后来，逐渐采用了"经济"这一译法。这样，汉语中"经济"一词的含义逐渐起了变化。现在"经济"一词包含的意思有：（1）物质资料的生产和再生产活动，包括生产、交换、分配、消费等。通常所说的经济增长或经济衰退，就是指生产的增长或衰退，以及相应的商业、金融、服务等活动的变化。（2）经济制度或生产关系。如通常所说经济和政治的关系，即指经济制度或者生产关系和上层建筑的关系。（3）一个国家社会再生产各部门的总称，即指包括再生产各部门的总体。（4）节约、节省。（5）个人或家庭的收支状况等。

经济学作为研究经济活动的专门学科，是在人类社会科学文化普遍发展的基础上产生和发展起来的。古希腊学者色诺芬所著《经济论》一书的问

世,表明西方世界开始出现了对经济问题的专门研究。但是,在色诺芬的那本《经济论》里,说的还只是奴隶主家庭生产活动的管理问题。因为,当时古希腊正处于奴隶制社会,人们的生产活动基本上是以奴隶主家庭为单位进行的。古希腊其他学者(如柏拉图、亚里士多德等),以及古埃及、中国、印度的许多思想家,也都开始探讨和研究经济问题了,但他们研究的也主要都是些家庭经济活动的管理问题。至于对家庭以外的社会经济问题的研究,如国家财政、商业、货币流通等,通常是包含在哲学、政治学、伦理学中,而没有对其进行独立研究。所以,古代的经济学只是形成了经济知识的某些要素,还未形成一门独立的学科。

经济学作为一门独立的科学,其产生要晚得多。它是随着资本主义生产方式的产生与发展而逐渐形成,这一过程是与政治经济学的产生和发展相联系的。

"政治经济学"一词,最早是由法国经济学家蒙克莱田提出的。他在1615年出版了一本名为《献给国王和王太后的政治经济学》的著作。"政治经济学"这一术语第二次出现于1755年,法国思想家卢梭在《大百科全书》中刊登了一篇题为"政治经济学"的论文。1767年,英国经济学家詹姆斯·斯图亚特也使用了"政治经济学"这一术语,写了一部名为《政治经济学研究》的著作。此后,政治经济学这一术语便在西方各国普遍使用。

那么,他们为什么要在经济学前面加上"政治"呢?主要的目的是要区别于色诺芬以及其他学者那种专门研究奴隶主家庭或封建主家庭经济活动为主要内容的经济学。"政治"一词在法语中原意是指"城市、城堡;国家、社会"。"政治经济学"是指研究整个国家和社会的经济问题的学说,而不能理解为既研究政治又研究经济,也不能理解为从政治的角度研究经济。因此,我们现在所说的经济学实际上就是政治经济学。当然,由于研究经济问题的立场、利益取向、世界观、方法论等的不同,出现了不同派别或者不同形式的政治经济学。实际上,西方经济学中的微观经济学、宏观经济学等也是从不同角度研究不同经济问题的政治经济学。

政治经济学的出现,说明人类的生产活动已经越出古代和中世纪的家庭经济的范围,人们对于经济活动的探讨和研究已经越出了家庭经济管理的视角,而开始探讨整个国家和社会的经济问题了。

资本主义经济关系首先是在商业领域形成的。相应地,资产阶级政治经济学的第一个学派是重商主义。重商主义者代表商业资产阶级的利益,他们

导　言

认为金银是财富的唯一形式，增加一国财富的途径除了开采金银矿外就是扩大对外贸易，通过增加出口使外国的金银流入本国。因此，他们主张国家干预经济生活促进对外贸易。重商主义的经济理论冲破了自然经济的束缚，开始从宏观上考察社会经济现象。但是，它的研究范围仅局限于流通领域，对财富和价值的来源缺乏科学地理解。所以，重商主义的理论还不是现代经济科学的真正开始。"真正的现代经济科学，只是当理论研究从流通过程转向生产过程的时候才开始"。①

随着资本深入到生产领域，资产阶级思想家的观点也在不断变化，产生了古典的资产阶级政治经济学。以魁奈为首的重农学派，把社会财富的产生问题由流通领域转入到生产领域，但把生产领域仅限于农业，并认为只有农业部门才创造财富。而古典学派的杰出代表威廉·配第、亚当·斯密、大卫·李嘉图，则不管部门的特点，把一切财富的生产和分配都看作是研究的基本对象。他们提出了一整套科学地反映许多经济过程的概念和范畴，在一定程度上研究了资本主义生产的内部联系。资产阶级古典政治经济学具有一定的科学成分，对经济科学的形成和发展做出了一定贡献。所以，政治经济学作为一门独立的系统的科学，始于17世纪出现的古典政治经济学。当然，资产阶级眼界的狭窄性也影响了他们的研究。他们把资本主义生产方式看作是自然的和永恒的，而看不到它的历史局限性和暂时性。

18世纪末19世纪初，资本主义生产逐渐从工场手工业向机器大工业过渡，资本主义制度在社会生产中占了统治地位，无产阶级和资产阶级的矛盾逐渐上升为社会的主要矛盾，资产阶级需要有为它服务的经济理论。于是，出现了资产阶级庸俗政治经济学，并逐渐取代古典政治经济学而占据统治地位。

无产阶级的利益需要有自己的政治经济学。马克思批判地继承了古典政治经济学的科学成果，同时，用无产阶级的世界观彻底改造了它，建立起了马克思主义政治经济学，使政治经济学发生了革命变革。马克思主义政治经济学详细分析了资本主义的经济结构，揭示了它的运动规律；创立了科学的劳动价值理论和剩余价值学说；揭示了资本主义生产方式的本质及其发生、发展、灭亡的历史规律。

资本主义经济制度经历了不同的发展阶段。马克思和恩格斯在其所处的

---

① 《马克思恩格斯全集》第25卷，人民出版社1974年版，第376页。

时代，主要研究自由竞争时期的资本主义。第二次工业革命及第二次世界大战后新的科技革命，使资本主义经济制度发生局部调整和变化。资本主义从自由竞争阶段到垄断资本主义阶段，由一般垄断资本主义到国家垄断资本主义的转变过程，出现了许多新情况和新问题。列宁运用马克思主义的立场、观点和方法，依据马克思主义政治经济学基本原理，对垄断资本主义进行了全面系统的研究，得出了一系列新的结论；一些学者坚持用马克思主义的理论对当代资本主义的新发展、新问题进行了科学地分析与阐释。这些都创造性地发展了马克思主义政治经济学。

社会主义在实践中面临许多新情况和新问题，社会主义国家的经济学家们把马克思主义的基本原理与本国实践相结合，在社会主义的本质与实现形式，经济发展的道路与模式，社会主义经济中的所有制形式与分配方式等方面提出了许多富有创造性的理论和思想，极大地丰富了马克思主义政治经济学。

二、政治经济学的研究对象

政治经济学研究的出发点是物质资料的生产和再生产。所以，从最一般的意义上说，政治经济学就是要研究人类社会物质资料生产的经济活动，研究社会经济在一定机制下的运行规律。

在物质资料的生产过程中，人既要同自然界发生关系，又要与人发生一定的关系。前者表现为生产力，后者表现为生产关系。生产力是社会生产的物质内容，生产关系则是生产的社会形式。两方面的统一，构成人类社会一定历史阶段上的生产方式。所以，任何社会的物质资料生产，都包括生产力和生产关系两个方面。

马克思主义经典作家对于政治经济学的研究对象曾做过多次阐述。马克思本人虽然没有明确地从一般意义上论述政治经济学的研究对象，但他指出其政治经济学巨著《资本论》的研究对象是"资本主义生产方式以及和它相适应的生产关系和交换关系"①。恩格斯认为，"政治经济学，从最广的意义上说，是研究人类社会中支配物质生活资料的生产和交换的规律的科

---

① 《马克思恩格斯全集》第23卷，人民出版社1972年版，第8页。

学"①，是"一门研究人类各种社会进行生产和交换并相应地进行产品分配的条件和形式的科学"②。

从马克思主义经典作家的以上论述来看，马克思主义政治经济学的研究对象是作为生产的社会形式的生产方式。作为生产的社会形式的生产方式，从广义上来说，也就是社会经济形态或社会经济结构。③ 马克思第一次从一切社会关系中划分出生产关系，指明它是一切社会关系中最根本最本质的关系，明确指出政治经济学所要研究的不是物，而是物掩盖下的人与人之间的关系。正是由于确立了这一研究对象，马克思主义政治经济学解决了前人未曾解决的问题，并创立了新的经济范畴和理论体系，揭示了社会经济发展的规律，使政治经济学发生了划时代的变革。

关于政治经济学的研究对象，资产阶级经济学家有不同的论述。早期的代表性观点有法国萨伊的"三分法"和英国詹姆斯·穆勒的"四分法"。前者是把政治经济学的研究对象并列地分为生产、分配和消费；后者是把政治经济学的研究对象划分为生产、分配、交换和消费四个部分。这两种观点的主要问题在于把社会经济生活的这些过程不分主次地简单并列，掩盖了资本主义社会生产力与生产关系的矛盾。英国经济学家马歇尔1890年出版了《经济学原理》一书，集他之前的各种政治经济学的学说和观点之大成，形成了一个比较庞大的经济学理论体系。受他的影响，此后的资产阶级经济学家一般不再使用政治经济学这个术语而代之以"经济学"这一概念。马歇尔认为，经济学应该研究人类的日常生活问题，并通过对这些问题的研究不断地增进社会成员的物质福利。

现代西方经济学与传统的资产阶级政治经济学相比有较大的调整，现代西方经济学主要是加强了对经济运行机制的研究。现代西方经济学家对经济学研究的对象虽然有不同的论述，但一些有代表性的经济学家的基本思想是较为一致的，即认为经济学是研究人类社会怎样有效率地分配和使用稀缺资源，使之最大限度地满足人类社会需求的科学。从人类社会所面临的基本经济问题来看，现代西方经济学家对经济学研究对象的这种论述不无道理。因为任何一个社会在其物质资料生产的经济活动中都存在着如何把有限的生产

---

① 《马克思恩格斯选集》第3卷，人民出版社1972年版，第186页。
② 同上，第189页。
③ 关于生产方式与生产关系的关系的详细论述，请参阅马家驹、蔺子荣发表于《中国社会科学》1981年第6期的《生产方式和政治经济学的研究对象》一文。

资源进行有效的配置和利用,以最大限度地满足人类不断增长的需求的问题。但是,资源的配置和利用效率不仅是一个技术问题,它还与物质资料生产的社会形式,与人们在社会再生产各个环节中的经济关系以及与此相联系的产品的占有和分配方式等有密切联系。现代西方经济学以既定制度为前提来分析资源的配置和利用,这就显露出其理论的片面性和局限性。它恰恰忽略了对决定和影响社会资源配置及利用效率的最为重要的条件,即社会生产方式或社会生产关系的研究。虽然如此,现代西方经济学关于经济学研究对象的论述对我们仍然有着启发作用。因为如何有效地使用有限的生产资源以最大限度地满足社会需求,是解决中国现阶段的主要矛盾,即人民群众日益增长的物质和文化需要同落后的社会生产之间的矛盾的关键所在。

根据政治经济学在当代所面对的社会经济条件和历史使命,我们对于政治经济学的研究对象可以进一步从以下两方面去认识和把握。

第一,政治经济学是一门社会科学,它是研究生产的社会方面,而不是研究生产的技术方面。马克思主义政治经济学之所以把社会生产关系作为自己的研究对象,是因为马克思运用辩证唯物主义和历史唯物主义的世界观和方法论研究了社会经济问题,发现人类社会生存和发展的基础是物质资料的生产,而物质资料生产过程中人与人的关系即生产关系又是一切社会关系中最基本的关系,是社会的上层建筑借以建立起来的基础,生产关系是决定社会面貌、社会性质和社会上层建筑的最根本的关系。因此,马克思就从社会生活的各个领域中划分出经济领域,从一切社会关系中划分出生产关系,并把社会生产关系作为政治经济学的研究对象。所以,撇开生产过程中的社会生产关系或生产的社会形式,孤立地谈论生产、分配、交换和消费,或只研究生产过程中物与物的关系,便不可能真正把握和揭示社会经济活动的内在规律,且必然导致政治经济学的庸俗化。

第二,政治经济学必须重视对社会经济运行机制的研究。社会生产关系是人们在生产、交换、分配和消费总过程中结成的各种经济关系的总和,这种关系体现在生产、交换、分配和消费所组成的经济运行过程之中。政治经济学对于生产关系的研究,并不是脱离经济的运行过程,抽象地谈论生产关系的本质及其规律。政治经济学对社会经济关系的说明离不开对经济运行机制的分析和阐述,因为人们之间的社会交往和利益关系正是通过经济运行过程而进行和展开的。政治经济学只有重视对经济运行机制的分析,才能从比较具体的经济运行过程和趋势中更准确、更好地把握一定经济关系运动和发展的规律。重视和拓展对经济运行机制的研究，将会使政治经济学的研究对象趋于丰富和完善，从而更好地完成政治经济学的历史使命。

其实，马克思在研究资本主义生产关系的本质及其发展一般规律的同时，也研究了资本主义社会的经济运行问题。《资本论》中关于资本主义社会再生产实现条件的研究，关于两大部类产品实现条件的研究都是非常精彩的。马克思还从资本的运动过程和在此过程中剩余价值的产生、实现及其在资本家之间进行分配的具体形式中考察了资本主义社会的经济运行问题。所以，马克思主义政治经济学对社会经济关系的研究，始终是体现在对经济的运行过程的分析当中的。在当代，我们面临着发展社会主义市场经济，大力发展社会生产力的历史使命，社会主义经济在其运行过程中有许多重大的问题需要研究和解决。这就要求政治经济学必须重视对现实经济运行过程的研究，使之为发展社会生产力，提高经济效率服务。在实行对外经济开放的条件下，政治经济学还要研究当代资本主义经济的运行，特别是研究当代资本主义经济活动中的一些新的现象和发展趋势，使政治经济学更好地为对外开放服务。如果还停留在对生产关系本质及其发展规律的一般抽象分析上，就会使经济理论严重脱离实践，使政治经济学失去生命力。因此，必须走出认识上的误区，克服思想方法的僵化，把马克思主义的普遍真理与当代社会主义和资本主义经济的现实相结合，在理论上发展和丰富马克思主义经济学说。

政治经济学的发展一方面离不开现实经济生活的发展和变化，另一方面也离不开这门科学自身的渊源。今天，高度发达的社会化大生产所展示的经济运行的内在规律为本门科学的发展提供了前提。政治经济学在社会主义实践中有很大创新，而现代西方经济学对市场经济条件下的经济运行和资源配置问题的研究取得了不少值得借鉴的成果，也为丰富和发展政治经济学创造了条件。

三、政治经济学的性质和任务

（一）政治经济学的基础性质

政治经济学研究的是经济学中最基础的问题，这包括基本范畴和基本原理。政治经济学不是应用经济学学科，不能将具体的部门经济研究或具体的经济问题解决列为政治经济学的研究领域。

农业经济学、工业经济学、商业经济学、旅游经济学等，都是部门经济学。还有更具体的，如煤炭经济学、货币银行学、财政学等部门经济学，这些学科的研究在其领域内也具有一般性，但这种一般性不能等同于政治经济学研究的一般性，政治经济学研究的一般性体现基础性和对人类经济生活概括的整体性。在任何应用经济学之中，都应含有政治经济学的理论运用，当然这种运用不等于政治经济学理论建设本身。比如，国际贸易学中肯定含有人类社会经济生活的一般性，也存在关于这种一般性研究的理论贯彻，但是，不能说国际贸易学属于政治经济学的一部分。政治经济学的研究必然要紧密联系实际，必然要发挥指导实践的理论作用，只是其理论体系本身并不直接进行应用经济学领域所涉及的具体问题的研究。

界定政治经济学，最重要的是搞清政治经济学与经济学其他学科的关系。经济学是一个大类，在开始的时候只有政治经济学，现在已发展到许多学科。最先出现在政治经济学研究对象中的是一些最基础的经济问题，以后，经济研究的领域才越来越细，除了基础性研究外，还产生了许多经济学的分支学科。因而，在保留政治经济学名称的前提下，从历史的延续看，凡属经济学研究中的基础问题探讨都归属于政治经济学，也就是说，政治经济学发展到今天已成为经济学学科体系的一个分支学科，是承担基础理论研究的分支学科。

（二）政治经济学的国别问题

研究原理性问题的政治经济学是无国别之分的。人类社会的发展是有着本质共性的，各个国家的国情差别只是共性基础上的特性表现，不可能在内在的发展规律上有别于共性。所以，在经济生活领域，存在着人类社会的一般性研究，这就是政治经济学的研究，这种研究是高度抽象和高度概括的，是无差别地反映具体的本质的，从各个国家的现实中都能发现这种本质存在，因而不能将反映这种本质的理论研究标明国别。进一步讲，如果没有全人类视角的高度，仅就一个国家的具体情况看问题，也难以取得科学的关于人类经济生活的本质认识。经济学的研究可以具体地剖析一个国家的历史与现实，但是，在政治经济学的原理性研究方面，必须从全人类视角来认识这个国家的特殊性。失去认识的高度，会对具体问题看不深、看不透。这就是说，各个国家都可以建立自己的经济学，从自己的国情出发，研究本国的经济运行和经济发展问题，研究对象就是本国经济生活，但那只是国别经济学，而不是政治经济学。在政治经济学的研究上，要体现人类社会经济生活

的一般性,要有本质抽象的高度,而不是只体现各个国家经济表象的特殊性。

政治经济学的研究对象是人类社会物质资料生产的经济活动,任务在于揭示经济运动过程中存在的客观经济规律。

经济规律是经济现象和经济过程内在的、本质的、必然的联系。对于经济规律这一范畴,我们还应当进一步从以下几个方面去认识和把握:

第一,社会经济活动是一个复杂的多面体,它既是人与人之间相互交往的社会活动,也是人们利用有限的资源满足各种需要的物质生产活动。相应地,作为经济现象和经济过程内在的、本质的、必然的联系的经济规律也就表现为是一个复杂的规律体系。其中既有决定和反映社会经济发展历史趋势的一般规律,也有决定和反映现时具体经济运行过程的规律;既有决定和反映社会经济活动作为人与人之间相互关系的社会活动的规律,也有决定和反映社会经济活动作为物质生产活动的规律。在社会经济活动的实践中,对于各种经济规律的认识和把握都是非常重要的。所以,政治经济学不仅要揭示社会经济关系、经济制度变动的规律性,而且要揭示社会经济关系、经济制度与经济变量联系的规律性,要认识社会经济关系和经济制度因素是如何在经济运行过程中决定各种经济变量、产生各种经济现象的;要说明一种经济关系下为什么有较高的或较低的经济效率,如何调整社会经济关系才能使之符合提高经济效率或减少损失的要求;要解释价格、需求、供给、经济增长等经济现象的规律性;等等。

第二,经济规律具有不以人们意志为转移而存在的客观性质。一方面,它发生作用的经济条件是客观的,有什么样的经济条件,就会产生与它相适应的经济规律,而这种经济条件不存在了,以此为基础的经济规律就会退出历史舞台。而经济条件归根结底是以生产力发展水平为基础的,具有相对稳定性。另一方面,它发生作用的过程也是客观的,不管人们的主观愿望如何,只要存在某种经济条件,在这种经济条件基础上产生的经济规律就必然要发生作用。人们既不能消灭、废除经济规律,也不能创造或制定经济规律。当然,这并不是说人们在经济规律面前是无能为力的,只能听凭经济规律的摆布。相反,正是因为经济规律具有客观性,人们便可以通过充分地发挥自己的主观能动性,来认识和利用经济规律,并可以通过改变经济条件来影响经济规律作用的基础和方向。

第三,人们认识经济规律的目的,在于利用经济规律能动地改造世界。

所谓利用规律,是指人们在认识客观规律的基础上,根据客观规律的运动趋势和要求,制定经济工作的方针和政策,安排自己的经济活动,从而在实践中达到更好地实现经济利益的目标。人们对客观经济规律认识得越全面、越深刻,行动就越自由,就越能发挥个人的主观能动性。

在我国,政治经济学要为解决中国经济改革和经济发展中的问题提供基础理论方面的指导。

中国正处于制度变革和制度转型的时期,制度和体制的不断完善是优化资源配置、促进经济发展、改善人民生活的重要基础。因此,政治经济学必须研究经济制度问题,研究特定的制度条件对经济运行过程的影响。

随着社会主义市场经济的建立,微观经济主体的行为规则发生了质的变化。企业是独立的、追求利润最大化的市场主体,个人按收入最大化和效用最大化来选择职业,配置自己的生产要素和选择消费品;政府的行为规则发生了质的变化,调控的对象是市场,操纵的杠杆是宏观经济变量。因此,必须研究微观经济运行和宏观经济运行的规律。

中国是一个发展中大国,经济发展面临着许多的难题,如结构调整问题,地区经济平衡问题,增长模式和周期问题,农村发展和农业劳动力转移问题,等等。政治经济学必须研究经济发展的规律,以指导中国的经济发展。

中国要在一个开放的世界经济环境中发展,经济运行的规则要与国际接轨,国际经济关系的状况及其变化对中国的经济发展有着举足轻重的影响。因此,政治经济学要研究国际经济关系中的基本问题和规律。

当然,这样说并不是主张政治经济学要直接研究政策问题,而是说要在遵循经济学发展的一般规律的基础上,为这些问题的解决提供基础理论方面的指导。

四、政治经济学的研究方法

(一) 唯物辩证法

这是马克思主义政治经济学的基本方法。这种方法就是运用对立统一规律、量变质变规律和否定之否定规律,来分析经济现象和经济过程的矛盾运动,分析其变化发展过程,从而揭示经济现象和经济过程的本质及其发展运动的客观规律性。运用唯物辩证法分析经济运动过程,具体要运用科学的抽象法和坚持逻辑与历史相统一的方法。

(二) 科学的抽象法

抽象意味着把一些偶然的、暂时的和个别的因素从所研究问题的概念中剔除出去，从而找出稳定的、持久的和典型的东西。科学的抽象法就是从大量的经济现象入手，借助抽象力，通过思维加工，由感性认识上升到理性认识，形成经济范畴，并在此基础上建立起由抽象到具体的理论体系。所以，抽象法包括互相联系的两个方面，一方面是从具体到抽象，从现象到本质的研究方法；另一方面是从抽象到具体、从本质到现象的叙述方法。

任何学科的研究都要运用抽象法，包括自然科学也是如此。但是，自然科学运用抽象法，可以在实验室中通过物理的、化学的、生物的等各种实验手段来进行。而政治经济学运用抽象法研究社会经济问题，不可能在实验室中进行，只能在参加社会经济生活的实践过程中，依靠抽象力进行。所谓抽象力就是人们头脑的抽象思维能力，也就是通过概念判断、推理等思维形式，去认识客观事物的本质和发展规律。运用抽象法分析经济问题，要在占有大量的经济生活实际材料的基础上进行，应该分析与所研究领域有关的全部现象，而不是个别事实。因为社会经济过程是纷繁复杂的，如果只分析部分事实，就很可能会得出错误的结论。

进行抽象的结果，得出一系列经济范畴，即科学概念。这些概念一开始往往是空洞的、抽象的，如果停留在这个阶段上是不能解决问题的。政治经济学的范畴还要进一步具体化，还必须由抽象到具体，由本质到现象，也就是说还必须把原来抽象掉的具体加进来，运用研究所得到的结论和科学范畴说明这些具体。此时的这些具体就再不是混沌的具体和表象，而是经过科学说明和论证的具体。所以，从抽象上升到具体的研究和叙述方法，就是从科学抽象出的简单范畴进行分析综合以揭示这些范畴的内在联系，从而建立起完整的政治经济学的理论体系。

(三) 逻辑与历史相统一的方法

逻辑方法，是在研究社会经济现象时，按照经济范畴的逻辑关系，从比较简单的经济关系和经济范畴，逐步上升到比较复杂的具体的经济关系和经济范畴，阐明社会经济现象和经济过程的逻辑发展进程。历史方法，则是在研究社会经济现象和经济过程时，按照它的历史发展的真实进程来把握其规律。

政治经济学的研究要坚持逻辑方法与历史方法的统一。一般地说，逻辑

思维的进程要符合经济发展的历史进程，是社会经济历史发展过程的反映。历史发展的进程也是有着内在逻辑的，它也是不断地从低级形式向高级形式发展，有着内在的规律性。但是，历史的发展常常有一些偶然现象和因素，出现一些曲折和复杂的过程。因此，运用历史方法研究社会经济现象和经济过程时，就必须排除历史发展进程中的偶然现象和因素的干扰，按照历史所固有的内在逻辑，从复杂曲折的历史材料中，揭示出社会经济发展的规律性。马克思研究资本主义经济的发展规律，从逻辑思维过程来看，就是从商品、货币这些简单的经济范畴再到资本、利润、银行、信用等复杂的经济范畴。这种逻辑思维进程与历史上商品形式由低级向高级发展，并转化为资本主义经济的历史进程是一致的。

第一篇
社会生产过程

第一章 社会生产与再生产

物质资料的生产和再生产是人类社会存在和发展的基础,也是政治经济学研究的出发点。人类社会进行物质资料生产活动,大约有 200 多万年的历史。不论人类社会经济形态的不同发展阶段之间存在着多少差别,它们总是有着许多共性和支配它们的普遍规律。本章通过对社会生产过程一般的分析,阐明社会生产的构成要素和主要过程,以及支配所有社会生产的普遍规律。

第一节 社会生产的构成要素

一、生产和需要

物质资料的生产,就是人们按照预定目标改变物质形式,使自然界适应自己需要的过程。人类对物质资料的需要决定了进行物质生产的必要性。

人类对物质资料的需要可以分成两类,即分成自然需要和社会需要。所谓人的自然需要,是指由人的生理机能或人们生活的自然地理环境所决定的维持或保障其生存而产生的需要,如吃饭、喝水、穿衣、居住等。所谓人的社会需要,是指由人生活所处的社会环境,即社会历史条件所决定的需要,表现为教育和政治、文化生活等方面的需要,如追求生活时尚而产生的对于不同款式的衣着、汽车等的消费需要。

满足人类需要的物质资料,一部分是自然界本身创造出来的,如野生的食物、空气、水等,它们作为自然物质可以直接用来满足人们的某些基本需要。但是,自然界本身提供的和能够直接用来满足人们需要的物质资料的数量和种类是很有限的,人类为了保障自己的生存和发展,主要是通过从事物质资料的生产活动去改变自然界,去生产满足人类需要的物质资料。

随着人类社会的发展,人类需要的范围和结构也在不断扩大,人们生产的物质资料越多、越好,人类的生存和发展条件就越优越。生产的发展满足着不断发展的需要,需要的不断扩大又推动着生产的不断发展。

任何社会都必须进行物质资料的生产,物质资料的生产是人类社会存在和发展的基础。物质资料生产活动是人类最基本的实践活动。

物质资料的生产过程具有两重性,一方面是人与自然发生关系的劳动过程,它是社会生产的物质过程;另一方面是人与人发生关系的社会过程。

二、生产的物质过程

生产过程首先是人和自然之间的过程,是人以自身活动来实现的人和自然之间的物质变换的过程。这一过程也称作劳动过程。在这一过程中,人的活动作用于客观对象,使之发生预期的变化,生产出适合人类需要的物质。

人们为了实现物质资料的生产而进行的劳动过程,必须具备三个基本要素:人的劳动、劳动对象和劳动资料。

人的劳动,就是人们运用自己的脑力和体力改变自然物,使它适合于满足人们需要的一种有目的的活动。人的劳动是具有一定生产经验和劳动技能的劳动者所特有的活动。而且随着生产力发展水平的提高,劳动者的生产经验和劳动技能也越来越提高。人的劳动分为体力劳动和脑力劳动。随着生产的社会化和科学技术在生产中的运用,脑力劳动在生产过程中的地位和作用会越来越重要。

人类进行物质资料的生产必须具备两个基本的物质条件或者物质要素,即劳动对象和劳动资料。

劳动对象,是指人们把自己的劳动加于其上的一切东西,也就是劳动加工的对象。劳动对象有两类:一类是没有经过人类劳动加工的自然界原有的物品,如地下的石油,原始森林中的树木,天然的鱼类等;另一类是经过人类劳动的生产物,如纺织用的棉纱、建房用的砖瓦、炼钢用的生铁等,这类生产物通常被称为原料或材料。随着科学技术的不断发展,劳动对象的范围

第一章 社会生产与再生产

越来越大,品种越来越多。过去很多地面和地下资源没被开发利用,而现在已有办法开发利用了,如开发地层深部的资源、海底资源,以及利用原子能、太阳能、地热等。随着稀有元素、同位素、高分子化学工业的发展,可以制造出很多新型的原材料和人工合成材料等。此外,生产过程排出的一些废料也被作为劳动对象进行加工。这样,就使劳动对象大大超出了原有的物质资料的范围。

劳动资料,又称劳动手段,是人们用来影响或改变劳动对象的一切物质资料,也就是把人的劳动传导到劳动对象上的物件。劳动资料中最主要的就是生产工具。此外,还包括其他各种劳动过程中所必要的物质条件,如厂房、容器、仓库、道路等。劳动资料特别是其中的生产工具,随着生产的发展总是不断地得到改进。如旧的手工织布机被机器织布机所代替,一般的机器织布机又被自动化的织布机所代替。同时,随着生产的发展,劳动资料的范围和品种也不断扩大。在现代化的生产条件下,劳动资料中除了一般的生产工具外,还包括各种动力装备、计算机系统、机械手、机器人、传送装置以及各种仪器、仪表等。

一种物品是表现为劳动对象,还是表现为劳动资料,是按照它在生产过程中所占的地位和所起的作用来区分的。如牛在耕地时是劳动资料,而作为肉食牛在饲养过程中就是劳动对象。

劳动资料和劳动对象之和称为生产资料。生产资料是生产得以进行的客观的物质条件。没有生产资料,生产就无法进行。俗话说"巧妇难为无米之炊",即使是能工巧匠,如果没有生产资料,也做不出任何东西来。人的劳动则是生产的主观因素。在生产过程中,人通过自己的劳动去改变自然界的物质形态和物质性质,没有人的劳动,物质资料的生产也无法进行。所以,任何社会物质资料的生产过程,都必须具备人的劳动、劳动资料和劳动对象三个基本要素。

具有一定生产经验和劳动技能的劳动者和他们所使用的劳动资料结合起来在生产过程中所形成的力量便是生产力。它表明人类在生产过程中征服和改造自然界,并获得适合自己需要的物质资料的能力。

在生产力中,人的因素起着根本的作用。因为人是生产的主体,是首要的生产力,离开了人的劳动,所有劳动资料和劳动对象都是一堆死的东西。在劳动资料中,起着最重要作用的是生产工具。生产力的发展,首先是从生产工具的发展和变化开始的。生产力发展的状况集中表现在生产工具上,它

是社会生产力发展水平和发展状况的最主要的标志,也是划分经济发展时期的主要标志。马克思指出:"各种经济时代的区别,不在于生产什么,而在于怎样生产,用什么劳动资料生产。"①

随着社会生产力的发展,自然科学和生产技术在社会生产中的作用日益增大。科学技术本身是一种潜在的生产力,它进入生产过程,同劳动资料和劳动力这些生产力的基本要素相结合,就能变为巨大的物质力量,转化为现实的直接的生产力。

科学技术之所以是生产力,是因为生产力中人的因素和物的因素都同一定的科学技术紧密相连,科学技术会渗透到劳动资料和劳动力之中,引起它们的变化,从而促进社会生产力的发展。科学技术越是深入地融入到生产力的要素中,越是广泛地应用于生产,就越能提高生产力的水平。科学技术的发展能使劳动者的素质得到提高,使劳动者掌握自然科学理论和生产技术,或能够更加熟悉和掌握生产过程的规律。由于技术水平不断提高,就能设计和制造出更先进的机器设备,大大地增强劳动者征服和改造自然界的能力。科学技术的发展,能不断地改进生产工具的质量,用先进工艺代替落后工艺。特别是现代新兴科学技术的发展,如电子技术、生物工程、激光技术、自动化技术等的推广与应用,促使生产工具发生了巨大的变革。科学的发展还会引起生产过程的其他方面,如生产管理、工艺流程等也发生变化。科学技术包括在生产力之中,而且成为第一位的生产力。当代世界上生产力的发展,都是由科学技术的发展所推动的。

生产力的各种要素,在劳动过程之外是分开来独立存在的,在劳动过程中它们才结合起来。

在物质资料的生产过程中,劳动力、劳动对象和劳动资料并不是机械地结合在一起的,而是按照一定的方式和方法相结合,形成为一个有机体系。生产要素按照一定方式和方法组织在一起而形成的有机体系被称作劳动组织。② 劳动组织的状况决定着劳动者以什么方式及方法和自然界发生关系。

就一个具体劳动过程来说,可以是单个劳动者把自己的活动加到对象上去,也可以是许多劳动者共同和自然界发生关系。集体劳动或者是简单的协作劳动,或者是在分工下的协作劳动,等等。劳动的方式和方法,由劳动过

---

① 《马克思恩格斯全集》第 23 卷,人民出版社 1972 年版,第 204 页。
② 马克思把生产要素结合的方式和方法称作劳动方式。

第一章 社会生产与再生产

程诸要素本身的状况决定。比如，劳动对象是耕作一小块土地时，可以是单个劳动者进行劳动，而劳动对象是挖掘土地兴修巨大水利工程时，就需要大规模的协作劳动方式；劳动资料是简单的手工工具时，可以由单个劳动者独立使用，而劳动资料是现代化的机器体系时，就要求按流水线方式使许多的劳动者在分工的基础上协作劳动，等等。

就一个社会范围内的劳动过程来说，劳动的分工协作表现为社会生产部门之间的分工和联系。随着社会生产的发展，社会分工在不断深化，生产过程中各部门之间的相互作用加强了，逐渐形成为包括许多大的部门和分部门、地区组织在内的复杂综合体的国民经济。协调庞大而又复杂的国民经济，已经成为社会生产发展越来越重要的因素。

随着社会生产的发展，劳动过程的内部联系也在不断发展。劳动分工和劳动组织的发展，使管理在生产过程中成为一个重要的方面，其作用越来越重要；科学技术革命作为生产过程的必要因素提出了信息问题。它作为包括管理机构在内的现代机器体系工作的条件，作为提高劳动力质量的手段，作为顺利组织社会生产过程本身的前提都是十分需要的；在科学技术革命的影响下，对社会起着十分重要作用的服务性行业得到了迅速的发展，它包括运输业、邮电业、信息服务，以及教育、保健、公共饮食业、住宅和城市公用事业等。

社会生产要素的复杂化及其相互联系的强化，不会改变劳动力、劳动对象和劳动资料仍是社会发展的所有阶段上物质资料生产过程中的基本要素。

生产力各要素结合的劳动过程，也是这些要素被消费的过程。一方面劳动过程要消耗劳动资料和劳动对象；另一方面要消耗劳动者的体力和脑力。不过，这是生产性的消费，与人们的个人生活消费不同。这些要素被消费时就发挥出各种力量，引起劳动对象发生预定的变化。劳动过程结束得到一定的劳动产品，一种能满足人们某种需要的使用价值，即物质产品。在劳动产品中，劳动和劳动对象结合成为一体，对象被加工了，劳动物化了，即劳动凝结在新的产品中，以物化的形式存在。劳动由于创造了能满足人们这样或那样需求的劳动产品（有形的或无形的）就成为生产劳动。获得的产品的总量与为生产这种产品所消耗劳动数量的关系就是劳动生产率，它表示着人与自然进行物质变换的劳动过程活动的效率。

三、生产的社会过程

人们在物质资料的生产过程中，除了要和自然界发生关系外，人与人之间也要发生紧密的相互关系。人们在和自然界作斗争时，从来不是单个人孤立进行的，而总是结成一定的社会关系来进行。从一个具体的劳动过程来看，劳动者可能独立地从事某项活动，但是，他要继承和学习其他社会成员从事劳动的知识和经验，要使用其他人提供的工具或原材料等。因此，不论劳动者的具体劳动过程的状况如何，他们始终是处于一定的社会经济关系之中的，任何生产都是社会的生产。马克思指出："他们如果不以一定方式结合起来共同活动和互相交换其活动，便不能进行生产。为了进行生产，人们便发生一定的联系和关系；只有在这些社会联系和社会关系的范围内，才会有他们对自然界的关系，才会有生产。"① 因此，社会生产既是人与自然之间进行物质变换的劳动过程，同时，它也是人与人发生关系的社会过程。

从生产的社会过程方面看，社会生产是以社会成员之间结成的对生产要素的一定的占有关系为起点的。这种对生产要素的占有关系，既是人们之间一切生产关系的基础，也是这些生产关系的核心和实质。马克思指出："一切生产都是个人在一定社会形式中并借这种社会形式而进行的对自然的占有。"② 所以，人与人之间的经济关系都是与物联系着的，最核心的问题是人们对物质资料的占有关系。以这种占有关系为基础，形成了历史上不同类型的生产资料所有制关系。所有制关系决定着人们在社会生产中的地位，决定着生产过程中各种生产要素结合的社会形式，决定着生产过程的社会性质以及对生产过程的结果，即产品的占有关系。

人们对生产资料的所有关系有两种基本的类型，即私有制和公有制。在私有制和公有制这两种基本的所有制类型范围内，存在着多样化的、在性质上区别的具体的所有制形式。

生产要素中劳动力的占有关系也是决定生产的社会性质和特点的重要因素。从自然意义上说，劳动力作为一种劳动能力总是存在于劳动者身体内的。但从社会意义上说，这种存在于劳动者体内的劳动力并不总是由劳动者本人占有和自由支配的。从历史上看，劳动力存在着由剥削者占有、劳动者

---

① 《马克思恩格斯选集》第1卷，人民出版社1972年版，第362页。
② 《马克思恩格斯选集》第2卷，人民出版社1972年版，第90页。

第一章 社会生产与再生产

自己占有以及由劳动者集体共同占有等多种形式。

社会生产进行的过程，就是生产资料和劳动力相结合的过程。作为劳动过程，劳动力与生产资料是在一定的劳动组织或劳动方式下结合起来的；作为社会过程，两者也通过特定的社会方式结合起来。生产资料和劳动力结合的社会方式由一定的生产资料占有形式和劳动力的占有关系决定。生产资料归劳动者自己占有，两者就在劳动者手中直接结合起来。这时，两者结合的具体方式还取决于劳动力占有的状况，如果劳动力是属于劳动者个人所有的，就是一种私人劳动与生产资料的直接结合；如果劳动力是属于劳动者集体共同所有的，就会是一种社会劳动与生产资料的直接结合。如果生产资料不是归劳动者所有，而是归非劳动者所有，则两者的结合要在生产资料所有者的支配下才能结合起来。这时两者结合的具体形式，也取决于劳动力的占有关系。如果劳动力本身也归非劳动者占有，两者就是在非劳动者的直接支配下结合起来的；而如果劳动力是归劳动者本人所有，两者则要通过某种间接的社会方式才能结合在一起。

由生产资料和劳动力的占有方式所决定的生产资料与劳动者结合的社会形式，也直接规定了人们在社会生产中的地位和生产的社会性质。当劳动者和属于自己所有的生产资料直接结合起来从事生产时，劳动者是生产过程的主人，如果是共同劳动，每个人都是平等的一员，劳动者为别人也为自己而劳动；如果劳动者与非劳动者的生产资料相结合，劳动者和所有者就处在不同的经济地位，劳动者就会在所有者的监督下为所有者劳动。生产过程的社会性质，同时也决定着劳动过程中生产消费的社会性质。劳动者本人占有生产资料时，他们为满足自己的个人消费而去进行生产消费，即从事物质资料生产；非劳动者占有生产资料时，生产消费要服从他的利益和需要，这时不仅劳动者的个人消费不能成为社会生产的直接目的，而且，劳动者的个人消费本身也会被作为生产的手段，作为一种生产消费来看待。

生产过程结束后，社会得到了具有一定用途的产品，因而也就存在着对产品的占有关系。

从社会的角度来看，占有的对象只是剩余产品。在社会总产品中，有一部分必须用来补偿生产过程中的耗费。生产过程中的耗费包括两部分，一部分是生产资料的耗费，生产资料绝大多数是过去劳动的产品，所以这部分实际上是物化劳动的耗费；另一部分是劳动力的支出，劳动者支出的体力和脑力，即活劳动的耗费。劳动力消耗后，需要有一定量生活资料让劳动者进行

个人消费,才能使劳动力得到恢复。所以,劳动力的耗费可还原成为生活资料的耗费。对于社会来说,只有生产的成果大于生产消费而有剩余,占有才有对象。从另一个角度来看,劳动者生产出来的产品,扣除耗费掉的生产资料以后,可以分成两部分,一部分是满足劳动者个人消费需要的那部分产品,它在任何社会条件下对劳动者都是必要的。没有它,劳动者无法生存,劳动力得不到恢复,生产活动也无法继续下去。这部分产品可称作必要产品。满足劳动者个人消费需要后剩余下来的那部分产品,可称作剩余产品。有了剩余产品,才能有一定的生产资料和生活资料储备,也才有可能把剩余产品变成追加的生产资料去扩大生产的规模。因此,从社会意义上看,剩余产品是社会生产发展的必要条件。

劳动者的劳动产品分成必要产品和剩余产品,劳动者的全部劳动时间和全部劳动相应地也分成两部分:必要劳动时间和剩余劳动时间,必要劳动和剩余劳动。劳动者用来生产必要产品的时间是必要劳动时间,在这段时间内支出的劳动是必要劳动;用来生产剩余产品的时间是剩余劳动时间,在这段时间内支出的劳动是剩余劳动。

社会劳动及产品的上述划分,并不是从来就有的。在社会生产力水平极低的情况下,劳动者全部劳动所能获得的产品只能勉强维持自己的生存,也就没有什么剩余可言。随着生产力水平的发展,人们获得物质产品的能力提高,劳动产品在满足了劳动者生存需要之后才开始出现了剩余。从另一方面看,纳入劳动者必要产品范围的产品的数量和结构也是随着社会的发展和要求而不断变化的。因此,上述劳动及产品的划分不是固定不变的。

以上分析的是社会生产中产品占有的前提和占有的内容的一般规定。而产品占有的形式或占有关系则是由生产资料的占有关系,以及在此基础上的劳动者和生产资料结合的社会方式及生产的社会性质决定的。如果劳动者与自己的或共同所有的生产资料直接结合,为了自己的利益和需要消费自己的劳动力和生产资料,劳动就是劳动者自主的劳动,那么,产品也就由劳动者共同占有。如果劳动者间接地与属于他人所有的生产资料相结合,劳动过程是生产资料所有者为自己的利益而消费劳动力的过程,劳动者是在所有者的监督下为所有者劳动,那么,产品就只能由所有者占有,劳动者就无权占有自己生产的产品了。

总之,社会生产是生产和需要的统一,是生产的物质过程和社会过程的统一,是生产力和生产关系的统一。

第一章 社会生产与再生产

第二节 社会生产的总过程

一、社会生产总过程的基本环节

从社会经济的运动过程来看，社会生产的总过程包括生产、分配、交换和消费四个环节。

物质资料的生产过程，不是孤立的、简单的一次性生产过程，而是在整个社会范围内不断连续运动、不断重复进行、不断更新的过程。在这个社会生产总过程中，人们在直接生产过程中生产出来的产品，要按照各个社会成员在社会再生产中所处的地位和按照其权利，各自分得相应的部分，这样就在人们之间产生了分配关系。在社会分工存在的条件下，人们所获得的产品，往往不是或不完全是它们所直接需要的，这就必须在人们之间互相交换产品，从而产生了人们之间的交换关系。然后人们把通过分配和交换所获得的产品用于满足个人的消费，从而就在人们之间产生了消费关系。总之，直接生产过程中生产出来的产品，只有经过分配和交换，才能最终进入消费，而只有产品进入消费过程被消费了，产品在消费中被实现了，生产行为才算最终结束，才能重新开始生产。所以，社会生产总过程或社会经济运行过程，包括生产（直接生产过程）、分配、交换和消费四个相互联系的基本环节，是由这四个环节所组成的辩证运动的过程，从而也就使人们在社会生产总过程中形成了生产、分配、交换和消费等方面的关系。由生产、分配、交换和消费组成的社会生产总过程，既是物的运动过程、人和物发生关系的过程，又是具有一定的社会形式，发生人与人关系的社会过程。消费过程，从人和物的关系看，是人们消费一定物质财富满足自己需要的过程；从社会关系角度看，是产品所有权的最终实现的过程。分配过程既决定人与一定物质产品的关系，又决定着社会产品以什么形式和比例归个人所有。交换过程既是按照个人需要去调换已经分配到的东西，又是以放弃自己不需要的产品的所有权为条件，换得自己需要的产品，是产品所有权的实现过程。生产、分配、交换和消费过程中的社会关系都是由生产资料所有关系决定的，同时，又都是这一关系的具体体现。

分配、交换和消费分别各有两种规定，一种是在直接生产过程中发生的

分配、交换和消费;另一种是独立于直接生产过程之外,在社会生产总过程中发生的分配、交换和消费。在生产中的分配、交换和消费,本身就属于生产的要素,包含在生产过程之内。

关于分配的两种规定:一种是作为生产过程生产出来的产品的分配,即独立于生产过程之外的分配,是社会总产品的分配。它是一般所说的分配方式或分配关系。另一种是属于生产过程本身的分配,是生产条件的分配,包括生产资料和从事生产的劳动者在各个生产部门和企业之间的分配。这种分配先于生产,并包括在生产过程之中,这种分配决定着生产的结构。

关于交换的两种规定:一种是独立于生产之外,直接为满足生活消费需要而进行的交换;另一种是属于生产的交换,即在直接生产过程中所发生的产品交换和活动的交换。如企业之间、企业内部各个车间之间的生产资料的交换,以及在社会分工条件下,参与生产的劳动者相互之间、生产的组织者和被组织者之间的劳动交换。这种交换,属于生产的要素,包含在生产过程之中。

关于消费的两种规定:一种是个人生活消费,通过劳动者个人消费各种生产资料,使劳动者的体力和脑力得到保持和恢复,从而把他们的劳动力再生产出来;另一种是属于生产的消费,即在生产过程中消耗生产资料和劳动力,这种消费实际上就是生产本身,包含在生产过程之内。

从以上分析可见,分配、交换和消费都有一部分是生产的要素,包含在生产过程之内,它们当然和生产有着内在的紧密联系。至于独立于直接生产过程之外、在社会生产总过程中发生的分配、交换、消费,是否就与生产过程没有关系呢?并不是。实际上,社会生产总过程中的生产、分配、交换、消费之间,存在着相互联系、相互制约的辩证关系。

二、社会生产总过程各环节之间的关系

社会生产总过程中生产、分配、交换、消费之间的辩证关系表现在:一方面,生产对分配、交换、消费起着主导作用,一定的生产决定着一定的分配、交换和消费;另一方面,分配、交换和消费又反作用于生产,影响和制约着生产的发展变化。

生产决定分配表现在:(1)被分配的对象只能是生产出来的产品。分配的水平和结构取决于生产,生产多少才能分配多少,生产什么才能分配什么。(2)生产的方式决定分配的方式。分配方式就是社会成员按什么方式和原则去取得他们在社会产品中所应得的份额。人们以什么方式参与生产,

第一章 社会生产与再生产

也就以什么方式参与分配。例如，在资本主义制度下，资本家以自己的资本、土地所有者以自己的土地、工人以自己的劳动参与生产，他们便分别以利润或利息、地租、工资的形式参与分配。（3）生产的性质决定分配的性质。以私有者占有生产资料为基础、为私有者利益而进行的生产，决定了分配的性质必然是有利于私有者而不利于劳动者；以公有制为基础的为劳动者而进行的生产，决定了分配的性质必然是有利于劳动者。

生产决定交换表现在：（1）交换是由生产过程中的分工决定的。如果没有分工，人们所需要的一切产品都由自己生产，全部产品都用于自己的消费，那就不可能有产品的交换。（2）交换的对象是生产出来的产品。（3）交换的水平和结构是由生产决定的。交换发展程度的高低，决定于生产发展的程度，生产越发展，产品数量越多、种类越复杂，交换也会越加发展。（4）生产的性质决定交换的性质。例如，生产的私人性质决定交换的私人性质。资本主义生产的实质是剩余价值的生产，它决定了资本主义商品交换的实质是剩余价值的实现。

生产决定消费表现在：（1）生产决定着消费的对象。人们用来消费的东西，只能是已经由生产创造出来的东西，从而生产也决定消费的水平和结构。（2）生产决定消费的方式。例如，原始人用手撕牙啃的方式吞食生肉，而现代人则利用餐具食用经过烹调的熟肉。（3）生产的性质决定消费的性质。为私有者利益而进行的生产决定着工人的消费无非是为私有者提供出可供其使用的劳动力；为劳动者而进行的劳动则决定着消费是满足劳动者日益增长的物质文化需要。（4）生产引起消费的需要。随着生产的发展，新的产品不断出现，这会使新的消费需要也随之不断产生。

分配、交换、消费对生产也具有反作用。

分配对生产的反作用表现在：当产品的分配方式适合生产的发展，有利于调动生产者的积极性时，就会促进生产的发展；反之，就会阻碍生产的发展。例如，在社会主义制度下，正确贯彻按劳分配原则，就有利于调动劳动者的生产积极性，促进生产的发展；如果在分配上搞平均主义，吃"大锅饭"，就会阻碍生产的发展。

交换对生产的反作用表现在：随着交换的发展和扩大，就要求生产的规模相应扩展，从而促进了生产的发展；如果交换进程受到阻碍，就会延缓和阻碍生产的发展。

消费对生产的反作用表现在：（1）消费使生产出来的产品最终实现为

产品。产品只有被人们消费了，它才作为现实的产品发生作用。（2）消费推动着生产向前发展，为生产创造出动力。归根结底来说，人们总是为获得消费品而进行生产。

三、社会分工和生产社会化

社会分工是指生产者固定地从事某种生产活动的社会劳动组织形式。它是人类社会生产发展到一定阶段的产物，并随其发展而不断深化。社会分工及其发展对于社会生产的效率和规模，以至对于整个社会生产的面貌都发生着深刻的影响。

在人类生产的早期阶段，劳动者并不是固定地从事某种劳动，而是同一些劳动者在不同的时间内从事不同的劳动，从一种劳动转到另一种劳动。例如，一段时间在田间劳动，另一段时间喂养牲口，或制作工具。随着社会生产的发展，先后出现了从事农业生产的原始部落同从事畜牧生产的部落分离开来的第一次社会大分工和手工业生产从农业中分离出来的第二次社会大分工，其后，农业、畜牧业、手工业本身也不断专门化，使社会分工向纵深方面发展，逐步形成一个由无数类职业构成的社会分工体系。

随着社会生产的发展，同一生产过程内部的分工也在不断地发展。这种分工产生于生产组织规模的扩大和许多劳动者在同一个生产过程中的简单协作劳动。最初，劳动者只是被组织在某一生产过程，但彼此间没有分工。然而这种简单协作劳动本身就产生新的生产力，提高生产的效率：（1）由于是许多人在一起劳动，有些工具和设备就可以共同使用或交替使用，而不必每人各备一套，这样就可以大大节省生产资料，减少产品生产上物化劳动的消耗。（2）许多人在一起协同劳动，并不等于个人劳动的简单总和，它可以产生一种新的集体力量，这种力量是单干的力量所不能比拟的。例如，一块1 000斤重的石头，10个人一起来搬，可以很容易地将它搬走，而如果10个人分别地搬，恐怕永远也不能搬走。（3）协作劳动可以扩大劳动的空间范围。这对某些工作来说是非常重要的，譬如，开运河、修水库这一类工作，就非有大规模协作劳动不可。另外，协作劳动还可以活跃劳动者的精神状态，引起竞争心和好胜心等，这些都会使生产劳动的效率得到提高。

同一生产过程中的分工是指使每一个劳动者长期固定地从事一种专门性的操作，共同生产一种产品。分工对于提高劳动生产率有着巨大的推动作用：（1）从劳动者这个因素来看，由于他们长期从事一种专门性的操作，

因而他们的整个身体就会变得非常适应这种工作的需要。例如，专门抡锤的人会有特别发达的臂膀，专门绣花的人会有特别灵巧的手指，等等。单是这一点，就足以把劳动生产率提高一大步。（2）由于劳动者反复地进行一种操作，把注意力集中在有限的事情上，因而也就比较容易积累经验，使技巧和熟练程度可以较快地提高。另外，专门从事一种操作，可以避免因变换工作所造成的时间浪费，使劳动时间更加紧凑。这些都会增加同一时间内产品的数量。（3）从劳动工具这方面看，分工的结果是工具越来越专门化了，不仅工具的种类和式样大为增加，而且这些工具也改进得更加适合专门操作的需要。这对劳动效率的提高具有非常重要的作用。

分工使生产成为一种社会化的生产。随着分工的扩大和深化，生产的社会化程度不断提高。在同一生产过程内部，生产的社会化表现为生产资料变成了许多人共同使用的生产资料，生产劳动变成了许多人协同进行的活动，产品也变成了社会的产品，即每一件产品都要经过许多劳动者的手才能生产出来。分工的扩大和深化使社会生产的部门越来越多，每一部门又由许多生产单位构成，甚至是一个产品的生产，也由不同的生产组织去分别进行，然后再加工组装在一起。随着科学技术的发展，这种分工的地域范围越来越广，甚至跨越国界。例如，一辆汽车的生产，可以由几十家或几百家生产单位分别生产有关零部件，然后再由总装厂组装起来，而这些分工生产的单位可以分布在全国各地，甚至是世界各地。分工和生产的专业化使各个部门和生产单位之间相互联系和相互依赖的程度日益加强。这个生产单位生产上所需要的机器设备和原材料、零部件等，要依靠其他生产单位供应，而另一些生产单位则又需要使用这个生产单位的产品。在这种情况下，一个生产单位或部门，如果离开了别的生产单位或部门，就根本无法进行生产。

社会分工和生产社会化的发展，既反映了人们与自然进行物质变换过程的劳动方式的变化，也制约着这一过程中发生的社会形式的发展，因而对社会生产的规模和效率发生着重大的影响。

第三节　生产和再生产

一、再生产的含义

生产是指劳动力与生产资料采取一定的方式进行结合创造出某种物质产

品或提供某种劳务以满足人类自身某种需要的过程。生产不断重复，不断更新的过程就是再生产过程。正如马克思所指出的："不管生产过程的社会形式怎样，它必须是连续不断的，或者说，必须周而复始地经过同样一些阶段。一个社会不能停止消费，同样，它也不能停止生产"。① 因此，每一个社会生产过程，从经常的联系和它不断更新来看，同时也就是再生产过程。

再生产有两种不同的形式，一为个别再生产；二为社会再生产。所谓个别再生产是指个别生产单位或个别企业的再生产。所谓社会再生产是指整个社会或整个国民经济范围内的总的再生产。个别再生产和社会再生产的关系是个别和整体的关系，个别再生产是社会再生产的有机构成部分和基础，社会再生产是相互联系、相互交替的个别再生产所构成的有机总体和前提。

在社会再生产过程中，存在着许许多多的个别生产单位或企业，它们分别属于不同的所有者，各自为实现各自的目的而独立地组织并完成自己的生产活动。但是，众多的个别生产单位在组织完成生产活动过程中并不是彼此孤立的，而是在社会分工的总体系中相互建立紧密的联系，相互交换其产品或劳务，因此，它们的存在是互为前提、互为条件的。个别再生产正是通过这种相互联系而形成有机的总体。这种相互联系、相互制约、相互依存的个别再生产的总和，构成为社会再生产。

社会再生产和个别再生产之间仍然存在着重大差别。这主要表现在两方面：首先，在再生产条件上存在差别。对个别再生产来说，它是以众多的其他个别再生产的存在作为前提条件，没有这个外部条件，个别再生产就不能存在，而对社会再生产来说情况就不是这样。既然社会再生产是众多个别再生产所形成的总和，那就不可能在社会再生产之外，还会有什么其他社会再生产作为这个社会再生产的前提条件或外部条件。也就是说，社会再生产赖以顺利进行的一切必要条件，必然存在于社会再生产过程之中，而不可能在社会再生产过程之外。其次，在生产和流通范围方面也存在着差别。个别再生产不包括个人消费以及与之相关的交换。而社会再生产则不可能是这样。由于它是整个社会范围内的再生产，因此，不仅包括生产消费，而且也包括个人消费；不仅包括与生产资料相关的交换，而且也包括与消费资料相关的交换。所以，社会再生产与个别再生产具有重大区别。个别再生产正常运行的条件是来自外部，而社会再生产的正常运行的条件则要由社会再生产自身提供。

---

① 《马克思恩格斯全集》第 23 卷，人民出版社 1972 年版，第 621 页。

社会再生产的内容是物质资料的再生产、劳动力再生产和社会生产关系再生产三者的统一。它决定着人类社会是连续不断的发展过程。正如马克思所指出的："社会生产过程既是人类生活的物质生存条件的生产过程，又是一个在历史上经济上独特的生产关系中进行的过程，是生产和再生产着这些生产关系本身，因而生产和再生产着这个过程的承担者、他们的物质生存条件和他们的互相关系即他们的一定的社会经济形式的过程。"①"他们的物质生存条件"是指劳动者进行生产和生活所必需的生产资料和生活资料；"他们的互相关系"是指劳动者在生产过程所结成的生产关系。因此，我们绝对不能把社会再生产过程仅仅理解为物质资料的再生产过程，而应该全面理解为物质资料再生产、劳动力再生产和社会生产关系再生产的统一过程。

社会再生产作为物质资料的再生产是指为下一个再生产过程生产出所必需的生产资料和消费资料，保证下一个再生产过程能顺利进行。这就要求再生产出的生产资料和消费资料在数量上和质量上都能与下一次再生产过程的需要相适应。

社会再生产作为劳动力的再生产是劳动者劳动能力的恢复、人口的维持和延续，以保证下一个再生产过程对劳动力的需要。这就要求再生产出的劳动力在数量上和质量上都能符合下一个再生产过程的需要，保证再生产顺利进行。

社会再生产作为生产关系的再生产是指生产原来在何种生产关系形式下进行的，再生产还要把这种形式的生产关系再生产出来，使这种形式的生产关系能够延续下去。这里并不是说这种形式的生产关系是凝固不变的。我们知道，随着生产力的不断发展，社会化程度不断提高，生产关系的形式总是会发生变化以适应生产力发展的要求。但是这种变化只是在特定形式范围内量的变化，而不是特定形式本身的质变。一种形式的生产关系取代另一种形式的生产关系必须通过一定形式的社会革命才能实现。

社会再生产是一个完整的动态体系，只有物质资料的再生产、劳动力的再生产和生产关系的再生产相互协调才能保证社会再生产顺利进行。不论在哪个方面存在不协调都会使再生产出现不同程度的障碍和困难。

二、再生产的类型

社会再生产按其规模不同可以划分为两大类：简单再生产和扩大再生

---

① 《马克思恩格斯全集》第 25 卷，人民出版社 1974 年版，第 925 页。

产。简单再生产是指再生产在原有规模上的重复,其特点是没有进行积累,全部剩余产品都用于非生产性消费。扩大再生产是指再生产过程在更大规模上进行,其特点是剩余产品不是全部用于个人消费,其中有一部分用于积累。

一般说来,在社会生产力水平低下的自然经济体制占统治地位的社会里,再生产多是简单再生产,即使有些年份有所扩大,这种扩大也极不明显。商品经济体制取得支配地位后,由于社会分工和科学技术的发展,生产力水平迅速提高,再生产则多为扩大再生产。有些年份扩大得快一些,另一些年份扩大得慢一些,个别年份由于特大天灾人祸的发生,也可能出现简单再生产,甚至是萎缩型的再生产。但是,从整体上看,从长期看仍然是扩大再生产。人类为了自身的发展和社会进步,总是力求持续扩大再生产,防止简单再生产和萎缩型再生产的出现。

简单再生产和扩大再生产不是彼此孤立的,而是相互联系的。简单再生产是扩大再生产的前提和基础,扩大再生产则是简单再生产发展的必然趋势和结果。

根据马克思再生产理论,简单再生产是扩大再生产的前提和基础。这是因为:第一,在扩大再生产的总体中,包含着简单再生产,简单再生产总是扩大再生产的重要组成部分,因为原有生产规模维持的状况如何,直接影响并决定着扩大再生产的规模。第二,简单再生产是扩大再生产的现实出发点和基础。扩大再生产是相对简单再生产而言的,是从简单再生产出发的。只有在维持原有生产规模和生产能力的前提下,才有可能从这个基础出发使再生产规模进一步扩大。严格地说,没有简单再生产的维持就不可能有真实的扩大再生产。第三,在简单再生产之中包含有扩大再生产的因素。这首先是由于作为扩大再生产源泉的积累是来自简单再生产,没有积累就没有扩大再生产。其次是由于原有生产能力的维持,更新和利用,往往是同生产技术的更新和生产组织的改善联系在一起,其中就蕴含着扩大再生产的潜力,它与积累结合在一起,共同形成再生产规模的扩大。

扩大再生产是简单再生产发展的客观趋势和结果。因为生产是为了满足消费需要,人类为了提高消费水平,必然要不断地积累生产经验,改善生产工具,提高劳动生产率,增加积累,使生产规模扩大,生产出数量更多质量更好的消费品。社会分工和科学技术发展又为扩大再生产的实现提供了物质条件。

　　在现实经济生活中，一般地说，凡是增加新的投入、进行基本建设、新建工厂、扩建原有的工厂等行为都属于扩大再生产，而维持原有生产规模，对原有生产设备进行经常性的改造、维修，更换辅机配件以保持原有生产能力的活动都属于简单再生产。当然，这种划分并不是绝对的，在实际经济活动中简单再生产和扩大再生产总是相互联系、相互渗透混为一体，难以分解的。

　　根据简单再生产和扩大再生产相互关系的原理，在实际经济工作中处理二者的相互关系时，必须切实坚持先简单再生产，后扩大再生产的原则；先安排好当前生产，有余力再安排基本建设；先安排好更新改造，有可能再安排基本建设；先安排好设备维修，有必要再安排设备制造等等。这样，扩大再生产就能获得坚实的基础和可靠的保证。

　　社会生产总水平，既取决于当前生产规模的大小和生产能力是否充分发挥，又取决于通过基本建设所形成的新增生产规模的大小和新增生产能力发挥得如何。当前生产维持得越好，能力发挥得越充分，就越能为基本建设提供更多的积累和物质资料，基本建设的规模就能越大，所形成的新增生产能力也就越大，也就越能够促进当前生产更快速地发展。反之，如果偏重基本建设而忽视当前生产，其结果必然是如马克思所指出："有些事业在较长时间内取走劳动力和生产资料，而在这个时间内不提供任何有效用的产品；而另一些生产部门不仅在一年间不断地或者多次地取走劳动力和生产资料，而且也提供生活资料和生产资料。在社会公有的生产的基础上，必须确定前者按什么规模进行，才不致有损于后者。"① 基本建设属于马克思所说的前一类事业，当前生产则是属于后一类事业。如果把基本建设规模搞得过大，战线拉得太长，占有过多的物质资料和劳动力，这就必然挤了当前的生产和消费，导致现有生产能力不能充分发挥，当前的生产就受到损害。

三、扩大再生产的模式

　　扩大再生产分为外延的扩大再生产和内含的扩大再生产。马克思指出："积累，剩余价值转化为资本，按其实际内容来说，就是规模扩大的再生产过程，而不论这种扩大是从外延方面表现为在旧工厂之外添设新工厂，还是

---

　　① 《马克思恩格斯全集》第24卷，人民出版社1972年版，第396~397页。

从内含方面表现为扩充原有的生产规模。"① 又说:"如果生产场所扩大了,就是在外延上扩大;如果生产资料效率提高了,就是在内含上扩大。"② 由此可见,所谓外延的扩大再生产是指单纯地依靠增加生产资料和劳动力的数量,扩大生产场所而实现的生产规模的扩大,它是以向生产的广度发展为特征的,人们通常称其为"粗放型"的扩大再生产。一般说来,外延的扩大再生产有以下主要优点:第一,有利于建立新的生产部门,是调整与实现产业结构合理化的重要途径;第二,有利于在全国范围内实现生产力的合理配置和地区结构合理化,促进各个地区经济的共同发展;第三,有利于扩大劳动力就业,充分利用现有劳动力资源。

内含扩大再生产的主要优点在于:第一,可以广泛地采用新技术、新工艺和新的组织形式,以大幅度地提高劳动生产率;第二,可以节约投资,充分利用现有生产设备条件,提高经济效益;第三,可以在更高水平基础上实现生产要素优化结合,充分发挥现有生产要素的积极作用。

在社会再生产全过程中,两种模式不同的扩大再生产虽各具特色各有优点,相互不能替代,但是两者也不是截然分开,而是经常结合在一起。外延扩大再生产往往是同社会总劳动分配的进一步深化,生产专业化和联合化的加强,生产技术手段的提高,以及诸生产要素的改善等质的变化紧密结合在一起的。纯粹的外延扩大再生产在现实经济生产中是少见的。内含的扩大再生产也不可能完全排除资金、劳动力和生产资料的增加以及生产场所不同程度的扩大。因此在实际经济工作中,必须使两者很好地结合起来,在进行外延的扩大再生产时,要力求加强分工、专业化和协作,采用更先进的技术设备和工艺流程,以增加内含的扩大再生产的内容;在进行内含的扩大再生产时,也必须尽可能地增加投资,增加劳动力和生产资料,使生产场所有所扩大,在更大程度上增大生产能力。

社会再生产的两种模式不是固定不变的,它是随着社会生产的发展而不断发展变化的。在资本主义发展的早期,社会生产以手工劳动为主,生产力水平低,劳动生产率低,剩余产品少,这时简单再生产是社会再生产模式的特征形式。这一时期的扩大再生产基本上是外延性质的。第一次产业革命出现后,机器大工业的发展,使生产技术有了长足进步,社会再生产便逐步过

---

① 《马克思恩格斯全集》第 24 卷,人民出版社 1972 年版,第 356 页。
② 同上,第 192 页。

渡到以扩大再生产为主要特征。在以机器取代手工工具的机械化阶段，扩大再生产的外延因素占主要比重，内含扩大再生产只带有局部性质。其后，随着高效率的机器体系逐步取代低效率的机器体系，进入到全面机械化和自动化阶段，内含的扩大再生产所占的比重越来越大，社会扩大再生产便主要以内含扩大再生产为特征。可见，在社会生产力和科学技术发展的不同历史阶段，两种不同模式的扩大再生产所处的地位和起的作用是不同的。

即使在实行内含的扩大再生产为主时，也并不完全排除部分地区、部门以外延的扩大再生产为重点。这主要是因为某些国家由于地域辽阔，地区经济发展存在不平衡，因而会在一些地区实行以外延的扩大再生产为主，而在另一些地区则实行以内含的扩大再生产为主。部门之间，行业之间也可存在经济发展不平衡，一些部门和行业实行以外延扩大再生产为主的同时而另一些部门和行业则可能是以内含扩大再生产为主。究竟是实行以哪种扩大再生产为主，这不是由人们的主观意志决定的，而是由客观经济条件和经济运行规律所支配的。

第四节　社会生产的历史过程

一、社会生产的发展

（一）农业经济时代

人类是在地球史的新生代第四纪初期（离现在约一百万年）产生的。最初，人类的基本生产活动是食物采集，这是人们谋生的最原始的方式。由于采集野生植物并不是无止境的，或者受植物生长规律的自然限制，或者受各种突如其来的天体变化的影响，人们往往采集不到食物，这就促使人们开始学习打猎，以捕捉动物作为补充食物的来源。这是人类生产力发展最原始的时代——采集狩猎时代。

采集狩猎时代是人类生产力发展的原始和萌芽时期，人类对自然界的认识十分幼稚。这时的生产力水平是极其低下的，人们基本上被自然界控制，只能向自然界索取天然食物，劳动对象如供采集和狩猎的原始森林，供捕鱼的自然水域，也都是自然物，因而人类完全处于被动的地位。

火的发现和使用，是这个时期最伟大的发明，是人类生产力发展史上的

第一种能源。它变生食为熟食,扩大了食物的来源,对人类大脑和体质的发展有不可估量的意义;它给人类带来了光明和温暖,使人类得到了一种有效的御寒方法;它还可以帮助人类防御野兽的侵袭、进行围猎、烧烤木石来制造工具等,这就大大提高了生产力。所以恩格斯说:"就世界性解放作用而言,摩擦生火还是超过了蒸汽机。"① 火的使用是人类第一次获得了对自然的支配力,开始改变人在自然界中的地位。

人是制造工具的动物,对工具的制造和使用使人类最终摆脱了动物界。人类最早使用的工具是石器,采集狩猎时代属旧石器时代,这个时期制造的石器主要是砍砸器、尖状器、刮削器等,是一些十分简陋的和天然的碎裂石块差不多的工具。直到这个时代的后期,才开始有了加木柄的石斧、石铲等。

弓箭的发明是旧石器时代的伟大创举。它使人类的手延长了许多倍,可以在较短的时间打到较多的野兽,使人类征服自然的能力提高了一大步。弓箭已经具有动力、传动和工具三个"机器要素"的影子,大大扩展了人类活动的范围。

农业经济时代从新石器时代开始到近代产业革命前,是以农业为主的生产力发展阶段,它是人类生产力发展的初级阶段。

人类在采集食物的过程中,逐渐对植物生长规律有所了解,积累起初步的经验,开始掌握了农业的栽培技术,学会了进行农业生产,这时生产力的发展逐步由采集狩猎向原始农业过渡。

农业经济是以人们对自然规律的认识和了解为前提的,它改变了人与自然的关系,使人类由原先单纯对自然的顺从依赖,靠自然恩赐的消极被动地位,转变到可以利用和改造自然,能依靠自身力量进行物质生产的积极主动地统一。农业经济时代把人类社会的历史大大向前推进一步,是人类历史发展的一次巨大的解放。

从采集狩猎时代到农耕手工时代,是生产力发展史上的一次革命,大大改变了人类的社会生活。首先,农业生产为人类提供了较为稳定可靠的食物来源,使人类得以进入长期定居的生活;其次,由于农业为饲养业提供了物质基础,因而促进了畜牧业发展,同时也促进了制陶业、制革业、纺织业等家庭手工业的发展;最后,由于人们有了安居的生活,就促使人口大量地繁

---

① 《马克思恩格斯全集》第3卷,人民出版社1972年版,第154页。

第一章 社会生产与再生产

衍，从而为人类社会的发展开辟了一个新的局面。

在这个阶段，人与自然的关系虽有一定的转变，但这种转变还仅仅是个开始，人类社会尚未完全摆脱靠天吃饭的局面，抵御自然灾害的能力也是有限的，人类还在一定程度上受自然界的控制和摆布。

农业经济时代是手工工具时代，使用的手工工具，从新石器、青铜器到铁器。劳动对象也从过去大自然恩赐的天然动植物，逐渐固定在土地上，土地是这个时期人类财富的唯一代表。

新石器与旧石器的根本区别是磨光加工石器的产生，它的优点是可以比以前制作出更准确、更合于目的、更锋刃的石器工具，因而提高了使用效力，推动了生产力的发展。

在石器时代人们开始发现了金属矿石，熠熠发光的含铜矿石与石材不同，有较好的延展性。在人类掌握了火的使用技术后，就发现铜可以在高温下熔炼的秘密。到了新石器后期，人们开始对铜进行加工，人类社会逐步转入青铜时代。青铜的使用促进农业生产工具的发展，在原来石斧、石耜的基础上，增加了镢、铲、锄、犁等，耕作技术也有了相应的改进。

在青铜时代，人们发现了铁。但铁的熔点较高，因而只有到了有较高的冶炼技术时，铁才被冶炼使用。恩格斯指出："铁使更大面积农田耕作，开垦广阔的森林成为可能。"① 铁器的使用大大地扩大了农田耕地面积，提高了农业劳动生产率。它不仅使工具材料发生了质的变化，变得更加坚硬和锋利，而且使工具的组合变得更加复杂。

农业经济时代的劳动工具虽然不断进化，但始终是手工工具。

农业经济时代的资源开发主要依靠劳动力，也使用一些畜力，有时候还借助一些风力和水力。因此，农业经济的发展主要取决于劳动力资源的占有和使用。当时人类开发自然资源的能力有限，大多数资源尚未开发，不存在资源短缺现象，因而劳动力是主要争夺对象，有了劳动力就能开发自然资源，取得财富。古代战争的目的就是掠夺劳动力，西方发达国家过去长期贩卖奴隶，也就是这个原因。

农业经济的发展，也带来了经济结构的变化。早期的农业只限于种植粮食，随着人类对自然规律认识的提高和种植经验的积累，农业种植的品种不断增加和扩大，并且进一步扩展到林、牧、副、渔。同时，随着农业内部结

① 《马克思恩格斯全集》第21卷，人民出版社1972年版，第186页。

构的变化，社会分工也不断发展，出现了许多新的生产部门，如炼铁、煮盐、造纸、造船、缫丝、纺织、建筑等，形成了以农业为主包括国民经济许多部门的经济体系。

农业经济时代，科学技术有一定发展，除了掌握大量的农业生产技术外，还产生了内容丰富的阿拉伯天文、数学和医学，中国的指南针、纸张、火药和印刷术四大发明，这些都是农业经济时代科学技术的成就。但总的来说，这时的技术水平还比较低下，科学也还不发达，教育范围有限，文盲占大多数，人才基本上固定在一处，很难流动和发挥作用。因此，科学技术对生产力的发展虽有一定影响，但尚未成为生产力发展的重要因素。

总之，农业经济时代的生产力是手工生产力，手工工具日趋完善，从而为转化为机器生产奠定了基础。人们主要从事第一产业——农业，辅以手工业。科学技术有一定程度的发展，虽尚未构成生产力发展的因素，但为近代科学技术体系的产生准备了条件。

（二）工业经济时代

人类生产力的发展，到了18世纪，出现了工业革命。以前生产力的发展是以农业为代表的，那时虽然有若干工业部门，但都是手工工业。真正的大工业是在产业革命以后才出现的，这是一个以工业生产为主体，以机器大工业为基础的生产力发展的阶段，是完全不同于过去农业经济时代的工业经济时代。

工业经济的发展主要取决于自然资源的占有和配置，在国家自主的条件下，谁占有自然资源，谁就能够发展经济，取得财富。由于科学技术的发展，人类开发自然资源的能力不断增强，使大多数人类可以认识的资源都得到了充分地开发。但是，在这个时期，人类开发自然资源的目的是追求利润，而追求利润的目的又是没有止境的。这就形成了两个结果：一是争夺自然资源，从19世纪以来至今的世界战争，其主要目标是掠夺和占有自然资源。二是竭力挖掘自然资源，对资源乱采滥伐，造成资源的巨大浪费，甚至导致资源枯竭。

工业革命是以机器代替人力，机器是人手的延伸，使人们摆脱了繁重的体力劳动，拖拉机、车床代替了手工工具，汽车、轮船、火车、飞机代替了马车、木船等落后的交通工具。这场革命极大地提高了生产效率，增大了社会财富。

机器的出现，使生产工具发生了根本性的变化。机器是由发动机、传动

机、工作机三个环节组成的综合有机体。机器也是一种复杂的复合工具,但并非任何复合工具都是机器。机器与手工工具有本质区别,机器是三个环节的统一,而手工工具或者不完全具备这些环节,或者只有这些环节的萌芽,三者之间更缺少统一的和有机的联系。而且在机器刚刚出现不久,还出现了机器体系,所谓机器体系,是在同一生产过程中,顺次对劳动对象进行加工的一系列功能不同而又互相联结、互相补充的机器。由单个机器到机器体系,是生产工具的一大进步,它为下一步的生产自动化奠定了基础。

从传统的手工工业过渡到机器大工业是从纺织部门开始的。1733年发明了飞梭,1765年发明了多轴纺纱机,1784年发明了自动织布机,此后又不断完善。以机器代替手工工具虽然是从纺织业开始的,但它所引起的变化却不止限于一两个部门,而是波及整个工业部门,甚至影响到整个社会,形成了席卷世界的产业革命的浪潮。

机器的出现和使用,向能源提出了强烈的新要求,原先作为能源基础的简单自然力统统不适应了,工具与动力的矛盾促使人们去寻找新的能源和能源设施,这是工业经济中产业革命的由来。

在过去农业经济时代,生产力系统的变化最先发生在工具上,而在工具的变革中起关键作用的是制造工具的材料。材料不同,形成了生产力发展的不同阶段,即石器时代、青铜时代和铁器时代。工业经济与农业经济不同,这时起关键作用的已不再是材料,而是能源。能源及其装置的根本性变革,是推动工业经济发展的产业革命,并由此形成了生产力发展的不同阶段。史料证明,工业经济时代先后经历了两次产业革命,形成了两个时代:蒸汽时代和电力时代。

第一次产业革命是从18世纪中叶到19世纪70年代,重大的技术突破是蒸汽机、铁路和转炉炼钢。蒸汽机发明和使用是这个时代的标志,它不仅为人类提供了一种可以替代原来自然力的蒸汽动力,而且宣告了一个新的时代的开始。蒸汽作为动力装置有许多优越之处:(1)它创造了一个比过去具有更大能量、更大效力和更大规模的生产体系;(2)它能够受人控制,到处移动,不受地域限制,有利于生产力合理布局;(3)它可以普遍应用,特别是在作为生产和消费中心的城市应用;(4)使机械化交通工具的出现成为可能,为工业化进一步发展开辟了道路。

总之,蒸汽时代,从生产力各个因素到它们的组合,从产业结构到劳动方式,都发生了根本性的变化,从而触发了第一次产业革命。

第二次产业革命是从19世纪70年代到19世纪90年代末,重大的技术突破是电力、化学工业和汽车工业的发展。电力时代继承了蒸汽时代的特征,但它一方面发展了这些特征,另一方面又产生了一些新的特点,电力这种新的能源形式是当时最好的能量形式,它的优点是:(1)具有比蒸汽更大的能量,能更好地进行大规模的生产;(2)可以不受地域的限制,进行远距离的输送;(3)可以随意分割,灵活适应各种能量需要;(4)可以容易地转化为其他能量形式,如光能、磁能、化学能等;(5)可以利用过去无法利用或无法充分利用的能源,如水力(发电)、风力(发电)等。

电力的使用,对人类生产和生活有着十分重要的意义。首先,它导致了许多新的工业部门的产生,改进了工业结构。如采掘、炼钢、机器制造、重化工业,以及石油、汽车、飞机等需要较大能量和较集中生产的新的工业部门的产生。其次,它为人类带来了电灯、电话、电报、电车等各种电气产品,使社会生活发生了巨大的变化。最后,它为下一阶段的信息、电子、生物、航天等新的工业部门的产生创造了条件。因此,电力时代是工业经济时代生产力发展的新的阶段。

产业革命的发生,虽然最初的发动者是一些熟练工人和技术工人,但它不仅是少数人对改进技术的需要,而是人类对自然科学的进一步了解和掌握的结果。无论是机器、蒸汽、电力都离不开科学技术的发展。它们的产生同16世纪以来的自然科学的发展,和对自然神论思想禁锢的冲击是分不开的。没有近代数学、力学、机械学、热力学、化学,以及后来的电磁学等的建立,没有对自然进行考察的实验科学,就不可能有一系列产业革命的产生。所以,自然科学的发展是产业革命的先导,而产业革命的深入又促进了科学技术的进步。在这个时期,科学技术已成为生产力发展的重要因素。

近代科学体系的建立,改变了生产的管理。农业社会的管理是以经验为基础,工业社会由经验管理转向科学管理。到了电力时代,管理已完全建立在科学原理和科学手段的基础上。

管理的进步不仅表现在内涵上,而且表现在外延上,这时的管理已不仅是劳动管理,它还包括生产管理、资金管理、科技管理等。它也不仅是组织专业化协作,而且包括一定程度的结构设计、规模选择、布局决定和时间安排。总之,科学广义的管理,已由对劳动力的单一管理发展成为对生产力各种因素的复合管理。管理作为生产力的因素,是在工场手工业时出现的,但只有在机器大工业时期,才开始成为生产力系统中起重要作用的因素之一。

综上所述,工业经济是以机器体系为特征的,人类生产力由手工生产力上升为机器生产力,以此为轴心,产业结构由以农业为主体转变为以工业为主体,能源基础已不是简单的自然力,而是经过再开发的二次能源,劳动方式也不是个体农业和手工业,而是工厂制、公司制的集体劳动。总之,工业经济时代是以"机器—电力"技术体系取代"手工—体力"技术体系,从而实现了飞跃式的科技进步,使人类生产力又一次发生了巨大的质变。

(三) 知识经济时代

工业经济时代,经过一百多年的发展,到了20世纪40~50年代,日渐暴露出了它的局限和弱点。

首先,工业经济是自然资源消耗型经济,它所利用的动力,无论是蒸汽还是电力,都是以煤和石油作为燃料的,随着工业的扩展,煤和石油的消耗不断增加,结果出现了资源告罄的危机。20世纪70年代的石油危机,影响了整个世界经济的发展。石油输出国组织曾采取石油禁运的联合行动,使世界油价暴涨10多倍,西方工业化国家的经济顿时陷入极端混乱的状态。传统的工业经济在大量吞食资源的同时,又吐出了大量的污染物,污染大气,污染海洋,造成人类生活环境的恶化,给人类的生存造成威胁。这些情况说明,工业经济的发展,逐渐由繁荣走向危机,需要有新的生产力发展形态来代替。

其次,工业经济所以日益走向衰落,这主要是由于科学技术的发展,使传统工业日益显示出它的局限性。传统工业基本上是建立在20世纪的传统物理学和机械学的基础上的,20世纪的前30年,物理学发生了重大革命,随着相对论和量子力学的建立,热核物理和凝聚态物理的产生,传统的科学体系已处于落后状态。因此,按照传统科学体系建立起来的机械工业也就显出了它的局限性。这是因为传统物理学和力学强调的是机械运动、外力导向、宏观、线性,以及能源和资源的集中,按照这种观念模式所设计出来的机器,只能部分取代人的体力,而不能代替人的智力;只能单一操作,而无法建立自动化的生产体系。所以,当装有电子控制的四环节机器产生之后,传统的机器工业也就日趋落后,不能适应新的经济发展的需要。

此外,随着科学技术的发展和资源的紧张,人们开始寻求新的资源。20世纪40年代后期热核技术的产生,以及人类对太阳能、风能、地热能等新的能源的开发和利用,一个多元多极的能源时代正在到来,这就必然要使原有的能源体系发生一场新的革命。随着化学工业的发展和许多高分子合成材料与硅酸盐材料的出现,不仅克服了材料资源面临着未来发展的枯竭的矛

盾，同时也不断地改变着原有传统工业的材料结构。一个以钢铁为主要材料的金属材料时代，正逐渐被一个非金属的新材料时代所代替，这也说明传统工业经济时代将被一个生产力发展的新阶段所代替。

由于工业经济的衰落，人们开始研究和预测未来经济的走向。①

关于知识在经济中的作用，早在16~17世纪，就有人认识到知识是推动社会进步的杠杆。美国的弗兰西斯·培根在《新工业》中推出的"知识就是力量"的论断，扫除了妨碍科学技术发展的幻想和偏见，打破了中世纪的经院哲学、宗教唯心主义的枷锁。后来，马克思发现，科学知识获得了名副其实的使命，即成为生产财富的手段，成为致富的手段。但马克思的这一伟大发现，在当时并没有被人们所认识，这是因为当时社会还处于主要依靠自然资源来发展经济的工业经济时代。20世纪60年代以来，随着科学技术的发展，知识经济才逐渐被人们所认识。

最早使用知识经济一词的是联合国的研究机构，它在20世纪60年代初使用这一概念说明新型经济的性质。1962年美国经济学家弗里茨·马克卢普发表了《美国的知识生产和分配》一书，书中论述了知识和信息在经济中的作用，并且提出了"知识产业"的概念。1985年日本土界屋太一出版了《知识价值革命》一书，提出用"知识价值社会"取代"后工业社会"的概念。知识、技术、信息对经济发展的贡献越来越大，人们对知识经济的论述也越来越多。20世纪90年代初，美国阿斯奔研究所等单位联合组建信息探索研究所，在它出版的《1993~1994年年鉴》中，以《知识经济：21世纪信息时代的本质》为总标题。世界管理大师彼得·德鲁克在他的新作《后资本主义社会》中提出，我们正在进入"知识社会"，并且指出知识社会是以知识为核心的社会。1996年经合组织（OECD）发表了1996年科学、技术和产业展望的报告，其题目是"以知识为基础的经济"，给知识经济下

---

① 世界各国的专家对世界经济发展的趋势有许多说法。早在20世纪70年代初，美国安全助理布热津斯基在《两个时代之间——美国在电子技术时代的任务》中提出，我们面临一个"电子技术时代"。1973年，美国哈佛大学社会学教授丹尼·贝尔所著的《后工业化社会的到来——社会预测初探》，把未来社会称之为"后工业化社会"。1980年美国未来学家托夫勒在《第三次浪潮》中大力宣传"后工业经济"，并把它描写成"超工业经济"。1982年美国经济学家、未来学家奈斯比特在《大趋势》一书中，提出"信息社会"的概念。1984年美国企业家保罗·霍肯在他的《下一代经济》这本书中提出"信息经济"。1986年英国福莱斯特在《高技术社会》中提出，未来经济是"高技术经济"。1992年中国学者吴季松在联合国教科文组织的《国际社会科学》杂志第132期上撰文，提出"智力经济"的说法。1996年12月30日美国《商业周刊》发表一组文章指出，一种"新经济"已经形成。有些学者还从不同角度，使用"后资本主义社会"、"网络经济"、"数字化经济"等名称来描述未来的经济形态。

了明确的定义,第一次提出了这种新型经济的指标体系的测度。1997年2月美国总统克林顿在国情咨文中也采用了联合国研究机构提出的"知识经济"的说法。世界银行《1988年世界发展报告》题名为《发展的知识》。总之,知识经济概念的形成经历了一个过程,现在已成为被全球普遍接受的而且日益清晰的概念。

自从1946年美国莫尔学院的由1.8万个电子管组成的、重30吨、占地150平方米的第一台电子计算机问世以后,信息技术就以飞快的速度发展。1947年半导体晶体管的发明,导致了电子真空管的革命,20世纪60年代大规模集成电路的出现和小型计算机的发明,根本改变了电子技术的面貌,使它向着迅速微型化的方向发展。此后,根据摩尔(英特尔公司创始人)定律,微处理的功能大约每18个月提高1倍,90年代又建立了信息高速公路。这就形成了继农业革命和工业革命以后的,人类生产力发展史上的第三次革命——信息革命。

信息革命是知识经济时代的先导,这是因为:(1)信息技术是一种先导技术,它的革命引起了一系列高新科技的发展,形成了一场新的技术革命,这场新的技术革命与工业经济时代的技术革命不同,它不是生产力一种因素的变革,而是一场生产力系统的革命;它不是以科学技术在个别部门获得重大突破为先导,而是以科学同时在许多部门获得重大突破为先导。因此,信息革命是知识经济时代到来的前奏。(2)信息技术以及它所带动的高新科技的发展,是知识经济兴起的标志,知识经济的基本特征就是社会经济的信息化。(3)信息革命形成的信息产业是知识经济的先导产业,它激起了整个产业结构的变化,从而逐渐形成了一种新的经济形态。

随着信息革命及高科技革命的深化,知识经济的细胞开始出现并正在迅速发展,这表现在:(1)第二次世界大战以后,世界各国的高新科学技术日新月异,高科技向现实生产力的转化也越来越快,科学与经济的结合日益紧密,国际间科技与经济的交流不断扩大,产业技术升级也在加快。(2)西方发达国家都在加大对高科技的投资。科研经费占国内生产总值的比重,工业经济后期约为1%左右,现在已超过3%。美国对信息技术的投资,1990年首次超过其他基础工业。(3)高科技对经济增长的贡献率日益增长,在20世纪初约为5%~20%,到了70~90年代已提高到70%~90%。(4)随着新技术革命的展开,高科技产业迅速发展,它在国民经济中的比重不断增加。(5)劳动力的结构发生了重大变化,投入科技产业的劳动力高于投入

农业、工业的劳动力，白领工人超过了蓝领工人。(6) 为了加速科技的发展，许多国家都非常重视教育事业，把教育视为立国之本。

知识经济是人类社会经济发展的新的革命性的阶段，它脱胎于工业经济，与工业经济有诸多共同之处，但又有诸多不同于工业经济的特征。知识经济的特征主要表现在：(1) 从社会生产力系统（其中主要是生产工具系统）来看，农业经济是建立在手工工具系统基础上的，工业经济是建立在大机器工具系统基础之上的，而知识经济是建立在数字信息生产和传输工具系统基础之上的。(2) 从生产对生产要素的依赖程度来看，农业经济主要依赖于简单劳动的投入，工业经济主要依赖于资本的投入，而知识经济主要依赖于知识的投入；农业经济阶段的生产主要依赖于人的体力，工业经济阶段的生产虽然由于机器的采用而极大地降低了对人的体力的依赖，但是体力仍然生产的基础，体力供应对生产仍然具有不可替代的作用，而在知识经济阶段，生产不再依赖于人的体力，而是依赖于人的智力；农业经济依赖于土地资源的消耗，工业经济依赖于对矿物资源的消耗，而知识经济依赖的是智力资源的消耗，就是说在知识经济以前的经济发展阶段，主要依赖于对不可再生资源的消耗，知识经济所依赖的则主要是可再生资源，从这个意义上来讲，农业经济与工业经济都是高消耗经济，而知识经济则是低消耗经济。(3) 从产业结构的特征来看，农业经济是以第一产业和资源密集型产业、简单劳动密集型产业为主的产业结构，工业经济以是第二产业和资本密集型产业为主的产业结构，而知识经济是以服务业和知识密集型产业为主的产业结构。(4) 从就业结构来看，农业经济阶段的就业集中在农业部门，工业经济阶段的就业集中在工业部门，知识经济阶段的就业集中在知识产业部门。(5) 从资产和财富形态结构来看，农业经济的资产和财富主要是土地等自然资源，工业经济的资产和财富主要是资本，知识经济的资产和财富主要是知识。简言之，知识经济以前的经济发展阶段的资产和财富主要是有形资产和财富，知识经济阶段的资产和财富主要是无形资产和财富。(6) 从生产的社会化来看，农业经济阶段的生产社会化程度极低，分散的、孤立的小生产是其基本特征，工业经济阶段生产社会化程度迅速提高，工业经济的成熟阶段，生产社会化达到高度发展的水平，知识经济阶段的生产社会化则达到高度一体化的水平。

知识经济取代工业经济是一个长期的过程，只有在高度发达的工业经济的基础上才可能出现知识经济，对于尚未完成工业化的国家来说，最迫切的任务是加快完成工业化。但是，工业经济走向知识经济是经济长期发展的最终的、必然的结果。分析、掌握知识经济的运行规律将是经济学面临的新的任务。

二、劳动者和生产资料结合的不同社会形式

任何现实的社会生产都是劳动者同生产资料相结合的结果，但是劳动者和生产资料结合的社会形式却并不相同。人类社会发展到今天，已依次经历了原始公社制度、奴隶制度、封建制度、资本主义制度和社会主义制度。劳动者和生产资料相结合的生产形式的更迭从根本上来说，是由社会生产力的不断发展所决定的。

原始社会是人类历史上最长的一个发展阶段。在原始社会，生产工具极其简陋，生产力水平极为低下。当时，生产工具主要是石器，生产活动先是以采集和渔猎为主，后是以原始农业和畜牧业为主。由于生产力水平较低，单个人没有能力同自然界作斗争，而必须联合起来进行劳动，这种共同劳动决定了生产资料的共同占有。在原始公社中，除弓箭、戈矛等须随身携带，同时用作防御武器的工具为公社成员个人所有外，其他生产资料均为原始公社成员共同所有。原始社会的这种原始公社生产资料公有制是由当时生产力水平的极其低下所决定的。在原始公社中，有劳动能力的人都得参加劳动，人们之间的关系是平等的，没有一部分人剥削、压迫另一部分人的现象。由于生产力水平极低，没有剩余产品，对劳动成果只能实行平均分配，以勉强维持生存。总之，在原始社会，劳动者是在低层次上实现了同生产资料的直接结合，劳动者平均分享劳动成果。

到了原始社会末期，出现了金属工具，劳动生产率大大提高，提供了集体劳动过渡到个体劳动的可能，集体劳动逐渐过渡到个体劳动，生产资料也逐步由公有转为私有，原始公社制度趋于瓦解。社会生产力和社会分工的发展，使商品交换得以发展，氏族首领开始把公有财产当作私有财产来交换，私有制得到进一步发展。社会生产力和劳动生产率的提高，使人们可以生产出满足自身生存需要以外的剩余产品，这样战俘不再被杀掉，而是被氏族贵族当作生产工具使用，成了奴隶。氏族首领和少数占有大量生产资料和生活资料的富裕家庭为了占有更多的剩余产品和增加私人财产，极力扩大对奴隶劳动的剥削，成为依靠奴隶劳动为生的奴隶主，战俘和贫困家庭的成员沦为奴隶，被奴隶主当作生产工具，原始社会进入到奴隶社会。

在奴隶社会，奴隶主不仅占有土地和其他一切生产资料，而且直接占有劳动者——奴隶。奴隶主直接占有劳动者是奴隶制度区别于其他剥削制度的重要特点。奴隶主和奴隶之间是最露骨、最野蛮的统治与被统治、剥削与被剥削的关系。奴隶在政治上被剥夺了一切权利，他们没有人身自由，不被当作人看待，遭受奴隶主残酷的压榨；在经济上奴隶只被当作奴隶主的一种财产，当作会说话的工具，遭受残酷的剥削。在奴隶社会，奴隶主处于绝对的统治地位，他们对奴隶有绝对的支配权，可以任意打骂、统治、买卖，直到处死奴隶。奴隶在奴隶主的棍棒和皮鞭下被强制性地与奴隶主的生产资料结合在一起，为奴隶主创造财富。奴隶劳动的时间很长，劳动强度很高。奴隶主为了防止奴隶逃跑，往往给奴隶打上烙印，带上枷锁。奴隶创造的全部剩余产品都被奴隶主据为己有，而且连奴隶创造的一部分必要产品也被奴隶主占有，奴隶往往因食不果腹、睡眠不足和疲劳过度而过早地死亡。奴隶制度的出现是同当时生产力的发展水平相适应的，也促进了社会分工的发展，促进了生产工具和生产技术的改进和提高，因而促进了生产力的发展。但奴隶制度是人类历史上最残酷、最野蛮的剥削制度，奴隶被强制劳动，遭受非人的折磨，因而造成奴隶大批逃亡和起义。到了奴隶社会末期，奴隶主开始改变生产经营方式，把大块领地分成若干小块，以租佃的方式交给破产的农民和以前的奴隶耕种，规定他们按期交纳一定的产品，这样就出现了隶农制。隶农制是封建社会中农民的前身，隶农制的出现标志着奴隶制度开始解体和封建主义生产关系的萌芽。奴隶社会末期，奴隶大批起义。奴隶起义动摇了奴隶制度的基础，促进了封建主义生产关系的产生，对奴隶制度的瓦解起了决定性作用，为封建主义生产关系的发展开辟了道路。

在封建社会，占人口少数的地主阶级占有了大部分基本生产资料——土地，而占人口绝大多数的农民却只占有极少部分土地，许多农民完全没有土地。为了生存，农民不得不向地主租种土地。但农民耕种地主的土地在经济上是必须要付出代价的，这种代价一般有两种形式，一种形式是封建地主将其所有的土地分为封建地主的自营地和农民的份地，农民为封建地主无偿耕种自营地，农民获得份地；另一种形式是封建地主将全部土地都交给农民耕种，而农民则必须向封建地主缴纳地租。总之，农民要租种地主的土地就必须无偿地为地主进行劳动。封建社会的农民不同于奴隶社会的奴隶的主要方面是在于农民可以以一定的代价取得土地的使用权，因而可以建立起以个人劳动为基础的小私有经济。这样可以在一定程度上刺激农民的劳动兴趣，提高劳动生产率,但同时也将农民束缚在土地上,使农民依附于封建地主,从而有利于封建地主对农民的剥削和统治。封建地主对农民的剥削,不仅依靠土地所有权,而且还对农民实行超经济强制,即在农民对封建地主的人身依附关系的基础上,封建地主对农民人身的强制。由于农民拥有自己的小私有经济,如果不实行超经济强制,农民就不会无偿地为地主劳动。

封建地主对农民进行剥削的主要形式是封建地租,它是封建土地所有权在经济上的实现形式,集中地体现了封建地主和农民之间的剥削与被剥削、统治与被统治的关系。它包括徭役地租、实物地租和货币地租三种形式。封建地主收取地租主要是凭借土地所有权和借助于超经济强制。封建地租不仅包括农民的全部剩余劳动或剩余产品,往往还包括农民的部分必要劳动或必要产品。

封建生产关系是同当时的社会生产力发展水平相适应的,同时它也促进了社会生产力的发展。但封建生产关系对社会生产力的发展的促进作用是有限的。因为农民遭受封建地主的残酷剥削和压迫。仅能维持简单再生产,这样就阻碍了生产技术的改进;同时在封建社会,自然经济占据统治地位,也束缚了生产力的发展;加之在手工业部门封建行会的各种清规戒律的限制,技术的改进、生产的扩大都受到束缚。因此随着社会生产力的发展,封建生产关系就越来越不适应社会生产力进一步发展的要求。到了封建社会末期,随着商品生产和交换的扩大,自然经济逐渐瓦解,封建的人身依附关系逐渐削弱,资本主义生产关系开始萌芽。首先,由于小商品生产者的生产条件的差异,竞争导致小商品生产者出现两极分化,一部分生产条件好的变成了资本家,其他小商品生产者则破产,沦为雇佣工人。其次,在城市手工业中,一些生产条件好的行东富裕起来,变成了资本家,而其原来的帮工、学徒和在竞争中失败的行东及其帮工、学徒则沦为富裕行东的雇佣工人。最后,商业资本的发展,加速了小商品生产者的两极分化,而且商业资本(包买商)采取种种形式剥削和控制小商品生产者,使之丧失了独立地位沦为雇佣工人,而包买商则变成了工业资本家。同时,随着商品经济的发展,货币地租代替了实物地租,这样既使封建地主的贪欲增大,也使农民对封建地主的人身依附关系大大削弱,变成单纯的契约关系。由于地主的残酷剥削,农民中一部分人因交不起地租而沦为农村中的无产者——雇农;一部分农民变成了小商品生产者,小商品生产者的两极分化使一少部分人变成了资本家,大多数人则贫困破产,沦为雇佣劳动者。

连续不断的农民起义,沉重地打击了封建政权,动摇了封建制度的基础,但由于农民阶级不是新生产方式的代表,不能创建一种新的社会制度。由于封建生产关系阻碍了资本主义生产关系的发展,损害了资产阶级的利益,因此资产阶级迫切要求冲破封建制度的束缚。于是在封建社会末期,资产阶级利用农民、工人和其他劳动人民的力量,通过资产阶级革命,建立起了资本主义制度。

资本主义关系的基本特征是,资本家占有生产资料,他们凭借对生产资料的所有权而剥削雇佣工人;广大劳动者则一无所有,沦为雇佣工人,他们只能靠出卖自己的劳动力为生,劳动者被迫在资本家的监督下同资本家所有的生产资料结合在一起,为资本家生产剩余价值。资本主义生产关系是适应社会生产力发展的要求而产生的,而且对社会生产力的发展起了促进作用。但这种以生产资料资本家私有制为基础的资本主义制度同生产社会化和社会生产力的高度发展是相排斥的,因此资本主义经济制度必将为适合生产社会化和社会生产力高度发展的以生产资料公有制为基础的社会主义经济制度所代替。

三、生产关系适合生产力水平的规律

人类社会的经济运行经历了不同的具体形式,这不是由人的主观愿望所决定的,从根本上来说,是由生产关系一定要适合生产力水平的规律所决定的。

生产力与生产关系是社会生产的两个不可分割的方面。生产力是社会生产的物质内容,生产关系则是社会生产的社会形式。生产力和生产关系的对立统一,就构成社会生产方式。生产力和生产关系是相互联系、相互制约的,一方面生产力决定生产关系;另一方面生产关系对生产力具有反作用。

生产力决定生产关系,主要表现在两个方面:其一,有什么样的生产力,就要求有什么样的生产关系。在人类社会中,生产关系是在不断地发生变化的,这种变化是由社会生产力的发展变化所决定的。社会生产力的发展状况,决定了这个社会生产关系的性质。社会生产力发展了,必然要求生产关系发生相应的变化。其二,生产力的发展变化,会引起生产关系的相应变化。社会生产力总是处在不断的发展变化过程之中的,它是社会生产中最活跃、最革命的因素。社会生产力发生了变化,必然要引起生产关系的相应变化。这当然不是说,社会生产力一发生变化,生产关系会立即同步地发生变化，而是说，只要社会生产力发生了变化，最终会突破原有生产关系的限制，打破原有生产关系的藩篱，使旧的生产关系完全为新的生产关系所代替。生产关系的变化包括两种情况，一种情况是旧的生产关系为新的生产关系所取代，例如社会主义生产关系替代资本主义生产关系，生产关系的这种变化是彻底的、根本性的、革命性的；一种情况是生产关系在生产力发生变化的条件下，适应生产力的变化自觉地不断地调整、完善，例如社会主义生产关系的自我调整和完善，生产关系的这种变化是非本质性的、渐进的。生产关系的变化采取哪种具体形式，取决于社会生产力的发展水平和生产关系与生产力两者之间矛盾尖锐化的程度。但生产关系朝什么方向变化，以及生产关系的性质都是由社会生产力所决定的。生产力决定生产关系是生产力与生产关系的相互关系中最根本的方面。

但生产关系对生产力又具有反作用。当生产关系适合生产力的性质时，它会促进生产力的发展；当生产关系不适应生产力的性质时，生产关系就会束缚、阻碍生产力的发展。生产关系不适应生产力的性质，有两种基本情况：一是生产关系落后于生产力的发展；二是生产关系超前于生产力的发展。在前一种情况下，由于生产关系的落后达不到生产力发展的要求，对已处于较高水平的生产力的发展就会起阻碍作用；在后一种情况下，生产力的发展水平还达不到超前的生产关系的要求，或者说这种生产关系还不具备其建立、维持的生产力基础，因此对生产力的发展同样会起阻碍作用。无论是哪种情况，只要生产关系不适应生产力的性质，它就会阻碍生产力的发展。正因为生产关系对生产力具有反作用，所以，生产关系必须适合生产力的性质。

生产关系要适合生产力水平的规律反映了生产关系同生产力之间的本质联系，体现着生产关系和生产力之间相互关系的规律性。其含义是指：生产关系的性质一定要适合生产力的性质，生产关系的变化一定要适合生产力的发展变化。如果违背了这一规律，生产关系的性质不适合生产力的性质，那么这种生产关系就会阻碍生产力的发展，而且迟早要为同生产力性质相适合的生产关系所代替。如果生产关系的变化同生产力的发展变化不相适应，那么既存的生产关系必然会阻碍生产力的发展；如果生产关系的变化滞后于生产力的发展变化，这种过时的、落后的生产关系迟早会被新的、先进的生产关系所代替；如果生产关系的变化超过了生产力的发展变化，即使这种生产关系已经建立起来，由于缺乏生产力基础，因而也不可能长久保持下去。所

以，生产关系的性质和变化一定要适合生产力的性质和变化，这是人类社会发展的共同规律。

社会生产力不断向前发展，因而要求和导致生产关系发生相应的变化，从而使得人类社会的经济运行的具体形式不断发生更迭、变化。所以，人类社会经济运行的具体形式的演变，人类社会形态的演变，乃是生产关系一定要适合生产力水平的规律起作用的结果或表现。

本章主要名词概念

生产力　劳动过程　生产资料　劳动力　劳动资料　劳动对象　再生产　交换　分配　生产消费　个人消费　消费资料　分工　生产要素　必要产品　剩余产品　必要劳动　剩余劳动　第一次社会大分工　第二次社会大分工　生产关系

本章思考题与练习题

1. 物质生产过程有哪些基本要素？它们之间是什么关系？
2. 科学技术在社会生产过程中有什么样的作用？
3. 试述生产资料和劳动力相结合的社会形式及其不同类型。
4. 社会生产总过程包含哪些环节？它们相互之间是什么关系？
5. 分工在社会生产发展中的作用是什么？
6. 生产社会化的含义是什么？
7. 再生产有哪些类型？各自的特点是什么？
8. 扩大再生产有哪些类型？各自的特点是什么？
9. 农业经济、工业经济、知识经济各自具有哪些特点？
10. 试论生产力与生产关系的相互关系。

第二章 社会生产和再生产的经济形式

生产和再生产都是在一定的社会经济形式下进行的。迄今为止，人类社会生产和再生产经历了自然经济和商品经济两种经济形式。本章分析商品经济的性质及其产生和发展的过程；商品的性质和商品价值量的决定；商品价值形式及其演进，揭示货币的起源、本质和职能；阐述价值规律的含义和作用等，这些分析为对商品经济条件下经济运行的分析奠定了理论基础。

第一节 自然经济和商品经济

一、自然经济

自然经济和商品经济是人类社会已经经历的两种经济形式。商品经济是在自然经济的基础上产生和发展起来的。

自然经济是一种生产直接满足生产者自身的消费需要的自给自足的经济形式。在自然经济中，生产者进行生产的直接目的是为了满足生产者自身的消费需要，无论生产者生产什么，生产多少，都直接服从于生产者自身的消费需要，而不是为了满足交换的需要，也不是为了满足社会的需要。在自然经济中，几乎全部生产都是在生产单位内部进行的，每个生产者都是利用自己的生产资料和劳动力以及其他生产条件生产出满足自身需要的几乎全部产品。在自然经济中，生产者之间是分散的，生产规模狭小，互相封闭，很少发生经济联系。这样，先进技术的扩散就很慢，极大地限制了社会分工和专业化的发展。因此，导致社会生产力发展水平低下，且发展缓慢。所以，马克思说："由于一般自然经济的性质，所以，这种形式完全适合于为静止的

社会状态提供基础。"①

原始社会的经济基本上是自然经济,在奴隶社会、封建社会,自然经济都占统治地位。自然经济是同社会生产力发展水平低下和社会分工极不发达相适应的,但它也反过来阻碍了社会生产力的发展和社会分工的发展。只是到了封建社会末期,由于社会生产力的发展和社会分工的发展,自然经济才趋于瓦解,最终为商品经济所取代。

二、商品经济

商品经济是一种生产直接以交换为目的、社会经济关系商品化的经济形式。在商品经济中,生产者进行生产的直接目的是为了满足交换的需要,亦即为了满足市场的需要。市场需要什么就生产什么,生产什么、生产多少都取决于市场的需要,生产由市场调节。商品经济是以社会分工和生产专业化为基础的,而商品经济也反过来不断推动社会分工和社会专业化的发展,因而也推动着生产规模的不断扩大。在商品经济中,商品生产者之间存在着广泛而密切的经济联系,商品生产者同其他商品生产者的经济联系是其生存和谋求发展的前提条件;商品交换是商品生产者之间发生经济联系的基本途径,商品生产者正是通过,也只有通过在市场上进行商品交换而经常地、广泛地、密切地发生经济联系。

资本主义社会处于统治地位的经济形式是商品经济,这是一种建立在生产资料资本家私有制基础之上的商品经济。在社会主义社会,仍然存在商品经济发展的条件,处于统治地位的经济形式仍然是商品经济,但这是一种建立在生产资料公有制基础之上的商品经济。在当今世界,商品经济乃是处于统治地位的经济形式,但在少数不发达国家或地区,自然经济仍在一定范围内存在。

商品经济不是从来就有的。商品经济的产生和存在必须具备两个方面的条件:第一,存在社会分工。社会分工是商品经济产生的一般基础。在存在社会分工的条件下,生产者生产的是不同的产品,只有通过交换,他们才能取得各自所需要的由别人生产出来的产品,这样生产者之间才有把产品当作商品互相交换的必要;如果不存在社会分工,生产者生产的是相同的产品,他们之间就没有互相交换产品的必要。第二,产品分属于不同的所有者。仅

---

① 《马克思恩格斯全集》第25卷,人民出版社1974年版,第897页。

仅存在社会分工，产品并不一定要当作商品互相交换，如果产品不是分属于不同的所有者，那么产品也不会被当作商品来交换。正是因为产品分属于不同的所有者，产品才不会被商品所有者无偿地让渡出去，任何人要得到他人的产品，都必须以等量价值的产品去交换，也就是说产品被当作商品。总之，在产品分属于不同的所有者的条件下，任何人都只有以他的产品去交换别人的产品，只有通过商品交换，才能取得别人的产品，商品交换是产品所有者实现其产品所有权的基本途径。生产资料所有制关系决定着产品分配关系，在生产资料私有制经济中，产品分属于不同的所有者的根本原因是生产资料分属于不同的私人所有。商品经济产生和存在的这两个基本条件是缺一不可的，仅仅存在社会分工，产品归属于同一所有者，产品不会被当作商品来交换；产品虽分属于不同的所有者，但若不存在社会分工，也不会存在商品经济。

商品经济的产生和发展，直至取代自然经济而成为社会居统治地位的经济形式，是经历了一个漫长的历史演变过程的。

从自然经济发展到商品经济，商品经济从萌芽发展到简单的商品经济，再发展到发达的商品经济，是由社会生产力的不断发展所决定的，商品经济的发展是人类社会发展的一个必经阶段。商品经济取代自然经济不仅是生产由分散的孤立的个体小生产转变为社会化大生产的重要基础，而且是生产社会化程度不断提高的重要推动力量。商品经济的发展是由社会生产力的发展所决定的，但它反过来又不断推动着社会生产力的发展。

第二节 商　　品

一、商品的使用价值和价值

（一）商品的二因素：使用价值和价值

什么是商品呢？商品首先应该是一种物品，它要能够满足人们的某种需要。商品的这种能够满足人们的某种需要的属性，就是商品的使用价值。商品具有什么样的使用价值，是由商品的自然属性（包括物理的、化学的、生物的属性，等等）所决定的。不同种类的商品，具有不同的自然属性，因而具有不同的使用价值。例如，粮食可以满足人们充饥的需要，衣料可以

满足人们蔽体御寒的需要,自行车可以满足人们行走便捷省力的需要。一种物品往往具有多种多样的自然属性,能够满足人们多方面的需要,因此其使用价值是多方面的。同一物品多方面的自然属性,多方面的使用价值,往往是随着人们的生产实践和科学技术的发展而被发现和加以利用的。人们的生产实践经验越丰富,科学技术越发达,一种物品越能被发现有更多的用途,具有更多的使用价值。例如石油,过去人们只知道可以用它作燃料,随着生产实践和科学技术的发展,现在已能从石油中提炼出多种化工产品,用途越来越广泛。

物品要成为商品,它还必须是可以用来交换的,能交换到别的物品,也就是必须具有交换价值。交换价值就是一种使用价值同另一种使用价值相交换的数量上的关系或比例。例如1把斧子换20斤大米,20斤大米就是1把斧子的交换价值。

可是相交换的商品,斧子和大米,是两种不同的物品,那么它们为什么能够按照一定的比例互相交换呢?既然它们能够互相交换,就表明在它们之间存在着某种共同的东西,那么这种共同的东西是什么呢?有些资产阶级经济学家认为这种共同的东西是商品的效用,即商品的使用价值。他们认为,商品的交换价值是由使用价值所决定的,商品的效用越大,其交换价值就越大,效用越小,交换价值就越小。这种观点显然是不对的。因为不同商品的使用价值在质上是不同的,不同质的东西在量上是无法进行比较的。例如粮食和衣服各有不同的使用价值,粮食可以充饥,衣服可以蔽体御寒,我们不能说粮食的效用比衣服大,也不能说衣服的效用比粮食大。因此,不同的商品能够互相交换,其所具有的共同的东西不是使用价值。马克思说,"这种共同东西不可能是商品的几何的、物理的、化学的或其他的天然属性。"①实际上,不同的商品之所以能互相交换,恰恰在于抽去了它们不同的使用价值,只要比例适当,不管使用价值有多大的差别,不同的商品都可以互相交换。那么这种共同的东西不是使用价值,又是什么呢?如果我们撇开了商品的使用价值,商品就只剩下一种属性,即它们都是劳动产品,在它们的生产上都耗费了人类劳动。这里所说的劳动已不是某种具体形式的劳动,而是指撇开了劳动的具体形式的一般人类劳动,一切商品都凝结着这种人类劳动。这种凝结或物化在商品中的一般人类劳动,就是商品的价值。因此,不同的

---

① 《马克思恩格斯全集》第23卷,人民出版社1972年版,第50页。

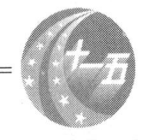

商品之所以能够互相交换,是因为它们都耗费了人类劳动,都包含着价值这个共同的东西。它们能够按照一定的数量比例进行交换是因为它们包含着同质的但不同数量的人类劳动,是因为它们包含着大小不等的价值,商品价值的大小决定着商品之间交换的量的比例。这就是说,价值是商品的内在属性,是交换价值的内容和基础,交换价值是价值的表现形式。因此,商品的二因素,从表面上来看是使用价值和交换价值,在本质上则是使用价值和价值。

使用价值是商品的自然属性,价值是商品的社会属性。商品以各自的价值为基础进行的交换,实际上是商品生产者互相交换劳动。因此,价值体现着商品生产者互相交换其劳动的关系。价值是商品的特有的属性,也是商品的本质属性。

一切商品都包含着使用价值和价值二因素,都是使用价值和价值的统一体。一种物品如果没有使用价值,就是无用之物,就没有人需要它,因而不可能有价值,即使在这种物品的生产上耗费了大量劳动,这些劳动也是白费,不能形成价值。因此,没有使用价值的东西不能成为商品。有些物品有使用价值,但不是劳动产品,其中没有凝结人类劳动,因而没有价值,当然也就不是商品,例如,空气、天然水、阳光、处女地等。有些物品有使用价值,也是劳动产品,但只是供生产者自己消费,其中耗费的劳动也不形成价值,因而也不是商品。例如,农民自己生产的用来满足自己需要的粮食等。有些物品有使用价值,而且也是交与别人使用的,但并不是通过交换,而是无偿提供的,耗费在其中的劳动也不形成价值,它们也不是商品,例如,在封建社会,农民向封建主缴纳的实物地租——粮食,等等。总之,只有同时具有使用价值和价值的东西,才是商品。

使用价值和价值是统一的,又是相互矛盾的。矛盾的一面表现在,对商品的生产者来说,其生产商品是为了交换,对他有意义的只是商品的价值,对商品的购买者来说,他购买商品是为了满足生活或生产消费的需要,他所需要的是商品的使用价值。商品生产者要实现商品的价值,他就必须让渡商品的使用价值;商品购买者要获得商品的使用价值,他就必须支付这个商品的价值。商品交换中的任何一方,都不可能既占有商品的使用价值,同时又得到商品的价值。商品生产者只想尽可能多地得到商品的价值,而商品的买者则只想尽可能多地得到使用价值。只是因为使用价值是价值的物质承担者,商品生产者才不得不关心商品的使用价值,而具有使用价值的商品并不一定能顺利实现其价值。如果商品生产者生产出来的商品不能顺利地到达消

费者手中，具有使用价值的商品的价值就得不到实现。在商品交换遇到困难的时候，商品的使用价值与价值的矛盾就充分地暴露出来。

(二) 生产商品的劳动的二重性：具体劳动和抽象劳动

商品的二因素是生产商品的劳动的二重性的反映。马克思说："既然商品是二重物——使用价值和交换价值，那末，体现在商品中的劳动也必然具有二重性。"① 生产商品的劳动，一方面是具体劳动，另一方面是抽象劳动。

要生产各种不同的使用价值，就要进行不同的特定种类的劳动，例如，生产衣服要有裁缝的劳动，生产桌子要有木匠的劳动，等等。这些劳动都是在特定的形式下进行的，就是说劳动的对象、目的、方法、手段和结果等都是不同的。不同的使用价值体现着不同的劳动，是不同的特定形式的劳动的结果。马克思说："由自己产品的使用价值或者由自己产品是使用价值来表示自己的有用性的劳动，我们简称为有用劳动。"② 有用劳动是具有特定的具体形式的劳动，因此又叫具体劳动。具体劳动创造商品的使用价值。

商品使用价值的多样性是生产商品的具体劳动的多样性的体现，正是生产商品的具体劳动的多样性，决定了商品使用价值的多样性，各式各样的具体劳动，分门别类，形成社会分工。具体劳动的种类又是随着社会生产力的不断发展和社会需要的变化而不断发展变化的，具体劳动种类越多，意味着使用价值种类越多，社会分工越发达。

具体劳动过程也就是人们利用、改造自然物质，使之适合人们需要的过程，它反映人和自然的关系。在任何社会，人类要生存和发展，都必须从事各种各样的具体劳动，生产出各种各样的使用价值，来满足人们各种各样的需要。具体劳动是人类社会存在和发展的永久条件。

生产商品的劳动在具体形式上各不相同，但它们生产出来的各种商品却可以互相交换，这说明，生产商品的劳动，除作为具体劳动具有不相同的一面以外，还有共同的一方面。那么，这种共同的一面是什么呢？从裁缝劳动和木匠劳动来看，各有不同的目的、方法、对象、手段和结果，但在劳动中都要消耗自己的劳动力，即消耗自己的体力和脑力。马克思说："如果把生产活动的特定性质撇开，从而把劳动的有用性质撇开，生产活动就只剩下一点：它是人类劳动力的耗费。"③ 这种撇开了劳动的具体形式的无差别的一

---

① 《马克思恩格斯选集》第 4 卷，人民出版社 1995 年版，第 577 页。
② 《马克思恩格斯全集》第 23 卷，人民出版社 1972 年版，第 55 页。
③ 同上，第 57 页。

般人类劳动,就是抽象劳动。抽象劳动就是生产商品的劳动的共同的一面。抽象劳动创造商品的价值。正是因为生产商品的劳动作为抽象劳动具有同一性,才使各种商品的价值可以相互比较。说商品价值是人类劳动的凝结,指的就是抽象劳动的凝结;说劳动是价值的源泉,就是指抽象劳动构成商品价值实体。

抽象劳动是商品生产所特有的范畴。因为只有在劳动产品成为商品的条件下,服从于交换的需要,要比较不同的商品的价值的大小,即比较在商品生产上所耗费的人类劳动的多少,才有必要将各种不同的具体劳动化为同质的抽象劳动。如果不进行商品交换,就没有必要把具体劳动化为抽象劳动。由此可见,抽象劳动是人类劳动的一种特殊的社会形式,它体现着商品生产者之间通过商品交换而相互交换自己劳动的社会关系,是一个历史范畴,而不是永恒范畴。

具体劳动和抽象劳动是生产商品的同一劳动的两个方面或两重属性,而不是两次劳动,更不是两种劳动。商品的二因素是由生产商品的劳动的二重性所决定的。具体劳动创造商品的使用价值,抽象劳动形成商品的价值。马克思说:"一切劳动,从一方面看,是人类劳动力在生理学意义上的耗费;作为相同的或抽象的人类劳动,它形成商品价值。一切劳动,从另一方面看,是人类劳动力在特殊的有一定目的的形式上的耗费;作为具体的有用劳动,它生产使用价值。"①

商品的使用价值和价值的矛盾,反映了生产商品的劳动的二重性,即具体劳动和抽象劳动之间的矛盾。具体劳动创造商品的使用价值,这是产品成为商品的物质前提;但是商品生产者所进行的这种具体劳动只有能够顺利地转化为抽象劳动,商品的价值才能得到实现,如果具体劳动不能还原为抽象劳动,具有使用价值的产品就不能实现其价值,产品就不能转化为商品。具体劳动同抽象劳动的矛盾正是通过使用价值和价值的矛盾反映出来的,或者说商品的使用价值同价值之间的矛盾源于具体劳动和抽象劳动之间的矛盾。

劳动二重性学说是由马克思首先批判地创立的。资产阶级古典政治经济学家虽然初步提出了劳动创造价值的理论,但由于他们不懂得劳动的二重性,也就不能了解什么劳动形成价值。他们的劳动价值理论不仅很不完善,

---

① 《马克思恩格斯全集》第23卷,人民出版社1972年版,第60页。

而且充满着矛盾。正是马克思创立了科学的劳动二重性学说,才科学地回答了什么劳动创造价值的问题,才使劳动价值论有了坚实的科学的基础。正是在劳动二重性学说的基础上,马克思科学地说明了资本主义生产过程的二重性、不变资本与可变资本、资本有机构成以及资本积累理论等。马克思主义政治经济学的重大理论问题,都与劳动二重性学说有着密切关系,因此掌握劳动二重性学说对于掌握马克思主义政治经济学是十分必要和极为重要的。马克思曾说,劳动二重性学说"是理解政治经济学的枢纽"①。

(三)生产资料私有制商品经济的基本矛盾:私人劳动和社会劳动

前面已经说明,商品经济存在的基本条件,一是社会分工,二是产品分属于不同的所有者,在以生产资料私有制为基础的社会中,生产资料和产品属于独立的私人所有。由于社会分工,每个商品生产者生产的商品都是为了满足别人的需要,他自己所需要的产品则由其他商品生产者来供给。因此,在存在社会分工的条件下,商品生产者之间是相互联系、相互依存的,每个商品生产者的劳动都应具有社会性质,应是整个社会总劳动的一部分。但在私有制商品经济中,每个商品生产者生产什么、生产多少、何时生产,都是他的私事,经济决策是由独立的私人商品生产者分散地作出的,生产出来的产品归私人所有,因此商品生产者的劳动又首先直接表现为私人劳动。这样私人劳动同社会劳动便出现了矛盾。

私人劳动和社会劳动之间的矛盾,只有通过商品交换才能得到解决。在商品交换中,各种具体形式的私人劳动是无法进行量的比较的,它们只有作为一般的人类劳动才能进行量的比较,这就是说要将具体劳动化为抽象劳动。

商品生产者的劳动能否为社会所承认,私人劳动能否转化为社会劳动,取决于他所生产的商品是否符合社会需要,能否卖得出去。如果他生产的商品不为社会需要,卖不出去,那么他在商品上所耗费的劳动就不能化为抽象劳动,就是说具有使用价值的东西不能实现其价值。这说明在以生产资料私有制为基础的商品经济中,商品内部使用价值和价值的矛盾是具体劳动和抽象劳动矛盾的反映,而具体劳动和抽象劳动之间的矛盾则是私人劳动同社会劳动之间矛盾的反映。所以,私人劳动和社会劳动的矛盾是以私有制为基础的商品经济的基本矛盾。

---

① 《马克思恩格斯全集》第23卷,人民出版社1972年版,第55页。

第二章　社会生产和再生产的经济形式

二、商品价值量的决定

(一) 商品的价值量由生产商品的社会必要劳动时间来决定

商品的价值是人类抽象劳动的凝结，因此，商品的价值量就是凝结在商品中的劳动的量。马克思指出，商品的价值"是用它所包含的'形成价值的实体'即劳动的量来计量。劳动本身的量是用劳动的持续时间来计量，而劳动时间又是用一定的时间单位如小时、日等作尺度"①，劳动时间是测量商品价值量的天然尺度。因此，商品的价值量就取决于生产该商品所耗费的劳动时间的多少。生产某种商品耗费的时间越多，它的价值量就越大；反之，则越小。

我们知道，生产同种商品，不同的生产者所耗费的时间是不一样的。既然商品的价值是由生产商品所耗费的劳动时间来决定，那么，是不是生产者的生产条件越差，技术越不熟练，生产者越懒惰，生产商品所耗费的时间因而越多，其商品价值量就越大呢？当然不会是这样。因为形成商品价值的劳动是相同的人类劳动，是同一的人类劳动力的耗费，因此，商品的价值量不能由个别生产者生产商品所耗费的劳动时间即个别劳动时间来决定，而应该由生产该商品所必需的平均必要劳动时间，即社会必要劳动时间来决定。

那么什么是社会必要劳动时间呢？马克思说："社会必要劳动时间是在现有的社会正常的生产条件下，在社会平均的劳动熟练程度和劳动强度下制造某种使用价值所需要的劳动时间。"② 在这里，现有的社会正常的生产条件是指现时某一生产部门平均的生产条件，或大多数产品的生产者所具有的生产条件，其中最主要的是劳动工具的状况。

商品的价值量决定于生产商品的社会必要劳动时间，对商品生产者具有极其重要的意义。如果商品生产者的个别劳动时间等于社会必要劳动时间，那么，他的商品按社会必要劳动时间决定的价值量交换出去，他在生产该商品上所耗费的劳动就恰好能得到全部补偿；如果商品生产者的个别劳动时间大于社会必要劳动时间，那么，他的商品按社会必要劳动时间决定的价值量交换出去，他在生产该商品上所耗费的劳动就有一部分得不到补偿，实际上就是以较多的劳动换取较少的劳动，因而在市场竞争中就会处于不利地位；如果商品生产者的个别劳动时间小于社会必要劳动时间，那么，他的商品按

---

①② 《马克思恩格斯全集》第23卷，人民出版社1972年版，第51~52页。

社会必要劳动时间决定的价值量交换出去,他在生产该商品上所耗费的劳动不仅可以得到全部补偿,而且可以获得超额收入,实际上就是以较少的劳动换取较多的劳动,因而在市场竞争中就处于有利地位。

(二) 影响商品价值量的两个最基本的因素

所有影响生产商品的社会必要劳动时间长短的因素都会影响到商品的价值量的大小,但劳动复杂程度的高低和劳动生产率的高低乃是影响商品价值量的两个最基本的因素。

1. 劳动的复杂程度与商品的价值量

生产商品的劳动有简单劳动与复杂劳动之分。所谓简单劳动,是指人的简单劳动力的耗费,即不经过专门的训练和学习,每一个正常人都能从事的劳动。所谓复杂劳动,是指人的复杂劳动力的耗费,即必须经过专门的训练和学习,具有一定知识和技能的人才能从事的劳动。例如挑水和制造钟表的劳动,前者属于简单劳动,后者属于复杂劳动。

简单劳动和复杂劳动的区别是相对的。随着劳动者技能的普遍提高,科学技术的不断发展和其在生产中的应用,过去的复杂劳动可以变成简单劳动,整个社会的简单劳动的标准会比过去提高。但就一定时期来说,简单劳动与复杂劳动的差别总是存在的。

简单劳动和复杂劳动在同一时间内所创造的价值是不等的。复杂劳动在同一单位时间内所创造的价值可以是简单劳动创造的价值的若干倍。马克思说:"比较复杂的劳动只是自乘的或不如说多倍的简单劳动,因此,少量的复杂劳动等于多量的简单劳动"。[①] 既然复杂劳动与简单劳动在同一时间所创造的价值不相等,那么就应将两者换算为统一的标准进行比较。怎样换算呢?只能是以简单劳动为标准,将复杂劳动换算为简单劳动,以进行比较,因此商品的价值量是以社会必要的简单劳动量为单位来确定的。谁来把复杂劳动换算为简单劳动呢?这种换算并不是由商品生产者自觉地进行的,而是"在生产者背后由社会过程决定的,因而在他们看来,似乎是由习惯决定的。"[②]

2. 劳动生产率与商品的价值量

商品的价值量是由生产商品的社会必要劳动时间所决定的。生产商品的社会必要劳动时间不变,商品的价值量也不变,但随劳动生产率的变化,生

---

①② 《马克思恩格斯全集》第23卷,人民出版社1972年版,第58页。

产商品的社会必要劳动时间也会发生变化,因而会引起单位商品价值量的变化。

劳动生产率是生产者生产某种使用价值的效率,通常是以单位时间内生产的产品数量来表示。单位时间内生产的产品数量越多,劳动生产率就越高;单位时间内生产的产品数量越少,劳动生产率就越低。劳动生产率的计算公式可表示为:

$$劳动生产率 = \frac{产品量}{劳动时间}$$

劳动生产率的高低取决于多种因素,其中主要有:生产资料(特别是其中的生产工具)的规模和效能,科学技术的发展水平,劳动者的平均熟练程度,生产过程的社会组织,以及自然条件等。在不同的生产部门,各因素对劳动生产率的影响是不同的,例如自然条件对加工工业部门劳动生产率的影响较小,而对农业和采矿业部门劳动生产率的影响比较大。

劳动生产率是指具体劳动的生产率,因此,无论劳动生产率发生了怎样的变化,同一劳动在同一时间内所形成的价值量是不变的。但单位商品的价值量则会随着劳动生产率的变化而变化。劳动生产率越高,在同一时间内生产的使用价值就越多,生产单位商品所耗费的劳动时间就越少,这样单位商品的价值量就越小;相反,劳动生产率越低,在同一时间内生产的使用价值就越少,生产单位商品所耗费的劳动时间就越多,这样单位商品的价值量就越大。因此,马克思说:"商品的价值量与体现在商品中的劳动的量成正比,与这一劳动的生产力成反比。"①

在以上所说的关系中,劳动时间指的是社会必要劳动时间。这里所讲的劳动生产率和商品价值量的关系,是就生产同种商品的整个部门而言的,是生产同种商品的部门劳动生产率和单位商品价值量之间的关系,如果就一个部门内部各个生产者劳动生产率的差别而言,劳动生产率高的生产者,其单位商品所含个别劳动时间少于社会必要劳动时间,在商品交换中,他仍可按由社会必要劳动时间决定的价值量进行交换,这意味着他以较少的劳动时间获得了更多的价值;相反,劳动生产率低的生产者,其单位商品所含个别劳动时间多于社会必要劳动时间,但也只能按由社会必要劳动时间所决定的价值量进行出售,这样,他花费较多的劳动时间却只能获得较少的价值。因

---

① 《马克思恩格斯全集》第 23 卷,人民出版社 1972 年版,第 53~54 页。

此，就出现了虽然劳动生产率与商品价值量成反比，但商品生产者却要努力提高劳动生产率的现象。

第三节 货 币

一、商品价值形式的发展与货币的产生

商品是使用价值和价值的统一体，商品的使用价值是可以感觉得到的，而商品的价值则是看不见摸不着的。就孤立的一件商品，无论我们怎样将之颠来倒去，也看不到它的价值。因为商品的价值是一般人类劳动的凝结，是商品的社会属性，只有在商品与商品的社会关系即交换关系中，才能表现出来，所以，交换价值是价值的表现形式。

研究价值形式，考察价值形式的发展，目的在于揭示货币的起源和本质。价值形式的发展和商品交换发展的历史过程是一致的，经历了由低级阶段向高级阶段发展的过程。价值形式的发展依次经历了四个阶段：简单的、个别的或偶然的价值形式；总和的或扩大的价值形式；一般价值形式；货币形式。

（一）简单的、个别的或偶然的价值形式

这种价值形式是与最初的直接的物物交换相适应的，在原始社会后期，出现了剩余产品交换，但当时人们还不是为交换而生产，而只是将偶尔多余的产品用来交换，因此交换带有偶然的性质。同这种偶然的直接的物物交换相适应，产生了简单的、个别的或偶然的价值形式，即一种商品的价值偶然地表现在另一种商品上。如1只绵羊偶然地同2把斧子相交换，用等式可表示为：

$$1 \text{ 只绵羊} = 2 \text{ 把斧子}$$

在这个价值形式中，等式两边的商品所处的地位和所起的作用是完全不同的。绵羊处于主动地位，它通过斧子表现自己的价值；斧子则处于被动地位，它只是表现绵羊价值的材料。绵羊的价值借助于斧子相对地表现出来，它的价值表现为相对价值，或曰处于相对价值形式；斧子不表现自己的价值，只是充当表现绵羊价值的材料，证明绵羊有同自己相等的价值，它起着等价物的作用，或曰处于等价形式。

第二章 社会生产和再生产的经济形式

相对价值形式与等价形式是价值形式的两极，它们既互相依存、互为条件，又互相对立、互相排斥。没有等价形式就没有相对价值形式，没有相对价值形式也就无所谓等价形式，两者谁也离不开谁，两者互相依存，互为条件。但是在同一价值关系表现中，同一商品只能处在价值形式的一极，它不能同时既处于相对价值形式，又处于等价形式，而只能是或者处于相对价值形式，或者处于等价形式，因此两者又是互相对立、互相排斥的。

我们再来分别考察价值形式的两极。

我们首先考察相对价值形式。一个商品的价值，只有通过和另一种商品发生交换关系才能表现出来。绵羊只有和斧子相交换，它的价值才能被相对地表现出来。两种不同的商品之所以能按照一定的比例互相交换，是因为它们都是劳动产品，都凝结着一般人类劳动，都具有价值。所以，两者的这种关系是一种价值关系。在绵羊和斧子的价值关系中，斧子是表现绵羊价值的材料，斧子是用自己的使用价值表现绵羊的价值，斧子的自然形式成了绵羊的价值形式。

价值形式不只是表现价值，而且要表现一定量的价值即价值量。1只绵羊和2把斧子相等，就表明1只绵羊和2把斧子耗费了同样多的社会必要劳动时间。由于生产商品所需的社会必要劳动时间随劳动生产率的变化而变化，因此，商品价值的相对表现会受到影响。由于商品价值量的变化很复杂，商品价值量的变化与商品的相对价值的变化可能一致，也可能不一致。

我们再来考察等价形式。等价形式就是一种商品充当价值的代表，能够与另一种商品直接交换的形式，这种商品称为等价物。例如，斧子直接用来交换绵羊，充当表现绵羊价值的材料，就像镜子一样，用它来反映绵羊看不见摸不着的价值。处于等价形式的商品之所以能表现别种商品的价值，是因为它自己也有价值，不过，它是用自己的使用价值来表现别种商品的价值，而不是用使用价值来表现自身的价值。处于等价形式的商品具有三个特点：第一，使用价值成为它的对立物——价值的表现形式。处于等价形式的商品（斧子）是用它的自然形式即使用价值来表现别种商品（绵羊）的价值，而不能表现自身的价值。第二，具体劳动成为它的对立物——抽象劳动的表现形式。这是与第一个特点相联系的，处于等价形式的商品（斧子），本身也是一定具体劳动的产品，但当它处于等价形式时，它就成了直接表现别种商品（绵羊）价值的材料，所以生产这种商品的具体劳动也就成了抽象劳动的表现形式。第三，私人劳动成为它的对立物——直接的社会劳动的表现形

式。在以私有制为基础的商品经济中,生产各种商品的劳动都是私人劳动,一旦商品(斧子)处于等价形式,作为等价物而同别种商品直接交换时,这种私人劳动就成为直接的社会劳动了。

从对简单价值形式的考察可以看出,处于相对价值形式的商品,只是直接作为使用价值出现的,它的价值表现在另一种商品上;而处于等价形式上的商品,只是作为价值,它的使用价值成了表现另一种商品价值的材料。这样,商品内部使用价值与价值之间的矛盾,现在就表现为两个商品的外部对立,即处于相对价值形式上的商品与作为等价形式的商品之间的对立。

简单价值形式已经包含了一切价值形式的本质规定,已经隐藏着货币形态的秘密,是价值形式进一步发展的基础。但在简单价值形式中,处于相对价值形式的商品的价值只表现在一种商品上;处于等价形式的商品或作为等价物的商品,只是个别的等价物。这样,价值作为无差别的人类劳动的凝结物这一点就得不到充分表现。所以简单价值形式是很不充分的,需要进一步发展。

(二) 总和的或扩大的价值形式

随着社会生产力的发展和第一次社会大分工的出现,畜牧部落从其他部落分离出来,有些部落主要从事畜牧业,有些部落则主要从事农业。社会生产力的发展使可用于交换的剩余产品逐渐增加,商品交换也就进一步发展起来。有些商品不是偶然地和个别商品相交换,而是经常地和其他多种商品相交换。这样,一种商品的价值已经不再是偶然地表现在另一种商品的自然形式上,而是经常地表现在一系列其他商品的自然形式上,于是简单价值形式便发展为扩大的价值形式。用等式可表示为:

$$1\ \text{只绵羊}\begin{cases} =50\ \text{斤谷} \\ \text{或} \\ =40\ \text{尺布} \\ \text{或} \\ =2\ \text{把斧子} \\ \text{或} \\ =1\ \text{两黄金} \\ \text{或} \\ =\text{其他种种商品} \end{cases}$$

在这里,绵羊不仅与斧子交换,而且与粮食、布、黄金及其他任何种商品相交换,绵羊的价值已经不是偶然表现在另一种商品上,而是表现在一系列其他种商品的自然形式上。价值被表现的这种商品,就取得了扩大的相对价值形式,作为等价物的已经不是一种商品,而是许多种不同的商品。谷、布、斧子、黄金等商品,则都处于等价形式上,都是绵羊的特殊等价物,充当表现绵羊价值的材料。这样,绵羊的价值作为无差别的人类劳动的凝结,才第一次得到真正地体现。因为现在它不是只和某一种具体劳动创造的商品建立相等的关系,而是和各种具体劳动创造的商品建立相等关系;同时,由于绵羊按不同的比例和各种商品交换,商品交换的量的比例也就同它们所包含的劳动的比例更加接近,商品交换的比例由它们所包含的价值量决定这一关系也得到充分地表现,商品的价值量能够更加准确地反映出来。

但扩大的价值形式仍然存在着局限性,扩大的价值形式所反映的商品交换,仍然是直接的物物交换,中间没有媒介物。尽管每种商品现在都有了一个扩大的价值形式。但是不同的商品是由不同系列的特殊等价物来表现它们的价值的,商品的价值还没有一个共同的统一的表现。这样就会经常使商品交换发生困难。例如,绵羊的所有者需要布,布的所有者却需要粮食,而不需要绵羊,如果粮食所有者需要绵羊,则绵羊的所有者要先用绵羊去换粮食,再用粮食会换布,才能得到自己需要的商品,而如果粮食所有者不需要绵羊,交换就困难了。这表明,要适应社会分工和商品交换的发展,扩大的价值形式还需要进一步发展。

(三) 一般价值形式

专门充当等价物的商品,不是人们主观设计出来的,而是在交换中自然而然地产生的。随着交换的发展,会有一种商品从其他商品中分离出来,成为所有商品的共同等价物,这种商品,并不一定是每个人都直接需要它,但却可以用它交换到自己所需要的任何商品。这样,人们就都愿意用自己的商品先与这种商品相交换,然后再用它换回自己需要的商品。这种商品就成了商品交换的媒介物,直接的物物交换逐渐过渡到通过媒介物的交换,一切商品的价值都通过这种作为一般等价物的商品来表现,这就是一般价值形式。假定作为一般等价物的商品是绵羊,一般价值形式用等式可表示为:

$$\left.\begin{array}{l}50\text{ 斤谷} = \\ \text{或} \\ 40\text{ 尺布} = \\ \text{或} \\ 2\text{ 把斧子} = \\ \text{或} \\ 1\text{ 两黄金} = \\ \text{或} \\ \text{其他种种商品} =\end{array}\right\} 1\text{ 只绵羊}$$

在这里，一切商品的价值现在都表现在从商品界中分离出来的唯一的、同一种商品（绵羊）上，马克思说："现在，商品价值的表现：1. 是简单的，因为都是表现在唯一的商品上；2. 是统一的，因为都是表现在同一的商品上，它们的价值形式是共同的，因而是一般的。"[①]

由扩大的价值形式到一般价值形式，不是简单的等式位移，而是价值形式发生了质的变化。在扩大的价值形式中，一种商品有许多等价物，没有一种统一的等价物；而在一般价值形式中，出现了共同的统一的等价物。过去的商品交换是直接的物物交换，现在由于从商品界分离出充当一般等价物的商品，商品交换成为通过媒介物而进行的交换。这样，不仅使商品的价值是一种社会属性得到进一步地表现，而且可以对商品价值量进行统一的比较和衡量。扩大的价值形式发展到一般价值形式，克服了扩大价值形式的缺点，在很大的程度上促进了商品交换的发展。

在一般价值形式中担任一般等价物的商品，已开始起着货币的作用。不过，这时一般等价物还没有固定在某一种商品上，往往因时、因地而异，因而仍然有碍于商品交换的发展。

（四）货币形式

随着社会生产力的不断发展和社会分工与商品生产的进一步发展，商品交换的范围不断扩大，商品交换的种类不断增加，这就越来越要求将一般等价物固定在一种商品上。当贵金属从商品界分离出来固定地充当一般等价物时，它就成了货币，价值形式就从一般价值形式发展到货币形式。货币形式用等式可表示为：

[①] 《马克思恩格斯全集》第23卷，人民出版社1972年版，第81页。

$$
\left.\begin{array}{l}
50\text{ 斤谷} = \\
\text{或} \\
40\text{ 尺布} = \\
\text{或} \\
2\text{ 把斧子} = \\
\text{或} \\
1\text{ 只绵羊} = \\
\text{或} \\
\text{其他种种商品} =
\end{array}\right\} 1\text{ 两黄金}
$$

从一般价值形式发展到货币形式并没有什么本质的变化，所不同的只是现在一般等价物已固定地由贵金属黄金（或白银）来充当。固定地充当一般等价物的商品之所以最后落到贵金属（金、银）身上，那是因为贵金属具有质地均匀、便于分割、体积小、价值大、便于携带、不会腐烂、便于保存等一系列其他任何商品都不具有的特点，就是说贵金属的这些自然属性使其成为很理想的货币材料，而不在于贵金属本身有什么神秘的性质。所以，马克思说，"金银天然不是货币，但货币天然是金银。"①

货币形式是最发达的价值形式。货币的出现克服了一般价值形式的缺陷，大大促进了商品交换的发展。同时，货币的出现也加深了商品经济的内在矛盾。因为货币出现后，使整个商品界分成了两极，一极是商品，它们都是特殊的使用价值，要求实现其价值；一极是货币，它直接以等价物的形式出现，代表一切商品的价值，一切商品要实现其价值，都必须先转化为货币。这样，商品的内在矛盾，即使用价值与价值的矛盾，就从简单价值形式时商品与商品的外部对立，发展为商品与货币的外部对立。货币的出现，使直接的商品交换变成了以货币为媒介的商品交换，使得商品交换现在可以在时间和空间上分为买和卖两个环节，这样就可能使买和卖的行为在时间和空间上脱节，从而使商品的内在矛盾更进一步发展。

二、货币的本质

从价值形式的发展可以清楚地看到货币的起源，货币并不是什么神秘的东西，不是"圣人"的创造、发明，它是商品经济内在矛盾发展的产物，

---

① 《马克思恩格斯全集》第 13 卷，人民出版社 1962 年版，第 145 页。

是商品交换发展的产物。

货币的本质就在于它是固定地充当一般等价物的特殊商品。作为商品，它和其他一般商品一样，具有使用价值和价值。如金可以镶牙，作装饰品，是重要的工业原料。总之，它有多种具体的用途或使用价值。而作为货币的金银又是花费了人的劳动的（开掘、加工等），是劳动产品，具有价值。货币作为固定地充当商品世界一般等价物的特殊商品，除了具有上述使用价值和价值之外，它又有不同于其他一般商品的特点：其一，它是作为价值的直接代表而存在，它本身直接体现社会劳动，而其他一般商品要通过与货币相交换才能表现其价值；其二，它作为一般等价物的社会职能而产生了形式上的使用价值，即它固定地充当一切商品价值的代表，而其他一般商品只具有由其自然属性所决定的某种特殊的具体的使用价值。货币出现后，商品价值的实现，具体劳动能否转化为抽象劳动，私人劳动能否转化为社会劳动，都以能否实现向货币转化为标志。货币作为一般等价物，它反映的是商品生产者之间的交换关系，体现着产品归不同所有者占有和通过等价交换来实现的社会联系，也就是说它反映的是这样一种社会生产关系。

三、货币的职能

货币的职能是由货币作为一般等价物的本质决定的，并随着商品生产和交换的发展而发展。在发达的商品经济中，货币执行着五种职能：价值尺度、流通手段、贮藏手段、支付手段和世界货币。

（一）价值尺度

价值尺度，是货币的第一个职能。所谓价值尺度，就是货币充当表现和衡量一切商品价值的尺度。货币能充当价值尺度，是因为货币本身也是商品，具有价值。正像衡量长度的尺、衡量重量的砝码本身具有长度和重量一样，各种商品的价值所以能相互比较，并不是因为有了货币，而是因为它们本身都是一般人类劳动的凝结。只是因为货币充当一般等价物，作为商品价值的直接代表，这样商品的价值量才必须以货币来衡量。因此，商品价值的内在尺度是劳动，货币作为价值尺度是外部的衡量器。

货币执行价值尺度的职能，可以只是想象的或观念上的货币，不必是现实的货币。当然，人们能以观念上的货币衡量商品的价值，是以现实货币的存在和流通为前提的。

货币执行价值尺度的职能，是通过价格标准来实现的。为了衡量各种商品价值量的大小,货币自身必须先确定一个计量单位,即需要在技术上把一定重量的贵金属(金或银)确定为一个货币单位,这样,方能使所有商品的价格都能用同一的货币单位表现出来。历史上,最初的货币单位名称同金属重量单位名称曾是一致的,如英国历史上以1磅重的金表示1英镑货币单位,只是后来,货币单位名称才同金属重量单位名称脱离开来。为了便于计算,对每一货币单位还要再分成若干等份,如1英镑等于20先令,1先令等于12便士。这种包含一定金属重量的货币单位及其等份,被称为价格标准。通过价格标准,商品的价值及价格就直接表现为一定数量的货币单位。这样,货币在执行价值尺度职能时,就变得简便易行。不过应注意,货币作为价值尺度是用以衡量商品价值的,价格标准则是用以衡量货币金属自身的量的。

商品价值的货币表现就是商品的价格。就商品和货币的价值关系来看,在两者的价值量发生同方向等比例的变化时,商品价格不会受到影响。如果货币的价值不变,商品的价值增加或减少了,商品的价格就要上涨或下跌。如果商品的价值不变,货币的价值增加或减少了,商品的价格就要下跌或上涨。商品的价格同商品的价值成正比,同货币的价值成反比。

(二) 流通手段

货币的第二个职能是流通手段,即充当商品交换的媒介。在货币出现以前,商品交换是物物直接交换,即商—商品(W—W)。货币出现后,一切商品交换都以货币为媒介,即商品—货币—商品(W—G—W),货币在这里执行流通手段的职能。以货币为媒介的商品交换,就是商品流通。

执行流通手段职能的货币,不能是观念上的货币,必须是现实的货币。现实货币的运动形成货币流通,它由商品流通引起,且与商品流通交织在一起,但与商品流通有区别。在商品流通中,商品出卖以后,就退出流通领域而进入消费领域,货币则不是这样。货币在充当一次交换的媒介以后,接着又去充当另一次媒介,这样不断地由买者手中转到卖者手中,始终停留在流通领域。商品流通是货币流通的基础,货币流通是商品流通的表现,是为商品流通服务的。

充当流通手段的货币虽然必须是现实的货币,但不一定非要足值的货币不可。这是因为货币在执行流通手段职能时,每次都只是转瞬即逝的事情,人们关心的是它能起交换媒介作用,而并不关心它的实足价值是多少,只要社会公认它代表一定数目的货币,代表一定的价值就行了。这就产生了在货

币执行流通手段职能时,可以用别的材料制成的价值记号乃至象征性的符号来代替的可能性,纸币就是在此基础上产生的。当然,用价值记号或符号代替货币执行流通手段职能,是以货币实实在在具有价值为基础的。要人们接受和使用价值记号或符号,就必须对它们确能代表一定量足值的货币本身给以强有力的保证。如果得不到这种保证,人们就会只接受金属货币本身。

货币作为流通手段充当商品交换的媒介,使交换分离为买和卖的两个过程。一个人可以现在卖,以后再买;也可以在此处卖,再到他处去买。买和卖在时间和空间上的这种分离,形成商品经济中经济危机在形式上的可能性。

(三) 贮藏手段

货币的第三个职能是贮藏手段,即货币退出流通领域,被人们当作社会财富的一般代表贮藏起来。货币能充当贮藏手段,是因为它是一般等价物,是价值的代表,可随时用它换取任何商品,故能作为社会财富的一般代表。

货币执行贮藏手段职能的作用是随着商品经济的发展而发展起来的。起初人们只是在出卖商品取得货币以后,把暂时不用于购买商品的那部分货币储存起来,以备日后购买之用。随着商品生产进一步发展,贮藏一定数量的货币成了各个生产者进行再生产的必要条件,因为产品的生产和销售需要一定的时间,而所需生产资料和生活资料却需要随时购买,生产者需要掌握一定数量的货币在手中。以后,随着货币权力的日益增大,拥有多少货币决定人们掌握社会权力的大小和社会地位的高低,因此人们贮藏货币的欲望也就日益强烈。由于货币能用来购买一切商品,而且数量很有限,因此人们便产生了无止境地贮藏货币的欲望。

在金属货币流通的条件下,货币执行贮藏手段的职能,不同于它执行价值尺度和流通手段职能。货币作为价值尺度,可以只是观念上的货币,货币作为流通手段,可以用货币符号代替,而货币作贮藏手段,必须是足值的金属货币或金属条块。银行券产生以后,人们也会把一定数额的银行券保存起来或存入银行。在银行券可以随时兑换金属货币的情况下,保存银行券实际上就是贮藏贵金属货币,但这以银行券有足够的信誉即有按值兑换金属货币的可靠保证为条件,因此,最可靠的货币贮藏仍然是保存贵金属本身。

在纸币流通的条件下,纸币被社会当作价值的代表,纸币的持有者可随时用它换取任何商品,纸币也能作为社会财富的一般代表,因此也能充当贮藏手段。不过纸币充当贮藏手段是有条件的。纸币本身没有价值,只是一种价值符号,因此不存在足值与否的问题。但纸币实际所代表的价值却是可以发生变化的。如果纸币实际所代表的价值低于其名义价值(面值),而且其所代表的价值越来越低于其名义价值,那它就不能充当贮藏手段。只有纸币币值稳定或者上升,即其实际所代表的价值同其名义价值相符,或者高于其名义价值,它才能现实地充当贮藏手段。因此在纸币流通的条件下,货币贬值导致的结果不是储蓄的增加,而是储蓄的减少,是货币更多地进入流通领域,货币升值导致的结果不是储蓄的减少,而是储蓄的增加,是货币更多地退出流通领域。

在金属货币流通的条件下,金属货币作为贮藏手段,具有自发地调节货币流通量的作用。当流通中的货币量过多时,多余的货币会退出流通领域成为贮藏货币;反之,当流通中货币量不足时,一部分贮藏货币会加入流通过程。所以货币作为贮藏手段,起着一种蓄水池的作用。在金属货币流通的条件下,不会产生流通中货币量持续地严重过多或过少的问题。马克思说:"货币贮藏的蓄水池,对于流通中的货币来说,既是排水渠,又是引水渠;因此,货币永远不会溢出它的流通的渠道。"① 但在纸币流通的条件下,纸币是不能发挥这种自动调节作用的。

(四) 支付手段

货币的第四个职能是支付手段,即用来执行清偿债务或支付赋税、租金、工资等职能。

货币执行支付手段的职能起因于商品的赊买赊卖。买者凭契约或某种信用赊购商品,而成为债务人,卖者则成为债权人,到双方约定的清偿日期,买者以货币清偿他对卖者的债务,这时货币就起着支付手段的作用。在这整个过程中,等价的商品与货币,不再同时出现在交换的两极上,买者先取得商品,然后支付货币。货币在赊买赊卖开始时,执行价值尺度的职能,计量商品的价格,同时作为观念上的购买手段的职能,使商品由卖者手里转到买者手里,只是到了约定的日期,作为支付手段的货币才真正进入流通,从买者手中转到卖者手中,而这时商品早已退出流通领域,货币在这里不再是交换的媒介,它作为交换价值的绝对存在,独立地结束整个过程。

货币作为支付手段的职能是适应商品生产和交换发展的需要而产生的,由于商品生产者生产与销售条件的不同,使得一部分商品生产者在需要商品

---

① 《马克思恩格斯全集》第 23 卷,人民出版社 1972 年版,第 154 页。

时，却又无足够的货币去购买，而另一部分商品生产者却又有商品需要卖出去。这样，在客观上就要求商品的让渡同商品价格的实现在时间上分离开来。例如布商在年初有布要出售给农民，而农民只有在秋收卖出农产品后才能偿付布款，这样在年初，布商就要把布赊销给农民。

货币执行支付手段的职能，起初只在商品流通领域，以后又越出商品流通领域，充当社会劳动的化身，充当交换价值的独立存在。用货币支付赋税、租金、工资等就属于这种情况。

货币作为支付手段，一方面减少了流通中所需要的货币量，从而促进了商品交换的发展；另一方面又进一步扩大了商品经济的内在矛盾。由于商品生产者相互赊账买卖，许多商品生产者相互欠债，形成了商品生产者之间在债权债务关系上的连锁关系，甲欠乙的钱，乙欠丙的钱，丙欠丁的钱，丁欠戊的钱，等等。这样，一旦其中有人不能按期支付，就会引起连锁反应，产生一系列的支付困难，使整个信用关系遭到破坏，使许多商品生产者资金周转出现困难，不能进行正常的生产经营活动，甚至破产。所以货币作为支付手段使货币作为流通手段时所蕴藏的经济危机的可能性进一步发展了。

（五）世界货币

当货币越出国内流通领域，在世界市场上充当一般等价物时，货币就是在执行世界货币的职能。

货币执行世界货币的职能是随着国与国之间的商品交换以及其他贸易活动的发展而发展起来的。作为世界货币的贵金属，不仅具有作为衡量商品的国际价值的价值尺度的职能，而且在国际市场上购买商品时，可充当一般购买手段；在结算国际收支差额时，可作为一般支付手段；还可作为社会财富的一般代表，把财富以货币形式从一国转移到另一国，如支付战争赔款、输出货币资本，等等。在当代，世界货币作为支付手段平衡国际收支差额已成为其最重要的职能。

在货币的五种职能中，价值尺度和流通手段是货币的两个最基本的职能，其他三种职能是在这两种基本职能的基础上派生出来的。所以马克思说："一种商品变成货币，首先是作为价值尺度和流通手段的统一，换句话说，价值尺度和流通手段的统一是货币。"① 当然，货币的五种职能有时又是错综复杂地交织在一起的。

---

① 《马克思恩格斯全集》第13卷，人民出版社1962年版，第113页。

四、货币形式与货币制度的演变

(一) 货币形式的发展

自货币产生之后,货币的具体形式就随着社会生产力和商品经济的发展而不断地变化。货币的具体形式的演变在不同的民族、国家和地区存在着一些差异,但这种差异到后来就基本消失了。就货币的具体形式的演变过程来看,一般经历了非金属实物货币、金属货币、纸币、存款货币、电子货币这几个阶段。

非金属实物货币是人类历史上最古老的货币形式。据古籍记载和考证,贝壳、牲畜、布帛、皮革等许多商品都曾经充当过货币。在一些国家,像盐、烟草、可可豆等商品也曾充当过货币。但是这些实物货币大都不易计量,不易分割,不便携带、运送,不便保存,因此,随着商品交换的不断发展,实物货币便逐渐为金属货币所代替。

由于金属的自然属性使其比一般实物商品更适宜于充当货币材料,因此在金属的开采和冶炼技术为人类所掌握之后,金属货币就逐渐取代了贝壳、牲畜等这类实物货币。金属用作货币起初是以块状流通的,每笔交易都需要称重量、验成色,很不方便。随着商品生产和交换的发展,一些富裕的、有声望的大商人在金属条块上打上印记,标明重量和成色,以其信誉来保证金属货币的重量和成色,便利了流通。然而,私人信誉是有限的,当商品交换超出地方市场范围,人们对金属条块的重量、成色就要求有更具权威性的证明。显然,最具权威性的乃是国家。于是,就有国家统一铸造金属货币并烙上国家印记。这种由国家铸造的具有一定形状、重量、成色和价值的金属货币就是铸币。铸币的出现,扩大了金属货币的流通范围,促进了商品交换。最初的铸币是用铜、铁等贱金属铸成的,由于金、银贵金属的自然属性使其比贱金属更宜充当货币材料,因此,随着商品生产和交换的发展,金、银铸币就逐渐代替其他金属货币而垄断了货币的地位。铸币在流通中逐渐磨损,成为不足值的货币,但并不影响它们在商品流通中起媒介作用,这使人们发现可以用纯粹的价值符号来代替货币执行流通手段的职能。这样,随着商品生产和交换的进一步发展,便出现了纸币,并且纸币流通逐渐代替铸币流通。

在商品生产和交换不断扩大的过程中,出现了商业银行,随之出现了银行券,起初银行券是银行向存入金银条块或金、银铸币者开出的收据,持券人可随时按券面额兑取金银。以后,银行券也可以流通,在商品交换中发挥

货币的作用。早期的银行券是由各商业银行根据自己的需要分散发行的，这就带来了发行数量无法控制的问题，常产生因银行券不能兑现而导致发行银行倒闭。这样，国家就把银行券的发行权集中于国家银行或少数几家大垄断银行，最后完全集中于中央银行。19世纪，欧美国家都先后禁止商业银行发行银行券，并把发行权集中于中央银行。此后，银行券广泛流通，贵金属铸币流通数量不断减少。在国家垄断了银行券的发行权后，一些国家往往借故停止银行券兑现或限制兑现，并由国家法令支持银行券流通。第一次世界大战时，资本主义各国的银行券普遍停止兑现，到20世纪20年代末30年代初，世界主要国家完全停止了银行券的兑现。银行券的流通不再依赖银行信用，而单纯依靠国家政权的强制力量，从而使银行券纸币化了。

在信用事业和银行业不断发展的情况下，在纸币广泛而大量流通的同时，又出现了存款货币。存款货币是指可用于转账结算的活期存款。银行为工商业者开立活期存款账户，存户可依据存款向银行签发支付命令书——支票，或通过其他方式将存款转到收款人账户上，而不必通过兑取现金的过程。在这里，可用于转账结算的存款，与银行券一样，在商品交换中起着交易媒介的作用，能代替金属货币充当流通手段和支付手段，因此称之为"存款货币"。在商品经济十分发达，经济货币化程度很高的经济发达国家，存款货币的量要远远超过现金的量。存款货币的出现和广泛的流通，加速了资金的周转，进一步促进了商品交换的发展。

银行券、存款货币等都具有票面价值大于货币本体价值，以银行信用为基础的特点，因此它们被称为信用货币。

但存款货币并不是货币形式的终极形态，20世纪70年代以来，随着科学技术的高度发展，特别是电子计算机技术在银行业中的广泛运用，又出现了新的货币形式——电子货币。所谓电子货币，实际上就是借助于电子计算机而进行的电子自动转账系统。电子货币的出现使人们使用货币的方式发生了变化，人们可以通过中央电子计算机和终端机以及通讯卫星、电话、电视、电传组成的电子通讯网络，在办公室或者家里往银行存款、从银行提款或要求银行提供服务。电子货币的出现和广泛运用，使转账速度变得十分便捷，因此更进一步促进了商品交换的发展。

货币的具体形式不断由低级形式向高级形式演进，是商品生产和交换不断发展的必然结果，同时货币形式的演进也不断地促进商品生产和交换的发展。

（二）货币制度及其演变

货币制度是指货币运动的准则和规范。货币制度包括的主要内容是：货币材料的确定；货币单位的确定；流通中货币种类的确定；货币发行准备或发行原则的确定；不同种类货币的铸造和发行的管理规章；不同种类货币的支付能力的规定；货币的对外关系等。货币制度的核心内容是确定什么币材作为本位货币。本位货币是一国政府法令所规定的标准货币，是一国计价、结算的唯一合法的货币。

世界各国实行不同的货币制度，各国货币制度的演变过程也不尽一致。总的来看，货币制度的演变经历了以下几个阶段：

1. 银本位制

从15世纪开始，一些国家开始实行银本位制，最早实行此制的有西班牙、墨西哥和秘鲁，后来，西欧各国以及其他一些国家也相继采用了银本位制。银本位制是一种以白银为本位货币的货币制度。它具有以下主要特点：白银为币材，由政府铸造的银币为本位货币，在流通中具有无限清偿的能力；银币可以自由铸造，自由熔化；白银和银币可以自由地输出输入；银行券、纸币和其他货币可以自由兑换银币和白银。

银本位制的主要缺陷是白银价值的不稳定性。因此，实行银本位制的各国先后放弃了银本位制，而实行金银复本位制或金本位制。

2. 金银复本位制

金银复本位制简称为复本位制，是指金银两种金属（货币）同时作为本位货币的货币制度。其主要特点是：金、银两种金属同时被定为法定货币材料，金、银两种铸币均为主币，均具有无限清偿的效力；金、银币可以自由铸造、自由熔化；金、银和金、银币均可以自由输出输入；银行券、纸币及其他货币可自由兑换金、银与金、银币。

16~18世纪（19世纪中期以前）此制盛行于西方主要资本主义国家。复本位制的实行促进了商品流通和商品交换的发展。

金、银铸币同时进入流通，同一商品就有金、银两种价格，如果两者比价固定不变，则不会造成混乱。但由于金、银产量和市场供求并不是固定不变，而是经常在发生变化，金、银的市场比价就会经常发生变化。这样，同一商品的金、银价格就会不断地变化，从而造成价格标准的混乱。这时政府不规定金、银币比价，金、银币比价完全由其市场价值来决定的复本位制，称为"平行本位制"。如英国政府1663年铸造金币时，就未规定金、银币的比价。

由于金、银市场价值的变化导致两者比价的不稳定,造成交易的困难和混乱。从国内来看,两者比价波动必会使交易一方受损,从国际来看,比价波动会造成金银对流。怎么办?大多数国家遂采取由政府规定金银币比价的做法。如美国政府1772年规定,1单位黄金铸币等于15单位白银铸币;1834年规定,1单位黄金铸币等于16单位白银铸币。此种由政府规定金、银币比价的金银双本位制称为"双本位制"或"两本位制",亦即通常所称的"复本位制"。虽然这样人为地将金银币比价固定下来了,但是又带来了另一问题,这就是所谓"劣币驱逐良币"的问题。为什么呢?因为政府虽可规定两者比价,但都无法控制金、银产量和市场供求,这样名义价值(比价)就会因此而同实际价值不相符。如白银相对于黄金产量增加得快,那么其市场价值就会下降,造成其实际价值低于其名义价值。相反金币的相对实际价值则会高于其名义价值。实际价值小于名义价值的银币,被称为"劣币",由于其实际价值小于名义价值,因此人们在支付时就会使用银币,而会将金币熔化、贮藏起来。实际价值大于名义价值的金币称为"良币"。这样充斥市场的就不是"金币",而是银币,银币驱逐金币;若发生相反的情况,则会出现金币驱逐银币。这就是所谓的"劣币驱逐良币"。也就是说,在复本位制下,虽然政府法令规定两种货币可按法定比价流通,但在一定时期内,市场上实际主要只有一种铸币流通,这种铸币必是"劣币"。

19世纪70年代,世界上白银产量猛增,导致银价猛跌,从而造成流通中银币充斥,并严重威胁到复本位制。在这种情况下,一些国家(如法国、美国等)为了维持金银的本位币地位与金银币间的法定比价的稳定性,决定停止银币的自由铸造。这样虽然金、银仍同为本位币,但只有金币可自由铸造,银币不能自由铸造。政府规定只有政府有权铸造银币,力图通过控制银币的铸造数量来维护金银币的法定比价。这种金银双本位制被称为"跛行本位制"。"跛行本位制"并未维持多长时间,便很快为金本位制所取代。

3. 金本位制

金本位制是指以黄金作为本位货币的货币制度。典型的、最早实行的金本位制是金币本位制。它是指由国家法律确定以金币为本位货币的金本位制。

金币本位制度具有如下主要特点:金铸币为法定本位货币,在流通中具有无限清偿的能力;金币可以自由铸造,自由熔化;黄金可以自由地输出输入；银行券、纸币以及其他货币可自由兑换金币或黄金。

金币本位制的实行大大促进了商品交换的发展，原因是金币价值相对稳定。在国际金本位制下，大大促进了国际间商品交换的发展。

1880～1914年是金币本位制正常运行的时期，被称为金本位制的黄金时期。

1914～1918年的第一次世界大战摧毁了金币本位制。金币本位制崩溃后，在一些国家实行金块本位制；另一些国家实行了金汇兑本位制。

英国、法国、比利时、荷兰等国先后实行的是金块本位制。金块本位制又称"生金本位制"，是银行券只能兑换金块的金本位制。其主要特点是：政府不铸造金币，也不许民间铸造金币；在国内禁止金币流通，政府（央行）发行代表一定数量黄金的银行券（纸币），只允许银行券流通，银行券的发行以金块作为发行准备；银行券可以有限制地兑换金块（如英国规定每次只能兑换400盎司以上的黄金，一般人满足不了这一要求，故金块本位制被人们称作"富人本位制"）；黄金可以自由输出输入。

德国、意大利、奥地利等国以及一些殖民地、半殖民国家则实行金汇兑本位制，又称"虚金本位制"。这是一种以另一实行金币或金块本位制国家的货币作为本币的发行准备，本币与另一国货币保持固定比价的货币制度。其特点是：政府不铸造金币，也不许民间铸造金币；国内禁止金币流通，只发行和流通银行券，银行券的发行以外币作为发行准备；银行券不能在国内兑换黄金，而只能兑换或购买外汇，外汇只能在国外兑换黄金；实行金汇兑本位制的国家必须将本国货币同实行金本位制或金块本位制国家的货币保持固定的比价，并在该国存放外汇准备金，以便通过无限制地供应外汇来维持本国货币币值的稳定。

同金币本位制相比，在金块本位制与金汇兑本位制下，虽然银行券最终还能兑换黄金，货币发行最终仍直接或间接地与黄金挂钩，但已是严重削弱了的金本位制。主要反映在：由于国内不允许金币流通，不允许金币自由铸造，黄金不再能起到自发地调节货币流通的作用；在金块本位制下，银行券虽可在国内兑换黄金，但有数量限制；在金汇兑本位制下，要先用银行券换外汇，再用外汇换黄金，仍十分不便，兑换黄金已十分困难，这就意味着银行券自由兑换黄金的基础遭到了破坏；由于兑换黄金很困难，黄金的自由输出输入就因而受到限制。

1929～1933年大危机之后，各国纷纷放弃金本位制，到20世纪70年

代,银行券完全与黄金脱钩,中央银行发行的银行券变成了纯粹的纸币。

4. 纸币本位制

纸币本位制又称不兑现的信用货币制度,不兑现的纸币本位制、自由本位币。这是一种银行券不能兑换黄金、取消了黄金保证的以纸币为本位货币的货币制度。当今世界各国实行的都是纸币本位制,普遍采用不兑现的纸币代替金属货币流通。

纸币本位制具有如下特点:(1)政府通过中央银行发行的纸币为本位货币,并由政府颁布法令,赋予其无限清偿和强制流通的能力;(2)纸币不能兑换黄金,也不规定含金量;(3)纸币的发行不受黄金准备的限制,中央银行一般是根据国内经济发展需要来决定纸币的发行量,并根据货币供求状况对货币供应量进行调节;(4)纸币的流通完全取决定于纸币发行者的信用,纸币由中央银行发行,纸币的流通就取决于中央银行的信用。

纸币不同于金属货币,因其本身无价值;在金属货币本位制下,银行券的发行以金属货币作为发行准备。但在纸币本位制下,纸币的发行不再有黄金准备了,那么是不是没有任何发行保证了呢?应该说发行国拥有的资源或资产才是最终的保证。人们对一国货币的信心取决于这种货币的购买力的稳定状况。如果购买力很不稳定,人们就会失去对这种货币的信任,人们就会不需要这种货币;反之则反是。因此,即使无发行准备,纸币也不能无限制地发行。

现行的货币制度仍然是纸币本位制度,在纸币本位制度下出现了各种不同种类的货币形式,伴随着电子计算机技术在银行业中的广泛应用,出现了电子货币这一新的货币形式。目前来看,电子货币主要还只是纸币的替代物,是在纸币本位制度下由于电子计算机技术的广泛应用而由存款货币派生出的一种货币形式,还不是新的货币制度。

纸币本位制度有其优点,也有其缺陷,因此纸币本位制度不会是货币制度的终极形态,还会有新的货币制度替代纸币本位制度。至于随着经济的不断发展和技术的不断进步,会出现何种新的货币制度,则要由商品经济的未来发展来决定。

综上所述,人类社会已经经历了多种货币制度的更迭,而且还会经历新的更迭,货币制度的每一次更迭都是为了克服前一种货币制度的不足,都是要克服前一种货币制度对商品交换和商品生产发展构成的限制,都是为商品交换和商品生产的发展创造必要的条件。

五、货币流通规律和纸币流通规律

(一) 货币流通规律

货币在执行流通手段职能时,是需要一定数量的。流通中的货币需要量,并不是任意规定的,而是有规律性的。这种决定一定时期内流通中所需要的货币量的规律就是货币流通规律,也称货币必要量规律。它反映了货币流通必须与商品流通相适应的规律。

货币流通是由商品流通所引起的,货币流通的规模和速度也就由商品流通的规模和速度所决定。流通中所需要的货币量取决于三个因素:(1)待流通的商品数量;(2)商品的价格水平;(3)货币流通速度,即一定时间内同一货币单位的平均周转次数。前两项的乘积就是商品的价格总额。流通中所需要的货币量同商品价格总额成正比,与货币流通速度成反比。就是说,商品价格总额越大,流通中所需要的货币量越多,商品价格总额越小,流通中所需要的货币量越少;货币流通速度越快,即在一定时间内同一单位货币的平均周转次数越多,流通中所需要的货币量越小,货币流通速度越慢,流通中所需要的货币量越多。流通中的货币需要量同商品价格总额和货币流通速度之间的数量关系,可用公式表示为:

$$\text{流通中所需要的货币量} = \frac{\text{待实现的商品价格总额}}{\text{货币流通速度(同一单位货币的平均周转次数)}}$$

在货币充当支付手段之后,一定时期内流通中所需要的货币量会发生变化,因为本期发生的赊卖商品的价格总额,无需货币支付,应从商品价格总额中扣除;本期以前发生而在本期到期的债务需要货币支付,这部分应加上去。另外,在商品生产者之间,有一部分债权债务可以相互抵消,相互抵消的支付额,也不需要现实的货币支付,也应从商品价格总额中扣除,这样上面的公式就变为:

$$\text{流通中所需要的货币量} = \frac{\text{待实现的商品价格总额} - \text{赊卖商品价格总额} + \text{到期支付价格总额} - \text{相互抵销的支付总额}}{\text{货币流通速度(同一单位货币的平均周转次数)}}$$

上述两个公式的实质是一致的,前一个公式反映的是在简单货币流通条件下,决定流通中货币需要量的规律;后一个公式反映了在复杂货币流通条件下,即在货币同时执行流通手段和支付手段职能时,决定流通中货币需要量的规律。

货币流通规律决定了流通中的货币量必须同流通中的货币需要量一致。如果流通中的货币量超过了流通中的需要量，就会引起物价上涨；如果流通中的货币量少于流通中的需要量，就会引起商品滞销，物价下跌。在金属货币流通的条件下，由于金属货币执行贮藏手段的功能，能起到自动调节货币流通量的作用，因此不会引起持续的物价上涨，也不会引起持续的物价下跌。

（二）纸币流通规律

纸币又称流通券或钞票，它是由国家发行并依靠政权的力量强制流通的货币符号。

纸币能当作流通手段，是因为货币在执行流通手段的职能时，只是转瞬即逝的媒介物，可以用本身没有价值的东西来代替；同时，随着商品生产和交换的不断发展，金属货币流通已经不适应，也要求以纸币代替金、银执行流通手段的职能。因此，在当代各国，纸币成了流通货币中的基本的货币形式。

纸币本身没有价值，虽然由国家强制流通，但是国家不能随意发行，而必须遵守纸币流通规律。纸币是代替金、银执行流通手段与支付手段的职能，因此纸币的发行量取决于流通中金属货币的需要量，亦即纸币发行应限于它象征地代表着的流通中所需要的金（或银）的量。纸币流通规律也就是指纸币发行量应决定于流通中所需要的金属货币量的规律。以公式来表示，即：

流通中全部纸币所代表的价值量＝流通中金属货币的需要量

如果违背了这一规律，纸币发行量过多，超过了流通中所需要的金属货币量，单位纸币所代表的价值量就会减少，纸币就会贬值，物价就要上涨；相反，纸币发行量过少，少于流通中所需要的金属货币量，物价就要下跌。所以，纸币不能离开它所代表的金属货币。纸币流通规律反映了纸币和金属货币之间的内在联系。实际上，纸币流通规律是货币流通规律在纸币流通条件下的一种特殊表现形式。它一方面受货币流通规律制约，另一方面反映了货币流通规律在纸币流通条件下的特殊要求。纸币流通规律适用于一切使用纸币的社会。

（三）通货膨胀与通货紧缩

通货膨胀是在纸币代替金属货币流通以后所出现的一种经济现象。它是指在纸币流通条件下，纸币发行量超过流通中所需要的货币量，所引起的物

价总水平的持续地上涨和货币贬值的经济现象。

通货膨胀的产生正是在于违背了纸币流通规律，纸币发行量过多，超过了流通中所需要的金属货币量，纸币面额所代表的金属货币量因而减少，纸币的购买力下降，造成纸币贬值和物价总水平的持续上涨。如果纸币发行量严重超过流通中所需要的金属货币量，纸币就会变得一钱不值，成为一堆废纸。由于各种原因，在纸币代替金属货币流通以后，就经常出现通货膨胀，因而有纸币流通史就是通货膨胀史的说法。

与通货膨胀性质相反的经济现象，谓之通货紧缩，即在纸币流通条件下，纸币发行量小于流通中所需要的货币量，所引起的物价总水平的持续的下降和货币升值的经济现象。

通货紧缩的产生也在于违背了纸币流通规律，纸币发行量过少，少于流通中所需要的金属货币量，纸币面额所代表的金属货币量就会因此而增加，纸币的购买力则会因此而上升，造成纸币的持续升值和物价总水平的持续下降。如果纸币发行量严重少于流通中所需要的金属货币量，纸币所代表的价值就会大幅度上升。虽然通货紧缩并不经常出现，但一旦出现，则会导致社会生产下降。

（四）货币流通量的调节

流通中的货币需要量是由货币流通规律所决定的，因而在决定流通中的货币需要量的因素发生变化之后，货币需要量也会发生变化。在货币需要量发生变化后，怎样使纸币发行量同货币需要量相一致呢？

在金属货币流通的条件下，货币的贮藏手段职能可以自发地起到调节流通中货币量的作用。如果流通中的货币量过多，超过了流通中的货币需要量，多余的货币就会退出流通领域。因为货币量过多时，同量货币就只能购得比过去少的商品，此时购买就要受到损失，持币者这时就不会把货币用来购买商品，而是贮藏起来。之所以能如此，是因为金属货币本身具有价值。相反，如果流通中的货币量过少，少于流通中的货币需要量，贮藏的货币就会重新进入流通领域，因为这时以同量货币可以购得比过去多的商品，购买得益，持币者会将贮藏起来的货币拿出来用于购买商品。贮藏货币成了调节流通中的货币量的蓄水池，这样，在金属货币流通的条件下，货币流通能够保持正常和稳定，不会出现通货膨胀。

在纸币代替金属货币流通的条件下，就不能依靠纸币本身的运动来自发地调节流通中的货币量。因为纸币本身没有价值，它不能无条件地充当贮藏

手段，如果流通中的货币量过多，超过了流通中的货币需要量，导致物价上涨，多余的纸币不仅不会自动退出流通领域，反而会更迅速地涌入流通领域，从而进一步加剧货币量过多的程度。因为这时持有纸币越多，遭受的损失越大。这样，就会使通货膨胀愈演愈烈。相反，如果流通中的货币量不足，少于流通中的货币需要量，物价水平就要下降，此时进入流通领域的纸币会越来越少，因为这时纸币不断升值，商品价值实现很困难。这样，就会加剧流通中货币量不足的程度。所以在纸币代替金属货币流通的条件下，国家应遵循纸币流通规律，使纸币发行量同流通中的货币需要量一致。一旦流通中的货币量超过流通中的货币需要量，国家就应采取措施减少流通中的货币量，从而消除通货膨胀。如果流通中的货币量少于流通中的货币需要量，国家就应采取措施增加流通中的货币量，从而消除通货紧缩。

第四节 信 用

一、信用的产生与发展

信用是指借贷关系、行为和活动，是一种以价值偿还为条件的价值运动的特殊形式。信用的产生与发展同商品经济的发展密切相关。信用具有以下特性：（1）信用关系的当事人之间的关系是债权债务关系。产品或货币的出让方作为债权人，有要求接受方依约偿还债务的权利；产品或货币的受让方作为债务人，有依约向出让方清偿债务的义务。这是信用的一项基本特征，如果不存在债权债务关系，就不可能有信用。（2）本金的偿还性。贷方有权要求借方偿债，以借方承诺偿债为条件，借方只有承诺偿还才能取得贷方的产品或货币。（3）有偿性。贷方向借方提供产品或货币都是要收取利息的或说借方总要花一定的代价。（4）期限性。虽然信用期限可长、可短，但一般来说，信用总是有限期的，债务人必须在约定的期限内向债权人偿清债务。（5）借贷双方订立契约。民间信用往往是以口头形式订立契约，而在正式信用中则普遍采用书面契约形式，而且民间信用也越来越多地采用书面契约形式。不论采用何种契约形式，借贷双方都须事先达成契约，来明确双方的权、责、利的关系。

信用最早产生于原始社会的末期。信用的产生须同时具备以下条件：

(1) 产品或货币归属于不同的所有者,他们各自有其独立的经济利益;(2) 有产品或货币的盈余者;(3) 有因生产或生活以及其他方面需要的自有产品或货币量的不足者。到了原始社会的末期,这几个条件都具备了,因此人类社会的信用活动也就开始出现了。到了封建社会,由于私有制的发展、社会生产力和生产社会化的发展、商品经济的发展、国家的促进以及信用本身的自促进作用,信用获得了进一步发展。但是由于在封建社会,社会生产力和生产社会化的发展速度慢、发展水平低,处于统治地位的经济形式是自然经济,使得信用的发展受到了根本的限制,不仅信用的发展速度十分缓慢,而且信用的发展水平低下,信用对经济发展所能起的积极作用十分有限。随着社会生产力和生产社会化的空前发展,随着商品经济取代自然经济而成为处于统治地位的经济形式和商品经济的不断发展,信用获得了空前的发展,特别是信用中介的发展,大大加快了信用的发展进程。信用的发展又反过来推动了社会生产力和生产社会化的发展,推动了商品经济的发展。在当代社会,几乎所有的经济主体都被纳入到了信用体系中,信用规模很大,且加速扩大,信用形式众多,而且还在不断增加,信用的膨胀与收缩对国民经济发挥着至关重要的影响。当代社会的经济已经成为信用高度发达的经济。

二、信用的形式

(一) 商业信用

信用可依不同标准进行分类。若依信用的标的物来分,可划分为实物信用、货币信用;若依信用的期限来分,可划分为短期信用、长期信用;若依信用产生的主体来分,可划分为商业信用、银行信用、政府信用、民间信用等。

商业信用是指商品的所有者(主要是工商企业)以赊销或预付货款等形式向别的经济单位(主要是工商企业)提供的信用。商业信用的基本形式包括:(1) 商品赊销——卖方向买方提供信用;(2) 预付货款——买方向卖方提供信用。在这两种形式中,最主要的又是商品赊销。

商业信用具有以下特点:(1) 商业信用与商品买卖紧密联系在一起。无论是商品赊销,还是预付货款等形式,都同商品买卖联系在一起,信用方向受商品流通方向的制约。(2) 商业信用一般发生于工商企业之间。(3) 商业信用一般时间较短,数量较小。授信人一般不会给予受信人太长的时间,因为时间过长会使其资金周转速度减慢,影响其生产经营活动的正常进行。赊销者向赊购者提供的商业信用，预付货款者向制造商或商业企业提供的预付货款都不会太多。

商业信用在经济中具有重要的作用：(1) 就赊销而言，对卖方来说，可以扩大产品销售市场，从而扩大生产；对买方来说，可以购入货物，继续从事生产或经营，克服了货币资金不足的限制。就预付货款而言，预收方可以预收款购置生产资料，支付工资等，启动生产，扩大生产规模；预付方则可以获得有保证的货物来源。(2) 能克服流通手段的不足。在赊销中，可通过创造信用流通工具——商业票据，来解决流通手段不足的问题。

不过，商业信用的局限性也是很明显的：(1) 商业信用关系仅限于有商品交易关系的企业之间，若企业之间不存在这种关系，卖方的商品是买方所不需要的，那么就不会产生商业信用关系，即商业信用的范围较窄。(2) 授信额、授信期限一般难以满足企业的需要。任何一个授信企业，它所能提供的商业信用数额、信用期限都是有限的，商业信用总是受到授信企业信用能力的限制。(3) 商业信用对受信人的信用要求较高，一般只是发生于相互了解的工商企业之间。正因为如此，在银行信用出现以后，商业信用就逐渐退居为次要的信用形式。

(二) 银行信用

银行信用是指银行以及非银行金融机构以货币形式向工商企业等提供的信用。

银行信用具有如下特点：(1) 金融机构充当信用中介，一方面它们从社会公众那里吸收闲置的货币资金，另一方面则又将吸收的货币资金发放给工商企业等资金不足的经济主体；(2) 信用的标的物，即借贷的对象是货币资金；(3) 信用程度高。公众对银行的信任程度超过对工商企业的信任程度，使银行发行的债务凭证具有广泛的可接受性，从而可集中相当数量的货币资金。并且商业信用的发展往往还需要银行信用的支持；(4) 信用方式灵活。银行信用的信用规模可大、可小，信用时间可长、可短，特别是在提供数额大、时间长的信用方面，是商业信用远不能相比的；(5) 具有创造信用的功能。吸收存款的银行一方面可以通过吸收存款提供信贷资金来源，另一方面又可以通过创造存款货币提供信用。银行的信用创造不仅提供了资金来源，而且使它可以以较低的利息提供信用。

同商业信用相比，银行信用的优点表现在：(1) 银行信用的范围广泛，并不受商品交易关系的约束；(2) 在贷款额和货款期限上比商业信用灵活，而且规模可以很大，期限可以很长；(3) 银行一般遵循分散投资的原则，银行的贷款对象并不一定是银行素来很熟悉的企业。因此，银行信用能克服商业信用的局限性。正因为如此，银行信用出现以后才会得到不断地发展，才能成为现代经济中居于统治地位的信用形式。

（三）证券

信用的发展离不开信用工具，在信用发展的过程中产生了各种各样的信用工具，信用工具的运用和发展推动了信用的发展。作为信用工具的证券产生于信用，反过来又推动了信用的发展。

证券一词有广义和狭义之分。任何书面的凭证都可称之为证券，此为证券的最广义的解释。对任何一种有价物具有一定的权利的凭证，都可称为有价证券，此为较广义的有价证券的解释。以发行主体来分，有价证券可分为政府证券、金融证券和公司证券，以证券所代表的权利来分，可以分为货币证券、资本证券和货物证券。资本证券是指代表所有权或债权的凭证，此为狭义的有价证券，也是我们通常所说的证券，这种证券主要包括债券和股票这两种形式。

债券是指债务人（发行单位）为获得一定数额的资金而向债权人开具的，承诺按一定利率在约定日期还本付息的书面债务凭证。债券具有以下特征：(1) 发行者必须明确规定债券的偿还期，如期向债权人还本付息；(2) 债券投资者可凭借所购债券获得利息收入，债券利率一般在发行前订明，不计复利，逾期兑付不计逾期利息；(3) 债券可以转让，或通过场内市场转让，或通过场外市场转让；(4) 风险较小；(5) 债券投资者是发行单位的债权人，但不得要求提前兑付债券，也无权参与发行单位的经营或管理，对发行单位的效益和债务亦不负连带责任。

股票是指股份公司发行的，以证明股票持有人的股东身份和权益，并据以取得股息和红利的所有权凭证。股票是资金市场上主要的长期信用工具之一。股票具有以下特点：(1) 股票是一种所有权凭证，持股者为公司的股东，是公司的所有者，享有作为公司的所有者的种种权益，但也要承担相应的责任和风险。(2) 决策性。股票持有者即为公司的股东，有权出席股东大会，选举公司董事会，参与公司的经营决策。股票持有者的意志和权益，正是通过其行使股东享有的经营决策参与权而得到实现的。但股东之间享有的权利的大小并不相同，股东享有权利的大小，取决于股东所持有的股份的多少，持有的股份越多，享有的权利越大，反之亦然。(3) 股票具有流通

性。股票是一种有价证券,凭借股票可以获得股息和红利,因而它可以作为买卖对象而被转让,亦可作为抵押物。同其他的有价证券相比,股票是一种具有较高的流通性的证券之一。持股者通过转让股票,可以收回购买股票时所投放出去的资金,而购买股票的人则获得股息和红利等权益。正因为如此,股票也才能够作为一种长期不衰的筹资手段。(4)风险性较高。股票的价格受许多因素的影响,股票价格的高低及其变化除受企业经营状况影响之外,还受股票市场行情以及经济的、政治的、社会的、心理的等各种因素的影响,股票价格的大起大落是司空见惯的。因此,股票的投资者就要冒很大的风险,当然同时也可能获得大利;股票投资者可能连本金也收不回,但也可能获得相当于本金几倍乃至几十倍、几百倍的收入。(5)收益率较高。股票的收益主要反映为股息和红利,股票收益率一般要高于债券的收益率。另外,投资者还可能获得溢价收入,因此它受到那些为追求厚利而敢于冒险的投资者的欢迎。(6)非偿还性。股东是不能退股的,一旦投资者认购了企业发行的股票,如果他不转让股票,他就只能靠获得股息和红利缓慢地收回投入的资金。股票是所有权资本,不存在还本付息的问题。

债券与股票都是有价证券,是有价证券的主要形式。它们本身并无价值,是一种虚拟资本,是经济运行中实际运用的真实资本的证书。投资者持有股票和债券都有权获得一定量的收入,并能进行相应权利的发生、行使和转让等活动。作为有价证券,债券和股票都具有流动性、收益性和程度不等的安全性等特征,都是筹集资金的手段和投资的有效工具。

不过,虽然债券和股票同属有价证券,但两者的性质和持有人的权利内容是不同的:(1)债券是发行人与投资者之间借贷关系的反映,是一种债权债务证书;而股票则是持有人(股东)与其所投资企业之间所有权关系的反映,是一种所有权证书。(2)债券发行主体可以是政府、金融机构或公司(企业);而股票发行主体只能是股份公司。(3)发行债券所筹措的资金列入公司(企业)负债;而发行股票所筹措的资金则列入资本(资产)。(4)债券投资者不能参与发行单位的经营管理活动,只能到期要求发行者偿还本息;股票持有人作为股东,有权参与发行公司的经营管理活动和利润分配,但不能从公司资本中收回本金,不能退股。(5)债券利息固定,偿还顺序优先于股息、红利,资产清偿也优先于股票,风险较小;股息、红利收入则随公司盈利多少而变动,股票持有人只有待债券持有人及其他债权人的债务充分清偿后,才能就剩余资产进行分配,风险较大。(6)债券的利息是公司的成本费用支出，计入公司成本；而股票的股息、红利则是公司利润的一部分。（7）由于债券的利息固定，偿还期限固定，债券的市场价格也较为稳定；而股票的收益受公司经营状况、市场供求、公众心理、国内国际形势等因素影响，其市场价格涨落频繁，变动幅度较大，且具有很大的投机性。

证券市场与证券相伴而生。证券市场是指进行有价证券买卖的市场。以证券市场的运行程序来分，证券市场可以划分为一级市场和二级市场。一级市场是指新证券的发行市场，它是二级市场存在和发展的基础。二级市场是指进行旧证券交易的市场。二级市场的存在和发展是一级市场发展的重要条件和推动力量。

虽然证券本身只是纸制凭证，没有价值，但由于持有证券能给持有人带来一定数量的收入，因此也就有了价格，证券的价格是其收入的资本化。卖者出让的是获取一笔收入的权利，买者获得的是得到该笔收入的权利。证券行市受许多因素的影响，但最重要的因素是证券的收益和市场利率。证券收益越高，卖者的要价越高，买者愿意接受的价格也越高；市场利率越高，买者的出价越低，卖者愿意接受的价格也越低。有价证券行市同其所能带来的收益成正比，而同市场利率成反比。

证券行市的变化能够在一定程度上反映国民经济发展情况，因此往往被称之为国民经济的"晴雨表"，公众可以根据证券行市的变化对国民经济发展的现状与趋势作出判断。

三、信用的作用

信用在国民经济中发挥着重要的作用。其主要反映在：

（一）促进经济资源利用率的提高

国民经济中的经济单位以其收支关系可以分为三类：平衡单位，即收支相等的单位；盈余单位，即收大于支的单位；赤字单位，即支大于收的单位。平衡单位总是存在的，但任何时期都会存在大量的盈余单位与赤字单位。如果没有信用，经济中必然出现的结果会是，一方面盈余单位的盈余资源（产品或货币）处于闲置状态，得不到利用，另一方面赤字单位对资源的需要又得不到满足。信用能够在不改变经济资源所有权的条件下，通过改变对资源的实际的占有权和使用权，实现经济资源由盈余单位向赤字单位的转移，从而可以使盈余单位的闲置的经济资源得到利用。同时，盈余单位的

闲置的经济资源向赤字单位转移,还可带动对其他经济资源的利用。因此,信用所导致的结果是经济资源利用率的提高,信用越发达,越有利于经济资源的充分利用。

(二) 促进经济效率的提高

信用的特性使得它具有促进经济效率提高的作用。一方面由于信用具有偿还性和期限性的特点,因此获得资源的赤字单位必须尽各种可能提高资源的利用效率,因此就需要不断进行技术创新和管理创新,不断提高技术水平和管理水平,其结果是资源利用效率的不断提高;另一方面信用的风险性使得盈余单位选择授信对象时要看其经营业绩和发展前景,为获得资源,赤字单位必须创造好的经营业绩和发展前景,为此,就必须不断提高经济效率。同时,信用的发展会支持效率高的生产单位的发展,能支持效率高的生产单位兼并效率低的单位,通过促进资源重组,来推动经济效率的提高。

(三) 促进积累和投资的增长

经济增长依赖于投资增长,投资增长依赖于积累增长。如果居民将全部收入用于消费,生产单位将利润一概用于消费基金,那么积累无法增长,投资也就无法增长,经济增长必受根本限制。信用的发展则能提供积累和投资增长的激励和必要条件。一方面信用的偿还、有偿和期限性,使经济主体间接或直接地授信于人,从中获得经济利益(利息等),从而刺激积累的增长;另一方面在信用中介的参与下,赤字单位能聚集大量资源,从而满足企业扩大生产经营规模或追加投资之需,或者能支持政府的生产性投资。因此,信用的发展能够促进积累的增长,有利于投资的增长。

(四) 有利于消费品市场的扩大和消费结构的调整

在缺乏信用的条件下,居民的消费受自有收入的限制,不可能有超前消费,这样会造成一部分消费品市场的扩张受到限制,甚至会使得高值耐用消费品的生产部门难以发展。消费信用则可支持居民的超前消费,一方面使居民能够提前满足消费需要,另一方面使相关产业部门的产品市场得以扩张,从而能够促进相关产业部门的发展。

不同的可支配收入水平会有不同的消费支出结构,消费信用等于增加了居民的可支配收入,从而会形成新的消费支出结构。消费信用有利于引导居民增加对高值耐用消费品以及其他价格水平高的消费服务(如高等教育服务)的消费,有利于消费结构的调整,也有利于居民增加对新兴产品的消费,有利于消费结构的升级,从而能够推动产业结构的升级。

（五）为政府调节国民经济提供了便利

信用的发展，为政府调节国民经济，实现国民经济的总量平衡和结构平衡提供了便利。如在银行信用发达的条件下，政府就可以运用货币政策等经济政策调节货币供应量和信贷结构，从而实现调节总需求和总供给的关系与经济结构的目的。信用越发达，越便于政府对国民经济的调节。

第五节 价值规律

一、价值规律的含义

在商品经济中存在着许多起作用的经济规律，但支配这些规律、支配商品生产和交换全过程的是价值规律。哪里存在着商品生产和商品交换，哪里就会有价值规律在起作用。价值规律是商品经济的基本规律。

价值规律包括两重不可分割的含义：商品的价值量由生产商品的社会必要劳动时间决定；商品交换以商品的价值量为基础，实行等价交换。

商品价值是用货币来表现的，商品价格是商品价值的货币表现，价值规律要求商品价格符合价值，但这并不是说，在商品交换中，商品价格与价值在任何时候都不发生偏离，而实际上，商品价格与价值往往不一致。这是因为，虽然价格以价值为基础，但同时要受市场上商品供求关系的影响。当某种商品供过于求时，其价格会低于其价值；当某种商品供不应求时，其价格会高于其价值；只有当商品的供求一致时，商品价格才会与价值一致。由于市场上商品供求关系经常变化，商品供求经常不相一致，因此商品价格经常偏离价值。尽管价格经常偏离价值，但它总是自发地围绕着价值上下波动。若从较长时期和从全社会的商品总体来看，价格高于或低于价值的部分会相互抵消，因而商品价格与价值还是一致的，价格以价值为轴心上下波动，不仅不是对价值规律的违背，相反，它正是价值规律强制贯彻其作用的表现。恩格斯说："只有通过竞争的波动从而通过商品价格的波动，商品生产的价值规律才能得到贯彻，社会必要劳动时间决定商品价值这一点才能成为现实。"①价值规律是通过竞争从而通过商品价格围绕价值上下波动而发挥其作用的。

---

① 《马克思恩格斯全集》第 21 卷，人民出版社 1965 年版，第 215 页。

二、价值规律的作用

价值规律作为商品经济的基本规律必然要作用于商品生产和交换的各个方面，决定着商品生产的方向，调节着整个商品经济的运动，具体来说，价值规律的基本作用包括以下三个方面：

（一）自发地调节经济资源[①]在社会生产的各个部门之间的分配

价值规律是通过价格的变化来发挥这方面作用的。在商品经济中，经济决策是分散进行的，生产什么，生产多少，何时生产，怎样生产都由每个商品生产者自己决定。那么社会生产部门的比例关系靠谁来协调呢？在商品经济中，整个社会生产是依靠价值规律来协调的。当某一部门产品供过于求，卖者为售出自己的产品，就会互相竞争，为了争夺市场，他们会竞相削价，这样，这个部门产品的价格就会下降，跌到价值以下。商品价格的下降使商品生产者觉得生产此商品无利可图，他们就会削减在该部门的投资，原生产者就会削减生产规模或转产，这样经济资源便大量流出这个部门，而转移到其他的生产部门，其结果是该部门产品供过于求的状况缓解，最终恢复平衡。相反，当某部门产品供不应求，买者为购得自己所需要的产品，就会互相竞争，为取得产品，他们会竞相抬价，这样产品的价格就会上升，升至价值以上。商品价格的上升使商品生产者觉得生产此商品有利可图，他们就会增加在该部门投资，原生产者就会扩大生产规模，其他生产者会转产生产此产品，这样，经济资源便大量流入这个部门，其结果是该部门产品生产不断增加，供不应求的状况缓解，最终恢复平衡。在商品经济中，价值规律就是这样通过价格围绕价值的上下波动调节经济资源在不同的社会生产部门之间的分配的，不断恢复社会生产各部门被破坏的客观比例关系，促使社会生产各部门经常保持基本平衡的关系。由于价值规律在这方面的作用完全是自发地进行的，价格又是当时商品供求关系的反映，因此价值规律的这种调节难以避免事后性，同时也难以避免造成经济资源的浪费，并且它也不能避免社会生产部门的比例关系会重新失调。基于此，就要求以价值规律的作用为基础，同时政府进行有意识的调节，这样可使价值规律调节社会生产各部门比例关系的功能得到充分发挥，又可克服由价值规律完全自发地起作用的局限。

---

① 经济资源是指可用于生产的各种自然资源与非自然资源。

（二）自发地促进劳动生产率的提高和社会生产力的发展

商品的价值是由生产商品的社会必要劳动时间所决定的，而且商品交换是以由生产商品的社会必要劳动时间所决定的商品的价值（这种价值被称为社会价值或市场价值）为基础的。商品生产者生产单位商品所耗费的个别劳动时间比社会必要劳动时间短，商品的个别价值就比社会价值低。但是，市场上的商品交换是以商品的社会价值为基础的，即使商品生产者生产的商品的个别价值比社会价值低，仍可按社会价值出售，这样商品生产者就可获得额外收入；而且商品的个别价值比社会价值低，商品生产者还可通过价格竞争手段（低于社会价值出售），来增加销售，争夺市场。相反，如果商品生产者生产的商品个别价值高于社会价值，商品生产者就要亏损，就缺乏竞争力。因此，商品生产者要尽可能降低商品的个别价值，而这就要努力减少生产商品的个别劳动时间；而要减少个别劳动时间，商品生产者就必须努力提高劳动生产率，这就要不断地进行技术创新，努力提高生产技术水平，努力提高经济管理水平，努力改善生产条件，努力提高劳动力素质，从而使生产能力不断提高。在激烈的市场竞争中，每个商品生产者都必须这样做，结果是整个社会的劳动生产率得到不断提高，社会生产力得到不断发展。所以，价值规律能自动地刺激劳动生产率的不断提高和社会生产力的不断发展。

不过价值规律在发挥这方面的作用时，又有其消极的一面：（1）无法避免经济资源的浪费。因为在竞争中必然会造成一些人破产，因此会造成一部分经济资源的闲置，对社会来说，就是一种损失。（2）对先进技术的扩散有限制作用。因为商品生产者为取得和保持竞争优势，会保守技术秘密，封锁、限制先进技术的扩散，这样先进技术的扩散就会受到阻碍。这两个方面对整个社会生产力的发展都具有负面影响。

（三）导致商品生产者发生分化

商品生产者的生产条件是存在差异的，因而劳动生产率也高低不等。那些生产条件好的商品生产者，劳动生产率高，生产商品所耗费的个别劳动时间少，个别价值低，这样，他们在市场竞争中就处于有利地位；而那些生产条件差的商品生产者，劳动生产率低，生产商品所耗费的个别劳动时间多，个别价值高，这样，他们在市场竞争中就处于不利地位，遭受损失，甚至破产。正是价值规律所起的这种优胜劣汰的作用，迫使商品生产者努力提高劳动生产率，从而推动社会生产力的发展。不过价值规律在发挥这种作用的同时，也不可避免地导致商品生产者发生分化，使社会出现贫富差距。

在封建社会末期，价值规律的这种作用曾经成为资本主义生产关系产生的助推器。资本主义生产关系正是在封建社会末期小商品生产者两极分化的基础上产生的，在价值规律的作用下，少数生产条件好的商品生产者占有越来越多的社会财富，成为资本家，而那些生产条件差的小商品生产者则在竞争中破产，沦为一无所有的无产者，只能靠出卖自己的劳动力来谋生，成为雇佣劳动者，从而产生了资产阶级和无产阶级。

在以生产资源私有制为基础的商品经济中，价值规律的作用必然要引起贫富两极分化。只有废除了生产资料私有制，才能通过社会采取主动的措施，解决价值规律造成的两极分化的后果，而让价值规律促进劳动生产率提高的作用得到充分发挥。

本章主要名词概念

自然经济　商品经济　市场经济　使用价值　价值　商品　具体劳动　抽象劳动　私人劳动　社会劳动　价值量　社会必要劳动时间　劳动生产率　货币　货币制度　银本位制　金银复本位制　金本位制　纸币本位制　货币流通规律　纸币流通规律　通货膨胀　通货紧缩　价值规律　信用　商业信用　银行信用　证券　债券　股票

本章思考题与练习题

1. 商品具有哪两重属性？商品的二重性之间是何关系？
2. 生产商品的劳动二重性之间是何关系？
3. 为什么说私人劳动和社会劳动的矛盾是生产资料私有制商品经济的基本矛盾？
4. 为什么商品的价值是决定于生产商品的社会必要劳动时间？
5. 单位商品的价值量的大小与生产商品的劳动生产率的高低之间是什么关系？为什么商品生产者要努力提高劳动生产率？
6. 商品价值形式的发展经历了哪几个阶段？为什么会有这种演变？
7. 货币具有哪些职能？
8. 价值规律具有哪些作用？价值规律是如何发挥这些作用的？
9. 信用具有哪些特性？信用在国民经济中具有哪些作用？
10. 为什么在现代经济中银行信用能取代商业信用而成为居于统治地位的信用形式？

第三章 市场与资源配置

市场经济是指市场机制在经济资源配置中起基础性作用的经济体制，发达的、完善的市场体系有利于市场机制作用的发挥。只有对市场机制和市场体系具有明确和深刻的认识，才能深入理解市场经济的性质。本章讨论市场的含义及其基本构成要素，说明市场机制的含义，市场机制的层次及其关系，市场机制的特征，市场机制的功能，比较计划配置和市场配置这两种典型的资源配置方式，说明市场体系的构成、基本特征以及主要市场的运行特点与基本功能。

第一节 供求与市场

一、供给与需求

形成市场交易必有对商品的供给与需求，商品的供给与需求分别由商品的供给主体和需求主体产生。在市场上，商品的生产者提供商品，是商品的供给主体；商品的消费者购买商品，是商品的需求主体。双方通过商品买卖发生联系，形成商品的市场交易。商品的生产者和商品的消费者相互联系、互相制约，是形成市场交易的不可或缺的主体要素，通过他们的活动，形成市场交易，形成市场供给和市场需求。

（一）供给

所谓供给是指一定时期内，生产者愿意并能够向市场提供的商品的数量。

商品供给受多种因素影响，主要因素有：

第一，商品的价格。市场的供给量与商品的价格存在着密切的相关关系。在其他因素不变的情况下，受利益机制的制约，一种商品的价格越高，

企业生产的商品也就越多,其供给量就越大;反之,商品价格越低,其供给量就越少。商品的价格与其供给呈正相关关系。此外,其他相关商品价格的变化也会对商品的供给有一定的影响。如其他相近商品价格提高,就可能引起生产者转产其他价高利大的相近商品,从而缩减原有商品的生产和供给。

第二,生产要素的价格。生产要素的价格是构成商品生产成本的重要组成部分,因此,生产要素价格的高低直接影响到商品生产成本的高低,进而影响到生产经营该商品利益的大小及该商品供给量的多少。在商品价格一定的条件下,生产要素的价格上升,商品生产成本上升,生产者所获利润会减少,生产者会削减生产,该商品的供给会减少;相反,如果生产要素的价格下降,商品生产成本下降,生产者所获利润则会增加,生产者则会增加生产,该商品的供给就会增加。

第三,生产技术状况。生产技术状况是指生产规模的大小、生产周期的长短、生产技术水平的高低等。生产规模越大、生产周期越短、生产技术水平越高,一定时期的商品供给就越多;生产规模越小、生产周期越长、生产技术水平越低,一定时期的商品供给就越少。一般来说,生产技术状况取决于长期因素,因为在短期这些条件发生变化的可能性较小。

第四,生产者对商品未来价格变动的预期。商品供给要受生产者对商品未来价格预期的影响,不过这种预期对商品供给的长期影响与短期影响是存在着差别的。从长期来看,对于一种商品,如果生产者预期其未来价格是上升的,那么他会增加投资、扩大生产规模,从而会增加商品的生产能力,增加商品的供给;但是在短期,商品的供给会减少,因为在商品价格上升以后,再出售其拥有的商品,可以获得更多的利润。如果生产者形成了对商品未来价格下降的预期,从长期来看,商品的供给会减少,因为生产这种商品的利润是减少的;而在短期,商品的供给则会增加,因为卖出的商品越多,未来遭受的损失就越小。

影响商品的供给的因素是多方面的,这些因素既可能独立地发挥作用,也可能同时发挥作用;而且这些因素的作用是复杂的,它们既可能共同促使商品供给的增加,也可能共同促使商品供给的减少,既可能产生同向作用,也可能不同因素的作用相互抵消。因此,一种商品的供给是增加,还是减少,要取决于这些因素的实际的最终作用。

(二)需求

所谓需求是指一定时期内,市场上出现的对商品的有支付能力的需要。

需求不同于需要，需要是一种欲望，需要与消费者的支付能力无关，但是需要是需求产生的基础。消费者的需要是多方面的，几乎可以说具有无限性，需求也是多方面的，但需求却不是无限的，因为需求最终取决于消费者的支付能力，只有具有现实的支付能力的需要才是需求。

影响需求的因素很多，其中主要包括：

第一，商品的价格。在收入一定的情况下，人们总是想以现有的收入购买更多的商品，来满足更多的消费需要。在商品质量一定的条件下，商品价格低，消费者可以购买更多数量的商品，商品价格高，消费者的购买数量就少。一种商品的价格下降，消费者会增加对这种商品的购买量；相反，一种商品的价格上升，消费者会减少对这种商品的购买量。所以，一般而言，商品价格的高低与商品需求量之间成反比关系。不过，商品需求与商品价格的关系还会受到商品种类的影响。对于生活必需品而言，商品价格变化对商品需求量的影响要比对非生活必需品的影响小；某些商品存在着价格越高，需求量反而越大的现象，例如对于满足消费者炫耀性消费需要的商品来说，往往是价格越高，需求量越大。

一种商品的需求不只受自身价格变化的影响，还要受其他种类商品价格的影响。如果一种商品（甲商品）的价格上升，但是此种商品的替代品（乙商品）价格保持不变或者下降，或者其价格上升的幅度小一些，对甲商品的需求会转化为对乙商品的需求，那么对甲商品的需求量会减少，减少的具体幅度取决于甲商品被替代程度的高低，被替代的程度越大，需求量下降的幅度越大，被替代的程度越小，需求量下降的幅度越小；相反，如果一种商品（甲商品）的价格下降，但是此种商品的替代品（乙商品）价格保持不变或者上升，或者其价格下降的幅度小一些，对乙商品的需求会转化为对甲商品的需求，那么对甲商品的需求量会增加，当然增加的具体幅度取决于甲商品被替代程度的高低，被替代的程度越大，需求量增加的幅度越大，被替代的程度越小，需求量增加的幅度越小。如果一种商品（甲商品）的价格不变，但是此种商品的补充品（丙商品）价格上升了，对甲商品的需求量也会减少，减少的具体幅度取决于丙商品价格上升的幅度，丙商品价格上升的幅度越大，甲商品需求量下降的幅度越大，丙商品价格上升的幅度越小，甲商品需求量下降的幅度越小。例如，汽油是汽车的补充品，即便汽车价格不变，但如果汽油价格大幅度上升，也会导致汽车需求量的减少。相反，如果一种商品（甲商品）的价格不变，但是此种商品的补充品（丙商

品)价格下降了,对甲商品的需求量就会增加,增加的具体幅度取决于丙商品价格下降的幅度,丙商品价格下降的幅度越大,甲商品需求量增加的幅度越大,丙商品价格下降的幅度越小,甲商品需求量增加的幅度越小。例如,汽车价格不变,但如果汽油价格大幅度下降,则会导致汽车需求量的增加。

第二,消费者的收入。消费者的收入增加,则其对商品的需求增加;收入减少,则其对商品的需求也减少。消费需求量与消费者的收入呈同方向变化。不过,不同种类的商品的需求量的变动对收入变动的敏感程度是存在着差别的。一般来说,生活必需品的需求变动对收入变动的敏感程度较小,而非必需品的需求变动对收入的变动则较敏感。即通常情况下,当人们收入增加时,所增加的收入中用于购买生活必需品的部分往往不会同步增加,而用于购买非生活必需品的部分往往会增加较多,造成的结果就是消费者用于购买生活必需品的支出在其总消费支出中所占的比重下降,而用于购买非必需品的支出在其总消费支出中所占的比重上升。

第三,消费者的偏好。在其他条件不变的情况下,如果消费者对某种商品的偏好发生了变化,同样会引起某种商品需求量的变化。对一种商品的需求偏好增强,会导致消费者增加对这种商品的购买,对一种商品的需求偏好减弱,会导致消费者减少对这种商品的购买。影响消费者需求偏好的因素很多,消费者个人的经济与非经济条件的变化、社会环境的变化等等都会导致消费者需求偏好的变化。广告、大众传媒的信息传播等都可以作为影响消费者需求偏好的工具,影响消费者的需求偏好。

第四,消费者对商品未来价格变化和收入变化的预期。消费者的价格预期对商品需求的影响表现在,如果消费者对一种商品形成了其未来价格上升的预期,则会选择增加当期的购买,如果消费者对一种商品形成了其未来价格下降的预期,则会选择减少当期的购买。消费者的收入预期对商品需求的影响表现在,如果消费者形成了其未来收入上升的预期,则会选择增加当期的购买,如果消费者形成了其未来收入下降的预期,则会选择减少当期的购买。

此外,商品生产经营者的促销手段,人口变化以及社会财富分配上的变化,人们的价值观念、审美观念、思维方式、生活习俗等社会因素也会引起社会需求的变化。

(三)供求规律

作为商品交换过程两个方面的供给和需求,供给表现为让渡使用价值取得价值的过程,而需求则表现为让渡价值取得使用价值的过程。无论是供给还是需求,都包括使用价值和价值的对立运动,都表现为商品和货币的对立运动,都必须借助价格来进行。在价值规律发生作用的过程中,商品的供给和有支付能力的需求之间相互依存,相互制约,它们之间存在着一种内在的联系和趋于平衡的客观必然性,这种客观必然性我们称之为供求规律。供求规律体现了使用价值和交换价值的关系、商品和货币的关系、买者和卖者的关系以及生产者和消费者的关系。它借以发生作用的基础是价值规律。当供给大于需求时,部分商品卖不出去,商品价格跌落,会促使生产者减少商品生产;当需求大于供给时,商品畅销,价格上涨,会促使生产者增加商品生产。供求规律是价值规律发生作用的一种外在表现形式。

在市场上,商品供求平衡只是暂时的、相对的,商品供求不平衡则是普遍的、绝对的。一方面,供求一致往往只是转瞬即逝的事情;另一方面,供求规律的作用,又总是发挥着促使供求向着一致或均衡的方向变化。从根本上说,这是因为价值规律对供求的调节作用。在价值规律发生作用的过程中,供给和需求相互依存、相互制约的关系,会引发出供给和需求之间的作用和反作用。一方面需求对供给具有作用和反作用。例如,需求减少,供过于求,因而市场价格就会降低到商品价值以下,此时生产者无利可图,结果生产要素就会被抽走,供给就会减少,供求趋于平衡;反之,如果需求增加,供不应求,市场价格就会高于商品价值,生产者有利可图,结果流入这个部门的生产要素就会增多,供给就会增加,供求趋于平衡。另一方面供给对需求也具有作用和反作用。例如,供给减少,低于需求,市场价格就会上涨到价值以上,结果就会引起需求相对缩小,供求趋于平衡;反之,供给增加,超过社会需求,市场价格就会降到商品价值以下,结果会引起需求相对扩大,供求趋于平衡。正是由于供给和需求之间这种作用和反作用的关系,供求关系的变动一方面会造成市场价格同商品价值的偏离,另一方面又会抵消这种偏离的趋势。由于供给和需求的不平衡具有互相对立的性质,并且这些不平衡彼此接连不断地发生,所以它们会由相反方向的运动和矛盾而趋于平衡。

二、市场的含义及其基本构成要素

(一) 市场的含义

市场作为商品经济的产物,随着商品经济的发展而发展。从市场的最初形成来看，市场首先是指商品交换的场所。在原始社会末期以前，由于社会生产力水平很低，没有剩余产品，没有商品交换，因而也没有市场。到了原始社会末期，随着社会分工和商品交换的产生，人们需要一个集中的地点和统一的时间来进行交易，于是便产生了市场。随着交易的扩大，市场也不断扩展，并逐渐固定下来，形成了各种各样的市场，如各种商店、集市贸易等。可见，在商品经济不发达的时期，市场只是一个空间概念，即商品交换的场所。

随着商品经济的发展，随着交易手段的日益进步，交换既可以在有形的空间、一定的场所进行；也可以在没有任何场所的条件下进行。例如，随着电子计算机的普遍应用，形成了全球范围的信息网络，在这种条件下，市场不再局限于一定的交易场所，而是交易的一种渠道和纽带。

与简单商品生产阶段相对应的市场，主要是商品市场。但随着商品经济的不断发展，商品交易活动开始由短期交易向长期交易延伸；商品交易的形式越来越多元化，交易关系越来越复杂；市场的范围也不断扩大，地区市场逐渐向全国市场甚至国际市场扩展；进入市场的商品不断增多，除了劳动产品之外，劳动力、资本等也成为交易的对象。在现代市场经济条件下，进入市场交易的包括一切物质形式的劳动产品，即有形的商品市场，也包括一切非物质形式的劳动产品以及其他产品，如技术市场、金融市场、信息市场等的交易对象就是无形产品。

总的来看，市场处在一个不断发展的过程中，一方面市场的范围不断拓展，另一方面市场又不断向纵深发展。人们对市场这一范畴认识的不断发展，也导致人们往往在不同的含义上使用市场这一范畴。概括起来看，人们所使用的市场这一范畴包括以下几种主要含义：

（1）商品交换的场所。这是关于市场这一范畴最古老的认识，但是人们仍然广泛使用这种意义上的市场概念。例如说建设钢材市场、农产品市场等，是在说建设进行钢材交易的场所、农产品交易的场所。

（2）商品交换关系。即只要存在商品交换关系，无论是有固定的交易场所或者具体的交易场所，还是没有具体的交易场所，只要存在商品交换关系，就存在市场。显然，如果市场仅仅限定于仅指商品交换场所，那么大量的商品交换活动都会被排斥在市场范畴之外，这与市场的发展是相矛盾的，不利于我们对市场和市场经济活动进行全面和深入的研究，而将市场界定为商品交换关系便可以解决这一问题。

(3) 市场机制。人们在谈到市场功能、市场缺陷、市场作用等问题时，主要是在这个含义上使用市场概念，即人们在谈到市场功能、市场缺陷、市场作用等问题时，实际上所谈论的是市场机制的功能、市场机制的缺陷、市场机制的作用。

(4) 市场经济体制。在许多情况下，人们使用的市场这一概念实际上是指市场经济体制，市场是被作为市场经济体制的缩略语来使用的。例如说市场国家、市场体制等等，实际上讲的乃是市场经济体制国家、市场经济体制。

因此，我们需要根据特定的语境理解所使用的市场概念到底指的是什么。一般情况下，我们在谈到市场机制、市场经济体制时，会直接使用市场机制、市场经济体制这两个概念。为便于分析，除非特别说明，我们将在下述意义上使用市场这一概念，即：市场是指商品交换场所和商品交换关系的总和。

（二）市场的基本构成要素

市场是由多种要素构成的，其中包括两个基本的构成要素，即市场主体和市场客体。

市场主体是指在市场上从事各种交易活动的组织和个人。它既包括自然人，也包括以一定组织形式出现的法人；既包括营利性机构，也包括非营利性机构。在通常情况下，市场主体包括企业、居民、政府和其他非营利性机构，其中，企业是最重要的市场主体。市场主体也包括一些中介机构，这些中介机构既可以利用自己的中介地位，直接销售商品，也可以单纯为买卖双方提供商品信息，解决生产与消费的时空差异，使商品交换能够顺利进行。所有的市场交易都是由市场主体所组织和完成的。

市场客体是指市场主体交换的对象。市场客体包括的对象经历着不断发展的过程，总的趋势是随着社会生产力的不断发展，商品交换关系的不断发展和市场自身的不断成长，市场客体所包括的对象不断增加。现代市场经济的市场客体可以说是包罗万象。既包括各种各样的劳动产品，也包括各种各样的非劳动产品；既包括各种类型的有形商品，也包括**各种**类型的无形商品；既包括实实在在的商品，也包括商品化的权利；既包括生产资料，也包括消费资料以及其他商品；既包括各种类型的生产要素，也包括各种类型的产品；既包括国内商品，也包括国外商品。市场客体种类的多少是反映市场发展广度和深度的重要指标，市场客体交易规模的大小是反映市场发展规模

的重要指标。

市场客体的多少和交易规模既受社会生产力发展、商品交换关系自然发展等因素的影响,也受政府干预、社会意识形态以及其他外部因素的作用的影响。

三、市场机制

"机制"一词最早源于希腊文。原意是机械、机械装置、机械机构及其运行原理,即是机器运行过程中各个零部件之间互相联结关系及运转方式。后来它被经济学所借用。

市场机制是一种经济机制。所谓经济机制是指一定经济机体内各构成要素之间相互联系和作用的制约关系及其功能,它存在于社会再生产的生产、交换、分配和消费的全过程。由于经济机制是在经济机体的运行中发挥功能的,因而它又被称为经济运行机制。

市场机制作为一种经济机制,是指市场机体内的供求、价格、竞争等要素之间相互联系及作用机理,具体包括供求机制、价格机制、竞争机制、风险机制等。市场机制是由这些不同的部分所组成的一个相互联系、相互作用的交织在一起的复杂的机制系统。

(一)供求机制

供求机制是指市场上商品供给、商品需求的运动机制及其相互作用的机制。在市场上,商品供给受多种因素的影响,它不是固定不变的,而是有时增加,有时减少;市场需求同样受多种因素的影响,它也不是固定不变的,也呈现出有时增加,有时减少的特征。当市场需求增加时,供给往往会增加,市场需求减少时,供给往往会减少。在市场上,商品供求决定着商品的价格,一方面,商品供求现状决定着商品价格水平,当商品需求超过商品供给时,商品价格就会处于较高的水平,高于商品的价值,而当商品供给超过商品需求时,商品价格就会处于较低的水平,低于商品的价值;另一方面,商品供求关系的变化决定着商品价格的变化,当商品供给不变,商品需求增加时,商品价格就会上升,当商品需求减少时,商品价格就会下降;而在商品需求不变的条件下,商品供给增加,商品价格会下降,商品供给减少,商品价格则会上升。商品供求处在不断地运动过程中,不断促使供求趋向均衡,促使商品价格与价值相一致,又不断促使供求偏离均衡,促使商品价格偏离商品价值。商品供求机制调节着商品供求双方的关系,调节着商品价格

的运动,进而调节着市场经济中经济的运动。

供求机制作用于市场经济中市场体系的各个部分。在生产资料市场上,生产资料的供求机制调节着生产资料供求双方的关系,调节着生产资料价格的运动,进而调节着生产资料市场的运动;在消费品市场上,消费品的供求机制调节着消费品供求双方的关系,调节着消费品价格的运动,进而调节着消费品市场的运动;在劳动力市场上,劳动力的供求机制调节着劳动力供求双方的关系,调节着工资率的运动,进而调节着劳动力市场的运动;在资金市场上,资金的供求机制调节着资金供求双方的关系,调节着资金价格的运动,进而调节着资金市场的运动;在技术市场上,技术的供求机制调节着技术供求双方的关系,调节着技术价格的运动,进而调节着技术市场的运动;在房地产市场、信息市场以及其他市场上,供求机制同样都调节着市场供求双方的关系,调节着价格的运动,调节着这些市场的运动。

(二)价格机制

价格机制是指市场经济中价格的运动、作用以及商品价格之间相互影响、相互制约的机制。这包括三层含义:其一,价格的运动机制。价格的运动机制主要是指商品价格水平的决定和商品价格水平的变化机理。其二,价格的作用机制。价格的作用机制是指商品价格对商品供求关系或者市场的调节机理。其三,价格之间相互影响、相互制约的机制。这主要是指不同种类的商品之间或者不同市场的商品价格之间相互影响、相互制约的机制。

在市场经济中,商品价格的高低取决于商品供求状况,商品供求关系的变化决定着商品价格的变化,不同种类商品的不同的供求关系决定着不同种类商品价格的不同的运动方向和幅度。商品供求关系发生了变化,商品价格就会发生变化,在长期中商品供求关系总会要发生变化,因此在长期中,商品价格总是要发生变化的,商品价格变化的方向取决于商品供求运动的方向,商品价格变化的幅度取决于商品供求关系变化的幅度。

从表层上来看,价格机制是市场经济中主要的调节机制,因此有人将价格机制等同于市场机制。价格的作用直接体现在对商品供求关系的作用。一种商品的价格水平偏低,低于其价值,虽然对消费者有利,但生产者会不愿意生产和提供此种商品,其供给就会减少;一种商品的价格水平偏高,高于其价值,虽然对生产者有利,但消费者会不愿意购买或者没有能力购买此种商品,其需求就会减少。商品价格的变化会引起商品供求的变化。一种商品价格上升,一方面会促使生产者增加此种商品的生产和供应,供给会增加,

另一方面则会促使消费者减少对此种商品的需求,供求关系因而发生变化;一种商品价格下降,一方面会促使生产者减少此种商品的生产和供应,供给会减少,另一方面会促使消费者增加对此种商品的需求,供求关系也因此会发生变化。

价格机制既可能导致商品供求由失衡转向平衡(或者说导致市场由失衡状态转向平衡状态),也可能导致商品供求由平衡转向失衡(或者说导致市场由平衡状态转向失衡状态)。如果商品供大于求,价格会下降,价格下降会促使供给减少,需求增加,从而促使商品供求恢复平衡;如果如果商品供小于求,价格会上升,价格上升会促使供给增加,需求减少,从而促使商品供求恢复平衡。如果商品供求处于平衡状态,若商品价格上升,供给会增加,而需求会减少,商品供求就会由平衡状态转为供大于求的失衡状态;若商品价格下降,供给会减少,而需求会增加,商品供求就会由平衡状态转为求大于供的失衡状态。价格的变化会改变商品的供求关系,改变商品供求者的市场地位,也会使经济资源不断地在不同部门之间流动,改变着不同种类的产品生产结构。

价格机制的作用表现在各种类型的市场中,无论是生产资料市场、消费品市场、还是劳动力市场、资金市场、技术市场,抑或房地产市场、信息市场以及其他市场,价格机制都要发挥作用,调节着这些市场的供求关系、供求双方的地位,导致市场失衡或者促使市场平衡。从表层上来看,市场经济中商品供求关系或者市场就是依靠价格机制来调节的。

在市场经济中,商品的价格不是孤立的,而是相互影响、相互制约的。不同种类的商品价格之间相互影响。一种商品价格的上升可能会引起其他种类的商品的价格的上升,而价格的下降则可能会引起其他种类的商品的价格的下降,例如建筑材料价格的上升会拉动住房价格的上升,而其价格的下降则会推动住房价格的下降。因此,一种商品价格的上升可能并不是该商品生产者意欲为之。不仅作为生产要素投入品的价格的变化会引起产品价格的变化,而且消费品价格的变化也会引起相关市场价格的变化,例如粮食、食油等的价格上升,往往会导致工资率的上升。不同种类的商品价格之间也相互制约。例如汽油价格过高,消费者会选择价格更低的液化气,从而抑制汽油价格的上升。当然,生产同种商品价格的不同生产者的提供的商品的价格的相互制约关系就更为明显。

商品价格的相互影响、相互制约的机制使得商品价格具有了一种联动效

应,也因此对商品供求关系造成更为复杂的影响。

(三) 竞争机制

竞争机制是指市场经济所内生的经济单位之间(生产者之间、消费者之间、生产者与消费者之间)为了实现和增加自己的经济利益而相互竞争的机制。

(四) 风险机制

风险机制是指市场经济中风险的生成、扩散和负担机制。在市场主体存在独立的经济利益的情况下,每一个市场主体都要承担自身经济活动所带来的风险,这使得每一个市场主体都要根据自身的经济利益对经济活动进行理性决策,以最大限度地规避风险。

四、资源配置

(一) 资源配置的含义

这里讲的资源,既包括各种自然资源,也包括各种非自然资源。所谓资源配置是指资源的分配。资源配置问题可以从多种不同的角度进行讨论,比如有部门之间的资源配置问题,地区之间的资源配置问题,不同生产单位之间的资源配置问题等等。经济学中若非加以特别的界定,一般所论资源配置都是指部门之间的资源配置。基于此,我们在这里可以将资源配置界定为资源在不同使用途径即不同种类的产品生产之间的分配。生产什么、生产多少等问题都属于资源配置问题。资源配置状况决定着经济资源的利用率和利用效率,决定着不同种类产品的生产结构,决定着不同种类的产品的需求满足程度,决定着当前以及未来社会福利水平的高低。

(二) 资源配置方式的分类

在人类社会的历史发展过程中,采用过多种资源配置方式,如依照习惯配置资源等。资源配置方式可以按照不同的标准划分出多种不同的类型出来,如果按照资源配置机制来分,可以分为习惯配置、计划配置和市场配置等方式。人类社会发展到资本主义社会以后,市场配置和计划配置一直是两种主要的资源配置方式。市场配置是指资源由市场机制来配置的资源配置方式,计划配置是指资源由计划机制来配置的资源配置方式。这里要说明的是,纯粹的市场配置和纯粹的计划配置在现实社会中都是不存在的,但是从人类社会的发展来看,任何社会发展阶段都存在起主导作用的资源配置机制。根据占主导地位的资源配置机制的差别,我们可以划分出不同的经济体制出来,

我们将市场机制在资源配置中发挥基础性作用的经济体制称为**市场经济体制**，将计划机制在资源配置中发挥基础性作用的经济体制称为计划经济体制。

在生产要素数量和质量一定的条件下，资源配置方式是资源配置效率的决定因素。因此，资源配置效率的高低也就成了我们判别不同的资源配置机制和经济体制优劣的标准。

计划配置方式有其优点，其最大的优点是可以集中经济资源满足社会重点发展目标建设的需要，至于重点发展目标是什么无关紧要，可以是某个产业部门的发展，可以是某个或者某些重点建设项目的建设，可以是某个地区的发展，也可以是其他的发展目标。只要重点目标确定了，政府就可以制定相应的计划确保经济资源集中分配于这些目标。但是，计划配置方式也存在内在的缺陷：其一，难以保证计划反映社会真实的需要，因此可能造成资源配置效率的低下；其二，计划部门的垄断地位可能使其漠视社会利益和产生官僚主义；其三，很难形成实施计划指令的长效制度；其四，无法解决激励问题，从而无法避免生产效率的低下；其五，无法解决数量信号的扭曲问题，因此无法避免计划决策的错误。

市场配置方式有其优点：一是能够比较真实地反映社会需求；二是能够比较快地反映社会需求的变化；三是具有长期自动地配置经济资源的能力；四是能够自动地解决经济激励问题，从而产生较高的生产效率；五是能够自动地促进资源配置效率的提高。市场配置方式也有其不可避免的缺陷：其一，使配置在具有正外部性的产品生产部门的经济资源过少，具有负外部性的产品生产部门的资源配置过多；其二，不能很好地解决私人利益与社会利益的协调问题；其三，无法避免垄断等因素对资源配置信号的扭曲，从而不能使经济资源得到优化配置；其四，无法避免经济资源因为微观经济主体的非理性决策而造成的资源浪费和社会福利损失；其五，无法解决个体理性与集体非理性的矛盾，从而无法避免经济结构失衡、宏观经济失衡和经济波动。

第二节 市场结构

一、市场结构的类型

根据市场竞争程度的不同，市场结构通常分为四种类型：完全竞争市场、完全垄断市场、垄断竞争市场、寡头垄断市场。

（一）完全竞争市场

完全竞争市场是一种竞争不受任何阻碍、干扰和控制的市场，在完全竞争市场，既没有政府的干预，也没有厂商的集体合谋行动对市场机制作用的阻碍。

完全竞争市场具备以下四个特点：

第一，市场上有大量的买者和卖者。由于有众多的买者和卖者，每个买者和卖者在市场总量中占的比重都非常小，因此，每个买者或卖者都不能通过自己的买卖活动影响市场价格，因而都是既定价格的接受者，而不是价格的决定者。

第二，产品是同质或同一的。这里所说的同一性不仅是指产品的物理性能，它还包括服务等其他因素。也就是说，买者把任何一个厂商的产品看作完全可以用另一个厂商的产品来替代，或者说，在买者看来，由于产品是同一的，买哪家的产品都一样；对任何卖者来说，都不可能因自己的产品有特色而提高价格。由于产品是同质的，因此，任何厂商都不能够垄断市场、影响市场价格，厂商之间也不存在非价格竞争。

第三，资源完全的流动性。即买卖双方在长期内可以自由地进入和退出该商品市场，不受任何阻挠和限制，资源可以在不同部门和地区间自由流动，资本和土地可以使用于任何用途，厂商自由加入和退出生产，没有任何制度的、经济的、技术的限制。

第四，完全的信息。也就是说，所有的厂商、消费者都掌握跟交易有关的一切信息，如厂商和消费者都知道所有厂商的价格，工人知道市场的工资，厂商知道各种有关的生产技术，等等。完全的信息使交易双方能充分比较，做出最优抉择，从而择优淘劣，促进竞争。

在现实生活中，没有一个市场或行业真正完全具备上述四项条件，农产品市场被认为是接近于完全竞争的市场。

（二）完全垄断市场

完全垄断市场是指一个行业的市场完全处于一家厂商所控制的状态的市场。在这种情形下，一家厂商完全控制了该行业市场的全部供给。

垄断是由进入障碍造成的，如果有其他厂商能自由进入这个行业，那么垄断就不存在了。形成进入障碍的原因主要有：

第一，技术的原因。技术的原因主要表现在，生产这种产品在相当大的

产出水平范围内，平均成本是递减的。这就是说，生产规模大的厂商比生产规模小的厂商效率高、成本低，因此生产规模大的厂商在利润的驱使下，可以通过低价倾销的办法将其他厂商驱逐出本行业，以实现垄断。技术的原因的第二种表现就是对某种生产技术知识的垄断，这种垄断是指对某种自然资源的所有权、技术诀窍或专门管理人才的拥有权，凭借这种拥有权，会产生对某种产品的市场垄断。

第二，法律的原因。法律的原因主要表现为由政府特许、专利权法律保护而形成的垄断。

完全垄断市场的形成有赖于以下途径：

第一，厂商完全控制生产某种商品所需原料的供给。例如，在第二次世界大战以前，美国雅尔卡公司拥有或控制着几乎全美的铝土矿（生产铝必需的原料），从而完全垄断了美国的制铝业。

第二，厂商拥有生产某种产品的专利权，以此阻止其他厂商生产同一种商品。例如，玻璃纸发明后，杜邦公司基于专利而对玻璃纸生产形成垄断。

第三，厂商拥有政府的特许。例如，英国历史上的东印度公司就是由于英国政府的特许而垄断了对东方的贸易。

第四，政府借助于政权对某一行业实行国有化，直接进行经营。例如，政府对铁路、邮政等公用事业的直接经营，形成对这些行业的政府垄断。

第五，产品市场需求有限，以至于一个厂商就能提供该行业的全部产量。如果一个厂商兴办得早，并且其产品产量随着需求的上升而迅速扩大，从而根本容纳不了另外任何厂商进入这个行业，这就形成该厂商对该行业的垄断。例如，一个小城市只有一家电影院就足以满足该城市所有电影观众看电影的消费需求，那么最早兴办的电影院就会成为该城市电影市场的独家垄断者。

完全垄断市场具有以下几个特征：

第一，厂商就是产业。完全垄断产业只有一个厂商，它提供整个行业的产销量，因此，厂商与行业合二为一，厂商就是行业。

第二，产品不能替代。完全垄断厂商所提供的产品，没有替代品。因此，它不受其他竞争者的威胁，其他厂商不能进入这一行业。

第三，独自决定价格。完全垄断厂商不是价格的接受者，而是价格的制定者，它可以利用各种手段决定价格，以达到垄断的目的。

第四，实行差别价格，获取超额利润。完全垄断厂商可以根据销售条件

实行差别价格,以取得超额利润。

完全垄断市场是只有一个卖主出售无相近替代品的产品的市场。在现实中,除了政府及受政府调节的垄断外,完全垄断一直是少有的,现实中比较接近完全垄断的行业是公用事业。尽管如此,完全垄断市场模型对解释我们所观察的接近于完全垄断情况的商业行为常常是很有用的,对于考察其他类型的非完全竞争市场的运行情况也有重要的意义。

(三) 垄断竞争市场

垄断竞争市场是指一种既有垄断又有竞争,既不是完全竞争又不是完全垄断的市场,是处于完全竞争和完全垄断之间的一种市场。

在1933年以前,经济学只研究两种极端情况:完全竞争和完全垄断。1933年,英国剑桥大学的琼·罗宾逊和美国哈佛大学的爱德华·张伯伦同时提出了第三种市场类型,罗宾逊夫人称之为不完全竞争,张伯伦称之为垄断竞争。

垄断竞争市场的形成有赖于以下几个条件:

第一,有大量的卖主,厂商进出行业自由、信息畅通。

第二,各个厂商的产品是存在差异的。这里所说的产品差异是指同一种产品在质量、特色、设计、品牌、包装或售前、售中、售后服务等方面的差异,而不是不同种类产品之间的差异,因此,产品的这种差异是非本质的。换言之,在满足本质需求方面,这些产品是可以相互替代的。由于产品差异的存在,在买主心目中,不同卖主的产品是不同的。这样,每一个卖主就会由于其产品的特点而拥有一批偏好这个产品的买主,从而形成卖主对他自己产品的垄断。但是,由于产品可以替代,卖主的这种垄断力量又是十分有限的。卖主在试图加强其各自垄断力量的过程中,他们之间便存在着激烈的竞争。这种有限垄断者之间的竞争就形成了一种所谓"垄断竞争"的市场状态。

垄断竞争市场具有以下几个特征:

第一,产品之间存在差别。这里所说的"产品差别",是指从消费者的角度来看,该行业各厂商的产品有差别。这种差别一般来自两个方面:一是产品本身的物质的或物理的属性具有的差别,例如:同种产品之间在质量、包装或牌号等方面的差别。二是销售条件的差别,例如,同一质量、包装、商标和牌号的收音机,在不同的零售店里被看作是不同的产品,甚至邻近两家商店的商标牌号完全一样的收音机或电视机,由于服务态度的好坏会影响

顾客的偏好,也应看作是不同的产品。

第二,市场上有较多厂商,进出该行业比较容易。垄断竞争行业包含着大量的小规模厂商,彼此之间存在着激烈的竞争。由于他们各自的产品易于替代,因此新的厂商比较容易进入市场,不存在行业壁垒;当厂商遭受亏损时,也比较容易退出该行业。

总之,垄断竞争市场是这样一种市场,在这个市场中有众多卖主出售存在差异的同类产品。在现实生活中,这种市场结构是非常普遍的。

(四) 寡头垄断市场

寡头垄断市场是指这样一种市场,在这种市场上,有少数几家厂商垄断了某一行业的市场,控制了这一行业的绝大部分供给,几家厂商的产量在该行业的总供给中占了很大比例,每家厂商的产量都占有相当大的份额,从而每家厂商对整个行业价格与产量的决定都有举足轻重的影响。

寡头垄断的产生有如下几方面的原因:

与完全垄断一样,寡头垄断常常是与规模经济相关的。这就是为什么在石油、钢铁、汽车这类重工业行业中寡头垄断最为普遍存在的原因。因为,这些行业在开始时需要兴建大量的基本设施,所需资金巨大,固定费用相对地大大高于可变费用。在生产时,只有在产量达到一定规模后平均成本才会下降,才能获得好的经济效益。这样,行业中每个厂商的产量都相当大,进而决定了只要几家厂商存在,他们的产量就可以充分满足市场的需求。市场容量的有限,初始时投资的巨大,加上已有寡头们的种种排他措施,使得新厂商几乎无法进入这一行业。于是就形成了少数几家厂商控制了某一行业市场的"寡头垄断"市场状态。

寡头垄断市场是少数卖主出售同质产品或异质产品的市场,是一种介乎于完全垄断和垄断竞争之间的市场结构。如果卖主只有两个,则称为双寡头垄断;如果产品是同质的(如钢铁、石油、水泥),则是纯粹寡头垄断;如果产品是异质的(如轿车、香烟),则为差异寡头垄断。在现代经济的制造业部门,寡头垄断是最普遍的市场组织形式,在经济中占有十分重要的地位。寡头垄断市场具有以下特征:

第一,厂商的数量很少。通常只有几家经过激烈竞争后生存下来的厂商,每一个厂商在市场上都占有非常大的份额,对产量和价格有较大的控制力,都具有举足轻重的地位。

第二,厂商之间存在相互依存关系。寡头垄断市场是与前面介绍的三种

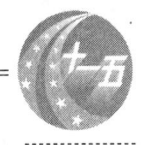

市场结构有很大不同的市场结构。在前三种市场结构中,要么卖主数量很多,以致他们谁也不"认识"谁,任何一个卖主的行为都不会引起其他任何别的卖主的反应,竞争是针对市场的,而非个体的,每个卖主独立决策,无需顾虑他人,只对市场形势做出反应;要么只有一个卖主,而不存在与其他卖主的关系问题。但寡头垄断市场上,卖主如此之少,以至于他们之间相互"认识"。任何一个寡头的行为都会给市场带来影响,引起其他寡头的反应。他们之间相互密切注视着,谁也不敢、也不愿轻举妄动。此时,竞争是针对个体的,每个寡头在做出决策时,都必须考虑其他寡头可能做出的反应。各寡头之间的这种相互依存性,是寡头垄断市场的一个重要特征,对于这个市场的均衡起着决定性的作用。由于竞争对手的反应可能是多种多样的、难以捉摸的,所以结果也是难以预料的。

第三,厂商进入或退出非常困难。寡头厂商都是规模大、技术含量很高的,要求其开业资本金数额巨大,转产也要受到很大损失。因此,新厂商进入和老厂商退出都很困难。同时,市场力量也使新厂商难以进入,例如,老厂商可以通过联合降价使新厂商的产品卖不出去,导致其亏损或倒闭。

第四,非价格竞争激烈。由于价格不能随意变动,因此,非价格竞争就变得激烈起来。厂商可以通过延期付款、提高折扣、加强广告宣传、改进售后服务、改进包装、改变设计等,还可以通过搭配销售、降低质级等办法,在竞争中处于有利地位。

寡头垄断者之间的相互依存性,使得他们的相互关系变得十分微妙。他们相互竞争、相互保守商业秘密、相互猜测,结果使他们更容易形成某种形式的串通和勾结,勾结也是"面和心不和",竞争依然存在,甚至更加激烈。寡头市场上,产量与价格的确定往往不是由本身的成本与收益情况、市场供求关系直接决定,而是由这些寡头垄断者通过协议或默契而制定的。这样制订的价格称为操纵价格。这种价格一般可由以下两种方式形成:一种情况是,由寡头垄断者同盟卡特尔决定。所谓卡特尔,是寡头垄断行业内生产者的正式组织,该组织制定价格,对每个成员分配生产配额,对新厂商加入本行业实施管制。最典型的国际卡特尔是石油输出国组织(OPEC)。另一种情况是,通过寡头之间心照不宣的默契来达成。价格领袖制基本上就是如此,它是一种不完全的串通形式。在这种形式中,寡头垄断行业中的厂商心照不宣地确定与行业中价格领袖相同的价格。价格领袖可以是成本较低的厂商,更可能是该行业中规模占优势的或最大的厂商。

一般来讲,寡头垄断者都试图避免价格竞争,所以寡头价格一旦确定以后,就不会轻易改变。

上面简要介绍了完全竞争、完全垄断、垄断竞争、寡头垄断四种市场类型的基本情况,大致可以通过表3-1将其特征概括出来。

表3-1　　　　　　　　各种市场类型的特征比较

	完全竞争	垄断竞争	寡头垄断	完全垄断
厂商数量	很多	较多	很少	一个
产品品质	同质	存在差别	同质或有差别	无替代品
进出行业	容易	较容易	较难	不可能
市场价格	接受者	影响者	寻求者	制定者

二、市场结构对资源配置效率的影响

(一) 完全竞争市场的经济效率

完全竞争市场曾被古典学派的经济学家认为是最理想、最完善的市场结构,是市场经济的理想模型。其主要优点是:

第一,完全竞争市场是有效率的。在完全竞争市场上,市场机制能够通过价格有效地协调千头万绪的经济活动,配置有限的稀缺资源。同时,在完全竞争市场上,市场机制能充分有效地处理、利用信息,因为在市场上,厂商和消费者的决策只依赖有关商品的价格,只对价格做出反应,而且这些反应往往都是准确的,都将使供求趋于均衡。

第二,完全竞争市场是公平的,能够增进福利。在完全竞争条件下,每一单位的生产要素和产品都按照市场上既定的价格得到报酬。厂商可以以最低的成本最大限度地生产满足市场需求的产品,消费者可以用最小的代价获得最大满足,实现福利最大。

但是,完全竞争市场也有不少局限性。按照我们对完全竞争市场条件的表述,它需要满足四个条件,即产品的同质性、大量的买者和卖者、完全的信息、资源完全自由的流动。但现实中,不少市场往往只有为数不多的厂商,在这种市场上,每个厂商的市场份额比较大,它的产量或价格对市场就有一定的影响。这时,厂商便不再是价格的接受者,而是价格的制定者。一旦厂商有了制定价格、影响市场的能力,它们的行为就会改变,完全竞争模型就不适用了。

一模一样的产品在市场上也不多见。完全替代品迫使厂商在价格上进行竞争。厂商为了避免价格战，会故意生产略微不同的产品。例如，同是收音机，厂商可以考虑生产高档货或低档货，在同一档内，可以强调功率的大小或音响的质量。这样，除了产量之外，厂商至少还有另一个决策变量，即产品品种。多一个决策变量，厂商的行为也跟着改变。

完全信息也是一个"超现实"的假设。世界上的事物是变幻莫测的，而人的认识、分析和预测能力是有限的，因此，任何决策者都面临着不完全信息。不完全信息是常规而不是例外，任何经济活动都是在不完全信息环境里展开的，交易双方的决策行为在不完全信息条件下与在完全信息条件下完全不一样。例如，当你确知两种产品的质量时，你只要比较价格，但如果你并不知道两种产品的质量时，价格并不能帮助你做出最优决策，如果你非常怀疑产品的质量，你可能干脆不买。在不完全信息条件下，价格机制不仅不是有效率的配置机制，甚至可能丧失配置资源的作用。

（二）完全垄断市场的经济效率

通常认为完全垄断对经济是有害的。与完全竞争相比，垄断存在以下缺陷：

第一，垄断造成资源配置扭曲。经济学家们认为，垄断扭曲了资源配置，因为垄断者为了实现利润最大化有意识地限制生产。根据经济学家们的分析，在垄断厂商利润最大化的产出水平上，消费者为了使产出增加一个额外单位所需付出的价格要高于边际成本。从社会的角度看，在完全垄断条件下，垄断厂商可以通过限产抬价来获得超额利润，这意味着垄断者为获取超额利润而限定产量，没有充分地利用资源，扭曲了资源配置，导致资源的浪费。

第二，垄断者索取高价会引起消费者剩余的减少和社会福利的损失，加剧社会分配的不平等。

第三，垄断的存在有可能阻碍技术进步，造成经济的僵化。因为垄断者不存在竞争对手，不担心自己会破产，缺乏技术变革的内在动力和外在压力，从而阻碍技术和经济的进步。

（三）垄断竞争市场的经济效率

与完全垄断市场相比，垄断竞争市场有许多优点：

第一，在垄断竞争条件下产品是多样化的、有差别的，这可以满足不同

消费者的不同偏好。

第二，由于商标、服务态度等都能构成产品的差别，所以垄断竞争能促使重视产品差别的厂商保持商标信誉、提高产品质量和改进服务，从而有利于消费者。

第三，垄断竞争被认为是最有利于技术创新的。因为通过生产出与众不同的产品可以使厂商在短期内获得超额利润，所以厂商都愿意进行技术创新，而在长期中，竞争又使得各厂商必须不断地进行创新。

但是，追求产品差别的努力，有可能导致过多数量的商标、式样、设计和广告宣传，这不仅会造成消费者选择的困难，而且会增加产品的成本和价格。

就厂商本身来说，由于规模较小、经营单一、经受风险的能力较差，厂商面临的竞争压力太大，很难有能力从事有利于长期经营的投资计划、人员培训等，也会影响到社会生产力的发展和技术进步。

（四）寡头垄断市场的经济效率

寡头垄断市场有许多优点：

第一，由于几个厂商供应整个市场的全部需求量，生产规模一般是较大的，可以获得规模经济的好处。规模经济的好处，不仅表现在可以充分利用投资昂贵、但可变成本较低的先进技术上，而且还反映在厂商有能力利用和发展现有的生产要素潜力，经营多种相关的产品，使消费者不仅能得到较低的产品价格和较多的产出，而且能得到更丰富和更高级的产品品种。

第二，寡头垄断市场上的厂商规模很大，也说明厂商有较为雄厚的技术力量和财政力量从事技术革新和产品革新。在完全竞争和垄断竞争市场上，由于各厂商规模较小，并且竞争压力太大，厂商的决策将着眼于短期利润，而较少有能力和信心制定和实施长期的技术革新的策略。而在少数厂商竞争的环境里，大型厂商则有条件有决心花费较大的资金用于技术革新研究和新产品的开发。

第三，大型厂商具有抵御风险的能力。这种抵御风险的能力，可以从多方面表现出来。厂商可以采用后向一体化结合的办法，把厂商使用的投入，从外购转变为自行生产，使投入供应问题内部化，从而可以防止投入供应的波动（诸如投入价格、质量、交货期间等方面的不确定性），有利于厂商正常生产。同样，厂商可以采用前向一体化结合的办法，把厂商生产的产出，从委托代销转变为自行销售，使产出销售问题内部化，从而可以防止产出销售的波动（诸如产出价格、消费者对产出的反应等方面的不确定性），有利于厂商正常经营。

大型厂商有优越的条件搞多种经营，生产社会需要的多种产品和服务。这样，厂商的生命力就大大增强。大家知道，产品是有生命周期的，一种产品可能由于消费者偏好改变，或者出现新的、更好的替代品而由盛转衰，如果厂商把自己的命运只系于一种产品上，从长期来说，这是很危险的。厂商搞多种经营，就不至于因一种产品的寿命终止而使厂商倒闭，依然可依靠生产别的产品求得生存和发展。

第四，大型厂商具有先进的管理技术，许多大型厂商可以具备对付复杂生产过程的先进管理技术和经验。实际上，也只有大型厂商有条件使用有专门管理技术的人才和先进的装备。大型厂商的先进管理技术和成果，意味着厂商内部生产和外部经营都能够建立在科学管理的基础之上。厂商内部生产的科学管理意味着厂商生产对社会稀缺资源的合理而节省的使用；厂商外部经营的科学管理意味着厂商对市场需求状况能吸收正确的信息，并做出及时、正确地反馈。

当然，寡头垄断市场还是存在着缺点的。主要就是有时竞争力度不够，厂商之间依赖程度较大。如果厂商之间的关系不是相互促进的话，厂商往往会利用价格相对固定的倾向，各寡头之间的勾结往往是抬高价格，从而损害消费者利益。

第三节 市 场 体 系

一、市场体系的基本框架

与简单商品生产阶段相适应的市场，主要是商品市场。随着商品经济的不断发展，进入市场交换的生产要素越来越多，在商品市场中又派生出各种特殊的市场，如技术市场、信息市场、房地产市场、产权市场等，形成了市场体系。所以，我们现在所说的市场不限于某个局部市场或者某种类型的市场，而是包括多种市场在内的市场体系。所谓市场体系是指以商品市场为主体，包括各类市场在内的有机统一体，即以商品市场和生产要素市场以及其他各类市场所组成的相互联系、相互制约的各类市场的总和。

市场体系所包括的组成部分可以从不同的角度来划分。从市场交换对象的物质形态来分，它主要包括物质商品市场和非物质商品市场，前者包括物质形态的消费品市场和生产资料市场，后者包括金融市场、劳动力市场、技术市场、信息市场等。按照交易方式来分，包括现货市场和期货市场；按照市场的地域范围来分，包括地方市场、国内市场和国际市场。一般是根据交易对象来划分，依次市场体系包括以下组成部分：消费品市场、生产资料市场、金融市场、劳动力市场、房地产市场、技术市场、信息市场等。在整个市场体系中，消费品市场、生产资料市场是决定和影响其他市场的主体和基础，其他市场都是在商品市场的基础上发展起来的，整个市场体系的运转是以商品市场为中心的，其他市场对消费品市场、生产资料市场也有重要的反作用，随着商品经济的不断发展，各种要素市场和其他市场日益活跃，并形成独立的市场分支，对市场体系的发展起着越来越大的作用。

市场体系对于市场经济来说具有重要的意义。市场经济是由市场机制发挥资源配置功能的经济，而市场体系则是市场机制发挥作用的必要条件。市场机制是在竞争市场中通过供求与价格连锁互动来进行资源配置的，它的作用的发挥只能体现于相互依存、相互制约的各种各类市场的共同作用之中。市场体系越发达，市场机制的作用发挥得会越充分。

二、市场体系的基本特征

市场体系应当具有以下基本特征：

第一，统一性。市场体系的统一性是指市场体系无论是在构成上，还是在空间上均是完整统一的。从构成上看，它不仅包括一般商品市场，而且包括生产要素市场；不仅包括现货市场，而且包括期货市场；不仅包括批发市场，而且包括零售市场；不仅包括城市市场，还包括农村市场等。从空间上看，各种类型的市场在国内地域间是一个整体，不应存在行政分割与封闭状态。部门或地区对市场的分割，会缩小市场的规模，限制资源自由流动，从而大大降低市场的效率。

第二，开放性。市场体系的开放性是指各类市场不仅要对国内开放，而且要对国外开放，把国内市场与国外市场联系起来，尽可能地参与国际分工和国际竞争，并按国际市场提供的价格信号来配置资源，决定资本流动的方向，以达到更合理地配置国内资源和利用国际资源的目的。反之，封闭的市场体系不仅会限制市场的发育，还会影响对外开放和对国际资源的利用。

第三,竞争性。市场体系的竞争性是指它鼓励和保护各种经济主体的平等竞争。公平竞争创造一个良好的市场环境,以促进生产要素的合理流动和优化配置,提高经济效率。而一切行政封闭、行业垄断、不正当竞争都有损市场效率。

第四,有序性。市场体系的有序性是指市场经济作为发达的商品经济,其市场必须形成健全的网络、合理的结构,各类市场都必须在国家法令和政策规范要求下有序、规范地运行。市场无序、规则紊乱是市场经济正常运行的严重障碍,它会损害整个社会经济运行的效率,容易导致社会经济发展的无政府状态。

三、各类市场的运行特点与基本功能

发挥市场机制在资源配置中的基础性作用,必须培育和发展市场体系。

(一) 消费品市场

消费品市场是交换用于满足消费者的个人生活消费需要以及社会消费需要的消费品的商品市场。如食品、服装、日用品等。消费品市场是整个市场体系的基础,所有其他的市场都是由它派生出来的。所以,消费品市场是社会再生产中最后的市场实现过程,它体现了社会最终供给与最终需求之间的对立统一关系。

消费品市场具有以下特点:(1)消费品市场涉及千家万户和社会的所有成员,全社会中的每一个人都是消费者;(2)消费品市场因社会需求结构、形式的多样性、多变性而呈现出多样性和多变性的特点;(3)市场交易量不一定很大,但交易次数可能很多。

消费品市场与人们的日常生活息息相关,它体现了社会再生产过程最终的市场实现,反映了消费者最终需求的变化。作为最终产品市场,消费品市场与其他商品市场密切相关,集中反映着整个国民经济的发展状况等。消费品市场的作用:(1)资金市场的发展始终受消费品市场的制约,当消费品市场景气时,供给和需求会拉动社会投资增加,进而活跃资金市场;(2)消费需求增加和市场交易对象扩大,进一步刺激供给增加,生产规模扩大,这也将导致劳动力市场上对劳动力需求的增加。而消费品供给的满足程度,又直接决定了劳动力的质量。

(二) 生产资料市场

生产资料市场是交换人们在物质资料生产过程中所需要使用的劳动工

具、劳动对象等商品的市场。例如生产所需的原材料、机械设备、仪表仪器等等，都是生产资料市场的客体。

与消费品市场相比，生产资料市场的特点是：（1）在生产资料市场上所交换的商品大部分是初级产品和中间产品，而不是最终产品。这些商品主要用于生产过程，交换主要是在生产企业之间进行，其流通广度比消费品要小；（2）市场交易的参与者是单纯的生产部门，属生产性消费，购买数量大，交易方式多是大宗交易或订货交易，供销关系比较固定；（3）生产资料市场需求属于派生性、引发性需求。由于生产资料不是最终产品，而只是为消费品生产提供条件，因此对生产资料需求的规模、种类和数量，取决于社会对于消费品需求的状况，因而它是一种从消费品需求派生、引发的需求。

从生产资料市场的作用看，它集中反映了中间产品和初级产品的供求关系，为各企业生产过程提供物质条件，在社会再生产过程中起着中介作用。它的供求状况集中代表了社会物质资源配置的效率和比例情况。因此，生产资料市场运作得愈是有效率，社会再生产的运行便愈是通畅。它作为联结生产资料生产过程和生产资料消费过程的桥梁，其发展意味着社会再生产的扩大。

（三）金融市场

金融市场是资金的供应者与需求者进行资金融通和有价证券买卖的场所，是货币资金借贷和融通等关系的总和。在现实中，金融市场既可以有固定地点，也可以没有固定场所，由参加交易者利用电信等手段进行联系洽谈来完成交易。按交易期限划分，通常把经营一年期以内货币融通业务的金融市场称为货币市场，把经营一年期以上中长期资金的借贷和证券业务的金融市场称为资本市场。

金融市场作为价值形态与各要素市场构成相互依存、相互制约的有机整体。它的作用主要有以下几方面：一是通过各种金融资产的买卖交易，为资金供给方和资金需求方提供双方直接接触和多种选择的机会，因而能对资金进行高效率的筹集和分配；二是通过金融市场可以提高金融证券的流动性，使社会融资规模和范围更大，并降低融资成本；三是金融市场的发展，为中央银行运用存款准备金率、再贴现率、公开市场业务等手段进行宏观调控，创造了作用空间和操作条件。中央银行可根据金融市场上灵敏反应市场资金供求的经济金融信息，制定正确的货币政策，确定货币供应量和信贷规模，保证重点建设资金需要，促进经济结构的调整。

（四）劳动力市场

劳动力市场是交换劳动力的场所，即具有劳动能力的劳动者与生产经营中使用劳动力的经济主体之间进行交换的场所，是通过市场配置劳动力的经济关系的总和。劳动力市场交换关系表现为劳动力和货币的交换。

劳动力市场与一般商品市场相比具有以下特点：一是区域性市场为主。劳动力市场和其他商品市场一样，也应是全国统一的市场。但是，由于社会生产力在各地区发展水平不平衡，原始手工业、传统的大机器和现代技术产业并存，劳动力的素质相差悬殊，职业偏见的存在，再加上地区分割等，阻碍了劳动力在全国范围流动，大多数只能在区域内运转，只有少数高科技人才可在全国范围内流通，从而形成的主要是区域性市场。二是进入劳动力市场的劳动力的范围是广泛的，一切具有劳动能力并愿意就业的人都可以进入劳动力市场。三是劳动力的合理配置主要是通过市场流动和交换实现的，市场供求关系调节着社会劳动力在各地区、各部门和各企业之间的流动；劳动报酬受劳动力市场供求和竞争的影响，劳动力在供求双方自愿的基础上实现就业。劳动力的市场配置行为，不可避免地会出现劳动者由于原有的劳动技能不能适应新的经济结构的变化而产生的结构性失业现象。

建立和完善劳动力市场是市场经济条件下实现人力资源优化配置的有效手段。劳动力市场的作用是调节劳动力的供求关系，使劳动力与生产资料的比例相适应，实现劳动力合理配置，使企业提高劳动生产率，提高经济效益，保证社会再生产的正常进行。

（五）房地产市场

房地产市场是从事地产和房产交易活动的市场，具体分为地产市场与房产市场。地产市场主要是进行土地使用权的交易和转让。房产市场主要是进行房屋的交易和转让。

房地产市场的特点是：一是经营对象具有地域性，并且是非流动性商品。二是房地产价格具有上浮性。随着经济的发展，建筑地段级差收入不断上涨，从而促进土地使用权价格上升，房屋价格也随之上升。三是具有垄断性。因为土地是有限的，优等地更有限，这就造成了土地使用权的垄断。

在我国发展房地产市场有利于促进住宅商品化和土地有偿使用，有利于缓解需求大于供给的矛盾，提高土地利用率，防止国有资产价值流失，并可为建筑技术、建材工业及其他相关行业的发展提供广阔前景。

（六）技术市场

技术市场所交换的商品是以知识形态出现的。它是一种特殊的商品，有多种表现形态：有软件形式（程序、工艺、配方、设计图等）、咨询、培训等服务形式，以及买方需要的某种战略思想、预测分析、规划意见、知识传授等都可构成技术商品。

技术市场的特点是：（1）技术商品是知识商品，它以图纸、数据、技术资料、工艺流程、操作技巧、配方等形式出现；（2）技术商品交易实质是使用权的转让；（3）技术商品转让形式特殊，往往通过转让、咨询、交流、鉴定等形式，直到买方掌握了这项技术，交换过程才完成；（4）技术商品价格确定比较困难，价格往往由买卖双方协商规定。技术市场在中国经济发展中具有重要作用。它同科技经济发展之间存在着良性循环的关系；它能促进科技成果迅速转化为现实的生产力；它有利于科研与生产的密切结合；它能促进科技人员合理流动，优化科技人才的合理配置，有利于减少人才资源的浪费。

（七）信息市场

信息是事物的内容、形式、事物之间的联系及其发展变化的反映，它一般表现为信号、消息、情报、科研成果、资料等。信息市场是以提供各种信息来满足用户需要的信息交换的场所。大多数信息能够进入市场进行交换。

信息商品的特殊性决定了信息市场的特点，表现为：一是交易活动具有多次性。由于信息交易并不是让渡所有权而是使用权，因此同一信息商品可以在其有效时间内多次、反复出卖。二是交易具有很强的时效性，随时间的推移和条件变化，其使用价值会失效。

信息市场的发展、信息的商品化，对社会经济的发展起着明显而重要的作用：一是为社会生产和流通提供大量有效的信息资源，有利于促进经济发展。二是为企业提供必要的市场需求信息，有利于提高企业的竞争能力和应变能力。三是为消费者提供有关商品供应信息，是促进销售的有利手段。信息市场发挥着中介作用，是沟通产、供、销的桥梁，信息是企业经营管理的重要资源。

本章主要名词概念

供给　需求　市场　市场主体　市场客体　市场机制　资源配置　完全竞争　垄断

第三章 市场与资源配置

垄断竞争 寡头垄断 市场体系 消费品市场 生产资料市场 金融市场 劳动力市场
房地产市场 技术市场 信息市场 供求机制 竞争机制 风险机制 价格机制

本章思考题与练习题

1. 影响供给和需求的因素有哪些？
2. 市场机制具有哪些特征？市场机制的特征给我们哪些启示？
3. 市场机制具有哪些功能？如何看待市场机制的功能？
4. 资源配置有哪几种方式？各有何利弊？
5. 市场结构有哪些不同的类型？
6. 怎样理解市场结构与资源配置效率之间的关系？
7. 怎样理解市场体系？各类市场有什么特点？

第二篇 社会经济制度

第四章 资本主义经济制度

资本主义经济制度是以资本占有雇佣劳动的剩余价值为特征的社会经济制度。资本主义的生产过程是劳动过程与价值增殖过程的统一。绝对剩余价值生产和相对剩余价值生产是提高剩余价值率的两种基本方法。剩余价值在现实生活中转化为利润和平均利润的形式。产业资本、商业资本、借贷资本和银行资本共同参与平均利润的瓜分，土地所有者则以地租的形式获取超额利润。资本主义再生产的特点是扩大再生产，资本积累是扩大再生产的源泉。

第一节 资本主义经济关系的基本特征

一、资本主义经济制度的产生

经济制度是指由社会生产力所决定的，并与一定社会生产力相适应的社会生产关系的总和。生产资料的所有制以及由其决定的产品分配制度，构成社会的基本经济制度。

资本主义经济制度的建立需要具备两个基本条件：第一，大量的有人身自由但没有生产资料的劳动者；第二，在少数人手中积累起为组织资本主义生产所需要的大量货币财富。封建社会末期小商品生产者的分化不断地准备着这两个条件，这是通过经济机制向资本主义过渡的道路。但是，仅靠经济

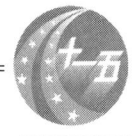

机制的自发作用来发展资本主义,会是一个相当缓慢的过程。15世纪的地理大发现,使世界市场急剧扩大,对资本主义经济的发展产生了强大的刺激作用。新兴资产阶级在强烈的致富欲望的推动下,便采取暴力手段来加速上述两个条件的形成过程,这就是资本的原始积累。资本原始积累是指发生在资本主义生产方式正式确立之前的初始资本的形成过程,不是指发生在资本主义生产方式确立之后在资本主义生产方式内部进行的资本积累,由此才把这个过程称为资本的原始积累。资本原始积累的实质就是用暴力剥夺直接生产者,迫使生产资料与劳动者相分离,使货币财富在资本家手中迅速积累的历史过程。资本原始积累为资本主义生产关系的发展准备了大量雇佣劳动者和巨额货币财富这两个最基本的条件。

资本主义经济制度的基本特征是:资本家占有生产资料并占有雇佣工人的剩余价值。具体包括如下四方面的内容:(1)资本家阶级垄断了对生产资料的占有;(2)劳动者与生产资料相分离并因此而成为靠出卖劳动力为生的雇佣劳动者;(3)产品的分配方式是资本家无偿占有雇佣工人创造的剩余价值,雇佣工人所得的只相当于劳动力价值的部分;(4)资本家对剩余价值的追求成为资本主义社会生产的直接目的。这四方面内容其实是同一事物的不同侧面。资本家垄断了生产资料,而劳动者则一无所有,他们是"自由"的无产者,一方面他们能够自由地把自己的劳动力当作商品来支配,另一方面他们"自由"得一无所有,没有别的商品可出卖,只有出卖自己的劳动力,为资本家生产剩余价值。

可以说,以商品经济为前提,并在商品交换这种自由平等的形式下进行劳动力的买和卖,去实现资本对雇佣工人剩余劳动的占有,是资本主义经济制度与其他私有制的重要区别。马克思就是从分析劳动力商品的买和卖开始,在剖析资本主义生产、流通、分配的过程中揭示资本主义经济制度的本质的。

二、资本价值增殖的前提

资本家要进行生产经营,首先必须拥有一定数量的货币以购买生产要素,因此资本最初总是表现为一定数量的货币。但货币本身并不是资本,作为资本的货币与作为商品流通的货币是有区别的,这可以从商品流通公式与资本流通公式的区别看出来。

商品的流通公式是:商品—货币—商品,用符号表示即 W—G—W;资

本的流通公式是：货币—商品—更多的货币，用符号表示为 G—W—G′。可见：（1）两公式在形式上就有差别：从买卖顺序看，前者是先卖后买，后者是先买后卖；从流通的起点和终点看，前者的起点和终点都是商品，后者则都是货币；从流通的媒介看，前者是以货币充当交换的媒介，后者则以商品充当交换的媒介。（2）两公式在本质上有重大差别：从交换的目的看，前者的交换是为了使用价值，后者是为了价值的增殖；从交换的内容看，前者是两种不同使用价值相交换，后者是以一定量的预付货币价值换取更多的价值；从运动的界限看，前者经一次交换后就退出流通，进入消费，后者则不断地在流通中运动；只有不断地运动，才能不断地实现价值的增殖。通过对两种流通公式的分析比较可以看到，在商品流通中，货币只是作为购买手段，充当商品流通的媒介，它并不发生价值增殖，因而不是资本。而在资本流通中，货币的运动能够带来剩余价值，发生价值增殖。这时的货币已不是普通的货币，而已转化为资本，成为资本的存在形式。可见，所谓资本是指能够带来剩余价值的价值。

G—W—G′这个公式，对一切形式的资本都适用。不仅商业资本的运动直接表现为先买后卖的过程，而且产业资本和借贷资本运动的基本过程也是这样，它们不过是在这一公式基础上的补充或简化。因此，这一公式概括了产业资本、商业资本和借贷资本运动的共同特点，因此它又是资本运动的总公式。

资本总公式表明，货币在运动中发生了价值增殖。从形式上看资本总公式与价值规律是相矛盾的，这个矛盾是：按照价值规律，商品交换应按其价值进行等价交换，因而在流通中不可能发生价值增殖；但资本总公式呈现出来的现象是，经过流通过程，价值量却发生了增殖。这就是所谓的资本总公式的矛盾。

要正确地解释资本总公式的矛盾，关键是要说明剩余价值是如何产生，价值是如何增殖的，也就是要说明货币是如何转化为资本的。

剩余价值不能在流通中产生，但又离不开流通，这是解决价值增殖问题的条件。剩余价值不能在流通中产生，因为在流通领域的购买和销售是按等价交换原则进行的，不会发生价值增殖。即使有某些人总能贱买贵卖，那也只是改变价值在不同所有者之间的分配，而不会使社会的总价值量增加。但剩余价值的产生又离不开流通，因为如果货币持有者不把货币投入流通，不买也不卖，是绝对不会产生出剩余价值的。货币的持有者必须把货币投入流通,在流通中购买到一种特殊商品,这种商品的使用能创造价值,而且能创造出比这种特殊商品自身价值更大的价值。这种特殊商品就是劳动力。劳动力成为商品,是货币转化为资本的前提,是资本价值增殖的前提,也是解决资本总公式矛盾的条件。

劳动力,即劳动能力,是存在于劳动者体内的体力与脑力的总和。劳动力要成为商品,必须具备两个条件:第一,劳动者具有人身自由。劳动者是自己劳动力的所有者,有权支配自己的劳动力,出卖劳动力与否是自主行为,而且出卖的只是劳动力的使用权,不是所有权。第二,劳动者丧失生产资料,除自己的劳动力外一无所有,必须靠出卖劳动力为生。上述条件在封建社会末期小商品生产者两极分化和资本原始积累中逐步形成。劳动力成为商品也为在全社会范围内用市场机制来配置生产要素创造了条件。

劳动力商品同其他商品一样,具有价值与使用价值。但它们具有不同于一般商品的特殊性。

劳动力商品的价值是由生产和再生产这种特殊商品所必需的劳动时间决定的。由于劳动力的生产就是维持人体生存的生活过程,因而生产劳动力所需要的劳动时间,可转化为生产劳动者所需的生活资料所需要的劳动时间。可以说,劳动力的价值就是维持劳动力所有者所需要的生活资料的价值。它包括三个组成部分:一是维持劳动者自身必要的生活资料价值;二是维持劳动力再生产所必需的生活资料价值;三是劳动者的教育训练费用。劳动力商品的价值还有一重要特点,就是它包含历史和道德的因素。劳动者必要生活资料的种类和数量,受一定历史条件下的经济、文化及各国道德风俗习惯的影响。它不仅是指人的生理限度的最低需要,而且是指在一定社会历史条件下维持劳动者正常生活的需要。这一需要的种类和数量是随社会经济的发展而增加的。

劳动力商品的使用价值是劳动。一般商品的使用价值随使用而消失或转换形态,其价值也随之消失或转移到新产品中去。但劳动力商品的使用价值是劳动,它不仅是价值,而且是剩余价值的源泉。正是对这种特殊商品的购买和使用,才使货币转化为资本,实现了价值增殖。

三、资本的价值增殖过程

资本主义生产过程具有二重性:一方面是生产使用价值的劳动过程;另一方面是生产剩余价值的价值增殖过程。资本主义生产过程是劳动过程与价

值增殖过程的统一。

根据马克思的劳动二重性理论，对资本价值增殖过程的考察可以分为两步进行。

先考察价值形成过程，即预付资本的补偿过程。资本家购买了劳动力商品和生产资料后开始进行商品生产。在这一过程中，一方面是工人的具体劳动发生着两方面的作用：生产出一个新的使用价值并把生产资料的旧价值转移到产品中去；另一方面，工人同时耗费抽象劳动，形成商品的新价值。如某纺纱厂在一次生产过程中用于生产资料方面的货币支出为 12 元，其中 10 公斤棉花为 10 元，纺纱机及纱锭的耗费为 2 元。购买工人一天的劳动力价值为 3 元，相当于 6 小时的劳动量。在纺纱过程中，工人用具体劳动转移生产资料旧价值共 12 元，用抽象劳动 6 小时创造新价值 3 元，生产出 10 公斤棉纱。这 10 公斤棉纱共包含价值 15 元，正好补偿资本家的预付资本价值。显然，这仅是劳动过程和价值形成过程的统一，是一般的商品生产过程，价值并没有发生增殖，资本的生产目的并没有达到。事实上，资本主义的生产过程绝不是单纯的价值形成过程，而必须成为价值增殖过程。

再看价值增殖过程是如何发生的？价值增殖过程就是超过"一定点"而延长了的价值形成过程。在资本主义现实中，资本家绝不会让工人的劳动时间仅仅等于补偿自身劳动力的价值，因为资本家购买了工人一天的劳动力，这一天劳动力价值的使用权完全属于资本家。因此，他必然把劳动时间延长到 6 小时以上，如 12 小时，延长 1 倍。这时，资本家在一天的生产过程中用于生产资料方面的货币支出为 24 元，其中 20 公斤棉花为 20 元，纺纱机及纱锭的耗费为 4 元；购买工人一天的劳动力价值为 3 元，共预付资本价值为 27 元。在 12 小时的纺纱过程中，工人用具体劳动转移生产资料旧价值共 24 元，用抽象劳动 12 小时创造新价值 6 元，生产出 20 公斤棉纱。这 20 公斤棉纱共包含价值 30 元，比资本家的预付资本价值 27 元多出 3 元，这 3 元就是剩余价值。于是价值增殖过程实现了。这是由于资本家把工人的劳动时间延长到补偿劳动力价值所需要的时间以上，工人创造的价值超过了他的劳动力价值，这就是价值增殖的秘密。

比较一下价值形成与价值增殖过程可以看出，价值增殖过程不外是超过"一定点"而延长了的价值形成过程，这个"一定点"就是工人补偿自身劳动力价值所需要的时间。工人整个的劳动时间超过这个一定点，价值形成过程就转化为价值增殖过程。因此，在价值增殖过程中，工人的劳动时间分为

第四章　资本主义经济制度

两部分,其中一部分是再生产自身劳动力价值的时间,称作必要劳动时间;另一部分时间是无偿地为资本家生产剩余价值的时间,称为剩余劳动时间。可见,工人的剩余劳动是剩余价值的源泉。因此,所谓剩余价值,就是雇佣工人的剩余劳动创造的,被资本家无偿占有的超过劳动力价值的价值。资本主义生产过程就是劳动过程和价值增殖过程的统一。

从对价值增殖过程的分析可见,资本的不同部分在剩余价值生产中的作用是有很大区别的。

以生产资料形式存在的这部分资本,在生产过程中只是把价值转移到新产品中去,不改变原有的价值量,所以马克思把这部分资本称作不变资本,用 C 表示;以劳动力形式存在的这部分资本,在生产过程中会发生价值量的改变,会增大自身的价值量,因此,马克思把它称作可变资本,用 V 表示。不变资本与可变资本的划分,是马克思的重大理论贡献:(1)它揭示了资本价值增殖的秘密和剩余价值的真正源泉。在全部资本中只有可变资本才发生价值增殖,雇佣工人的剩余劳动是剩余价值的唯一源泉。不变资本是剩余价值生产不可缺少的物质条件,但不是价值增殖的源泉。(2)它为准确地揭示剩余价值率提供了理论基础。

所谓剩余价值率就是剩余价值与可变资本的比率。用 m' 表示剩余价值率,则

$$m' = \frac{m}{v} \times 100\%$$

资本家投入不变资本和可变资本,即 C + V,经过生产过程,生产出剩余价值(m),从而生产出价值为 C + V + m 的产品。由于雇佣工人的工作日分为必要劳动时间与剩余劳动时间两部分,因而剩余价值率也可用另一种形式表示:即

$$剩余价值率 = 剩余劳动时间/必要劳动时间 \times 100\%$$

这两个公式是同一关系的表现,第一个公式是以物化劳动的形式表明在工人新创造的价值中,工人和资本家各占多少份额。第二个公式是以活劳动的形式表明工人在一个工作日的全部劳动时间中,有多大部分用于补偿劳动力的价值,多大部分用来无偿地为资本家生产剩余价值。

四、提高剩余价值率的基本方法

资本家提高剩余价值率的方法是多种多样的,概括起来有两种基本方

法：绝对剩余价值生产和相对剩余价值生产。

绝对剩余价值是指在必要劳动时间不变的条件下，通过绝对延长工作日的方法所生产的剩余价值。以这种方法提高剩余价值率就是绝对剩余价值的生产方法。在资本主义制度下，工人的工作日包括必要劳动时间和剩余劳动时间两部分，工作日是必要劳动时间和剩余劳动时间的总和。在必要劳动时间不变的情况下，延长工作日的长度就会增加剩余劳动时间，从而增加剩余价值的生产。如：原来工作日的长度是12小时，必要劳动时间为6小时，剩余劳动时间为6小时，剩余价值率则是100%。如果6小时必要劳动时间不变，把工作日延长2小时，达到14小时，剩余劳动就增加2小时，变为8小时，剩余价值率=8小时/6小时×100%=133%。此外，提高劳动强度也是资本家用以增加绝对剩余价值生产的常用手段。它表现为在内含上增加劳动量，从而增加剩余劳动和剩余价值量。

资本家在绝对剩余价值生产的过程中，总是力图延长工作日。工作日虽是一个可变量，但只能在一定限度内变动。工作日不能缩短到与必要劳动时间相等的程度，因为这样就不能生产出剩余价值。但工作日也不能无限延长，它受到两个界限的制约：一是生理的界限，劳动者在一天24小时内，必须有一部分时间用于吃饭、休息，以满足生理上的需要；二是社会道德界限，劳动者在一天内要有阅读、照顾子女、社会活动的时间。这种需要的范围和数量由一个国家的经济文化发展状况决定。由于生理界限和道德界限都有很大的伸缩性，所以工作日的长度也有很大的伸缩性。在资本家力图延长工作日的过程中，工人为缩短工作日而斗争。工作日的长度最后取决于资产阶级与无产阶级两个阶级力量的对比。

相对剩余价值是指在工作日长度不变的条件下，通过缩短必要劳动时间、相应延长剩余劳动时间而生产的剩余价值。以这种方法提高剩余价值率就是相对剩余价值的生产方法。由于工作日的界限和无产阶级为缩短工作日的斗争，使资本家绝对延长工作日的做法受到一定的限制。其实，对提高剩余价值率来说，有意义的是剩余劳动时间绝对和相对的延长，因此相对剩余价值生产就是在工作日的延长受到限制时，有效地提高剩余价值率的一种方法。如：原来工作日为12小时，必要劳动时间6小时，剩余劳动时间6小时。如果工作日长度12小时不变，把必要劳动时间缩短为4小时，剩余劳动时间则增加为8小时，剩余价值率就会由原来的100%提高到200%。

相对剩余价值生产的关键在于缩短必要劳动时间。必要劳动时间是生产劳动力价值的时间，而劳动力价值又是劳动者及其家属所必需的生活资料的价值。因此，只有劳动者生活资料的价值下降使劳动力价值下降，才能使必要劳动时间缩短。在工人生活资料的价值中，还包括生产这些生活资料所耗费的生产资料的价值，这类生产资料价值的变动也会影响劳动力价值和必要劳动时间。可见，只有社会上一切与生活资料有关的生产部门劳动生产率的提高，从而使生活资料价值下降，劳动力价值下降，必要劳动时间才有可能缩短，相对剩余价值生产才有可能实现。因此，相对剩余价值生产就是以整个社会劳动生产率的提高为前提的。

在现实生活中整个社会劳动生产率的提高，相对剩余价值生产的实现，是通过每个个别资本家追逐超额剩余价值来进行的。所谓超额剩余价值是指单个企业商品的个别价值低于社会价值的差额，是单个资本家通过提高劳动生产率使商品的个别价值低于社会价值而比一般资本家多得的那部分剩余价值。假设社会上一般纺纱厂平均一个工人在12小时中生产20公斤棉纱。在20公斤棉纱价值中，生产资料转移的价值是24元，工人12小时创造新价值6元，总价值为30元，每公斤棉纱价值1.5元。假设有一个纺纱厂，劳动生产率提高1倍，在12小时内生产出40公斤棉纱。如果每公斤棉纱消耗的生产资料不变，40公斤棉纱中生产资料转移的价值48元，工人12小时劳动创造的新价值6元，40公斤棉纱总价值54元，每公斤棉纱的个别价值为1.35元。但这个工厂按社会价值出售棉纱，每公斤棉纱比别的资本家多得0.15元，40公斤棉纱可多得6元。这6元就是超额剩余价值。追逐超额剩余价值是每个资本家改进技术、提高劳动生产率的直接动机；相对剩余价值生产的实现是每个个别资本家追逐超额剩余价值的社会后果。

绝对剩余价值生产与相对剩余价值生产作为资本家提高剩余价值率的两种基本方法，它们既有联系又有区别：（1）两种方法的本质是一样的，都是为了提高剩余价值率，增加剩余价值量。（2）绝对剩余价值生产是资本主义生产的一般基础，也是相对剩余价值生产的起点。因为，任何资本主义生产，都必须把工作日延长到必要劳动时间以上，否则就不能产生剩余价值。同时，只有把工作日分割为必要劳动时间和剩余劳动时间两部分，才能以此为出发点，缩短必要劳动时间，延长剩余劳动时间，生产出相对剩余价值。（3）两种剩余价值生产方法的物质技术基础不同，在资本主义发展的各个不同阶段上起着不同的作用。绝对剩余价值生产可以在生产技术不变的条件下进行；而相对剩余价值生产，则以生产技术变革为前提条件。资本主

义生产的发展经历了简单协作、以分工为基础的工场手工业和机器大工业三个阶段。在简单协作阶段，基本上没有固定专业技术分工，生产技术发展缓慢，资本家提高剩余价值率主要依靠延长工作日。在资本主义工场手工业阶段，生产技术仍无根本性变化，但分工发展了，推动劳动生产率的提高，为相对剩余价值生产提供初步条件。机器大工业出现后，资本主义生产的物质技术基础发生了重大变革，劳动生产率显著提高，相对剩余价值生产逐渐成为剩余价值生产的主要方法。

五、资本雇佣劳动制度下的工资

资本主义工资从表面上看，好像是工人劳动的价值或价格，而不是劳动力的价值或价格。但这仅是一种假象，资本家在工人劳动之后按劳动时间或劳动成果支付给工人的工资，不是劳动的价值或价格。其原因在于：（1）劳动要当作商品出卖，在出卖之前必须已独立存在。但工人在劳动力市场上和资本家发生买卖关系时，他的劳动不存在，劳动是在买卖结束之后才发生的。而这时，工人的劳动已是在资本家的监督支配下进行，不属于工人自己，工人无权把劳动当作商品出卖。（2）商品的价值是人类一般劳动的物化，价值量的大小由劳动时间的多少来决定。如果劳动是商品，劳动的价值就由劳动来决定，那是一种毫无意义的同义反复。（3）如果劳动是商品，按等价原则进行交换，资本家支付的工资，就等于劳动者全部劳动创造的价值。这样，资本家不能得到剩余价值，资本主义生产也就不能存在。可见，资本主义工资不是劳动的价值或价格。

资本主义工资是劳动力价值或价格的转化形式。在现实生活中，工人在市场上出卖的不是劳动而是劳动力。劳动力是潜藏在人身体内的劳动能力。劳动是劳动力的使用，劳动力在生产中发挥作用时才是劳动。劳动力的存在以健康人的生存为条件，而劳动的实现则必须以生产资料与劳动力相结合为条件。劳动不是商品，但劳动力在一定的历史条件可以成为商品，具有价值和使用价值。因此，资本主义工资本质上是劳动力的价值或价格，而不是劳动的价值或价格，尽管它在现象上表现为劳动的价值或价格。因此，资本主义工资是劳动力价值或价格的转化形态。工资这一形态，把有酬的必要劳动与无酬的剩余劳动的区别抹杀了，把资本家无偿占有工人剩余劳动的关系掩盖了。

资本主义工资的形式多种多样，但基本形式有两种，即计时工资与计件工资。计时工资是按一定的劳动时间来支付的工资，其实质是劳动力的月价值、周价值、日价值的转化形式。实行计时工资对资本家是十分有利的，资本家可以根据自己的实际需要和经营状况，延长工作日或缩短工作日；可以在不降低工资额，甚至在提高工资额的情况下采取延长劳动时间和提高劳动强度的办法来变相压低工人的计时工资。计件工资则是按工人完成的产品数量来支付的工资，它是计时工资的转化形式。因为，计件工资的制定是以计时工资为基础的，资本家是用日工资除以每个工作日的产量定额的办法，来确定每件产品的工资单价的。资本家往往根据劳动力较强、技术较熟练的工人的日产量来制定标准的日产量额。在实行计件工资的情况下，按产品数量支付工资造成了一种假象，即工人出卖的不是劳动力，而是劳动，并且是物化的劳动。此外，在实行计件工资的条件下，工人劳动的质量、数量以及强度是由产品来控制的，这就使资本家节约了雇佣监工等大量的监督成本。

名义工资与实际工资是从量上考察资本主义工资变化规律的两个重要范畴。名义工资即货币工资，是指工人出卖劳动力所得到的货币量。实际工资是指工人用货币工资实际买到的各种生活资料和服务的数量。名义工资与实际工资有着密切地联系，在其他条件不变的情况下，两者的变动方向是一致的，即名义工资越高，实际工资也越高，名义工资越低，实际工资也越低。但二者的变动方向往往不一致，即名义工资不变或提高，而实际工资却可能下降。其原因在于实际工资的多少不仅取决于名义工资量的多少，而且还取决于物价的高低。如果名义工资不变，物价水平上涨或名义工资的增长速度落后于物价的上涨速度，实际工资就会下降。

名义工资与实际工资的变动有如下趋势：（1）名义工资一般呈增长趋势。因为，货币工资是劳动力价值的货币表现，而资本主义国家的通货膨胀是一种较普遍的现象，致使物价不断上涨，从而使名义工资不能不有所增加。（2）从资本主义发展的历史看，实际工资则有时下降有时上升。在经济危机阶段及战争时期，实际工资是下降的；在经济高涨期，则有提高。从一个较长时期看，实际工资是提高的。特别是第二次世界大战后，提高趋势较明显。其主要原因在于社会劳动生产率的迅速提高，工人在相同的时间内创造的财富增多，货币工资所能买到的各种生活资料和服务数量有所增加，这就使工人的实际工资有所提高。当然，实际工资的提高并不意味着工人作为雇佣劳动者地位的改变，在劳动生产率的提高比实际工资提高更快的条件下，工人所创造的财富有更大的部分被资本家无偿占有，这意味着剩余价值率更大幅度地提高。

第二节 剩余价值的分配

一、平均利润和生产价格

资本主义企业生产的商品价值（W）由三个部分构成：补偿不变资本的价值（C）、补偿可变资本的价值（V）和剩余价值（m），即 $W = C + V + m$。这是按劳动计算的生产商品的实际耗费。但对资本家来说，生产商品所耗费的仅是他们的资本价值 $C + V$，m 则是无偿获得的。所以，生产商品所耗费掉的不变资本与可变资本的总和就是资本主义的生产成本，也称成本价格。用 k 来代表生产成本，则商品价值 $W = C + V + m$ 变成了 $W = k + m$。

生产成本不仅是资本家账簿上的项目，它对现实的商品生产会发生着实际的影响：（1）生产成本的补偿是资本家实现再生产的必要条件。生产成本代表资本的耗费，资本家只有在出卖商品后能将其价值收回，才可购买下一生产过程所需的各种生产要素，使再生产得以实现。（2）生产成本的高低是决定资本家在市场竞争中胜败的关键。生产同类商品的生产成本越低，在竞争中就越能处于有利地位；反之，就越会处于不利地位。（3）生产成本决定着资本家的盈亏。只有在获得的商品价值超过生产成本的条件下，资本家才能获得剩余价值，否则，资本家就无利可图。

生产成本这一范畴抹杀了不变资本与可变资本的区别，掩盖了它们在价值增殖过程中的不同作用。因为当不变资本和可变资本归为生产成本这一范畴时，剩余价值就被看作是商品价值在成本以上的增加额，即资本家所费资本的产物。不仅如此，对资本家来说，剩余价值还是资本家全部预付资本的增加额。因为预付资本虽然只有一部分加入生产成本，但在物质形态上却全部参加商品的生产过程。因此剩余价值表现为全部预付资本的产物。当剩余价值在观念上被看作全部预付资本的产物时，剩余价值就取得了利润的形态。利润和剩余价值本来是同一个东西，但二者又不是直接等同，剩余价值是利润的本质，是雇佣工人剩余劳动的产物；利润是剩余价值的转化形态，它表现为全部预付资本的产物。

剩余价值与全部预付资本的比率叫利润率。利润率是剩余价值率的转化形式，是同一剩余价值量用不同的方法计算出来的另一种比率。剩余价值率是剩余价值与可变资本的比率，而利润率则是剩余价值与全部预付资本的比率。用 P′ 代表利润率，C 代表全部预付资本，m 代表剩余价值，则 P′ = m/C。剩余价值率与利润率是两个不同的范畴：（1）二者表示的关系不同，剩余价值率反映的是资本家对雇佣工人劳动的剥削程度，揭示的是资本家与雇佣工人对新创造价值占有的比率，而利润率反映的是预付资本的增殖程度。（2）二者在量上也有差别，由于全部预付总资本在量上总是大于可变资本，因此利润率总是小于剩余价值率。（3）剩余价值率表明剩余价值的真正来源是可变资本，而利润率却掩盖了剩余价值的真正来源，好像剩余价值是由全部预付资本产生的。

在资本量为一定时，利润量的大小主要取于利润率。影响利润率高低的主要因素有：（1）剩余价值率。在预付资本量和资本有机构成不变的条件下，利润率与剩余价值率同方向变化。因此，一切有利于提高剩余价值率的方法，都是提高利润率的方法。（2）资本有机构成。资本的构成可从两方面进行考察：一方面，从物质形态看，资本是由一定数量的生产资料和劳动力所构成，它们之间的比例是由生产的技术水平决定的，这种反映生产技术水平的生产资料和劳动力之间的比例，叫做资本的技术构成；另一方面，从价值形态看，由于生产资料的价值表现为不变资本，劳动力的价值表现为可变资本，因而，资本又是由一定数量的不变资本和可变资本构成的，它们之间的比例叫做资本价值构成。资本的技术构成与资本的价值构成之间存在着密切的有机联系，资本的价值构成以技术构成为基础，资本的技术构成决定价值构成。这种由资本技术构成所决定，并且反映着资本技术构成变化的资本价值构成，叫做资本的有机构成，可用公式 C∶V 表示。在剩余价值率与劳动力价值不变的条件下，利润率与资本有机构成呈反方向变化。资本有机构成越低，同量资本中的可变资本比重越大，所使用的劳动力就越多，从而利润率就越高；反之，利润率就越低。（3）资本周转速度。在其他条件不变时，周转次数的多少与利润率的高低同方向变化。一年中资本周转的次数越多，其中可变资本的周转次数也就越多，同量资本所带来的剩余价值量就越大，这就会提高资本的年剩余价值率，从而提高利润率。（4）不变资本的节省。不变资本的节省本身不会带来更多的利润，但在其他条件不变的情况下，不变资本的节约可使生产同量的剩余价值只需要较少的预付资本，同量的剩余价值与较少量的预付资本相比，利润率就会提高。节省不变资本的主要方法有：充分利用社会化大生产的优越条件，组织大规模的生产，集中

使用生产资料,节省用于建筑物、机器设备、动力、照明等方面的资本支出;延长工人的劳动时间,在不增加厂房、机器等方面投资的情况下,获取更多的剩余价值;以牺牲工人的健康为代价来减少用于劳动保护和安全等方面的支出,等等。

从影响利润率的各种因素来考察各个生产部门的利润率,可以认为,在不同的生产部门中,即使剩余价值率相同,但只要资本有机构成和资本周转速度不同,利润率就会不同。那些资本有机构成低或资本周转速度快的生产部门,利润率比较高;反之,则较低。但这种情况同资本的权利、同利润的性质是相矛盾的。利润是同预付资本相联系的,如果等量的预付资本投在不同的生产部门,却长期获得不等量利润,那些利润率较低的生产部门的资本家不会甘心于这种状况。资本要求等量资本获得等量利润。这里似乎发生了相互矛盾的现象:一方面,商品如果按照价值出卖,各个部门便会有高低不同的利润率;另一方面,各部门的利润率如果是平均的,商品则不应该按照价值出卖。解决这一矛盾,实际上就是要说明利润率的平均化现象。

平均利润率的形成,是部门之间竞争的结果。投资于不同的生产部门的资本家,为了获得更高的利润率,相互之间必然开展激烈的竞争。如甲部门利润率高,乙部门利润率低,后者不甘心获得较低的利润率,就要同前者竞争。这种竞争是部门之间围绕争夺有利的投资场所而展开的。竞争的手段是进行资本转移,即把资本从利润率低的部门撤出,转移到利润率高的部门,或是原有企业实行转产,生产利润率高的产品,或是把新的资本投向利润率高的部门。这样原先利润率高的部门由于大量资本的涌入,产品供过于求,价格下跌,利润率也相应下降;而原来利润率低的部门由于大量资本撤出,则发生相反的变化。不同生产部门之间这种以资本转移为特点的竞争引起供求关系的变化,导致价值与价格的偏离。上述资本转移的过程及由此引起的价格和利润率的变动要一直到部门间的利润率大体平均的时候,即形成平均利润率时,才暂时地停止下来。各部门资本家根据平均利润率获得的利润,就是平均利润。

假定有食品、纺织和机械制造三个不同的工业部门,由于资本有机构成不同,各部门资本的利润率也不同。经过部门间的竞争,形成了平均利润率,各部门的利润率大致相等,情况如表4-1所示。

表 4-1

生产部门	不变资本	可变资本	剩余价值	剩余价值率(%)	商品价值	利润率(%)	平均利润率(%)	平均利润	平均利润与剩余价值的差额
食品工业	70	30	30	100	130	30	20	20	-10
纺织工业	80	20	20	100	120	20	20	20	0
机械工业	90	10	10	100	110	10	20	20	+10
合计	240	60	60	—	360	—	20	60	0

如表 4-1 所示，三个部门投入资本数量假定相等，都是 100，剩余价值率都是 100%，但是，由于资本有机构成不同，可变资本数量不同，生产的剩余价值也就不同，从而利润率有高有低。在这种情况下，利润率低的机械工业部门的资本就会有一部分从本部门撤出，转移到利润率较高的食品工业部门。由于资本的转移，使食品工业部门的资本大量增加，产量上升，导致商品供过于求，因此，商品价格下跌。相反，机械工业资本减少，产量下降，造成商品供不应求，价格便上涨，一直到价格的变动使各个部门的利润率趋于平均化，即各个部门都获得 20% 的平均利润率时，资本的转移才会暂时趋于停止。

可见，平均利润率是不同部门的资本家通过部门间的竞争重新瓜分剩余价值的结果。平均利润率实质上也就是把社会总资本作为一个整体看待时所得到的利润率。用公式表示：

平均利润率 = 社会剩余价值总额/社会预付总资本

在利润率平均化的条件下，各部门资本家便可以根据平均利润率获得与其投资量大小相适应的利润，即平均利润。用公式表示：

平均利润 = 预付总资本 × 平均利润率

剩余价值转化为利润，已经掩盖了剩余价值的真正来源，但利润量与剩余价值量还是一致的。而利润在转化为平均利润后，许多部门的利润量与剩余价值量就不一致了。等量资本取得等量利润，似乎利润的多少只与资本量有关，这就完全掩盖了利润的本质和来源。

既然剩余价值转化为平均利润，商品就不再按照生产成本加剩余价值的价格出售，而是按照生产成本加平均利润的价格来出售了。这种由商品的生产成本（k）和平均利润（p̄）构成的价格就是生产价格。用公式表示为：

$$生产价格 = k + \bar{p}$$

生产价格的形成是以平均利润率的形成为前提的。利润转化为平均利润，商品价值便转化为生产价格。生产价格与价值之间存在一定的差别。在质的方面，生产价格只是同资本相联系，同活劳动没有直接联系。因为从生产价格的构成看，生产成本是由耗费的资本构成的，平均利润也是按预付资本的比例分得的，所以它只与耗费资本和预付资本相联系。在量的方面，生产价格与价值经常不一致，资本有机构成高的部门，其产品生产价格高于价值；资本有机构成低的部门其产品的生产价格低于价值；只有资本有机构成相当于社会平均资本有机构成的部门（如表4－2中的纺织工业），其产品的生产价格，才与价值大体相等。

表4－2

生产部门	有机构成	剩余价值	平均利润	商品价值	生产价格	生产价格与价值之差
食品工业	70C＋30V	30	20	130	120	－10
纺织工业	80C＋20V	20	20	120	120	0
机械工业	90C＋10V	10	20	110	120	＋10
合计	240C＋60V	60	60	360	360	0

但是，上述生产价格与价值的差别并不意味着生产价格脱离了价值。相反，它是以价值为前提，是价值的转化形式。这表现在：第一，从个别部门看，资本家获得的平均利润与本部门工人创造的剩余价值虽然不一致，但从全社会看，整个资本家阶级所获得的平均利润总额和整个工人阶级所创造的剩余价值总额还是相等的。第二，从个别部门看，商品的生产价格同价值不一致，但从全社会来看，商品的生产价格总额必然与价值总额相等。第三，生产价格随商品价值的变动而变动，生产商品的社会必要劳动时间减少了，生产价格就会降低；反之生产价格就会提高。

平均利润和生产价格是资本主义发展到一定阶段时必然产生的经济现象。资本的本性要求等量资本获得等量利润，部门间的竞争使它成为现实。在资本主义初期，由于行会组织等的干预，资本自由转移的条件不具备，部门竞争未能充分展开。随着资本主义的发展，前资本主义的经营方式和行会制度的束缚被扫除，信用制度的发展成为促进竞争的有力杠杆，机器大工业的产生和发展缩小了各部门在生产技术上的差别，这一切都为资本在部门之间的自由转移提供了条件。部门竞争的出现，就形成了平均利润和生产价格。马克思的平均利润和生产价格理论告诉我们，等量资本获得等量利润，是剩余价值在各个生产部门资本家之间重新分配的结果。

二、利润的分解

在资本主义社会中，资本首先表现为产业资本形式。在产业资本的运动中，分离出商业资本的职能形式。产业资本和商业资本都是各自独立完成资本的某种职能，称为职能资本。在职能资本间，由于自由竞争和资本转移，形成平均利润率。此外，在资本主义社会，还有借贷资本与土地所有者，它们各自以不同的形式参与利润的分配。

（一）商业资本与商业利润

产业资本运动包括购买、生产、销售三个连续的阶段，并相应采取货币资本、生产资本、商品资本三种形态。在资本主义发展初期，由于生产规模不大，市场范围狭小，产业资本通常一身二任，自产自销。因此，总有一部分资本处在销售领域，表现为商品资本。随着资本主义生产的发展，市场范围的扩大，商品流通量的日益增加，需要建立庞大的商业机构，营销网络，需要雇佣商务代理人和大量商业店员。如果产业资本家仍坚持自产自销，不可避免地会增大商业开支，减少生产领域中的资本投入，降低利润率水平。而由于商人专门从事商品买卖，具有产业资本家所不具备的商品流通方面的特别优势，产业资本家就把商品流通的业务专门交给商人去完成，使商品资本职能从产业资本中独立出来，成为商业资本。商业资本的出现，大大节省了投入于流通过程的资本，加速了产业资本的周转，缩短了流通时间。

商业资本运动的公式是 G—W—G′，即商业资本家用预付资本购买产业资本家的商品，进行销售并实现价值增殖，获得商业利润。由于商业资本是投入于流通领域的资本，所以从现象形态看商业利润似乎是来自商品售卖价格与购买价格的差额，是从流通中产生的。但这只是一种表象，它只是表明商业资本家是从商品售卖价格高于购买价格的差额中来实现其利润的，并不表明商业利润的真正来源。

从本质上说，商业利润的真正来源是产业资本家让渡给商业资本家的一部分利润，是产业工人在生产过程中所创造的剩余价值的一部分。产业资本家之所以要向商业资本家让渡利润，让其参与剩余价值的分配，是因为商业资本作为产业资本运动中商品资本的独立化部分，分担了产业资本的一部分

职能,即商品销售和实现价值与剩余价值的职能,从而有利于提高产业资本的利润率水平。从量上看,商业利润的量的确受平均利润率的支配。这是因为在产业资本运动中,其商品销售阶段与生产阶段都是十分重要的。生产过程创造的、凝结于商品中的价值和剩余价值,必须通过销售阶段,使商品转化为货币,才最终得到实现。因此在流通过程中独立执行职能的商业资本必须与在生产部门中执行职能的产业资本一样,能够获取平均利润。如商业部门的利润率低于生产部门的利润率,商业资本就会向生产部门转移;如商业部门的利润率高于生产部门的利润率,则会引起生产部门的资本向商业部门的转移。部门之间的竞争与资本转移,使商业利润率与产业利润率趋于平均化,形成社会资本统一的平均利润率。

商业利润的获取是通过价格差额的方法来实现的。即产业资本家按低于商品生产价格的价格,把商品卖给商业资本家,商业资本家再按生产价格把商品卖给消费者,其中的差额就是商业利润。如:一年内全社会垫支的产业资本为900,其构成为$720C+180V$;剩余价值率为100%;不变资本中固定资本部分的价值假定在当年全部转移到新的产品中去。这样,一年内生产出来的社会总产品的价值(W)就是1 080($W=720C+180V+180m=1\ 080$),假定商业资本家为了销售1 080的商品,需要预付商业资本100,这样,社会总资本就成为$900+100=1\ 000$。但是商业资本本身并不创造价值,所以整个社会的剩余价值总量仍是180。但商业资本却要在社会总资本1 000中参与利润的平均分配。这样,社会平均利润率就是$180/(900+100)=18\%$。产业资本家和商业资本家都按18%的平均利润率来瓜分180的剩余价值。归产业资本家所得的平均利润为$900\times18\%=162$,称为产业利润;归商业资本家所得平均利润为$100\times18\%=18$,称为商业利润。由此可见,商业利润也是平均利润。需要说明的是,产业资本与商业资本的分工有利于剩余价值的生产和实现,从而有利于提高社会整体的利润率水平。

商业资本参与剩余价值的分配后,平均利润率的公式变为:

平均利润率=社会剩余价值总额/(产业资本总额+商业资本总额)

商业资本家从事商品流通经营,除了垫付一定数量的资本购买商品外,还要支付流通费用。所谓商品流通费用,就是商品流通过程中所支出的各种费用。它分为两类:一是生产性流通费用,是指由商品使用价值运动所引起的各种费用。如商品分类、包装、保管运输等所支出的费用。这类劳动是生产过程在流通领域的继续,是生产过程的延伸,因此生产性流通费用的支付

在合理的范围内，不仅可以增加商品的价值，而且也可以为商业资本带来相应的利润。也就是说，生产性流通费用通过增加商品的价值即加价来补偿。另一类是纯粹流通费用。它是由商品的纯粹的价值形态的转换所引起的费用，如商业簿记、邮寄、通讯、广告费用以及商业职工工资等。这类是为实现商品的价值转换而消耗的，不能增加商品的价值和剩余价值。因此，不能通过增加商品的价值来补偿，而只能从社会剩余价值总额的扣除中得到补偿。

（二）借贷资本与利息

在资本主义社会，除了产业资本和商业资本外，还存在着借贷资本，也要参与利润的分配。借贷资本就是为了取得利息而暂时借给职能资本家使用的货币资本。

借贷资本是从产业资本和商业资本等职能资本运动中游离出来的闲置货币资本转化而成的。一方面，职能资本在循环运动过程中，由于折旧、持币待购和资本积累等原因，会形成大量的闲置货币资本。暂时闲置的货币资本不能为其所有者带来剩余价值，这是与其资本的本性相矛盾的。另一方面，在资本主义再生产的过程中，有些企业由于扩大生产经营的规模、范围及其他临时性的需要，急需补充货币资本。这样，那些从职能资本运动中游离出来的、暂时闲置的货币资本就被其所有者以偿还和付息为条件，贷给急需货币资本的人，转化为借贷资本。通过这种借贷关系，大量闲置的货币资本转化为产业资本和商业资本，加速了资本主义经济的发展。

货币资本所有者将货币贷给职能资本家是有条件的，条件就是职能资本家在归还贷款的时候必须向借贷资本家支付一定数量的货币作为使用这笔货币的代价，这就是利息。利息就是职能资本家使用借贷资本而让渡给借贷资本家的一部分剩余价值。利息的出现，使得平均利润相应地分割成为两部分：一部分作为对借贷资本家出让资本使用权的报酬，采取利息的形式；另一部分归职能资本家所有，采取了企业利润的形式。利息也是剩余价值的一种转化形态。一定时期内的利息量和借贷资本量的比例，称为利息率。利息率的最高界限一般不能超过平均利润率，否则，职能资本家就会因得不到任何收益而不向借贷资本家借款；利息率的最低界限一般是大于零，否则就没有人愿意贷出货币资本。利息率的高低就在最高界限和最低界限之间取决于资本市场上借贷资本的供求关系。供给大于需求时，利息率就下降；反之，利息率就会上升。

在资本主义社会里，货币资本的借贷，主要是通过银行来进行的。银行是经营货币资本、充当借贷关系中介的资本主义企业。银行为了经营货币资本，必须有自己的资本。银行资本由两部分构成：一部分是自有资本，即银行资本家自己垫付的资本。一般而言，这只占银行资本的很小一部分；另一部分是借入资本，即银行通过吸收各种存款等途径从其他资本家那里吸收的资本，这构成银行的主要营业资本。资本家投资于银行与投资于工商业一样，目的都是为了获得利润。银行利润的来源是存款利息和贷款利息之间的差额。银行贷款利息一般都高于存款利息，两者之间的差额减去经营银行业务的费用，就构成银行自有资本的利润，即银行利润。在银行资本和工商业资本之间存在着竞争和资本的自由转移的情况下，银行资本获得的利润也相当于平均利润。

（三）土地所有权与地租

在资本主义社会参与利润分配的还有土地所有者。在资本主义农业中，存在着土地所有者、农业资本家和农业雇佣工人，资本家要投资于农业，必须向土地所有者租佃土地，再雇佣工人进行农业生产劳动，并把农业工人创造的剩余价值的一部分作为地租，交给土地所有者。由此决定，农业资本家从农业工人那里攫取的剩余价值量必须大于平均利润，其中相当于平均利润的部分归农业资本家；超过平均利润以上的那部分超额利润，以地租形式交给土地所有者。土地所有者以地租的形式参与剩余价值的分配。资本主义地租是农业资本家为了取得土地使用权而交给土地所有者的超过平均利润以上的那部分剩余价值。

资本主义地租有两种基本形式：级差地租与绝对地租。

级差地租是租种较好的土地的农业资本家向土地所有者缴纳的超额利润。它是由优等地和中等地的个别生产价格低于按劣等地决定的社会生产价格的差额决定的。在农业中，较好的土地自然条件可以提高农业劳动生产率，降低农产品的个别生产价格，获得超额利润。土地优劣的不同是级差地租产生的客观条件。由于自然条件较优越的土地是有限的，而好地一旦被某些农业资本家租种，就排斥其他资本家再来使用。这就是所谓土地的资本主义经营垄断，它是级差地租产生的经济原因。土地的资本主义经营垄断的客观存在，一方面使租种较好的土地的农业资本家因土地自然生产率较高能够较稳定地得到农业超额利润；另一方面，由于租种劣等地的农业资本家按照等量资本获得等量利润的原则也要求获得平均利润，而且如果仅仅耕种好地而弃用劣地，势必引起社会上农产品的供不应求，导致农产品价格上涨，直至租种劣

第四章 资本主义经济制度

等地的农业资本家也能获得平均利润。由此决定农产品的社会生产价格是由劣等地的生产条件决定，而不是由中等地的生产条件决定。因此，投资于生产条件较好的土地的农业资本家就因其产品的个别生产价格低于社会生产价格而取得超额利润。这个超额利润为农业资本家缴纳级差地租提供了条件。

级差地租有两种形式，即级差地租Ⅰ与级差地租Ⅱ。其中，级差地租Ⅰ是指由于土地肥沃程度不同和地理位置优劣而产生的级差地租。级差地租Ⅱ是由于在同一块土地上连续追加投资的资本生产率不同而产生的级差地租。级差地租Ⅰ是级差地租Ⅱ的基础。构成级差地租Ⅰ的超额利润一般在租约期限内作了规定，归土地所有者所有。而构成级差地租Ⅱ的超额利润，在租约期内归农业资本家所有，当租约期满，签订新租约时，往往会通过提高地租额而转归土地所有者。农业资本家和土地所有者之间经常为租约的长短与租额的多少进行斗争。

绝对地租是指由于土地私有权的存在，使租用任何土地都必须交纳的地租。在资本主义制度下，土地所有者不会把土地无偿交给他人使用，即使最劣等、最偏远的土地，也要求得到一份地租。劣等地也要缴纳绝对地租意味着农产品的市场价格必须高于其生产价格，才能使经营劣等地的农业资本家，在获得平均利润的基础上，有余额用来交纳绝对地租。在资本主义经济中，工业部门的一切生产条件都可以由资本自己创造或自由支配。由于工业部门之间资本的自由转移，剩余价值被平均化，形成平均利润，商品要按生产价格来出售。而在农业部门中，土地是不能由资本自己创造和自由支配的，独立于资本之外，存在着与资本相对立的土地私有权的垄断。这对资本进入农业部门构成一种壁垒或限制。这个壁垒不仅限制了工农业之间的自由竞争，而且也决定了资本如不缴纳地租，不论租种好地或劣地，在事实上都是不可能的。所以，正是土地私有权垄断的存在，使得农产品的市场价格高于其生产价格，并把农产品市场价格超过生产价格以上的余额转化为绝对地租。绝对地租来源于全社会创造的剩余价值的一部分，是利用土地私有权垄断所获得的垄断利润。

在资本主义制度下，土地所有者还可以通过出卖土地获得高额的收入。土地本来不是劳动产品，自身没有价值。但在资本主义制度下土地是私有的，土地所有者可以凭借土地获得地租收入，因而土地可以一定的价格买卖。土地的价格实质上是地租收入的资本化。用公式表示：

土地价格 = 地租/利息率

如土地所有者的某块土地每年可获地租 200 元。卖掉这块土地的货币收入如果存入银行，每年必须同样获得 200 元利息，地价才可能为所有者接受。假定存款利息率为 5%，则土地价格为 4 000 元。可见，决定土地价格的因素是地租额的多少与银行存款利息率的高低。土地价格与地租额成正比，与利息率成反比。

第三节 资本积累

一、资本积累的源泉

资本对价值增殖的追求是无止境的。为此，资本家要不断地进行资本积累，进行资本主义的再生产。资本主义生产方式的特征，是生产规模的不断扩大即扩大再生产，而不是简单再生产。为此，资本家必须把剩余价值分为两部分：个人消费基金和积累基金。资本积累基金用于追加不变资本和可变资本。把剩余价值转化为资本的过程，或说剩余价值资本化的过程就是资本积累。从资本主义的生产过程看，资本积累是资本主义扩大再生产的源泉，剩余价值是资本积累的源泉。资本积累的规模与剩余价值的量成正比。资本家占有的剩余价值越多，资本积累的规模就越增大；而资本积累的规模越大，资本家可以获得的剩余价值也就越多。资本积累的实质就在于通过剩余价值的资本化进而获得更多的剩余价值。

在资本主义经济制度下，资本积累具有客观必然性。这是由两个因素决定的：第一，追求剩余价值是资本积累的内在动力，剩余价值是资本主义生产的目的，这种致富欲望是无止境的；第二，竞争是资本积累的外在压力。竞争作为资本主义生产方式的内在规律从外部强制地支配着每一个资本家，迫使它们不断地积累，扩大再生产，以求在竞争中生存和发展。不断地进行资本积累和扩大再生产是资本主义生产方式的不可抑制的内在冲动。

资本积累过程是个别资本总额不断增大的过程。个别资本总额增大的途径包括相互联系的两个方面，即资本积聚和资本集中。资本积聚是指单个资本依靠剩余价值的资本化来增大自己的资本总额，即本来意义的资本积累；资本集中是指把原来分散的众多的中小资本合并为少数的大资本。它既可以采取大资本吞并中小资本的形式，也可以采取组织股份公司的形式，它是借助于竞争和信用两个强有力的杠杆来实现的。

资本积聚与资本集中既相互区别又相互联系。二者的区别在于：第一，资本积聚表现为资本的增量，由于资本积聚使个别资本总额增大，从而增加了社会资本的总量；而资本集中则是社会资本存量的调整与重组。第二，资本积聚受到剩余价值量绝对增长的限制，因而增长缓慢；而资本集中主要通过兼并或联合中小资本进行，因而可以在短时间内集中大量的资本。股份公司也因此逐步成为适应社会化大生产的现代企业制度的主流形式。二者的联系在于：一方面资本积聚的增长，必然加速资本集中的进展。因为随着资本积聚的进行，单个资本的规模相应地日益增大，大资本因实力雄厚，在竞争中处于有利地位，从而使资本集中过程更为迅速。另一方面，资本集中速度的加快反过来又会促进资本积聚的发展。因为集中起来的资本越大，便越有条件获得巨额剩余价值和超额剩余价值，从而增加积累规模，加快资本的积聚。

二、资本积累的一般规律

资本积累的必然性对资本主义生产过程有深刻的影响。这一影响首先是通过资本有机构成的变化引起的。

在资本积累的过程中，随着个别资本总额的增大，资本构成也在不断地发生变化。

随着个别资本总额的增大，资本主义扩大再生产的进行，为了追求更多的剩余价值，资本家必然不断地改进企业的技术装备，提高劳动生产率，结果在全部资本中，不变资本的比重增大，可变资本所占比重相对减小，从而导致资本有机构成的不断提高。可见，资本有机构成的不断提高，是资本积累和资本主义扩大再生产的必然结果。

资本有机构成的提高，可变资本在预付总资本中所占比重相对减少，意味着资本对劳动力的需求的相对减少。这包括两种情况：一是追加资本有机构成提高，原有资本有机构成不变，使得资本对劳动力需求的相对量有所减少，但绝对量有所增加；二是追加资本与原有资本的有机构成都有提高，使得资本对劳动力需求不仅相对减少，而且还绝对地减少。

但随着资本积累的进行，劳动力对资本的供给却绝对地增加。其主要原因有：（1）由于技术进步和机器的广泛使用，生产操作对劳动者的体力要求降低，导致大量妇女、儿童加入劳动大军；（2）资本主义经济的发展，

使小生产者日益分化,大批农民与手工业者破产,加入雇佣劳动者队伍;(3)资本积累基础上形成的激烈竞争使中小资本家破产,他们中的相当部分人也加入了雇佣劳动者队伍。

可见,随着资本有机构成的提高,一方面出现资本对劳动力需求相对减少的趋势,另一方面又出现劳动力对资本供给绝对增加的趋势,其结果必然会产生失业人口。失业人口也称为相对过剩人口,它是指超过资本对其需要的劳动人口。这种人口过剩不是绝对的,而是相对于资本的需求而言,有一部分人口成为剩余或多余的人。

在资本主义社会里,相对过剩人口有三种基本的存在形态:一是流动的过剩人口,即在一定时期内时而被大工业吸收,时而又被解雇,经常处于流动状态的失业人口;二是潜在的过剩人口。它是指农村中那些靠经营小块土地维持最低生活水平,随时准备流入城市,出卖劳动力的人口;三是停滞的过剩人口。它是指那些被大机器生产所排挤,没有固定职业,依靠从事家务劳动和打零工来糊口的人。在失业人口中,还包括处在最低层的需要救济的贫民。

在资本主义社会,随着资本积累的不断增长,一方面,社会财富越来越集中在资产阶级手中;另一方面,社会财富的直接创造者——无产阶级的生活却极不安定,工作和生活没有保证,失业人数不断增加,许多人陷于等待救济的贫困境地。马克思正是从资本积累对无产阶级命运的影响所作的详尽考察中,发现了资本主义积累的一般规律。他概括地指出:"社会的财富即执行职能的资本越大,它的增长的规模和能力越大,从而无产阶级的绝对数量和他们的劳动生产力越大,产业后备军也就越大。可供支配的劳动力同资本的膨胀力一样,是由同一些原因发展起来的。因此,产业后备军的相对量和财富的力量一同增长。但是同现役劳动军相比,这种后备军越大,常备的过剩人口也就越多,他们的贫困同他们所受的劳动折磨成反比。最后,工人阶级中贫苦阶层和产业后备军越大,官方认为需要救济的贫民也就越多。这就是资本主义积累的绝对的、一般的规律。"①

在资本主义经济产生和发展的过程中,资本的原始积累把分散的、孤立的、规模狭小的个体生产变成了社会化的大生产。在资本积累过程中,生产社会化得到了进一步发展。首先,生产资料的使用进一步社会化,过去是单

---

① 《马克思恩格斯全集》第 23 卷,人民出版社 1972 年版,第 707 页。

个人使用简单的生产资料,现在是成千上万的人共同劳动使用庞大的机器体系;其次,生产过程进一步社会化,社会分工越来越细,生产越来越专门化,社会生产的各部门、各企业之间的相互联系、相互依赖越来越密切;最后,劳动产品进一步社会化,产品从个人的劳动产品变成许多人共同劳动的社会产品。

生产的社会化,要求由社会共同占有生产资料,统一安排社会生产;由社会统一分配劳动产品,供社会共同消费。但是,随着资本的积累,生产资料越来越多地集中在少数人手里,他们凭借私人占有的生产资料,控制着整个社会生产,把工人共同劳动创造的成果占为己有。这样,就产生了生产的社会化和生产资料资本主义私人占有制的矛盾,这就是资本主义的基本矛盾。资本主义基本矛盾的发展状况及其尖锐化程度,决定着资本主义经济制度的历史命运。

本章主要名词概念

经济制度 资本原始积累 劳动力商品 资本 剩余价值 绝对剩余价值生产 相对剩余价值生产 超额剩余价值 不变资本 可变资本 工资 成本价格 利润 平均利润 商业利润 生产价格 职能资本 借贷利息 企业利润 地租 级差地租 绝对地租 土地价格 资本积累 资本积聚 资本集中 资本有机构成 相对过剩人口 资本主义基本矛盾

本章思考题与练习题

1. 资本主义经济制度的建立需要哪些基本条件?在现实过程中通过什么途径加速这些条件的形成?
2. 试述作为货币的货币与作为资本的货币的区别?
3. 怎样理解价值增殖过程是超过一定点而延长了的价值形成过程?
4. 超额剩余价值与相对剩余价值是什么关系?
5. 资本主义工资的本质是什么?
6. 平均利润与生产价格是怎样形成的?应怎样理解平均利润与剩余价值的关系?
7. 资本主义社会的各个资本集团和土地所有者是如何瓜分剩余价值的?

8. 绝对地租与级差地租有什么区别？
9. 影响土地价格的因素有哪些？
10. 资本主义扩大再生产的源泉是什么？
11. 什么是资本积累？如何理解资本积累的必然性？
12. 试述资本有机构成的提高对工人就业的影响。
13. 什么是资本主义积累的一般规律？
14. 试分析资本主义社会的基本矛盾及其发展。

第五章 资本主义经济制度的发展演变

生产力的发展决定了资本主义生产关系在资本主义生产方式范围内呈现阶段性发展的特征，即在资本主义基本矛盾推动下，通过生产集中到垄断，使自由资本主义发展到垄断资本主义，再发展到国家垄断资本主义。本章主要论述垄断的历史必然性，私人垄断资本和国家垄断资本的形成与发展以及资本主义经济制度的历史地位；揭示资本主义生产关系发展的一般规律和资本主义生产方式的历史进步性与局限性。

第一节 私人垄断资本的形成和发展

一、私人垄断资本的形成

自由资本主义是以经济自由为基本特征的。其经济体制包括自由竞争、自由决策和自由贸易三大基本内涵，其经济活动的外在表现是既摆脱封建关系的束缚，又不受政府的干预。企业的运行完全以利润最大化为目标，这似乎能够保证实现资源最有效的配置，因而资本主义自由竞争体制曾被视为古典经济学的理想模式。其实，完全的自由竞争体制不仅事实上从未存在过，而且它也不可能是资本主义的理想模式，更不是资本主义的终结模式。因为自由竞争的资本主义体制天然地存在着不可克服的小资本经营和市场运行的自发性，因而不可能适应资本主义社会化大生产发展的客观要求。正是自由竞争资本主义体制固有的矛盾，促使它向相反的方向即垄断体制转化，从而找到解决矛盾的途径，所以说垄断既是自由竞争的对立物，又是自由竞争的必然产物。

垄断代替竞争并在资本主义经济生活中占据统治地位，其最初表现形式

是私人垄断资本的形成和发展,其关键环节是生产和资本的集中。自由竞争规律决定了资本主义生产和资本集中的趋势和机制,马克思曾经指出:"竞争斗争是通过使商品便宜来进行的。在其他条件不变时,商品的便宜取决于劳动生产率,而劳动生产率又取决于生产规模。因此,较大的资本战胜较小的资本。……竞争的结果总是许多较小的资本家垮台。他们的资本一部分转入胜利者手中,一部分归于消灭。除此而外,一种崭新的力量——信用事业,随同资本主义的生产而形成起来。起初,它作为积累的小小的助手不声不响地挤了进来,通过一根无形的线把那些分散在社会表面上的大大小小的货币资金吸引到单个的或联合的资本家手中;但是,很快它就成了竞争斗争中的一个新的可怕的武器;最后,它变成一个实现资本集中的庞大的社会机构。"而实现生产和资本集中的途径是"通过强制的道路进行吞并"和"通过建立股份公司这一比较平滑的办法把许多已经形成和正在形成的资本溶合起来"。①

也就是说,自由竞争必然引起生产和资本的集中。因为在资本主义的自由竞争中,少数大企业拥有雄厚的资本,易于取得银行贷款,因而能够广泛地采用新技术和新设备,在更大的范围内组织生产专业化和协作,利用廉价的原材料,节约不变资本,降低成本,在竞争中处于有利的地位。所以,竞争的结果,一般总是大企业战胜中小企业,大资本吞并中小资本,从而使生产和资本日益集中到少数大企业手中,这是其一。其二,随着资本主义自由竞争的发展,资本主义的信用制度和股份公司得到广泛发展,通过发行股票把许多分散的资本集中起来,形成一个巨额的资本,能够在较短时期内建立起一个大型的企业,这种个别资本向股份资本的发展,实现了资本占有形式和资本组织形式的社会化,从而极大地促进和加速了生产和资本的集中进程。其三,19世纪70年代到20世纪初资本主义经济危机频频爆发,造成大批中小企业的破产并被大企业所吞并。而大企业为了保持竞争优势,纷纷联合和合并,从而使生产和资本的集中达到了更高程度。到20世纪初,各主要资本主义国家生产和资本的集中都达到了很高的程度。因此列宁指出:"几万个最大的企业拥有一切,数百万个小企业无足轻重。"②

当生产和资本集中发展到一定程度就必然产生垄断。一方面几十个大型

---

① 《马克思恩格斯全集》第23卷,人民出版社1972年版,第686、688页。
② 列宁:《帝国主义是资本主义的最高阶段》,人民出版社1959年版,第12页。

企业彼此之间容易达成联合协议,并且它们的实力雄厚,也有力量操纵和控制该部门的生产和流通,这就为垄断的形成提供了可能性;另一方面,正是企业的规模巨大,既造成竞争的困难和新企业进入的限制,同时也造成了大企业之间在竞争中的两败俱伤的现实性,为了避免双方因势均力敌带来的竞争损失,它们就有必要暂时达成联合协议,形成垄断。

所谓垄断,是指少数资本主义大企业,为获取高额垄断利润而联合起来,控制和独占一个或几个部门的产品生产和销售市场的现象。它是垄断资本主义阶段的主要标志和基本经济现象。垄断的形成过程是自由竞争引起生产和资本的集中,而生产和资本的集中发展到一定程度,就自然而然地走向垄断,这是资本主义发展的一般规律和基本趋势。垄断一旦代替自由竞争在经济生活中占统治地位,就标志着垄断资本主义的形成。

垄断控制是通过一定的垄断组织形式来实现的。垄断组织是指控制某个或某些生产部门的生产和销售,以获得高额垄断利润的资本主义大企业或企业的联合。垄断组织的形式随垄断程度的不断提高而发生相应的变化。最简单的、初级的垄断组织形式是短期价格协定。这种形式很不稳定,一旦市场情况发生变化,垄断组织就会自行解体。垄断程度较高的、比较复杂的垄断组织形式主要有:(1)卡特尔(Cartel)。它是生产同类商品的大企业为获取高额利润,在商品的产量、销售市场和价格等方面签订协定而形成的垄断同盟。卡特尔内部的各企业之间的关系比较松散,是因为参加者在生产上、商业上和法律上仍保持其独立性。(2)辛迪加(Syndicate)。它是由生产同类商品的大企业,为了共同采购原料和销售商品通过签订协议而建立起来的垄断组织。参加者仍保持在生产上和法律上的独立性,但丧失了商业上的独立性。辛迪加设办事处统一接受商品的订单和统一采购原材料,按照协议在辛迪加所属企业之间进行分配。(3)托拉斯(Trust)。即许多生产同类商品或生产上有密切关系的企业合并组成的大垄断企业。各个参加的企业丧失了商业上、生产上和法律上的独立性。托拉斯董事会统一掌管所属企业的生产、销售和财务活动,原来的企业主变成了托拉斯的股东,按股份分取股利。(4)康采恩(Konzern)。它是由一两个实力极为雄厚的大工业企业或大银行为核心,把不同部门、不同行业的许多大企业联合起来而组成的垄断组织。尽管各企业在形式上仍保持独立性,但实质上受占统治地位的大企业或大银行的直接操纵和支配,具有明显的银行资本与工业资本相结合的特点。总之,垄断组织的形式尽管多种多样,不同的组织形式内容不同,垄断

程度亦有差别,但其实质都是通过对生产和市场的垄断,来保证垄断资本家获得高额垄断利润。

垄断价格是垄断组织牟取垄断高额利润的重要手段,是指垄断组织凭借其在经济上的垄断地位人为规定的旨在保证垄断高额利润的市场价格。垄断价格=成本价格+垄断利润。它包括垄断高价和垄断低价两种形式。垄断价格的形成不同于竞争市场上产品的价格形成,而是一种人为规定的价格,但这并不意味着垄断组织可以随意定价。因为垄断不可能消灭竞争规律、市场供求关系以及产品成本和价值因素的制约。

垄断利润是垄断资本所有权在经济上实现自身的形式。它是垄断企业凭借其在生产和流通中的垄断地位而获得的一种特殊超额利润,即大大超过平均利润的高额利润。垄断利润主要来源于:其一,垄断企业内部职工在生产过程中所创造的剩余价值;其二,垄断企业通过规定垄断高价或垄断低价将非垄断企业的一部分价值和剩余价值转化为垄断利润;其三,通过资产阶级国家对国民收入的再分配(如政府对垄断企业的减税、科研资助、优惠贷款、军事订货等等)把社会已经形成的一部分价值和剩余价值转化为垄断利润。

可见,垄断价格和垄断利润的形成并没有否定价值规律。无论是垄断高价或垄断低价,都不能增加或减少由社会必要劳动量决定的商品价值量。垄断价格只不过是通过价格和价值或生产价格的背离,使剩余价值作有利于垄断资本家的重新分配。从整个社会来看,垄断利润或垄断价格的总和并不能超越社会的总价值。

二、私人垄断资本的发展

私人垄断资本的形成和发展是垄断资本主义发展的经济基础。私人垄断资本作为资本社会化的一种较高形式,在一定程度上承认了生产力的社会本性,较能容纳当时生产力的发展。因此,私人垄断资本在20世纪以来特别是第二次世界大战后获得了进一步的发展,其发展主要表现在:

(一)生产集中和垄断统治的增强

第二次世界大战后,在第三次科技革命的基础上,社会生产力和生产社会化空前发展。与此相适应,生产集中和垄断的程度大大超过第二次世界大战前,呈现出规模大、程度高、范围广的特点。

第一,企业规模不断扩大,巨型公司数目剧增。随着竞争的加剧,企业

第五章 资本主义经济制度的发展演变

兼并从过去的数千家发展到现在的数万家，合并的资产日益庞大。以美国为例，美国市场从自由竞争到资本垄断，再到混合经济，曾经经历了100多年的发展史，其间先后发生了5次企业兼并浪潮：第一次兼并浪潮是以大公司横向兼并为特征的规模重组。从1893～1904年，共发生了2 864起兼并。其中仅1898～1903年高峰期就有2 653家企业被兼并，涉及资产总额63亿美元，典型案例是美国钢铁公司的重组。第二次浪潮是以大集团纵向组合为主导的产业重组，发生于20世纪20年代，被兼并企业12 000家，涉及公司、银行、制造业和矿业。其中在1928～1929年高潮期间，被兼并公司达2 300家，典型案例是美国通用汽车公司的重组。第三次浪潮是以跨国公司多角化产业扩张和品牌重组为主的兼并，发生在20世纪50～60年代，兼并规模之大是空前的。1960～1970年间，就发生了25 598起兼并。仅1953年，工业中的兼并资产数量占全部工业资产的21%。以金融运作为主的资本重组的第四次兼并浪潮始于20世纪70年代，延续到80年代末。1976～1981年兼并交易额分别为200亿美元、219亿美元、342亿美元、435亿美元、826亿美元，1985年兼并达到高潮，交易额高达1 796亿美元，这次兼并规模大大超过前三次。其典型案例是美国潘特里公司收购露华浓化妆品公司。第五次兼并浪潮以"强强联合"为特征。它始于1994年，当年兼并交易额达3 419亿美元，1995年兼并数量9 152起，涉及金额5 190亿美元，均创历史最高纪录。1996年兼并案达10 200起，兼并金额达6 588亿美元，再度刷新上一年刚创下的两项历史记录。这次兼并的典型案例是摩根·士丹利—迪恩威特合并案。

第二，垄断的程度不断提高。随着生产集中程度的提高，不仅大企业的数量越来越多，而且企业资产规模愈来愈大，垄断程度提高。最典型的案例是，1996年12月15日，世界最大的航空制造公司——位于美国西雅图的波音公司宣布兼并世界第三大航空公司——美国的麦克唐纳-道格拉斯公司（简称麦道公司）。通过兼并，波音公司拥有了500亿美元的资产和20万员工，成为占世界民用客机75%销售量的最大的飞机制造企业。又如，1997年2月5日，摩根·士丹利—迪恩威特宣布合并。此次合并创造了一个总市值达210亿美元的新型投资银行，其规模堪称华尔街之最。更重要的是，这是一种高层次的投资银行与零售证券经纪行破天荒的结合，它从根本上改变了华尔街的文化。

第三，兼并的范围更加广泛，混合联合公司迅猛发展。企业合并或兼并

133

是生产和资本集中的重要途径。"横向合并"和"纵向合并"是企业合并的两种主要方式。20世纪初,生产集中表现为"横向合并",即部门内的生产上有关联的同类企业联合或兼并为一个大企业;20~40年代的生产集中发展为"纵向合并",即供产销相互衔接的生产、流通部门和企业之间的合并,这是由某一部门包括原材料开采,燃料动力的运输,产品各工序的制造,乃至副产品的加工等各个环节组成统一体系的联合体。第二次世界大战后,不仅纵向合并进一步延伸到运输、销售以至金融等环节,而且企业联合不断向业务和生产经营毫不相关的部门或者企业的联合发展,跨部门、跨行业的多种类产品的生产和经营不断发展,不断组成庞大的混合联合公司。例如,美国在1926~1930年(第二次兼并浪潮)期间,横向兼并占全部兼并次数的67.7%,混合兼并占27.6%,到了1966~1968年间,横向兼并只占7.6%,而混合兼并则占81.6%。同时多部门、多行业的公司兼并日益突出。美国国际电话电报公司,本来专营电讯器材的有关业务,但自60年代以来,先后大举兼并了美国最大的面包、旅游公司和最大的木质化纤制造公司。而且还经营建筑、军火、汽车零件、食品、地产、保险、银行信贷、医院、书籍出版等五花八门的业务。它们的经营范围之广,可谓从"导弹到鸡蛋"无所不包。

综上所述,生产和资本的加速集中特别是混合联合公司发展已经成为当代资本主义社会生产力发展的趋势。其客观必然性在于:它适应了社会化大生产中供产销过程紧密联结的客观要求;可以更有效地利用最新科技成果,合理利用资源,较易获得资金;可以节约管理费用,利用多行业经营可以分散风险,减轻经济危机的冲击,以保证垄断企业获得稳定的利润。可见,生产集中和混合联合公司的发展是资本主义生产关系适应社会化大生产的要求而作出的局部调整,是资本主义生产方式在其自身范围内的进一步"扬弃"。

(二)金融资本的统治进一步加强

在工业资本形成集中和垄断的同时,银行资本也在激烈的竞争中走向垄断,从而大大加强了金融资本与金融寡头的统治,并且成为第二次世界大战后世界企业兼并活动的一大主要特征。

首先,银行资本加速集中与垄断。银行兼并的一个显著特点是大银行之间的兼并呈现明显趋势,使世界银行界的巨型"航空母舰"层出不穷。最典型的例子是1995年3月8日,名列日本第6位的三菱银行和名列第10位的东京银行合并,成立东京三菱银行,总资产高达52.6万亿日元,一跃成为世界第一大银行。1999年日本兴业银行、第一劝业银行和富士银行宣布合并,总资产达到12 000亿美元。在美国,1996年富国银行兼并第一联美银行,其兼并价值高达142亿美元,成为美国兼并史上第一大兼并案。同时,欧洲也不例外,如荷兰的ING银行兼并了破产的英国巴林银行,瑞士银行收购塞朗银行等。

其次,金融资本结构发生显著变化。由于生产日益社会化,因此任何单个家族的资本都无法独占一个大企业或一个大集团公司,这就导致垄断财团之间相互渗透,使金融资本集团变为由多个家族共同控制,这是资本进一步社会化的结果。与此相适应,金融资本集团的内部组织结构由纵向控制转变为横向联合,由个人股东为主转变为法人股东相互持股。第二次世界大战前,金融寡头是以某个家族为核心,采用"参与制"以金字塔式的层层控股来实现其统治。第二次世界大战后,集团内的银行与企业之间越来越多以法人股东的身份,采取横向相互持股的办法实现相互渗透,财团与财团之间的关系变得模糊不清,错综复杂。

最后,金融垄断资本与工商垄断资本的结合更加紧密。银行垄断资本形成后,银行的作用发生了根本性的变化,由普通的借贷中介人变成万能的垄断者,并通过三种方式直接操纵和控制着工商业资本:一是垄断银行通过贷款影响和控制工商业资本。发达国家的企业一般采取负债经营,借入资金的比重约占50%~70%。商业银行和人寿保险公司是工商企业资金的主要提供者。它们通过贷款规模、期限和利率高低,以及贷款合同,制约和控制工商企业的发展。二是银行财团通过收购企业的股份,成为企业的控股者,从而控制和操纵大工业企业的经营活动。其中以日本和西欧最为显著。三是银行通过人事结合加强控制。即直接由银行的董事或经理兼任大工业企业的董事或经理,从而在更大程度上控制和掌握大工业企业的领导权。

(三) 私人垄断资本的国际化运动进一步增强

资本国际化是资本主义生产方式的内在要求,是资本主义剩余价值规律作用的必然结果。第二次世界大战前,私人资本的国际化主要表现是商业资本和借贷资本的国际化。产业资本虽然也早已跨越国界,但还未达到世界规模,而且资本外流的流向主要是发达资本主义国家的殖民地、半殖民地和附属国。第二次世界大战后,随着资本国际化运动的国际政治经济条件的变化(比如第三次科技革命推动国际分工的深化与发展),私人垄断资本与国家

垄断资本的紧密结合、国际货币体系和金融市场的发展与完善以及亚非拉地区民族解放运动空前高涨，旧殖民体系瓦解等等条件的变化，大大促进了私人垄断资本向国际化方向发展。主要表现在：

首先，私人资本国际化的规模与总量急剧膨胀，不仅加强了商业资本和借贷资本的国际化程度，产业资本国际化也获得了空前的发展，并在资本国际化中起着主导作用。

其次，私人垄断资本的国际联合从流通领域进一步发展到生产领域，跨国公司取代国际卡特尔成为战后国际垄断组织的主要形式。

最后，私人垄断资本输出的流向发生了变化。第二次世界大战后，发达资本主义国家资本输出的重点逐渐从经济落后国家和殖民地附属国转向发达国家，形成了发达资本主义国家之间资本双向对流、相互渗透的新局面。

三、垄断资本与中小企业

随着垄断的形成和发展，并在经济生活中占据统治地位后，垄断资本也成为社会资本的主要形式。尽管如此，垄断资本不会也不可能消灭或完全取代非垄断资本即中小企业的资本，这正如垄断不可能消灭或取代竞争，而只是改变了竞争形式一样。从实践上看，第二次世界大战后，特别是1996年波音—麦道两大飞机公司的合并，引发了新一轮大企业的购并浪潮之后，几乎各行各业都有"强强联合"的案例，金融业、药业、电脑业等新兴行业也在酝酿、进行着更大规模的购并，但是这种购并浪潮并没有断送中小企业的出路。客观地说，在垄断资本统治下的中小企业不仅存在，而且发展还非常活跃。

中小企业存在与发展的客观原因是：（1）现代市场经济条件下，一国国民经济的体系极其庞大与复杂，少数大垄断企业不可能囊括一切经济部门和一切经济领域，从而为中小企业的存在和发展提供了空间。（2）现代科技与生产专业化的发展，为中小企业的生存与发展提供了技术基础。社会化分工的发展使行业和产品的专业化走向零部件生产的专业化和工艺过程的专业化，高度专业化的生产职能逐渐独立化为中小企业的专有生产职能。在美国以洛克希德飞机公司为例，其外部协作的零部件20世纪60年代为30%，1980年达到70%，80～90年代又有增长。福特汽车公司在国内外的协作厂商有4万家，供应2 000种汽车配件和工作机具，每年用于外购协作件的款项达200亿美元。资本在集中，而零配件的生产却越来越分散，这是社会分

工发展的必然趋势。(3) 现代社会消费需求的多样化的趋势,为中小企业的广泛发展提供了广阔的市场空间。(4) 国家给中小企业的发展提供各种优惠政策,也为中小企业的生存和广泛发展创造了机会。由于中小企业可以在垄断资本尚未到达的部门或地区,弥补垄断资本的不足,满足社会不可缺少的各种需求;同时也为垄断组织提供原材料或半成品服务,以满足垄断资本的需求,并且在扩大一国的就业和对外贸易方面也发挥着重要作用。为此国家在调节整个社会经济活动的过程中对中小企业都实施扶持或优惠政策。诸如颁布反托拉斯法,对垄断组织的过度垄断行为进行某些约束;设立中小企业管理局等政府机构,向中小企业提供财政支持和贷款担保;帮助中小企业培训管理人员,为中小企业提供国内外市场信息等。这些措施为中小企业的生存提供了一定的有利条件,在一定程度上促进了中小企业的发展。

各国经济的发展表明,中小企业在各国经济发展中有着重要作用。最主要的作用是:

第一,中小企业是经济增长的重要推动力量。由于中小企业量大面广,因此,在很多国家(或地区)中小企业的发展都已成为经济稳定增长的关键。从企业数量看,中小企业占有绝对优势。欧盟中小企业占企业总数的 99.8%,美国占 99% 以上,日本占 99.1%。从对产出的贡献上看,中小企业也有相当大的份额。1993 年美国 GDP 的 40%、产品销售额的 54% 和私营企业产值的 50% 来自中小企业;1993 年韩国制造业和矿业的中小企业产值占总产值的 43.8%;1996 年英国中小企业营业额占总营业额的 42%。此外,在经济萧条时期,中小企业的发展还有助于抑制经济衰退。如在 20 世纪 80 年代初,韩国经济进入萧条期,国民经济出现负增长,为 -5.2%,其中制造业为 -1.1%,而此时中小企业增长高达 2.1%,从而大大地降低了衰退所造成的经济增长下降的幅度,显示出中小企业有较强的产业适应能力和对国民经济变化的缓解作用。

第二,中小企业是技术革新的重要源泉。小企业在创造新技术和开发新产品上起着重要的作用。近几十年来,大企业和小企业在开发新技术和新产品方面发挥不同的作用。"过程"革新多源自大型组织,大企业的新产品往往出自渐进地改革或改善;小企业的产品创新则往往产生于突然的"蛙跳"。据统计,从 20 世纪初到 70 年代,美国科技发展项目中的一半以上由中小企业完成的。中小企业的人均发明为大企业的 2 倍,中小企业在产品创新、服务创新、工艺创新和管理创新中的贡献分别达到 32%、38%、17%

和12%。可见，小企业已成为创新和技术进步的重要源泉，与大企业相比，它们作出贡献的效率更高、成本更低。

第三，中小企业是市场经济最活跃的主体。竞争是市场经济的核心，来自竞争的繁荣已成为经济学家的共识。从西方国家的教训来看，大公司、大集团如果不加限制地过度发展将严重限制自由竞争，导致企业活力下降，国际竞争力削弱，因此各国都通过鼓励中小企业的发展来促进竞争。同时中小企业具有数量大、种类多、地域广、行业全的特征，这使中小企业成为市场经济理论和实践得以存在与发展的基石。垄断时期垄断组织之间以及内部的竞争不可能取代更不可能消灭垄断组织与中小企业之间的竞争形式。

第四，中小企业在国际贸易中也能发挥积极的作用。如在美国的出口企业中，约有96%是中小企业，其出口份额占23%左右，而在高科技产品出口中，中小企业所占的比重更高，并且中小企业还为大企业提供配套零部件和出口组装等服务，支持着大企业的出口。

所以，虽然垄断在不断发展，但中小企业并没有因此而消失，而是继续生存和发展，显示出其作为发达国家国民经济重要的组成部分的地位。不过，在发达国家国民经济中处于支配地位的并不是中小企业，而是垄断大企业，决定发达国家经济发展的根本力量是垄断大企业。

第二节 国家垄断资本主义

一、国家垄断资本主义的形式

根据资本主义国家与垄断资本结合的程度、范围和方式的不同，国家垄断资本主义可以分为三种基本形式。

（一）国有垄断资本

国有垄断资本是指资本主义国家与垄断资本融为一体的，由国家直接掌握的垄断资本。它是国家垄断资本主义的最高形式，也是资本社会化的最高形式。国有垄断资本的组织形式或重要的存在形式是资本主义国有企业，即归资本主义国家所有的各类企业。第二次世界大战后西方各国国有经济的形成途径主要包括直接投资、国有化和国家持股参与等。所谓国家直接投资，是指政府直接投资建立新的企业或投资于国营或半国营的企业。国家主要投

资对象是运河、电站、桥梁、道路、公共建筑物、机场、港口、钢铁工业等基础设施和基础工业。此外还有原子能、航空、宇航、电子计算机和石油化工等先进或新兴行业。形象地说,国家投资具有"铺路"和"开路"两大作用。国有化是指将私营企业收归国有,其具体方法是采取赎买方式,即向原企业主交付补偿金;或者从原属政府部门管理的机构转化而来,或采取没收的方式。在西欧,意大利和德国的国有经济往往以国家持股参与的形式出现,即所谓的公私合营企业。国家参与的方法是:一是国家直接与私营企业结合,建立新的混合公司。二是国家通过国营企业与私营企业结合,建立新公司或子公司。三是国家将原来的国营企业改造为混合公司。此外国家还可以通过购买私人企业的股票,形成与私人的合营。到20世纪70年代末80年代初,通过各种途径建立起来的国有企业在发达资本主义国家整个国民经济中已占有举足轻重的地位,国有经济基本上控制了造船、邮政、电讯、电力、天然气、铁路、航运、钢铁等部门,并在制造业、化工、石油和宇航等新兴的尖端工业部门占有一定的比重。

(二) 国家调节

随着生产社会化程度的不断提高,垄断资本主义国家的宏观调控的力度也相应加强。其调节方式有两种:即直接调控方式和间接调控方式。前者是指垄断资本主义国家利用所掌握的国有垄断资本,以所有者的身份,直接参与社会再生产活动,对私人垄断资本实行直接的调节和控制;后者则是指垄断资本主义国家作为上层建筑,以国家权力介入经济生活,利用各种政策手段和经济计划,对资本主义再生产进行间接调节。两种调节方式相互补充、相互依存,既有联系又有区别;从根本上说,二者的目标一致的,只是调节的对象和作用有所区别。从垄断资本主义的发展实践来看,各国皆以间接调控方式为主。其中财政政策、货币政策、经济计划、产业政策、社会福利措施等是间接调控的主要手段。下面着重分析财政政策、货币政策、经济计划和产业政策。

1. 财政政策调节

资本主义国家的宏观经济调节,主要是需求调节。凯恩斯主义认为,资本主义经济危机的根本原因在于有效需求不足,调节需求的主要手段是政府的财政政策。它是指政府通过财政收支政策调整政府收支,从而影响社会总需求和总供给,调节社会经济活动。当经济衰退,社会总需求不足时,政府就可以实行扩张性财政政策,增支减税,扩大社会总需求,增加供给,刺激

经济回升;当经济高涨,社会总需求过度时,政府就可以实行紧缩性财政政策,增税减支,缩减社会总需求,限制供给,遏制经济膨胀。

财政政策在资本主义国家经济运行中的调节作用日益增大。从宏观上看,财政政策调节的主要功能在于保持物价总水平的稳定和一定的就业水平,以促进经济稳步增长。具体表现是:一是通过财政杠杆调节社会需求总量,从而影响物价总水平。二是通过财政杠杆调节投资需求水平,从而影响就业水平。三是通过财政杠杆调节社会储蓄和投资水平,从而影响经济增长率。从微观上看,财政调节的主要功能在于:一是使社会资源配置合理化。作为社会公共消费品的公共设施、基础设施以及国防设施等等,一般不能通过商品市场的购买方式来提供,而只能由政府提供。政府通过财政支出一部分资源用于公共消费品的生产,也就是通过财政在公共物品和私人消费品之间进行资源合理配置。二是调整国民收入在个人之间的分配。在资本主义制度下,国民收入取决于个人占有的生产资料,势必存在收入分配的不平等。国家通过财政调节在个人之间进行转移,可以缓解社会不平等和社会矛盾,改善社会经济运行的宏观环境。

2. 货币政策调节

货币政策和财政政策并列为宏观需求管理的两大主要调节杠杆。货币政策调节的主要功能在于保持物价稳定和国际收支平衡,以促进经济增长。其具体做法是政府通过扩大或缩减货币供给量,来扩大和减少社会需求,从而实现社会总供给与总需求的平衡。因此,在货币政策的调节中,调节货币供应量是实现其调节功能的主要内容。国家通过货币当局即中央银行调整存款准备金率、调节利率和汇率以及进行公开市场活动等手段来控制货币供应量,达到间接控制信贷规模、稳定货币和物价的目的,以实现总需求和总供给的基本平衡。

发达资本主义国家中央银行调节货币供应量的主要手段有:(1)再贴现率。再贴现率是指商业银行向中央银行借款时支付的利息率,它直接影响商业银行的贷款能力和利息率。因为中央银行的贴现率提高,商业银行借贷资金的成本高,就会减少借入资金量,从而紧缩贷款量,同时中央银行的贴现率还有较强的示范效应,直接影响市场利息率,从而对货币供应量发生调节作用。(2)法定存款准备金率。中央银行通过调整法定存款准备金率,可以调节各专业银行及其他金融机构的自有准备金额度和同业行拆借利率,使货币供应量与宏观经济调控目标相适应。如在经济高涨时期,社会总需求膨胀，可以通过提高法定存款准备金率收缩货币供应量，抑制总需求；当供给过剩而出现衰退趋势时，可以通过降低法定存款准备金率扩大货币供应量，以刺激有效需求的增加。（3）公开市场业务。这是指中央银行在证券市场上公开买卖各种有价证券如国库券、公债等，以调节货币供应量的一种措施。在经济衰退时，中央银行在金融市场上买进政府债券，以增加货币供应量；在经济高涨时，中央银行在金融市场上卖出政府债券，回收货币，以减少货币供应量。公开市场业务是中央银行用于宏观调控稳定经济的重要手段，对平抑经济的周期性波动起到了较大的作用。其调节功能有效发挥的前提是有一个高度发达的证券市场。

3. 经济计划调节

根据生产社会化和资本社会化的客观要求，当代发达资本主义国家都不同程度地实行了经济计划化，对国民经济实行宏观的综合性调节，经济计划调节在资本主义经济调节体系中占有重要地位。当代资本主义国家的经济计划调节的主要内容包括：一是对中长期的经济和社会发展进行预测；二是制定计划期内经济和社会发展的总目标及主要的相关具体目标；三是制定和实施相关的政策措施。资本主义经济计划的特征是：首先，计划是以资本主义私有制为基础的，反映垄断资产阶级的利益要求；其次，计划对私营企业只起指导性作用，不具有指令性和行政约束力，主要起传递信息作用；最后，国家实施计划不是依靠行政命令，而是依靠各种政策手段和市场机制，发挥国有垄断资本的作用。实行经济计划化的国家最为突出的是法国和日本。法国从1947年以来就开始制定并实行中长期计划。日本从1955年以来开始制定和实施中长期经济计划。其计划明确区分了对政府公共部门与民间部门的不同政策，而计划的重点侧重于政府公共部门。日本的经济计划化一方面确保政府各部门政策的协调性；另一方面则给私人企业提供较准确的预测性经济情报。日本的经济计划化显示了政府经济政策的总趋向和国民经济的未来发展方向。

4. 产业政策调节

第二次世界大战后，伴随着生产和资本的社会化、国际化程度的进一步提高，发达资本主义国家的国内产业分化进程加快，同时各国产业之间的国际化竞争日趋加剧。为适应新兴产业的发展、产业结构的调整以及提升产业国际竞争力的客观要求，各国纷纷重视和制定产业政策，当时曾把制定和实施产业政策当作"革命性的新发现"。产业政策既是政策性计划，即在一个

有限的范围内规定产业发展的结构、顺序和时机,又是实现产业规划或产业发展计划的一种手段,并从属于产业规划或产业发展计划。产业政策作为一个体系,它包括产业结构政策、产业组织政策、产业贸易政策、产业技术政策和产业区位政策等方面的内容。较早制定并成功实施产业政策的国家是日本。日本的产业政策以产业结构政策和产业组织政策为主要内容,具有明确的结构目标和企业竞争力目标。早在20世纪60年代,在提出产业结构高度化目标的同时,日本通产省就提出了"新产业体制"的目标。并克服在自由竞争中造成的"过度竞争"和"规模过小性",逐步建立起"有效竞争"的组织结构,以迅速提高日本企业竞争力。一般认为日本在现代化、国际化进程中之所以能捷足先登,一个很重要的原因就是它制定和实施了一套促使其产业和外贸协调发展的有效的产业政策。70年代后,一些世界性的组织如经济合作与发展组织、联合国工业组织、世界银行等,在其各种文件和研究报告中都把产业政策作为日本成功的秘诀而加以介绍。

从实践上看,以上各种调节对于缓和经济危机,刺激经济增长具有重要作用,但是在资本主义制度下,它们的作用也有很大的局限性。

(三) 国际经济联合

资本主义经济是高度开放的经济。各国既存在着共同的利益和相互依赖的关系,也存在着各种利益矛盾。资本主义国家在干预和调节国内经济的同时,也必然要干预和调节对外经济关系,以保证本国经济在国际竞争中正常运行和发展。因此,国际经济联合在第二次世界大战后得到了空前的发展,成为国际经济关系发展的重要特征,这是国家经济调节职能向国际领域延伸的产物,是经济生活国际化的客观要求,也是垄断资本控制世界经济的必要条件。

由国家出面进行的国际经济联合,不同于私人垄断资本主义的国际垄断同盟,其主要特征是:实行国际经济联合的行为主体是国家而不是私人企业;联合的基本动机是营造平稳的国际经济环境,减少或避免国与国之间的冲突,而不是以个别企业的盈利为目的;联合的内容很广泛,包括国际分工、国际投资、国际贸易、国际金融、国际劳务与技术合作等;联合的方式也灵活多样,既有松散的联合,也有紧密的联合。

发达资本主义国家进行国际经济联合的形式,大致可以分为三大类:(1) 国际经济组织。如世界贸易组织,它是以国际协定的形式对国际贸易进行调节的一种国际贸易组织。其宗旨主要是为了消除贸易障碍,实现自由

贸易。在国际金融领域,战后曾实行过"布雷顿森林"货币体系以及所成立的国际货币基金组织及世界银行等,其目的是为稳定国际货币金融体系,促进各国经济贸易的增长。此外联合国是最大的国际经济关系协调的国际性组织,它对落后国家或地区进行经济援助,对发展中国家的农业、计划生育、治理环境污染进行扶持,等等。(2)一体化经济集团。即按一定区域形成的一体化集团化的经济组织。它包括四种具体形式:一是优惠或特惠贸易区,即各成员国之间对全部或部分商品规定特别优惠的关税,这是较为初级的区域经济一体化组织形式,如东南亚国家联盟。二是自由贸易区。它是指处于某一地区的国家为了促进相互间的商品交换,互相开放市场所形成的地区性统一市场的贸易区。在区内取消关税及数量限制,使区内各成员国的商品可以完全自由流动,实现贸易自由化,如欧洲自由贸易联盟。三是关税同盟,即成员国之间完全取消关税和贸易限制,同时对非关税同盟的国家实行统一的关税税率,如安第斯条约组织;四是经济同盟(或称经济共同体),即在关税同盟的基础上,进一步推行劳务、资本市场一体化,实现区域内人员、劳动、资金的自由流动,并要求各成员国制定和执行共同的经济政策和社会政策,以建成具有统一财政的经济实体甚至在政治上和军事上达到一致对外,相互协调为目标。如欧洲经济联盟,这是区域经济一体化的高级形式,其经济调节具有一定程度的超国家性质。(3)国家首脑定期会晤。如西方七国首脑会议,以及国家元首的互访。主要探讨国际贸易、货币、金融、能源、南北经济关系等热点问题。西方七国首脑会议已发展成为每年一次的国际经济关系协调的例会,成为最高层次磋商的经常性形式。

上述诸种国际经济联合组织形式,比较全面地反映了经济一体化的发展过程与内容,其中,经济共同体的"一体化"的程度最高,对成员国经济的影响最大。一般地说,成员国经济发展水平越高,开放程度越大,国力越平衡,政局越稳定,就越有可能进入经济一体化的高级阶段。

二、国家垄断资本主义的产生和发展

第二次世界大战后,资本主义经济发生了深刻的变化,各国政府普遍加强了对国民经济的干预,政府运用财政政策、货币政策、经济计划和产业政策等手段调节宏观经济。以至于西方国家的经济学家认为这种新的经济体制既非纯粹的市场经济,又非纯粹的"公共经济",而是一种由国家管理的公共经济和私有经济共同构成的"混合经济"。这种"混合经济"实质上就是

国家垄断资本主义经济,即资本主义国家和私人垄断资本相结合而形成的一种垄断资本主义。

国家垄断资本主义是生产社会化程度更高的一种资本形式,它凌驾于私人垄断资本之上,对社会经济进行宏观调控,从而把垄断资本主义推向新的发展阶段。国家垄断资本主义形成于19世纪末到第一次世界大战前后;从20世纪30年代大危机到第二次世界大战后期间,国家垄断资本主义进入发展的高潮时期;第二次世界大战后,特别是20世纪60年代以来是国家垄断资本主义的普遍发展阶段。

私人垄断资本主义向国家垄断资本主义发展,这是由客观的社会经济条件所决定的,归根到底是由资本主义基本矛盾的进一步深化所决定的。其主要表现是:

第一,社会生产力飞速发展与资本主义国家国内外市场容量相对狭小的矛盾日益突出。第二次世界大战后,第三次科技革命使生产技术和劳动生产率得到空前的发展,垄断集团的经济实力进一步增强,社会产品大幅度增加。由于资本积累规律的客观存在,有效需求的增长落后于供给的迅速增长,产品相对过剩的矛盾越来越严重,日益突出的市场问题严重制约垄断资本的发展。为了缓和总供给与总需求的矛盾,垄断企业不得不求助于国家的力量,采取各种措施,增加国家投资和国家消费,发展军火工业,增加社会福利开支;刺激有效需求,鼓励商品出口和资本输出,开拓国内外市场。另外,则通过财政货币政策,抑制过剩的生产能力,缓解市场压力。

第二,社会化生产和新兴产业发展所需巨额投资与私人垄断资本数量相对不足的矛盾。随着当代科技的深入发展,新兴产业的开发、大批老企业的技术改造和技术更新、大型基础设施的建设以及生态平衡的保护与环境污染防治,等等,都需要巨额资本投入。作为私人垄断企业来说,常常因资本量不足而无法承担或因投资过大,风险过高,利润率低而不愿投资。这就迫使资本主义国家不能不直接参加到社会再生产活动中去,对整个经济活动进行干预或调节,以适应大规模生产和新兴产业高速发展的需要。

第三,社会化大生产的比例性与私人垄断竞争的盲目性的矛盾。社会化大生产决定了国民经济各领域、各部门、各地区和各企业之间的生产必须按比例地进行,否则就会破坏社会再生产中供需平衡关系。事实上,私人垄断资本总是从各自的利益出发,因而盲目竞争不可避免,势必使再生产的比例常常遭到破坏,并引发经济衰退。为此,要求国家从私人垄断资本的整体利益出发，对经济结构和地区结构进行干预和调节，以确保社会再生产正常进行。

第四，科学技术研究的高度社会化与私人垄断企业利益的狭隘性的矛盾。科技竞争是国际市场竞争的焦点。因此，抢先开发新技术、新领域，发展新产业是各国经济发展的制高点。科学技术研究的高度社会化，不仅需要前瞻性，而且所需资金大、风险高、协作性强，还需要多学科、多部门，乃至多国共同参与。然而，私人垄断资本利益的狭隘性决定了它不可能从社会长远的、全局的利益出发来开展科学技术研究。同时，一般大型科研项目涉及多学科、多领域的知识，私人垄断资本事实上也无力承担。所以，由国家出面规划、组织和筹集资金来承担重大项目的科学技术研究就成为一种趋势。

第五，国际经济一体化与国际竞争加剧的矛盾。各国因历史和资源禀赋程度不同决定了其经济政治发展的不平衡性的客观存在。正如列宁指出："经济政治发展的不平衡是资本主义的绝对规律。"① 这势必加强各国之间的经济联系，这种相互依赖和相互制约的关系客观上要求各国之间彼此合作与协调，以实现资源在国家间的合理配置与利用。但是，私人垄断企业在国际上的竞争受高额垄断利润目标的驱使，加之贸易保护主义愈演愈烈，贸易战、汇率战也此起彼伏。面对这些矛盾或问题，就必须由国家出面，参与国际性的经济协调，乃至建立像欧共体那样的国际经济一体化组织，建立国际竞争的秩序。

总之，国家垄断资本主义是一种新的资本主义生产关系，它的产生和发展绝不是偶然的，而是由垄断资本追求利润最大化的本性所决定的，是生产社会化高度发展的客观要求，是资本主义基本矛盾发展的必然结果。

三、国家垄断资本主义的作用

国家垄断资本主义的产生和发展，一方面是垄断资本主义生产关系的局部调整，使之适应新科技革命所带来的生产和资本高度生产化的客观需要，因此，国家垄断资本主义的产生势必有利于资本主义社会生产力的发展。另一方面，国家垄断资本主义没有超越资本主义生产关系的范畴，而且也丝毫没有改变垄断资本主义的实质，所以，随着生产和资本高度社会化，资本主

---

① 《列宁选集》第2卷，人民出版社1972年版，第709页。

义的固有矛盾不是缓解而是进一步加深。这就决定了国家垄断资本主义对经济发展具有双重性的作用。

国家垄断资本主义对社会经济发展的促进作用主要表现在：（1）国家运用其掌握的强大的经济力量，参与社会资本再生产，积极兴办私人垄断资本无力兴办、适应新科技革命要求的巨大新兴工业企业，例如航天、交通运输和通信邮电等社会公共工程，不仅大大促进了产业结构的升级，为私人垄断企业获取高额利润创造了外部条件，而且也部分地克服了社会化大生产与私人垄断资本之间的矛盾。（2）在国家垄断资本主义占统治地位之后，国家就已成为现代科学技术研究和推广的主要组织者和科研经费的主要提供者。现代科技的发展越来越复杂，所需投资也越来越大，风险便随之增大，因此私人企业不愿也不可能承担大规模的科研开发项目。在此背景下，由国家来组织进行科学技术研究和开发，无疑会促进科技进步和应用。（3）国家运用各种方式干预经济，特别是"经济计划化"，对社会资本再生产进行综合性的调节，在一定程度上适应了资本主义生产社会化的发展和经济结构调整的需要，对资本主义社会的生产无政府状态，具有一定的缓解作用，对协调和稳定经济具有重要意义。（4）国家通过采购订货和刺激消费以及国家与私营企业协商的垄断价格或对某些产品的支持价格，保证了市场的稳定和扩大；同时通过国内干预和国际联合，调整国际贸易和国际金融政策，降低关税和减少非关税壁垒，促进贸易自由化，客观上不仅有利于扩大国内外市场，而且有助于提高本国产品的国际竞争力，加快生产和资本的国际化进程。（5）资本主义国家对失业、养老、医疗等实行强制性保险，对生育、儿童、住房进行补贴，在一定程度上解除了劳动者的后顾之忧；对高收入者征收个人所得超额累进税，有助于缩小贫富差距。这些对缓和阶级矛盾，调动劳动者积极性起到了一定的促进作用。第二次世界大战后资本主义经济长时期保持高速增长，是与国家垄断资本主义的作用有直接联系的。

但是，国家垄断资本主义的资本主义性质，决定了它与生产社会化之间矛盾的根本对立性和不可调和性，即使它在一定时期、一定范围和一定程度上促进了资本主义经济的发展，也不可能改变它阻碍社会经济发展的历史趋势。其阻碍作用集中表现在它使垄断资本主义的内在矛盾更加复杂和深化：（1）国家巨额投资的资本来源于税收的增长。伴随国家垄断资本主义的发展，财政支出增大和财政赤字日益严重，势必增加广大人民的税负，其结果是进一步削弱本来已相对缩小的人民群众有支付能力的需求，从而加深生产

和消费之间的矛盾,导致经济危机频繁发生。(2)国家垄断资本主义通过财政、货币政策,扩大政府开支来刺激经济增长,则会导致财政赤字和滥发货币,造成通货膨胀,从而导致资本主义经济出现"经济停滞"与"通货膨胀"并存(简称"滞胀")这一新的不治之症。第二次世界大战后发达资本主义国家的"滞胀"是国家垄断资本主义条件下各种矛盾激化的重要表现。(3)国家借助发行公债来增加财政收入,并支持私人信贷膨胀,以刺激投资和消费需求,其结果形成债台高筑,加剧了财政金融危机。

客观地说,国家垄断资本主义的产生和发展,从人类历史发展的角度来看的确具有历史进步意义,在实践上也大大推进了资本主义生产力的发展。因为它适应了生产和资本社会化的客观要求,扬弃了传统市场经济的自由放任的运行模式,把市场机制与宏观调控机制有机地结合起来。但是国家垄断资本主义终究只是在资本主义生产方式范围内对生产关系所作的部分调整,它丝毫没有改变资本垄断的性质,因而其局限性也是显而易见的。突出表现是:

第一,国家垄断资本主义是以私人垄断资本为基础的,并为获取高额垄断利润服务的。这就决定了国家垄断资本主义不仅不会触动资本主义私有制,而且要维护它、巩固它;不仅不会消除资本与劳动的对立,而且要维护和加强雇佣劳动制度。资本主义国家的政府无论是实行国内经济干预政策,还是参与国际经济联合,都是以加强垄断资本的协调、增强垄断资本的统治力量为前提的,因此,在实践上国家垄断资本主义的产生和发展将不可避免地起到强化垄断资本对劳动人民的雇佣关系。

第二,国家垄断资本主义的宏观经济调节存在不可克服的内在矛盾。比如,在财政政策的运用中,政府为了防止经济衰退,需要实行赤字财政政策,扩大政府支出,以刺激经济增长,但这又会带来通货膨胀和物价上涨,进而阻碍企业投资和个人消费需求的扩大,因此难以取得财政政策的预期效果。货币政策的实行也不例外。也就是说,国家垄断资本主义的宏观调节主要着眼于扩大市场,但同时又会限制市场的扩大并带来新的市场问题;通过调节企图实现充分就业,但不仅不可能解决失业问题,而且失业队伍不断扩大;借助货币政策的实行,试图控制货币供应量,而实际结果却酿成了货币膨胀和信用膨胀,如此等等。可见,国家垄断资本主义对经济发展的促进作用是有条件的、相对的、有限度的,而不是无条件的、绝对的。

总之,生产资料私有制决定了资本主义制度矛盾的内在性、固有性。只

要国家垄断资本主义没有改变资本主义私有制这一经济基础,就不会改变追求高额垄断利润这一经济运行的根本目标,它就不可能克服资本主义内在的矛盾和历史局限性。

第三节 资本主义生产方式的历史地位

一、资本主义生产方式的历史进步作用

马克思曾经指出:"随着资本主义生产的扩展,科学因素第一次被有意识地和广泛地加以发展、应用并体现在生活中,其规模是以往的时代根本想象不到的"。① 在人类社会发展过程中,资本主义第一次自觉地发展和应用科学技术,从而在促进生产力发展上所发挥的作用,是前资本主义的各种生产方式所无法比拟的。

从产业革命开始到现在,资本主义曾出现过三次科技革命,同时资本主义社会生产力也出现了三次飞跃。18 世纪中期开始的以蒸汽机与纺织机的发明和使用为标志的第一次科技革命,使资本主义生产由工场手工业转变为机器大工业,社会化大生产极大地提高了劳动生产率。因此,1820~1870 年的半个世纪里,资本主义世界工业生产增长了 9 倍。这个时期资本主义创造的生产力比过去一切时代所创造的全部生产力还要多还要大,实现了资本主义生产力发展史上的第一次飞跃。19 世纪中期开始了以电力和电动机发明和使用为标志的第二次科技革命,这次科技革命促进了重化工业和交通运输业的迅猛发展,以此为基础,实现了资本主义生产力发展的第二次飞跃。即 1893~1913 年的 20 年中,资本主义世界工业增长了近 1.5 倍。第二次世界大战后开始的第三次科技革命,以核能和电子计算机的发明和使用为标志,这次科技革命使整个机器结构和体系发生了质变,促使了科学、技术和生产的紧密结合,推动了生产的自动化和高新技术产业的发展,并且极大地改造、丰富和优化了生产力的基本要素,将资本主义生产力的发展推向第三次飞跃。1950~1969 年的 20 年间,主要资本主义国家工业生产增长了 3 倍以上。可以说,这三次科技革命既体现了社会生产力自我发展的规律,也体

---

① 《马克思恩格斯全集》第 47 卷,人民出版社 1979 年版,第 572 页。

现了资本主义生产方式对社会生产力提高的巨大作用。

如果说前资本主义社会的突出特征是发展缓慢,而资本主义社会的突出特征则是发展迅速。仅从生产关系方面来考察,资本主义的迅速发展源自于其自身的进步性。其一,是资本主义生产关系具有一定的自我调节能力,并能够在自身范围内随着生产和资本社会化程度的提高而不断进行自我调整。具体地看,在三次科技革命的过程中,资本主义生产关系就实现了三次大的自我调整:第一次科技革命的结果是在产业革命的基础上实现了资本主义生产方式的最终确立。第二次科技革命的结果是资本主义生产关系的大调整,即由单个资本到股份资本的发展,并在此基础上形成了垄断资本主义。第三次科技革命的结果是一般垄断资本主义向国家垄断资本主义的发展。后两次大调整从根本上说,是与生产社会化相适应的资本社会化,同时,资本社会化反过来又推动了社会生产力的发展。第二次世界大战后,为了适应生产和资本国际化的发展要求,资本主义生产关系的调整从国内延伸到国际范围内。第二次世界大战后发达国家之间国家垄断资本主义的国际经济联合的产生和发展,就是资本主义生产关系在国际范围内所作调整的必然产物。其二,是资本主义市场经济提高了资源配置的效率。资源的有限性是绝对的,因此能否有效或合理地配置社会资源就成为任何社会生产力发展的一大重要因素。而如何配置资源则是由一定社会、一定时期的经济运行方式决定的。前资本主义社会的经济形式都是以一种封闭和分割的自然经济为主,其经济运行均由各个家庭和自然经济单位的直接自然需要来调节,通过"男耕女织"来满足自身的有限需要。由于生产劳动的非社会性,资源的配置也不具有社会性,这在客观上就决定了社会资源不可能得到合理、有效的配置,因此,生产力的缓慢发展便成了前资本主义社会发展的一大特征。然而,资本主义经济的运行机制是建立在发达商品经济基础上的市场机制。经济的商品化和市场的国际化促进了资源跨地区、跨国界的流动和配置,这不仅为合理配置资源提供了条件,而且使在市场机制作用下的部门内部、部门之间以及国际间的竞争或合作成为资本主义商品经济运行和社会资源配置的基本手段。当商品经济运行与资本的运行结合在一起时,二者便形成了互动关系,即市场机制的效益转化为资本的经济效益;资本为提高其经济效益以获得利润最大化,必然推动市场运行机制的不断完善,从一定意义上说,资本主义社会生产力就是借助市场机制的作用而获得了充分的发展。

总而言之，资本主义生产的本质、资本主义生产关系的调整以及资本主义经济运行机制都比以往的生产方式更能推动社会生产力的发展，这正是资本主义生产方式所特有的历史进步性。

二、资本主义生产方式的基本矛盾与历史局限性

尽管资本主义生产方式曾经创造了辉煌的历史，甚至至今仍然保持着一种增长或发展的态势，但是这并不意味着资本主义生产方式就是永恒的。因为资本主义生产方式本身包含着一系列无法解脱的现实矛盾，而正是这些矛盾将最终决定资本主义发展的历史命运。

资本主义基本矛盾是生产社会化与生产资料资本主义私人占有之间的矛盾，它是资本主义社会生产力和生产关系之间矛盾的具体体现。从资本主义发展的实践看，资本主义基本矛盾总是随着生产社会化程度的提高和资本主义制度向广度和深度发展而不断扩大和加深。原因是资本主义生产关系的自我调整或扬弃，都是在资本雇佣关系范围内进行的，无论是自由竞争向垄断资本发展，还是私人垄断资本向国家垄断资本的发展，都只不过是资本占有形式的改变，而不是资本主义占有性质的改变，而且每一次的调整或扬弃又都在一定程度上提高了生产和资本的社会化程度。事实上，资本积累的过程同时就是资本主义基本矛盾深化的过程。因此，资本主义基本矛盾不可能通过资本主义的自我调整或扬弃而得以解决，而是在新的规模上以新的方式存在和展开。

资本主义基本矛盾是对抗性的，随着资本积累进程的加快，它对资本主义发展所造成的限制也越来越突出，这些限制突出表现出资本主义生产方式的历史局限性。这主要表现在以下三方面：首先，生产扩大与价值增殖之间的对立。资本本性决定了资本主义生产的目的和动机是追求剩余价值或利润最大化。但是资本主义扩大生产、提高劳动生产率这一达到资本增殖的手段，同时也会受到资本增殖的限制，甚至与资本增殖发生冲突。这是因为资本家提高劳动生产率而采用新技术和新设备的前提是机器设备的价值必须比它所代替的全部劳动力价值便宜，否则就会限制或停止使用新机器；而且社会劳动生产率的提高不仅会带来商品社会价值的降低，造成固定资本的无形磨损，产生现有资本的贬值，进而促进社会平均资本有机构成的提高，导致资本利润率的下降。一旦生产的扩大有损于资本增殖，生产的扩大就会停止，这正是资本主义生产方式的历史局限性的根本表现，所以，马克思一针

见血地指出："资本主义生产的真正限制是资本自身"。① 其次，剩余价值的生产与剩余价值实现之间的对立。价值与剩余价值的生产和价值与剩余价值的实现是统一的，也是对立的。其对立性主要在于：就价值与剩余价值的生产来说，它们的条件是资本的生产资料和雇佣劳动相结合，从而受现有资本量、劳动量和剩余价值率的制约。而对于价值与剩余价值的实现条件来说，却是社会生产各部门之间、生产与消费之间的协调，从而要受到不同生产部门的比例和现有社会消费力的限制。其中矛盾的主要方面是社会消费力既不取决于社会绝对的生产力也不取决于社会绝对的消费力，而是取决于广大劳动人民的实际收入水平决定的社会购买力。由于资本积累规律的存在，资本主义的社会消费力总是落后于社会生产力，这就决定了剩余价值的生产和剩余价值实现的矛盾。最后，生产扩大与流通停滞的对立。资本主义社会生产与消费之间的对抗性矛盾的存在，必然引起生产扩大与流通（市场）相对萎缩以及剩余价值生产与剩余价值实现之间的对抗性。第二次世界大战后，在社会资本再生产运动中，需求不足与供给过剩的矛盾愈演愈烈。这一矛盾的日趋深化迫使资本主义国家努力开拓国内外市场。其结果一方面市场容量受到有支付能力的需求相对缩小的限制；另一方面市场范围越是扩大，就越和生产条件相脱离，生产者也越难控制。最终表现为由生产决定并为生产服务的流通和市场反过来独立于生产过程并且左右着生产过程。

总之，资本主义社会生产力发展终将摆脱不了资本主义基本矛盾的束缚。这正是资本主义生产方式历史局限性的表现。

三、资本主义生产方式的历史过渡性

列宁曾经明确指出："国家垄断资本主义是社会主义的最充分的物质准备，是社会主义的前夜"。② 这是因为资本主义生产力和生产关系的对抗性既是客观存在的，也是随着资本的自我扬弃和资本社会化程度的提高而不断加深的。这种对抗性不仅决定了资本关系必将进入自我否定的轨道，而且决定着资本关系的历史过渡性。资本关系的社会化从股份资本开始发展到垄断资本主义再发展到国家垄断资本主义，已经接近了资本主义本身的最高限度，这就为向社会主义制度的过渡提供了各种条件。诸如垄断使社会化生产

---

① 《马克思恩格斯全集》第25卷，人民出版社1974年版，第278页。
② 《列宁全集》第32卷，人民出版社1959年版，第218~219页。

达到最全面的社会化,为资本主义向社会主义过渡准备了成熟的物质技术基础;垄断使生产管理日益社会化,为向社会主义过渡准备了社会组织管理形式;垄断使资本关系高度社会化,已经成为把资本变为社会财产的过渡点,为资本主义向社会主义公有制过渡提供了完备的社会经济条件。这就像恩格斯所说的:"竞争已经为垄断所代替,并且已经最令人鼓舞地为将来由整个社会即全民族来实行剥夺做好了准备。"① 为通向社会主义打开了大门。可见,资本主义是历史范畴,它终将要被社会主义所取代,这是由资本主义基本矛盾和生产关系一定要适合生产力性质规律作用决定的,而且是不以人的意志为转移的客观规律。

人类社会发展的历史证明,一种新的社会经济制度代替另一种过时的旧的社会经济制度,都经历了漫长的历史过程,资本主义经济制度的消亡也不例外。也就是说,资本主义在全世界的消亡和社会主义在全世界的胜利是必然的,但不可能是一朝一夕就能实现的;相反,它却要经历一个相当漫长和复杂的历史进程。主要原因是:

首先,资本主义国家加强了政府对国民经济的调节。国家垄断资本主义形成以后,为了缓和供给膨胀与需求相对不足、社会生产与社会消费、剩余价值生产条件与实现条件之间的矛盾,发达资本主义国家高度重视宏观干预政策,积极制定和采取宏观经济干预措施,通过加强财政政策和货币政策、经济计划化的实施,力图对经济进行预测、规划、协调,以减弱私人资本运动和单纯的市场机制运行的局限性,这在一定程度上适应了生产社会化的客观要求,有效地促进了社会生产力的发展。20 世纪 30 年代的经济危机的爆发意味着此前政府所奉行的自由放任信条的破灭,因此加强国家对宏观经济的调节日益迫切。随后,特别是第二次世界大战后,发达资本主义国家纷纷建立起了政府调节国民经济的制度,政府对国民经济的干预在一定程度上缓解了资本主义经济矛盾,扩大了社会生产力的发展空间,促进了经济的增长。这正如马克思所说:"无论哪一个社会形态,在它们所能容纳的生产力发挥出来以前,是决不会灭亡的。"②

其次,资本主义是一个庞大的世界体系。在这个体系中,由于各国政治经济发展存在着不平衡性。有些是已经走上垄断阶段的帝国主义国家,有些

---

① 《马克思恩格斯全集》第 25 卷,人民出版社 1974 年版,第 495 页。
② 《马克思恩格斯选集》第 2 卷,人民出版社 1972 年版,第 83 页。

是正在向垄断阶段过渡的资本主义国家,还有些是正在走上资本主义发展道路的发展中国家。而即使是发达的资本主义国家,一方面其生产关系还有可能随着生产社会化程度的提高而不断得以局部调整,并在较长时期内容纳社会生产力的进一步发展;另一方面目前现存的社会主义国家又都是通过突破资本主义的薄弱环节诞生起来的,这就增加了社会主义生产力发展的复杂性、艰巨性。因此,资本主义自身发展的不平衡性决定了资本主义的灭亡和社会主义的胜利不可能在所有资本主义国家同时发生,也不可能一蹴而就地完成整个过程,而只能在各个国家逐步地进行。

最后,生产资料公有制代替生产资料私有制是历史上前所未有的一场深刻的社会变革。历史上曾经发生的一切社会革命都不是直线前进的,社会主义代替资本主义、公有制代替私有制的社会变革的过程无疑更具有复杂性、艰巨性和长期性。因为社会主义公有制与资本主义私有制是性质互相对立的两种生产方式。社会主义公有制的产生和建立,意味着对资本主义私有制的根本否定,这决定了社会主义公有制的生产关系不可能从资本主义私有制母体内直接产生,资本主义生产关系的灭亡不是一个自行消亡的自然过程。

总之,在人类社会历史的发展长河中,资本主义生产关系有其自身的历史进步性,也有其内在的局限性。人们不能因为其最终必然灭亡的趋势而否定它的历史进步性,同样也不能因为它所具有的历史进步性而否定其最终必然灭亡的趋势。

本章主要名词概念

垄断资本　垄断组织　垄断价格　垄断利润　国家垄断资本主义　经济计划化　财政政策　货币政策

本章思考题与练习题

1. 试述私人垄断资本的形成与发展过程。
2. 试述私人垄断资本的主要形式和特点。
3. 在垄断资本发展的过程中,中小企业发展的原因是什么?
4. 国家资本主义的主要形式有哪些?
5. 试述国家垄断资本主义产生和发展的历史必然性及其局限性。

6. 如何理解自由资本主义向垄断资本主义和国家垄断资本主义发展是资本主义生产关系的局部的自我调整？

7. 如何看待当代资本主义国家经济计划化的实施与作用？

8. 试评述当代资本主义国家宏观经济干预或调节的手段及其作用。

9. 如何评价资本主义生产方式的历史进步性和局限性？

第六章 社会主义基本经济制度

对社会主义的经济制度尤其是中国社会主义初级阶段基本经济制度的理解具有重要理论和现实意义。本章阐述马克思、恩格斯关于未来社会主义的设想和社会主义经济制度的建立过程,社会主义生产资料所有制以及市场经济条件下社会主义公有制的实现形式,社会主义初级阶段的非公有制形式,社会主义社会的分配方式,商品经济条件下按劳分配的实现形式,中国社会主义社会初级阶段的多种分配方式及其关系等。

第一节 社会主义经济制度的建立

一、社会主义制度取代资本主义制度

社会主义作为一种科学的理论体系是由马克思和恩格斯创立的,他们通过对资本主义经济的深入分析,得出了资本主义私有制与社会化大生产存在着内在的不可克服的矛盾的结论,指出这一矛盾客观上要求以生产资料公有制为基础的社会主义经济制度取代资本主义经济制度。因此,社会主义经济制度代替资本主义经济制度是生产关系一定要适合生产力发展的规律发挥作用的必然结果。

按照马克思、恩格斯的设想,社会主义革命可能首先在资本主义经济最发达的一些国家同时发生。恩格斯曾指出:"共产主义革命将不仅是一个国家的革命,而将在一切文明国家里即至少在英国、美国、法国、德国同时发生。在这些国家的每一个国家中,共产主义发展得较快或较慢,要看这个国家是否工业发达,财富积累较多,以及生产力较高而定。"[1] 然而,社会主

---

[1] 《马克思恩格斯全集》第1卷,人民出版社1969年版,第221页。

义实践却超出了马克思、恩格斯的预想，社会主义革命首先在资本主义较不发达的俄国取得胜利，苏联成为第一个建立社会主义经济制度的国家。苏联的经验证明，在帝国主义时期，由于资本主义经济政治发展的不平衡，社会主义革命能够突破资本主义世界体系的薄弱环节，在一个或几个国家首先取得胜利。革命首先胜利的国家，不一定是资本主义最发达的国家。后来，中国革命的经验则证明，像旧中国这样半殖民地半封建社会的经济落后国家，在无产阶级政党的领导下，就可以不经过资本主义充分发展的阶段，在民主革命胜利以后领导全体劳动人民走上社会主义道路。

社会主义经济制度的建立之所以没有按照马克思、恩格斯所设想的那样发生，这是因为资本主义生产社会化、国际化发展把世界各国的经济紧密联系在一起，生产关系和生产力的矛盾不仅在工业发达国家，而且会在经济落后国家得到充分反映。因此，社会主义经济制度取代资本主义经济制度虽然是历史的必然，但这一历史必然实现的途径和形式却没有固定的模式。而且社会主义经济制度首先在哪些国家建立，却要从世界范围考察生产力和生产关系的矛盾运动。

社会主义经济制度代替资本主义经济制度，不同于历史上任何一种经济制度对另一种经济制度的替代。我们知道，以生产资料私有制为基础的社会经济制度的更迭，是一种新的私有制取代一种旧的私有制，所以，在这种更迭过程中，一种新的生产关系的出现，是在旧社会的母体中适应生产力发展的客观要求而自发地产生并得到一定的发展，代表新生产关系的新兴阶级的革命，是在已经有了适合自己利益的新生产关系条件下进行的。新兴阶级发动的革命取得胜利后，即利用新政权的力量为新的生产关系的广泛发展扫除障碍，使新的生产关系取得社会经济中的统治地位，从而建立新的经济制度。历史上的封建制度代替奴隶制度、资本主义制度代替封建制度，都经历了这样的过程。社会主义经济制度的产生过程，同上述过程不同。社会主义公有制不可能在以资本主义私有制为基础的旧经济制度内部发育成长，因为社会主义公有制是对资本主义私有制的否定，从而是对资产阶级根本利益的否定。资产阶级绝不会自动把生产资料交给无产阶级和劳动人民而建立起生产资料社会主义公有制，必然利用所掌握的国家机器来保护资本主义私有制，镇压无产阶级推翻资本主义制度的斗争。当然，资本主义生产的社会化，为社会主义准备了客观物质条件；有的资本主义国家出现某些社会主义因素，如劳动者自己组织的合作工厂、生产和供销合作社等。但是，整个社

第六章 社会主义基本经济制度

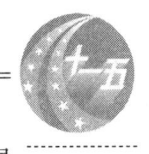

会范围的社会主义公有制的建立,迄今为止,只能通过无产阶级革命,掌握政权,成为统治阶级,从而依靠无产阶级政权的力量来逐步实现。马克思和恩格斯在《共产党宣言》中庄严地宣告:"工人革命的第一步就是使无产阶级上升为统治阶级","无产阶级将利用自己的政治统治,一步一步地夺取资产阶级的全部资本,把一切生产工具集中在国家即组织成为统治阶级的无产阶级手里。"① 社会主义经济制度建立的上述特点,决定了无产阶级政权的建立是社会主义经济制度建立的必要前提。

无产阶级在取得政权,上升为统治阶级以后,怎样利用手中掌握的政权来建立社会主义经济制度?历史的现实同马克思、恩格斯的设想也有着很大的差距。按照马克思和恩格斯的设想,由于社会主义革命是在发达资本主义国家里发生的,在那里,城市和乡村早已资本主义化,遍布着以机器大生产为基础的资本主义企业。所以,无产阶级在夺取政权以后,只要利用无产阶级政权的国家机器,实行"剥夺剥夺者",把资本主义私有制变为全社会公有制,革命转变时期的任务就完成了,社会主义经济制度也就建立起来了,因此,这样的社会主义经济制度将具有以下特征:(1)个人自由的全面发展。在《政治经济学批判》手稿中,马克思考察了人类社会中人与人的关系以及人的个性发展的阶段,把未来的共产主义社会概括为"建立在个人全面发展和他们共同的社会生产能力成为他们的社会财富这一基础上的自由个性。"② 马克思主义认为,个人自由的真正实现不能离开集体,只有在生产资料社会占有的基础上对社会生产进行有计划的调节,人类社会才能真正从必然王国进入到自由王国。(2)以生产资料公有制代替私有制。在《共产党宣言》中,马克思、恩格斯指出:"共产主义的特征并不是要废除一般的所有制,而是要废除资产阶级的所有制。……共产党人可以把自己的理论概括为一句话:消灭私有制。"③ 马克思、恩格斯认为,未来社会"同现存制度的具有决定意义的差别当然在于,在实行全部生产资料公有制(先是单个国家实行)的基础上组织生产。"④ (3)尽快发展生产力,实现共同富裕。马克思曾明确指出,在新的社会制度中,"社会生产力的发展将如此迅速,……生产将以所有人的富裕为目的。"⑤ (4)消灭商品生产,价值规律

---

① 《马克思恩格斯全集》第1卷,人民出版社1969年版,第293页。
② 《马克思恩格斯全集》第46卷(上),人民出版社1979年版,第104页。
③ 《马克思恩格斯选集》第1卷,人民出版社1972年版,第286页。
④ 《马克思恩格斯选集》第4卷,人民出版社1972年版,第693页。
⑤ 《马克思恩格斯全集》第23卷,人民出版社1972年版,第95页。

将失去其起作用的基础,一切劳动产品将不再作为商品来交换,对全部生产将实行有计划地调节。(5)个人消费品的分配将实行按劳分配原则,而这种分配是不需要货币的中介来实现的。

马克思、恩格斯设想的这种社会主义经济制度,是一种由发达资本主义经济演变过来的理论模式,现实中的社会主义经济制度,若无视自己的国情而一味地照搬照抄并教条化马克思、恩格斯的设想和其相关理论,则不可避免地要付出惨重的代价,后来的历史发展证明了这一点。因此,各国在建立社会主义经济制度时,必须从自己的实际出发,只有这样,才能建立起真正充满活力的社会主义经济制度。

二、中国社会主义经济制度的建立

中国社会主义经济制度的建立,不能照搬马克思、恩格斯的模式,而必须从中国自己的实际出发,走有中国特色的社会主义道路。

旧中国是一个半殖民地半封建性质的社会,经济十分落后。虽然随着近代生产力的产生,资本主义经济成分也有了一定的发展,但由于帝国主义、封建主义和官僚垄断资本主义"三座大山"的压迫和剥削,严重地阻碍了中国社会生产力的发展,生产力水平极其低下。机器生产的现代化工业在国民经济中只占10%左右,还有90%左右是落后的、分散的个体农业经济和手工业经济。在帝国主义时代,半殖民地半封建的旧中国,不可能通过走发展资本主义的道路来解放生产力,这一点已为中国近代的历史所证明。旧中国的社会主要矛盾是无产阶级和广大劳动人民同"三座大山"的矛盾,以推翻压在中国人民头上"三座大山"为目标的革命,在性质上属于资产阶级民主革命的范畴。旧中国的经济状况及相应的社会阶级特点,决定了只有中国工人阶级才能肩负起中国民主革命的领导责任,进行以推翻"三座大山"和建立人民民主专政的新中国为目标的新民主主义革命,在新民主主义革命取得胜利之后的适当时机,再转变为社会主义革命。因此,旧中国的经济落后和特殊的社会性质决定了中国革命必须分两步走:第一步就是新民主主义革命,推翻"三座大山",改变旧中国半殖民地半封建的社会性质,使之变成新民主主义社会;第二步是社会主义革命,建立社会主义制度。1949年10月1日中华人民共和国成立,标志着中国进入了新民主主义社会。而从新民主主义社会到社会主义社会则必须经过一个过渡时期,这一时期的基本任务是把以生产资料私有制占统治地位的多种经济成分改变为以社

会主义公有制为主体的经济结构,从而在全国范围内建立起社会主义经济制度。

到1956年年底,对个体农业、个体手工业和民族资本主义工商业的社会主义改造基本完成,确立了社会主义公有制的主体地位,标志着中国过渡时期的结束,基本上完成了从新民主主义社会到社会主义社会的转变,建立起了社会主义的经济制度。当然,由于这项巨大而复杂的社会主义改造任务是在一个拥有数亿人口的大国中进行的,而且又是一场前无古人的深刻革命,工作中出现了一些缺点和偏差。在社会主义改造过程中要求过急,工作过粗,变化过快,形式过于简单划一,以致遗留了一些问题,需要在长时期内加以解决。中国的经验表明,走社会主义道路,既不能把书本当教条,也不能照搬外国模式,必须以马克思主义为指导,从自己的实际出发,走一条有中国特色的社会主义道路。虽然对生产资料私有制改造的过程中出现了这样那样的问题,但是,通过社会主义改造,促进了整个国民经济的发展,在中国建立起了社会主义经济制度。

三、中国社会主义的初级阶段

经过对生产资料私有制的社会主义改造,中国虽然建立起了社会主义经济制度,但是,中国建立社会主义经济制度的背景及基础同马克思、恩格斯所设想的相去甚远。中国的社会主义社会是从半殖民地半封建社会的母胎中产生的,它还带有浓重的资本主义甚至封建主义的痕迹,需要经过更加长期的建设和改革,才能在生产力持续不断长期发展的基础上,逐步地消除旧社会母胎中带来的痕迹,使社会主义制度逐步地趋于成熟和完善。所以,在中国这样一个落后的大国里,经过新民主主义走上社会主义道路,不可能很快地进入发达的社会主义社会,必须经历一个社会主义社会初级阶段。

中国20世纪50年代中期从新民主主义到社会主义过渡时期的结束,即建立社会主义制度以后,便进入了社会主义社会的初级阶段。这里所说的社会主义初级阶段,不是泛指任何国家进入社会主义都会经历的起始阶段,而是特指中国在生产力落后、商品经济不发达的经济条件下,建立社会主义必然要经历的特定历史阶段。

社会主义初级阶段是逐步摆脱不发达状态,基本实现社会主义现代化的历史阶段;是由农业人口占很大比重、主要依靠手工业劳动的农业国家,逐步转变为非农业人口占多数、包含现代农业和现代服务业的工业化国家的历

史阶段；是由自然经济半自然经济占很大比重，逐步转变为经济市场化程度较高的历史阶段；是由文盲半文盲人口占很大比重、科技教育文化落后，逐步转变为科技教育文化比较发达的历史阶段；是由贫困人口占很大比重、人民生活水平比较低，逐步转变为全体人民比较富裕的历史阶段；是由地区经济文化很不平衡，通过有先有后的发展，逐步缩小差距的历史阶段；是通过改革和探索，建立和完善比较成熟的充满活力的社会主义市场经济体制、社会主义民主政治体制和其他方面体制的历史阶段；是广大人民牢固树立建设有中国特色社会主义共同理想，自强不息，锐意进取，艰苦奋斗，勤俭建国，在建设物质文明的同时努力建设精神文明的历史阶段；是逐步缩小同世界先进水平的差距，在社会主义基础上实现中华民族伟大复兴的历史阶段。这样的历史进程，至少需要一百年时间。至于巩固和发展社会主义制度，那还需要更长得多的时间，需要几代人、十几代人，甚至几十代人坚持不懈地努力奋斗。

由于社会主义初级阶段所要完成的历史任务是要在中国实现工业化和经济的现代化。经过了60多年的建设，特别是近30多年的发展，生产力有了很大提高，各项事业有了很大进步。然而，由于中国原来的生产力水平很低，总的说来，人口多，底子薄，地区发展不平衡，生产力不发达的状况还没有得到根本改变；社会主义制度还不完善，社会主义市场经济体制还不成熟，社会主义民主法制还不够健全，封建主义、资本主义腐朽思想和小生产习惯势力在社会上还有广泛影响。中国社会主义社会仍然处在初级阶段。

中国社会主义初级阶段，既不同于社会主义经济制度尚未奠定的过渡时期，又不同于社会主义现代化已经实现的更高阶段。社会主义初级阶段包含两层含义：第一，中国已经是社会主义社会。我们必须坚持而不能离开社会主义，中国今后的发展，不能偏离社会主义方向，要坚定不移地走社会主义道路。第二，中国的社会主义社会还处在初级阶段，生产力比较落后，商品经济不很发达。

社会主义初级阶段是中国社会主义社会发展的一个历史阶段，必然具有社会主义制度的一般经济特征，如建立了作为经济主体的生产资料社会主义公有制；实行了作为分配主体的按劳分配原则；生产目的是为了满足整个社会日益增长的物质和文化生活的需要；建立起了人民民主政权、确立了马克思主义在思想文化中的领导地位，等等。但是，社会主义初级阶段毕竟是不成熟、不发达的社会主义，它又必然具有自身特征，这些特征主要是：（1）以社会主义全民所有制为主导、以社会主义公有制为主体的多种所有制经济同时并存和共同发展。（2）以按劳分配为主体的多种分配方式同时并存，按劳分配与按生产要素分配相结合。（3）社会主义商品经济的发展水平还较低，必须大力发展商品经济。（4）在共同富裕的目的下鼓励一部分人通过诚实劳动与合法经营先富起来。

在社会主义初级阶段，社会的阶级状况和阶级关系发生了根本变化，国内的主要矛盾也发生了根本性的转变。阶级矛盾已经不是社会的主要矛盾，而落后的社会生产同人民群众日益增长的物质文化需要的矛盾突出了，上升为社会的主要矛盾。为了解决这个主要矛盾，必须大力发展社会生产力。因此，社会主义初级阶段的根本任务是解放和发展社会主义生产力，实现工业化和经济的现代化，把经济建设作为一切工作的中心。只有牢牢抓住这个主要矛盾和工作中心，才能清醒地观察和把握社会矛盾的全局，有效地促进各种社会矛盾的解决，也才能为建立成熟的社会主义经济制度奠定良好物质基础。

第二节 社会主义生产资料所有制

生产资料的社会主义公有制是社会主义经济制度的基础。社会主义公有制除了两种基本形式，即全民所有制和集体所有制以外，还包括混合所有制经济中的国有成分和集体成分。

一、社会主义全民所有制

社会主义全民所有制是生产资料归社会全体成员共同占有的一种形式。它是为了解决生产社会化和资本主义私有制的矛盾，通过"剥夺剥夺者"建立起来，并随着社会主义建设的发展不断壮大的。在社会主义全民所有制的范围内，全社会劳动者在生产资料所有关系上是平等的，是这些生产资料的共同的主人。在这个范围内，生产资料不仅不再是剥削手段，而且排除了由于生产资料占有的差异所引起的人们生活富裕程度上的差异。由于全民所有制的主体是社会全体成员，而数以千万计的社会全体成员不可能直接占有和支配庞大的全民财产，必须由一个社会中心作为代表来占有和支配，这个社会中心，在社会主义阶段，只能是社会主义国家。所以，社会主义全民所

有制要表现为社会主义国家所有制,全民所有制经济要表现为国有经济,全民所有制企业要表现为国有企业。

现阶段,我国全民所有的生产资料包括矿藏、河流、国有森林、山岭、草原、荒地、滩涂和其他自然资源、绝大部分的邮电、银行、铁路、公路以及国有的工厂、农场、商店等。可见,全民所有制经济掌握着国民经济的命脉,拥有雄厚的经济实力,是中国社会主义经济制度的主要经济基础,从而成为进行经济建设的基本经济条件。全民所有制经济在社会主义国民经济中居于主导地位,是整个国民经济的领导力量,它在国民经济中所起的主导作用表现为:第一,全民所有制经济生产出绝大部分的现代化生产设备、原材料和能源,提供绝大部分的交通运输和邮电服务,从基本物质条件方面,保证社会主义扩大再生产的顺利进行。第二,全民所有制经济拥有现代化的生产手段、生产技术和信息网络,可为国民经济的技术改造提供先进的信息、设备和技术,促进科技的现代化,从而加速生产力的发展。第三,全民所有制经济是中国社会主义建设资金积累的主要来源。全民所有制企业上缴的税金和利润,占全国财政收入的很大比重。第四,全民所有制的生产性企业为满足劳动人民的物质文化生活提供绝大部分的消费品。全民所有制的商业,沟通着城乡之间、地区之间的物资交流,调节全国的商品流向,这对满足人民的需要起着重要作用。第五,全民所有制经济对整个国民经济沿着社会主义方向发展起着领导作用。在中国存在着多种经济形式的条件下,它是保证集体所有制经济沿着社会主义方向发展,保证非公有制经济作为社会主义市场经济重要组成部分的决定性条件。总之,全民所有制经济对于保证社会主义方向,加速社会主义现代化建设,促进国家繁荣富强、人民富裕幸福,都具有决定性的作用。

相对于共产主义阶段的全社会所有制来说,社会主义全民所有制还是一种低层次的、不成熟的全社会所有制,还需要采取社会主义国家所有制形式。而采取国家所有制形式却并不意味着国家对所有全民所有制企业直接进行经营管理,社会主义全民所有制生产资料的所有权和经营权可以而且应当适当分离,即在全民所有制经济领域内,生产资料的所有权是统一的,属于全体人民,也就是统一归国家所有,由国家代表全体劳动者行使生产资料的所有权和宏观的支配权,在总体上管理整个全民所有制经济,而将占有权、使用权和微观的支配权委托给企业,由企业进行具体的经营管理。

所有制的实现形式和所有制或所有制形式本身是不同的,它们是既相互

第六章 社会主义基本经济制度

联系又相互区别的两个概念。从一般意义上讲,所有制是指生产资料或资产归谁所有,归社会主义国家所有,就是国家所有制即全民所有制,归部分劳动群众集体所有,就是集体所有制。这两种公有制,也称作两种公有制形式,即全民所有制形式和集体所有制形式。这里所有制形式不是公有制的实现形式,而是公有制自身的具体表现形式,是就公有制的性质而言的。而所有制的实现形式则是指一种所有制形式所采取的经营方式和组织形式。公有制可以也应该有不同表现的形式,一种公有制形式可以也应该有不同的实现形式。

社会主义公有制可以也应该有不同的实现形式。因为社会生产力是处于发展的过程中,在社会生产力发展的不同阶段,公有制适当的表现形式以及不同表现形式的地位应该会有不同;同时社会生产力的发展具有不平衡性,不同部门、不同地区社会生产力的发展水平存在着差别,合适的公有制实现形式自然应该不同。从现实来看,我们还处在商品经济发展阶段,我们所要建立的经济体制是市场经济体制,同时我们所面临的是社会主义经济与资本主义经济并存的国际经济环境,要促进社会生产力的发展,公有制的实现形式必须适应环境和环境的变化。公有制实现形式的单一化、固定化不利于公有制经济的发展,不利于社会生产力的发展。改革开放以来,中国公有制的实现形式逐渐向多样化的方向发展,出现了股份制国有经济、国有控股经济、股份合作制经济、集体控股经济等多种新的公有制实现形式。公有制实现形式的多样化不是削弱了公有制经济的地位,而是促进了公有制经济的发展,加强了公有制经济的地位。

从社会主义公有制实现形式多样化的实践来看,实行全民所有制经济生产资料所有权与经营权的分离,必须要把它的产权关系界定清楚。所谓产权,就是指对财产所拥有的权利,是人们围绕财产关系而在法律上形成的权利关系,它包括对财产的狭义的所有权[①]、占有权、使用权、处置权和收益权(其又分为所有者收益权和经营者收益权)在内的权利关系。其中,狭义的所有权在生产资料的所有制关系中具有决定性的作用,而占有权、使用权、处置权和经营者收益权统称为经营权。产权明晰、两权分离以后,作为全民共同占有生产资料代表的国家拥有对全民所有制经济生产资料的所有权和相应的收益权,而企业则拥有充分的经营权。这样,一方面使国家机构从繁琐的企业生产等事务中解脱出来,更好地集中精力从宏观上管理好全民所

---

① 广义的所有权包含狭义的所有权、占有权、使用权、处置权和收益权。

有制经济；另一方面又使全民所有制经济真正成为市场的主体，使全民所有制经济得到进一步的发展。

二、社会主义集体所有制

相对于全民所有制经济而言，集体所有制经济是生产资料归部分劳动群众共同所有的一种社会主义公有制经济形式。一般而言，它是与较低的生产社会化程度相适应的公有制形式。在中国现阶段，集体所有制经济具有很大的包容性，它广泛存在于城镇手工业、工业、建筑业、运输业、商业、服务业等行业和农村的农业与非农产业，它与全民所有制共同构成了中国公有制经济的主体。

集体所有制经济在中国国民经济中占有重要的地位，发挥着重要的作用，是一种具有强大的生命力的公有制形式。它一般来说规模较小，资金较少，而且基本上由劳动者自行筹集，不需要国家投资；它自主经营，比较灵活，对市场的适应性强；它实行自负盈亏，其经营状况同劳动者的利益密切相关，能够更好地调动劳动者积极性；它能容纳手工劳动、半机械化劳动、机械化劳动等不同层次的生产力，有利于发挥广大劳动者和各种工程技术人员的作用。在中国现阶段尚存在多层次生产力、资金短缺、就业困难、某些社会需要还得不到充分满足的情况下，发展集体所有制经济，对于充分地调动广大群众中的人力、物力、财力，以发展社会生产力和整个国民经济，满足人民群众物质文化生活多方面的需要，都具有十分重要的意义。因此，集体所有制经济是一种很有发展前途的公有制形式，不能把它看作暂时的和过渡性的公有制形式，而是要积极地更多地发展它、壮大它，这对发挥公有制经济的主体作用意义重大。

目前，中国社会主义集体所有制经济，按其所在地区或生产经营的对象不同，可分为农业集体所有制经济和城镇集体所有制经济。

农业集体所有制经济是中国现阶段农村中的主要经济形式，占全国人口总数80%的农民的生产和生活是与集体经济相联系的，全国90%以上的粮食和经济作物是农业集体经济所生产的。而在中国农村现阶段，集体所有制经济则采取了合作经济的实现形式。所谓合作经济，是指劳动者在自愿的基础上，通过资金、技术、设备以及其他生产要素联合起来进行合作生产和经营的一种所有制形式。

中共十一届三中全会以后，中国农村集体经济组织基本上都实行了家庭

联产承包责任制。在家庭联产承包责任制下,基本的生产资料,如土地、水利设施等,仍归集体所有,但有一部分生产资料分别交给农户。各个农户根据与集体订立的合同,按照集体的要求,承包一定的生产任务。劳动成果除了按合同上缴一部分给集体以外,全部归自己所得,这种经营管理体制保留了集体所有制的一些性质。但由于生产条件所制约,目前农村中集体经营的比重还不大,它也有自己的新特点:集体虽然还拥有对土地和其他少数农业生产资料的所有权,农民私有的生产资料日益增加,大部分农业机械等也为农民私有。农户的生产、经营等活动全由农户自行决定。这也就使农户经营在一定程度上带有个体经济的色彩。因此,现阶段,中国农村生产资料所有制形式已经不再是过去的集体所有制,而是生产资料既有集体所有,又有农户私有的合作经济。

家庭联产承包责任制这种合作经济,在统分结合的具体形式和内容上有很大的灵活性,可以容纳不同水平的生产力,具有广泛的适应性和旺盛的生命力。采用家庭承包这种小规模经营方式,有利于发挥家庭生产经营的长处,调动农民个人及其家庭成员的生产积极性和主动性,这对于现阶段中国农业生产的发展具有十分重要的作用。当前,中国农村的合作经济形式继续发展,出现了诸如劳动者之间联合的股份合作制经济,同样也属于集体经济范围,需加以保护和支持。

中国城镇集体经济,一部分是在 20 世纪 50 年代对个体手工业者和小商贩的社会主义改造的基础上建立和发展起来的,大部分则是在经济建设过程中,在地方政府、街道、企事业单位的扶持下建立起来的。中共十一届三中全会以来,城镇集体经济得到了广泛发展。中国城镇集体经济存在于手工业、工业、建筑业、运输业、商业和服务业等各种行业。城镇集体经济具有投资少、见效快、易于兴办、能吸收较多劳动力等特点。它的存在和发展,对促进中国生产的发展、满足劳动人民物质文化生活需要、扩大出口、积累资金、安排就业等,都有着重要作用。因此,城镇集体所有制同农村集体所有制一样,是需要长期存在和鼓励发展的。从当前看,城镇集体所有制同全民所有制一样也存在产权问题,必须界定清楚,只有这样,城镇集体所有制才可能真正得到健康发展。

社会主义的公有制,除了全民所有制和集体所有制两种基本形式之外,还包括混合所有制经济中的国有成分和集体成分。所谓混合所有制经济,是指由不同性质的所有制经济组合而成的一种经济形式。在中国,混合所有制经济的形式主要有:中外合营经济(包括中外合资经营企业、中外合作经

营企业)、股份制企业以及由不同所有制性质的企业、单位所组建的经济联合体和企业集团等,它们中的国有成分或集体成分,也都属于公有制经济,是社会主义公有制的一个组成部分。

三、中国社会主义初级阶段的非公有制经济

中国社会主义初级阶段的生产资料所有制除了公有制形式外,还存在各种非公有制形式。当前,中国社会主义初级阶段实行的是以公有制为主体、多种所有制形式共同发展的所有制结构,也就是既要积极发展壮大公有制经济,又要鼓励支持其他非公有制经济的发展。之所以这样做,是由生产关系一定要适合生产力发展状况的规律决定的,是由中国的生产力状况和其他经济条件决定的,具有客观必然性。中国原来是一个半殖民地半封建性质的国家,生产力十分落后,中国进入社会主义社会之后,虽然为生产力的发展开辟了广阔的道路,生产力获得了很大发展,但生产力总的水平仍然很低,特别是在部门、地区之间发展很不平衡。同时,生产力发展水平又呈现多层次,既有高度社会化的生产和经营,又有中等社会化的生产和经营,甚至有社会化程度很低的生产和经营;既有技术水平和自动化水平比较高的大机器生产,又有半机械化、半手工操作的生产,还有落后的手工劳动方式的生产。因此,针对中国社会主义初级阶段的生产力现状,除了建立全民所有制以外,还必须根据生产力的具体情况建立其他所有制。

中国社会主义初级阶段的非公有制形式主要有:个体所有制、私营经济、国家资本主义经济等。

个体所有制是指生产资料归劳动者个人所有,并由劳动者个人及其家庭成员直接支配和使用的一种私有制形式。在中国现阶段,个体所有制经济主要存在于城乡的工业、农业、商业、交通运输业和服务行业中,它是同中国现阶段生产力水平比较低下、使用手工工具进行手工操作和分散经营相适应的一种所有制形式。中国现阶段存在的个体所有制经济主要是改革开放以后发展起来的。在改革开放之前,中国对个体所有制经济实际采取了逐步加以消灭的政策。改革开放后,国家调整了对个体经济的政策,允许其存在和发展,从而使个体经济迅速恢复发展起来。个体经济在就业方面安置了大量城镇人员、农村剩余劳动力和其他闲散人员,已成为中国社会主义公有制经济的重要补充和国民经济的重要组成部分。

个体经济具有规模小、分散经营、工具简单、主要依靠手工劳动等特

点。在中国当前的生产力状况下,个体经济的生产经营活动,能更好地节约劳动,方便群众的生活,从多方面满足群众的需要,而且还可以增加国家财政收入,积累资金和安排就业。可见,个体经济所起的作用,在一定时期之内,是社会主义公有制经济所不能取代的。个体经济在许多社会形态中都存在,它是一种依附于一定社会中占主导地位的经济形式的补充经济形式,可以为不同的社会经济发展服务。在社会主义公有制占主体地位的社会主义制度下,个体经济可以为社会主义经济的发展服务。因此,国家应鼓励个体经济在政策允许范围内进一步发展。

私营经济是指企业资产属于私人所有、存在雇佣劳动关系的私有制经济,从本质上说,它是资本主义性质的经济。在社会主义初级阶段,在发展商品经济的过程中,私营经济的存在和适当发展是必要的。它有利于促进生产的发展,活跃市场,扩大就业,更好地满足劳动者的物质文化生活需要,国家应保护其合法权益,鼓励它在国家政策允许的范围内有一定的发展。在中国现阶段,私营经济虽然是具有资本主义性质和特点的经济成分,但是,在公有制经济占优势的条件下,它不仅受到公有制经济的影响和约束,而且受国家的控制和调节,因而它有别于一般资本主义经济,并能够成为社会主义公有制经济的有益的补充,能够成为中国国民经济的重要发展力量。中国现阶段的私营经济主要是在改革开放以后迅猛发展起来的。中国私营经济成长的途径主要有两条:一是在个体经济发展的基础上形成的;二是由那些不适宜于继续实行公有制的企业转化而来的,如有些中、小型公有企业被拍卖而转化为私营企业等。与个体经济相比,私营经济的生产经营规模、技术层次以及社会化程度都要高出很多,私营经济的存在同样也是由中国的生产力状况决定的。总的来看,私营经济的存在和发展对中国国民经济的发展有积极的促进作用,尤其是通过竞争有助于激发公有制经济的活力,但也不可忽视私营经济的发展所带来的一些消极因素。因此,国家对私营经济应本着兴利除弊的原则,有效地发挥它的积极作用,同时要加强对私营企业的生产经营活动的指导、监督和管理,通过经济立法和加强管理给以必要的调节,限制其不利于社会主义经济发展的消极方面,引导其健康地发展。

社会主义制度下的国家资本主义,是指社会主义国家"能够加以限制、能够规定其范围的资本主义"。① 中国现阶段的国家资本主义主要有三种形

---

① 《列宁全集》第43卷,人民出版社1987年版,第84页。

式：（1）中外合资经营企业。这种形式是由中外双方投资主体共同投资建立起来的，根据双方出资比例确定双方的权益和责任，利润分享，风险共担。（2）中外合作经营企业。这种形式中，合营双方都提供一定的投入要素，按照双方都能接受的条件达成协议，兴办企业，合作经营，并根据协议确定双方的投入、权责和收益分配比例。（3）外商独资企业。是由外国和港、澳、台地区的商户或个人单独投资、独立经营、自负盈亏的企业。上述三种国家资本主义的形式，在中国又被简称为三资企业。三资企业都是根据中国法律，按平等互利原则，经中国政府批准，尊重中国主权，接受中国政府监督和管理，在社会主义公有制经济的影响和制约下进行经营的，因而，它们在本质上都属于社会主义条件下的国家资本主义。

现阶段，中国国家资本主义的存在和发展，不仅有利于利用国外资金，缓解国内建设资金不足的矛盾，而且有利于创造更多的就业机会，促进中国劳动力资源的有效利用；不仅有利于我们引进外国的先进设备、先进技术和先进的管理方法，而且有利于促进中国技术水平和管理水平的提高；不仅有利于中国发展外向型经济、拓展国际市场，而且有利于提高中国资源开发和利用的能力。由此可见，这种经济的存在和适当发展，对于发展中国的社会主义经济是有着重要的作用。但是，国家资本主义经济的一定发展，也会带来一些消极的东西，对此我们应有充分地认识，并采取措施尽可能地限制或减少其消极影响。

非公有制经济是中国社会主义公有制经济的重要补充，是中国国民经济的重要组成部分，它们对满足人们多样化的需要，增加就业，促进国民经济的发展，都具有重要的积极的作用。就中国目前的情况看，除全民所有制经济以外，其他经济成分不是发展得太多，而是发展得还很不够。对于城乡集体经济与合作经济、个体经济、私营经济和国家资本主义经济，都要继续鼓励和引导它们的健康发展，以形成适应中国社会主义市场经济发展要求的所有制结构。

第三节　社会主义的分配方式

一、按劳分配的客观基础和基本内容

生产决定分配，"消费资料的任何一种分配，都不过是生产条件本身分

第六章 社会主义基本经济制度

配的结果;而生产条件的分配,则表现生产方式本身的性质"。① 因此,在社会主义公有制经济范围内,对个人消费品应实行按劳分配原则。所谓按劳分配是指按照每个劳动者向社会所提供的劳动量来分配劳动收入的收入分配制度。在社会主义社会实行按劳分配制度是由社会主义社会的客观经济条件决定的,具有客观必然性。

首先,生产资料公有制是实行按劳分配的前提。生产资料所有制是劳动产品分配关系的基础,在社会主义公有制经济中,生产资料归劳动者共同所有,劳动者不为那些生产资料的私有者劳动,他们劳动的成果也不再被那些生产资料的私有者攫为己有,而是属于全体劳动者所有,并在劳动者内部按照劳动者的共同利益分配。因此,在生产资料公有制的范围内,消灭了一小部分人凭借他们掌握的生产资料无偿占有广大劳动者剩余劳动或剩余产品的制度,为实现按劳分配建立了前提,按劳分配是同公有制经济相适应的分配方式,它体现着社会主义公有制经济的特性和要求。

其次,劳动还是个人谋生的手段,是实行按劳分配的直接原因。在现阶段,劳动仍然是劳动者个人谋生的手段,还没有成为人们生活的第一需要。在这样的条件下,劳动者不同等的工作能力,便成为一种"天然特权"。如果在分配个人消费品的时候,不承认这种"天然特权",不考虑劳动者劳动的差别,实行平均主义分配,就会挫伤人们的劳动积极性,不利于生产的发展。只有默认"劳动者的不同等的个人天赋,从而不同等的工作能力,是天然特权",② 承认各个劳动者的劳动存在着差别,并把劳动者向社会提供的劳动量同他可能获得的消费品的数量联系起来,实行按劳分配,才能调整劳动者的积极性并进而推动社会生产的发展。

最后,实行按劳分配的根本条件是由生产力发展水平决定的。生产力发展水平的高低,直接决定了一个社会可供分配的产品数量的多少。恩格斯在谈到未来社会中"是按照劳动分配呢,还是按照其他方式分配"的问题时,指出:"分配方式本质上毕竟要取决于可分配的产品的数量"。③ 恩格斯还在产品的"数量"二字下面特别加了着重号。这段话对我们认识人类不同发展阶段的不同分配方式有着重要的启发性。生产力发展水平决定社会产品满

---

① 马克思:《哥达纲领批判》,载《马克思恩格斯选集》第3卷,人民出版社1995年版,第306页。
② 同上,第305页。
③ 恩格斯:《致康·施米特(1890.6.5)》,载《马克思恩格斯选集》第4卷,人民出版社1995年版,第475页。

足社会需要的程度,原始社会实行平均分配,未来共产主义社会实行按需分配都是由生产力发展水平决定的。现阶段,在生产力没有达到高度发展以前,不具有实行按需分配的物质条件,只能实行按劳分配。

综上可见,社会主义阶段在公有制范围内对个人消费品实行按劳分配的原则,这是不以人们的意志为转移的客观规律。我们必须遵循这个规律,而要遵循这个规律、依照这个规律办事,则必须要了解这个规律所具有的内容。一般而言,按劳分配的主要内容有:第一,凡有劳动能力的人,都必须以参加劳动作为获取消费品的前提条件。按劳分配是在社会主义公有制基础上,劳动者对共同劳动的成果进行分配。因此,要想获取个人消费品,必须参加劳动,只有这样,才有资格从劳动的总成果中获取应得的份额,劳动是获得消费资料的唯一手段,有劳动能力而不参加社会劳动的人,没有权利向社会领取报酬。第二,实行按劳分配的物质对象不包括全部社会产品,只是其中的个人消费品。全部社会产品,在减去用来补偿消耗掉的生产资料以及扩大生产基金、后备基金、管理费用、满足公共需要的费用和社会救济费用等各项社会扣除以后,剩余的部分才在劳动者个人之间进行分配,用于满足劳动者个人及其家庭的消费需要。第三,社会以劳动作为分配个人消费品的尺度。按劳分配所依据的劳动,在质上是符合社会需要的、被社会所承认的劳动。在社会主义商品经济条件下,劳动虽然失去私人性质,但是由于全民所有制企业之间、集体所有制企业之间以及全民所有制企业与集体企业之间还存在商品货币关系,所以商品生产劳动还存在个别劳动和社会劳动的矛盾,劳动还不完全具有直接的社会性。只有被社会承认的劳动才代表劳动者对社会的真正贡献,它才是按劳分配的根据。在量的方面,是以社会平均劳动量为尺度。劳动作为分配的同一尺度,它本身必须有同一的衡量标准。所以,劳动量不能以个别劳动的自然时间来计量,必须把个别劳动量还原为社会平均劳动量。这就需要将复杂程度不同、熟练程度不同的劳动还原为同一的简单劳动,以便在量上进行比较。社会和集体按劳动者提供的劳动的质量和数量分配给个人消费品,等量劳动领取等量报酬,多劳多得,少劳少得。

按劳分配不等于平均分配,必须反对分配上的平均主义。要承认不同劳动者在劳动上的差别,并在劳动报酬上体现这种差别,应当允许劳动者在共同致富的道路上有先有后。因此,按劳分配的实行对于社会主义制度具有十分重要的意义。首先,它用劳动代替了资本,使劳动成为占有社会产品和获得收入的唯一根据,体现了生产资料公有制中人们在占有生产资料上的平等

第六章 社会主义基本经济制度

关系,从而为消灭剥削、消除两极分化、实现共同富裕奠定了基础。其次,它用劳动的尺度代替了需要的尺度,承认个人能力和与此相关的利益差别是个人天然的权利,承认社会主义经济中劳动者所具有的"经济人"身份,从而为社会主义经济的有效运行提供了有效的激励和约束机制。最后,按劳分配内容所包含的劳动者之间劳动相交换的个别劳动与社会劳动的矛盾关系,是推动劳动者提高自身素养、革新技术、发展生产力的重要力量,也是推动社会主义经济不断进步的动力所在。

二、商品经济和按劳分配的实现形式

中国现阶段的按劳分配同马克思当年设想的未来社会的按劳分配存在着重大差别。马克思设想的按劳分配,是不存在商品货币关系条件下的按劳分配,而中国现阶段的按劳分配却是在市场经济条件下实行的,存在着商品货币关系。这种差别主要表现在:

第一,按照马克思的设想,由于不存在商品货币关系,"个人的劳动不再经过迂回曲折的道路,而是直接作为总劳动的组成部分存在着"[①]。而在市场经济条件下,个别企业中联合劳动者的劳动,也只能是局部劳动,不可能直接成为社会劳动。必须经过市场交换,产品被社会接受了,局部劳动才能实现为社会劳动。不适合市场需要的商品长期积压在仓库里,最终报废,就是局部劳动得不到社会承认,最终成为无效劳动的表现。

第二,按照马克思的设想,由于社会主义劳动者的个人劳动直接被视作社会劳动,"各个生产者的个人劳动时间就是社会劳动日中他所提供的部分"[②] 劳动者的劳动贡献就可以直接用劳动时间或劳动强度来衡量。而在商品经济条件下,商品中所包含的劳动量,不能直接用劳动时间或强度来衡量,只能迂回曲折地通过价值来表现。

第三,在没有商品货币关系的条件下,马克思设想,按劳分配将借助于劳动证书或劳动券的形式来实现,而在商品经济条件下,就必须借助于货币。

第四,没有商品货币关系,就不再有价格与价值的背离。所以马克思设想,虽然消费品的按劳分配"通行的是商品等价物的交换中通行的同一原

[①] 马克思:《哥达纲领批判》,载《马克思恩格斯选集》第3卷,人民出版社1995年版,第303页。
[②] 同上,第304页。

则,即一种形式的一定量的劳动同另一种形式的同量劳动相交换",但是,"原则和实践在这里已不再互相矛盾"。① 这就是说,将不会有劳动报酬与劳动贡献相脱节的情况。但是,由于商品货币关系的存在,劳动报酬与劳动贡献相符也只能是一种趋势。两者完全相符是罕见的,两者之间一定程度的背离则是大量的。

第五,马克思所设想的按劳分配是在全社会按统一的标准实行分配,而现实中,由于各个全民所有制经济、集体所有制经济单位都是市场主体,都有自身独立的利益。因而,按劳分配在全社会范围内没有统一的标准,只是以企业为单位,在各个企业内部按照各自企业内部的状况进行分配。

由于社会主义的现实同马克思的设想相去甚远,所以社会主义现阶段按劳分配的实现形式也必然不同于马克思所设想的;而且在公有制经济中,由于生产力发展的水平和公有制的形式有所不同,按劳分配的实现形式也有所不同。

在全民所有制经济和城镇集体所有制经济里,按劳分配借助于货币工资形式来实现。社会主义工资是实行按劳分配的劳动报酬形式,是劳动者在必要劳动时间内创造的价值的货币表现。

社会主义工资有计时工资和计件工资两种基本形式。至于选择何种工资形式,也应体现按劳分配的要求,如在那些劳动量可以直接通过产品数量或工作定额反映出来的工种和岗位,实行计件工资是适当的;在不适于实行计件工资的地方,实行计时工资时也应尽可能使工资与劳动实绩联系起来,实行按劳分配。此外,在全民所有制经济和城镇集体所有制经济里,还有奖金、津贴等补充形式。

由于全民所有制经济、城镇集体所有制经济各自具有独立的经济利益,所以,社会主义的按劳分配只能在企业内部进行,各个企业职工的工资标准也就很难一致。这种情况下,职工个人收入不仅取决于个人提供的劳动量,而且决定于企业经济效益的高低。企业经济效益的高低,既受主观因素的影响,也受客观因素如技术水平,自然条件等的影响。因此,在社会主义现阶段,各个企业之间劳动者个人收入分配必然会出现差别。

现阶段,在中国农村合作经济中,农户的收入除劳动收入外,还包括对

---

① 马克思:《哥达纲领批判》,载《马克思恩格斯选集》第 3 卷,人民出版社 1995 年版,第 304 页。

土地投资带来的收益等。当前中国农村实行家庭承包责任制，即以家庭为单位，通过承包合同将国家、集体和农户之间的关系固定下来。根据合同，集体将土地等生产资料包给农户使用，规定农户上交国家和集体的任务。合同实际上是预先确定了分配方案，承包户收获的农产品在完成了合同规定的上缴任务以后，其余部分就是劳动者的个人收入。这种分配方式把劳动成果同劳动报酬联系起来，较好地贯彻了按劳分配原则，并有效地克服了平均主义，极大地调动了广大农民的积极性，推动了社会经济的巨大发展。

三、中国社会主义初级阶段的多种分配方式与收入形式

收入分配是所有制的实现途径。分配方式（这里的分配方式指的是分配制度）取决于生产资料所有制，分配方式的结构取决于生产资料所有制结构。中国社会主义初级阶段以公有制经济为主体的多种所有制形式并存的所有制结构，决定了中国在分配上除了以按劳分配为主体以外，还存在按生产要素分配等其他多种分配方式。这是由客观经济条件决定的，有其客观必然性：

第一，多种所有制形式并存决定多种分配方式并存。社会主义初级阶段的所有制结构，除作为主体的公有制以外，还有个体经济、私营经济、外资经济以及混合所有制经济等多种所有制经济。按劳分配只是公有制范围内个人收入的分配方式。在公有制以外的经济成分中，由于生产资料的占有关系不同，存在不同的分配方式。在各种生产要素，如资本、技术、劳动力、信息、房地产及其他各种生产资料属于不同个人所有的情况下，它们在生产经营中的投入，其所有者必然要求取得相应的收入，从而存在着按生产要素获取收入的个人收入分配方式。

第二，多种经营方式也是决定多种分配方式的重要条件。即使在公有制经济中，也有多种经营方式。按照所有权与经营权适当分离的原则，根据企业的性质、规模和技术特点，分别实行国家经营、承包经营、租赁经营、股份制经营等经营方式。在这些不同的经营方式中，所有者、经营者、劳动者的职能以及他们的相互关系存在着差别。因此，他们获得收入的方式也会不同。

第三，社会主义市场经济的发展要求实行多种分配方式。在社会主义市场经济条件下，市场对社会资源的配置起着基础性作用。而通过市场对资源进行配置，意味着各种生产要素的流通及其在生产经营中的投入，都应按照市场经济原则，向生产要素的所有者支付代价，或为生产要素的所有者带来

相应的收益,从而形成按生产要素分配。如在市场经济中,资金要通过市场筹集和调配,这样所筹集的资金要支付一定代价,通过发行股票和债券来筹集资金,就要支付一定股息、红利和利息,购买股票、债券等则获得一定的收益,等等。在市场经营中有风险和机遇,从而形成风险和机遇的收益。

这样,把社会主义按劳分配同其他经济成分中的按生产要素分配方式汇集在一起,可以看出,中国社会主义初级阶段的收入形式主要有以下几种:

第一,劳动收入。其中包括:(1)公有制经济中的按劳分配收入,包括工资、奖金和津贴。(2)个体经济的个体劳动收入,其实质是劳动者及其家庭成员的劳动和经营所创造的全部新价值。但是,它不同于按劳分配。因为个体劳动者是独立的小商品生产者,同样存在着生产商品的个别劳动时间与社会必要劳动时间、私人劳动与社会劳动的矛盾,只有个别劳动时间小于等于社会必要劳动时间,而生产出来的商品又是社会所需的,则私人劳动才会转化为社会劳动。这样,个体劳动者通过出售商品而实现了其劳动经营所创造的价值,便获得了收入。所以,个体劳动收入,是以个体私有制为基础的商品价值关系中的劳动收入。

第二,劳动力价值收入。其中包括:(1)私营企业中劳动者的工资。中国的私营经济中存在雇佣劳动关系,雇佣工人取得的工资,实际上是工人劳动力价值或价格的转化形式。(2)外资企业中劳动者的工资。外商独资企业职工的收入是劳动力价值或价格。中外合营企业是国家资本主义性质的企业,职工的个人收入具有二重性。一方面,职工是国家的主人,也是企业内国有资产的主人,他们的收入是劳动报酬,具有按劳分配性质;另一方面,职工同外商的关系是雇佣关系,他们的收入又具有劳动力价值的性质。

第三,资本收入。其中包括:(1)私营企业和外资企业的企业主的利润,其实质是雇佣工人创造的剩余价值。(2)社会成员通过储蓄、购买债券、投资入股等所带来的利息、债息、股息、红利等。

第四,风险收入和机会收入。市场经济中,个体劳动者、私营企业等市场主体,在经营活动中都受到市场供求与竞争的影响,会给他们带来有利或不利的后果,他们在经营上都有一定的风险。如果在经营中取得较好效果,其中就包含着风险收入。同时,那些善于捕捉市场有利机会并善于经营的经营者,会得到较多的收入,其中就包含着机会收入。个体劳动者、私营业主、外商以及公有制企业的经营者的收入中,都有一部分属于风险收入和机会收入。

第五,技术、信息、房地产收入。随着市场经济的不断发育,技术、信息、房地产等越来越成为重要的生产要素,它们在生产经营中的投入,必然参与个人收入的分配,为其所有者带来相应的收入,从而形成技术、信息、房地产等收入形式。

上述种种收入,包括劳动收入和非劳动收入,只要是合法的,都应受到法律的保护。在分配上,既要坚持按劳分配,又要提倡按生产要素分配;既要坚决反对平均主义,允许富裕程度的先后差别,又要贯彻效率优先、兼顾公平的原则。而对那些以非法手段牟取暴利或以索贿受贿等形式攫取非法收入的,则应依法严厉制裁,以维护社会积极进取、合法致富的良好社会风气,推动社会进步。

本章主要名词概念

社会主义经济制度 中国社会主义初级阶段 国家所有制 合作经济 私营经济 个体经济 按劳分配 按生产要素分配 股份制

本章思考题与练习题

1. 马克思、恩格斯设想的未来社会主义经济制度有哪些特征?现实的社会主义同他们的设想有哪些不同?
2. 中国的社会主义经济制度是如何建立的?
3. 中国的社会主义为什么要经历一个初级阶段?初级阶段有哪些经济特征?
4. 中国社会主义公有制的构成是什么?社会主义公有制形式与实现形式为什么可以也应该多样化?
5. 中国社会主义初级阶段多种所有制并存的原因是什么?各种非公有制形式有哪些特征和作用?
6. 为什么说社会主义实行按劳分配具有客观必然性?按劳分配的基本内容有哪些?
7. 与马克思设想的按劳分配相比,市场经济条件下的按劳分配有哪些特征?
8. 中国社会主义现阶段存在按劳分配与按生产要素分配并存的原因是什么?按生产要素分配有哪些具体形式?

第七章 社会主义经济体制及其发展完善

经济体制和经济制度是两个既相互区别又相互联系的经济范畴。社会主义经济体制是和社会主义经济制度结合在一起的。社会主义经济制度确立后，由传统的高度集中的计划经济体制向市场经济体制转变，社会主义国家经历了一个长期的探索过程，并在理论和实践上形成了不同的经济体制模式。传统计划经济体制由于不适应社会主义国家发展的实际情况，在经济运行中暴露出诸多弊端，必须进行改革。中国经济体制改革的目标是建立社会主义市场经济体制。

第一节 经济体制与经济制度

一、经济体制同经济制度的区别与联系

某种经济制度一经确立，便具有相对稳定性，但其实现的具体形式（即经济体制）却是随着经济规律的客观要求和具体国情的不同而变化发展的。要弄清经济体制变化发展的性质、任务和发展方向，必须弄清经济制度和经济体制各自的内容以及相互间的区别与联系。

所谓经济制度是指一定社会居于统治地位的生产关系的总和。因此，经济体制也归属于经济制度范畴。这是广义的经济制度概念。狭义的经济制度是指决定一个社会社会属性的基本生产关系的总和。这里我们所说的经济制度是指狭义的经济制度。它是区分不同社会形态的基本依据，反映着社会经济最本质的特征。在生产关系诸要素中，生产资料所有制是经济制度的核心与基础，它决定着社会基本经济制度的性质。社会主义社会与资本主义社会根本性质的不同，首先表现为生产资料所有制性质的区别，即前者为生产资

第七章 社会主义经济体制及其发展完善

料公有制,后者则是生产资料私有制。所谓经济体制是指一定的社会生产关系的具体形式,即生产关系的具体组织形式和经济管理制度。它主要包括生产资料所有制的具体结构、经济决策权力结构、经济利益和动力结构、经济管理和调控体系等基本要素,是由这些相互联系的基本要素组成的相互作用和相互影响的多层次经济组织及其运行的有机整体。其所涉及的主要内容包括如何组织社会的生产、分配、交换和消费,如何划分经济管理中各经济利益主体的权限和责任以及相关组织机构的设置等。

经济体制与经济制度的区别主要有:

第一,二者在社会经济关系中所处的地位不同。社会经济关系是一个内容丰富的复杂系统。它可以划分为三个层次:经济形式、经济制度和经济体制。经济形式是指生产要素的配置方式和人们之间经济活动的联结方式,是反映几种社会形态的一般经济特征和一般经济规律的关系,是经济关系的自在形态,在经济关系体系中处于最基础的层次。迄今为止,人类社会经济发展,已出现过两种主要的经济形式,即自然经济与商品经济。产品经济运行形式虽也曾有过某些表现,但还不具备马克思所预见的全部经济特征。产品经济只有到未来共产主义阶段,才能具备完整形态。经济制度是人们为适应某种生产力性质要求建立起来的,对人们在生产资料占有关系、劳动者与生产资料结合方式、社会产品分配关系等方面所作的根本规定。它反映的是某种特定社会形态最基本、最本质的经济关系。不同的经济制度具有不同的生产资料所有制度、劳动制度和分配制度的本质规定,是一种深层次的经济关系。如果这些制度的本质规定发生变化,一种经济制度就为另一种经济制度所取代,即经济制度发生了更替。经济体制则是反映不同经济制度下各种经济形式的经济运行规律及其特点的经济关系。经济体制有集权型和分权型两种基本类型。如社会主义传统的计划经济体制属集权型,发达商品经济条件下的市场经济体制属分权型。

第二,二者在经济运动中的稳定程度不同。经济制度作为对一定社会形态的本质规定,一旦确立就会贯穿该社会形态下社会发展的全过程,在这个社会形态下,经济制度的质的规定性不会发生根本变化。如果经济制度发生改变或废止,社会形态的性质就会发生变化。如资本主义的发展虽然经历了自由竞争、私人垄断和国家垄断等阶段,但决定资本主义社会基本属性的生产资料的资本主义私人占有制度始终不变,资本家凭借生产资料所有权占有雇佣工人创造的剩余价值的剥削方式也就始终不变。而经济体制作为社会经

济关系的具体表现形式,则是较为灵活的。它在不同经济制度中或在同一经济制度的不同发展阶段并非一成不变,而是随着社会生产力状况和社会经济条件的变化而发生变化。正因如此,同一经济制度及其不同发展阶段的国家可以实行不同的经济体制,例如中国曾经长期实行计划经济体制,现在则在实行市场经济体制。

第三,二者在阶级和制度属性上不同。如前所述,经济制度是对经济关系中生产资料所有制,社会产品分配制度等方面的原则性规定,反映了不同社会形态的本质区别,具有明显的阶级性和制度属性。至于处于联结经济制度和经济形式中介地位的经济体制,一方面由于与一定社会的经济制度相联系,是一定经济制度下的人们为了实现经济制度的目标而自觉建立起来的,因而必然打上一定社会经济制度的印记;另一方面又由于它与一定的经济形式相联系,合理的经济体制反映了经济形式的客观要求,起着协调和组织该经济形式运行和发展的作用,因而经济体制本身不具有独立的阶级和社会制度属性。它只有与不同经济制度相结合时,才表现出不同的性质。

经济制度与经济体制不仅相互区别,而且相互联系。这种相互联系主要表现在两个方面。

第一,经济制度是经济体制建立的前提和基础。如前所述,经济体制由于不具有独立的社会属性,它只有与一定的社会经济制度相结合,才表现出该社会经济制度的特征,如果没有经济制度,经济体制便失去了附着点,其作用发挥便失去了依据。因此一定社会经济制度决定着其经济体制的根本性质和主要特点,规定着经济体制的发展方向和活动范围,影响经济体制运行效率的高低。如中国社会主义市场经济体制是市场经济与社会主义经济制度相结合的经济体制,它必然受到社会主义经济制度的影响与制约,反映社会主义经济制度的特点,表现出与资本主义市场经济体制的根本区别。这种区别表现在:在所有制关系上,社会主义市场经济是以公有制为主体,多种经济成分共同发展。市场经济体制受公有制主体经济的制约,要体现社会主义经济利益,通过发展生产力来反映社会主义生产目的和要求。在分配制度上,中国坚持按劳分配为主体,按劳分配与按生产要素分配相结合的制度,奉行"效率优先,兼顾公平"的原则,这就必然要求经济体制的各种机制与手段,既鼓励人们勤奋劳动,又动员人们将拥有的生产要素积极参与经济建设;既鼓励先进,促进效率,合理拉开收入差距,又调节社会收入分配不公,防止两极分化,逐步实现共同富裕。在宏观调控上,由于存在居主体地位的公有制经济和人民民主专政的社会主义国家政权,国家对市场宏观调控有较深厚的物质基础,牢固的政治基础和广泛的群众基础,对市场宏观调控能力较之于资本主义强得多。它能将人民的眼前利益与长远利益、局部利益与整体利益结合起来,更好地发挥计划与市场两种手段的长处,在实现宏观经济总量平衡和结构平衡,搞好生态平衡和环境保护以及调节收入分配,集中必要的物力财力进行重点建设等方面,具有由社会主义基本经济制度所决定的优势。

第二,经济体制对经济制度具有反作用。经济体制并非总是完全被动消极地受经济制度决定,在一定条件下,它对经济制度具有反作用。这种反作用主要表现在:合理的经济体制能够促进经济制度的完善与发展,不合理的经济体制则有碍于经济制度的完善与发展。因此,一种经济制度建立起来之后,经济体制的选择及其改革就变得至关重要了。

二、影响经济体制的主要因素

经济体制不是一个孤立的经济范畴。它的确立、发展及转换,受制于各种因素的集合。它们对经济体制的影响可能是直接的,也可能是间接的;可能是长期的、持续性的,也可能是短暂的,一次性的;可能是积极的,也可能是消极的。这些制约因素主要包括经济因素、政治因素和社会文化因素。

第一,经济因素。经济因素主要是指社会生产力发展水平、经济制度的性质、经济发展阶段、国民经济的运行状况等因素。其中生产力与经济制度作为社会最基本的经济因素,对经济体制具有内在的决定性影响。

社会生产力发展水平是生产关系的决定因素,经济体制属于生产关系范畴,因此社会生产力发展水平对经济体制起着决定性作用。众所周知,计划与市场作为资源配置的手段,是生产力发展到一定阶段的产物,反映着生产力发展的客观要求。在生产力发展的低级阶段,由于缺乏多余产品可供交换,也就没有了市场和市场调节存在的条件;由于整个经济运行的各个环节非常简单,真正意义的计划调节也无从谈及。在生产力有了一定程度发展的奴隶社会和封建社会,虽出现了商品生产与商品交换,但其经济形式从总体上看以自给自足的自然经济为特征。其商品生产规模小,交换频率低,交换对象主要是一般的消费品,市场调节的范围极其狭窄。对于这种较为简单的经济关系,现代意义的计划调节既无物质技术手段,也无必要。随着生产力的进一步发展,商品生产与商品交换发展为覆盖全社会的范围,即商品经济

发展到空前程度，成为一个社会占统治地位的经济形态，市场就从一般意义上的商品交换场所演进为调节经济发展，实现资源配置的手段，这时市场经济体制就产生了。现代市场经济是一部结构精巧的复杂有机体系，只有各环节协调运转，经济才能健康发展。然而市场价值规律的自发调节不是万能的，它也有失灵的地方和时候。20 世纪 20～30 年代世界性经济危机的爆发，宣告了"市场万能"神话的破灭。为弥补"看不见的手"的缺陷，减少经济波动，解决"外部性"问题，克服垄断，合理发展基础产业和提供公共产品等，还必须发挥政府这只"看得见的手"调控经济的职能。由此可见，计划经济体制是生产力发展到一定阶段的产物，反映了社会化大生产的客观要求。同时，作为"第一生产力"的科学技术的发展，也为计划经济体制的高效运行提供了物质技术手段的保障。

经济制度的性质对经济体制诸方面有着直接的影响。经济制度的性质是由生产资料所有制性质所决定。不同所有制构成了不同所有制主体之间的权力、地位、观念、行为及利益的差异。这些差异主要表现为：（1）不同所有制与国家利益的关联度不同。国有制与国家利益的关联度最强，集体次之，私营与个体最弱。（2）利益目标不同。国有制的利益目标是双重的，它追求的是国家和企业利益最大化，集体所有制和私有制主要追求团体或个人利益最大化。（3）对劳动产品的占有关系和数量不同。国有制生产的产品归国家占有，而集体所有制和私有制的产品在纳税后由集体或私人占有。（4）不同所有制与生产者自身利益的关联度不同，私有制关联度最高，依次是集体所有制和国有制。历史证明，以公有制为主体的社会和以私有制为主体的社会，两种经济体制结合使用的具体态势不同。前者会在较大范围和以较强力度运用计划方式，而后者倾向运用市场方式。

第二，政治因素对经济体制的影响。政治因素主要指一定社会的政治制度（如国家制度、政党制度、民主制度等）和法律制度等因素。政治因素作为社会的上层建筑从外部对经济体制施加影响。

政治制度决定于经济制度，经济制度的性质决定着政治制度的性质，经济制度是政治制度的基础，一定社会形态的政治制度是服从于这个社会形态的经济制度的，它是服务于其所赖以建立的经济制度的。因此，一个社会能够选择何种经济体制，必受所处的政治制度的制约。资本主义的政治制度是建立在资本主义经济制度的基础之上的，它决定于资本主义经济制度，为资本主义经济制度服务，这种政治制度不会允许与资本主义经济制度相悖或者

第七章 社会主义经济体制及其发展完善

会损害资本主义经济制度的经济体制的存在。社会主义的政治制度是建立在社会主义经济制度的基础之上的,它决定于社会主义经济制度,为社会主义经济制度服务,同样,这种政治制度也不会允许与社会主义经济制度相悖或者会损害社会主义经济制度的经济体制的存在。

国际政治制度对经济体制的选择具有重要的影响。虽然一个国家的经济体制从根本上来看,是受本国政治制度的制约,但是国际政治制度会通过多种途径对一国经济体制的选择产生或大或小的影响,在特殊环境下,甚至有着重要的影响。

法律制度是调节社会关系的法律规范的集合。它在现代经济中的作用几乎无时不有,无所不在。法律制度往往是经济体制的现实约束因素,虽然法律制度一般并不会明确地规定一个国家所要实行的经济体制的明确的类型,但是法律制度所包含的各种规则会界定经济主体的权利及其相互关系,会规定一个社会经济关系的调节规则,所以实际上也就在一定程度上影响着经济决策权结构、分配结构、经济刺激结构、经济调节方式等等,从而实际上影响着经济体制的类型。尽管法律制度的内容不过是居社会统治地位的经济制度和政治制度的基本的文字表述,但是它却是经济体制选择的现实约束因素。经济体制的改革因此往往需要对法律制度的内容进行调整。

第三,社会文化因素对经济体制的影响。社会文化因素包含的内容非常广泛,这里只对与经济体制密切相关的社会结构因素和文化因素加以分析。

社会结构包括阶级结构、人口结构、城乡结构、家庭结构等要素。从现代社会所处的社会发展阶段看,社会结构可分为单一结构(现代发达的资本主义国家)和二元结构(发展中国家)。二元社会结构的主要特征是:传统生产方式与现代生产方式并存;传统社会规范与现代社会规范并存;传统人口结构和素质与现代人口结构和素质并存;传统政治法律观念与现代政治法律观念并存。社会发展的趋势是现代因素不断壮大逐步取代传统因素的过程。

文化因素主要包括整个社会的指导思想或理论基础,科学的发达程度,公民的文化素质、现代意识或观念的发育程度等。其中社会的指导思想和理论基础,以及公民的民主法律观念与意识等文化素质,对经济体制有重要的影响。如一个社会接受了计划经济思想,就会选择计划经济体制;接受了市场经济思想,就会选择市场经济体制;一个社会威权意识很强,传统上集权主义观念影响大,就会倾向于选择计划经济体制,或者倾向于选择政府干预

更多的经济体制;而公民权利意识很强,传统上自由主义观念影响大,则会倾向于选择市场经济体制,或者倾向于选择政府干预较少的经济体制。当然,这里要说明的是,文化因素对经济体制选择的影响是在经济因素、政治因素处于主导和决定性作用的条件的影响,它从属于经济因素与政治因素。

第二节 传统社会主义经济体制在实践中的矛盾

一、传统社会主义经济体制的形成与特征

传统的社会主义经济体制是指世界上各个社会主义国家曾经普遍实行的计划经济体制。这种计划经济体制是以马克思主义经典作家关于未来社会的科学构想为理论依据建立起来的。计划经济体制首先在苏联建立,随后其他社会主义国家仿效苏联也逐步建立起了计划经济体制。

科学社会主义理论是19世纪马克思和恩格斯在批判资本主义社会的过程中创立的。他们根据历史唯物主义基本原理,基于对资本主义社会内在矛盾的深刻分析和对未来社会经济特征的科学预见,提出了对未来社会经济体制模式的设想。

在马克思和恩格斯看来,未来共产主义社会取代现存的资本主义社会不是基于人类的"理性",更不是基于个别"天才人物"的发明创造,而是基于生产力与生产关系矛盾运动的必然结果。因此,他们特别强调未来社会的生产力基础。马克思认为无论哪一个社会形态,在它们所能容纳的全部生产力发挥出来以前,是决不会灭亡的;而新的更高的生产关系,在其存在的物质条件尚未成熟以前,是决不会出现的。马克思所设想的未来社会是在发达的资本主义经济基础上建立起来的。在这种理想的社会里,生产力高度发达,社会财富极为丰富,劳动成为人们生活的第一需要。由于在全社会只存在单一的生产资料公有制,每个人能为社会提供的除了自己的劳动以外,再没有其他任何东西。商品生产被消除,货币和市场关系也不复存在,社会的整个生产过程和生产关系变得简单明了。这样,由于社会占有生产资料并且直接以社会化的形式把它们应用于生产,每个人的劳动,无论其特殊的用途是如何的不同,从一开始就成为直接的社会劳动。那时,一件产品中所包含的社会劳动量,可以不必首先采用迂回的途径加以确定,日常的经验就可以

第七章 社会主义经济体制及其发展完善

直接显示出这件产品平均需要多少数量的社会劳动。在这种条件下,人们可以简单地处理这一切,而不需要价值插手其间。此时,在全社会实行统一的计划不仅可能而且必要。总之,马克思和恩格斯关于社会主义制度下实行计划经济的设想是以生产力高度发展,全社会实行单一公有制和商品经济关系的消亡为条件的。

然而,社会主义制度并没有按照科学社会主义创始人所设想的那样,在生产力较为发达的资本主义国家首先取得胜利,而是首先在生产力水平相对落后的俄国建立起来。客观现实与理想设计的较大差距,是俄国共产党人必须面临和解决的重大难题。作为世界第一个社会主义国家的创建者和社会主义经济理论的最早实践者,十月革命以前,列宁完全信守马克思和恩格斯为未来社会所设计的蓝图,认为商品、货币和市场关系与社会主义不相容,主张在社会主义国家消灭货币的权力、资本的权力,消灭一切生产资料私有制,消灭商品经济。列宁还认为,只要存在商品交换,奢谈社会主义是可笑的。在这种理论指导下,在实践中采取战时共产主义政策,国家垄断粮食贸易,实行余粮收集制、禁止农民进行粮食自由贸易。余粮收集制虽为战争特殊环境中不得已采取的一种政策,但这一政策也含有主动消灭商品经济和市场经济关系的因素。这一政策由于违背客观经济规律,挫伤了农民生产积极性,导致1920年谷物产量减少45%,1921年发生了全国性饥荒。面对困境,列宁进行反思,其结果是开始了从战时共产主义政策转向"新经济政策"的探索。

新经济政策的主要内容之一就是以粮食税取代余粮收集制。粮食税规定,农民在按耕地面积交纳一定数额的农业税后,余粮归自己所有,并可到市场上销售。这实际上承认了农民是独立的利益主体,在一定程度上恢复了市场关系和自由贸易。以粮食自由贸易为突破口,商品交换关系在城乡得到了较为广泛的发展。商品交换关系不仅表现在工业与农业之间,工人与农民之间,而且它必然逐渐进入到国营企业内部,这就是后来在国营企业推行经济核算制的原因。列宁以新经济政策为契机,把商品交换作为新经济政策的主要杠杆,目的是寻找一条新的经济发展道路。只可惜他的实践和探索由于与马克思的设想不相符,因而不时表现出矛盾与游离的心理,加上过早的逝世,使得这种探索没有形成全面、系统和清晰的理论。

列宁逝世以后,对于社会主义是否存在商品、货币和市场关系,其作用性质如何、命运怎样等仍然是第一个社会主义国家领导人必须探索和回答的

问题,斯大林的理论观点成为当时社会主义经济的主流理论,并集中在《苏联社会主义经济问题》一书中。斯大林认为,现实客观条件决定了商品生产与商品交换必然存在且有积极意义。但是国有化企业所生产的生产资料完全失去了商品属性,不再是商品,游离出价值规律作用发挥的范围,仅仅保留着商品外壳;斯大林虽承认价值规律在社会主义经济中的作用,但否定其市场调节的功能,主张把价值规律的作用限制在一个狭小范围之内;斯大林虽承认商品生产与商品交换存在的合理性以及价值规律发挥作用的必然性,但仍然将商品、货币及市场关系视为与社会主义本质不相容的"异类"。现在容忍它、限制它、利用它,只是因为暂时无法铲除它,但其目标是逐步消灭它,最终用产品交换替代商品流通。相应地,市场关系也就不复存在,价值规律作用发挥失去了空间,计划调节成为必然。

基于上述认识,实际上斯大林在理论上仍然将市场经济体制当作与社会主义制度不相容的体制,基本的理论观点实质上还是马克思主义经典作家的理论观点。基于这样的认识,商品货币关系的利用与发展就不可能走得太远,一旦危机解除,必然会重新回到高度集中的经济体制。同时苏联革命胜利后在政治上形成了高度集权的政治体制,高度集中的计划经济体制更适合这种政治体制。于是在20世纪30年代苏联就形成了高度集中的计划经济体制。

苏联作为第一个社会主义国家在探索经济发展道路上所做的尝试,尽管有不少教训,但也取得了巨大成就,加上它在国际共产主义运动中的特殊地位和影响力,因此第一个社会主义经济体制模式就成为后来其他社会主义国家唯一可供借鉴的模式。中国传统的计划经济体制模式就是在上述历史背景下形成的。新中国成立之初,中国共产党面临的现实是:在一个生产力极其落后的东方大国,面对着巨大的外来压力、剧烈的国际竞争和严峻的生存危机等一系列问题,如何巩固新生的国家政权,如何在新的社会条件下利用有限的物力和财力发展经济、组织经济建设等问题还全无经验可循。因此,在当时生产力极为落后的条件下,建立高度中央集权的经济体制就成为当时迅速增加生产力总量的必然选择。

中央集权的计划经济体制尽管在不同国家和不同时期有不同的具体形式,但却具有下列共同的基本特征:

第一,在所有制结构上,其构成基本上是单一的全民所有制经济形式,否定和排斥多种经济成分的存在。这种体制强调生产资料公有制规模越大越好，公有化程度越高越好，公有制越纯越好。尽管在一些国家存在集体所有制，但它并不是这种中央集权计划经济体制的终极目标，最终目标是使集体所有制都向全民所有制转化，直至建立起单一的生产资料全民所有制。

第二，在经济决策权上实行过度的"中央集权"，即经济权策权集中于国家。原则上，除了私人消费和就业以外，一切决策都集中于中央；计划具有下级服从上级的等级制性质，经济管理机构体系是纵向的行政等级体系；经济计划指令是自上而下层层下达，下级单位的职能是按照上级的指令行事；以实物为计算单位的经济核算和计划占统治地位；在全民所有制内部，货币所起的作用是形式上的。国家在与企业关系上职责不分，政府包揽了很多企业内部的经营管理事务。同时，各级政府部门主要依靠行政手段管理经济，经济运行中的行政指令不断增多、强化，使得经济决策更趋于集中化，企业实际上成了行政机构的附属物，既没有自主经营的权利，也没有相应的责任，从而缺乏主动性。

第三，在经济资源的配置方式上，实行行政式计划配置。这种行政式计划配置主要采取指令性计划和行政命令的管理手段，强制性地指挥调拨和分配社会经济资源，完全排斥市场机制和价值规律的作用。

第四，在经济刺激方式上，主要不是依靠经济利益的刺激，而是依靠行政强制和精神动员。在计划经济体制下，并没有实行真正的按劳分配，劳动者所得与其劳动贡献是不相称的。在收入分配上，实行的基本上是平均主义的分配制度，企业利益与职工利益被漠视，企业吃国家的"大锅饭"，职工吃企业的"大锅饭"，多劳不多得，少劳也不少得，职工抱着"铁饭碗"，吃着"大锅饭"，使企业和职工都缺乏生产积极性。这样，要促进生产，保证计划指令的完成，国家就只能依靠行政强制和精神动员的办法。

第五，在经济组织结构上，存在着封闭式的"大而全"、"小而全"的状况。一方面是中央高度集权管理，另一方面是各个部门和地区自成体系，形成"条块分割"、"城乡分割"的局面。

二、传统社会主义经济体制与社会生产力发展的矛盾

传统社会主义经济体制的形成有其特定的历史原因。这种体制在资源相对短缺的情况下通过行政力量集中有限资源，集中物力财力用于国家重点建设，迅速增强国家实力，稳定经济，保证人民的基本生活发挥过积极的作用。在经济结构比较简单，经济发展目标比较单一的情况下，传统社会主义

经济体制与生产力发展还是基本适应的。但是,随着经济建设规模的扩大,特别是由于科学技术发展所引起的生产多元化和社会分工的发展,传统的计划经济体制与社会生产力发展之间出现了矛盾,并且日益突出。传统社会主义经济体制与社会生产力发展的矛盾主要表现在以下几方面:

第一,单一的生产资料所有制结构与社会生产力发展状况之间的矛盾。生产资料所有制结构是指各种生产资料所有制形式在社会生产中的地位、比重及相互关系。生产资料所有制作为生产关系的基础和基本内容,它是由生产力发展水平决定的,必须反映社会生产力发展状况,适应生产力发展要求。因此有什么样的生产力,就应该有什么样的生产资料所有制,生产资料的所有制结构应该由社会生产力的发展状况来决定,社会生产力发展了,生产资料所有制结构也就应该相应地调整。生产资料所有制形式超前于或滞后于社会生产力发展状况都会阻碍和破坏社会生产力的发展,生产资料所有制结构必须适应社会生产力的发展现状,必须适应社会生产力的发展变化。

由于实行计划经济体制的国家都是在经济相对落后、小农经济占很大比重的基础上走上社会主义道路的,其社会生产力发展水平总体上是落后的,社会生产力的发展又不平衡,生产技术水平、生产社会化程度在不同部门、不同地区,甚至在同一部门的不同企业之间都存在着相当大的差别。中国更是脱胎于生产力水平极为低下,自然经济占相当大比重的半殖民地半封建社会,人多地少,经济发展的底子薄,资源匮乏。同样,中国社会生产力的发展也很不平衡,生产技术水平、生产社会化程度在不同部门、不同地区,甚至在同一部门、同一地区的不同企业之间也存在着相当大的差别,既有生产技术水平、生产社会化程度相当高的部门、地区、企业,也有生产技术水平、生产社会化程度相当低的部门、地区、企业。在某些部门和地区甚至还存在着原始的生产技术和封闭的孤立的生产方式。社会生产力发展水平总体偏低和社会生产力发展的不平衡性决定了单一的生产资料所有制结构是不适应社会生产力的发展现状的,生产资料所有制形式应该同社会生产力的发展现状相适应,社会生产力发展水平高、生产社会化程度高的部门和地区需要实行生产资料公有制,社会生产力发展水平越高、生产社会化程度越高,需要公有化程度越高的公有制形式;而社会生产力发展水平低、生产社会化程度低的部门和地区则不应该片面地实行公有制,而应该实行其他的适宜的非公有制形式。总的来看,社会生产力的发展现状决定了社会主义国家只能实行以生产资料公有制为主体,同时并存非公有制形式的生产资料所有制结构。显然,单一的生产资料所有制结构与社会生产力的发展现状是不相适应的,因此会阻碍社会生产力的发展。

从中国的情况来看,单一的生产资料公有制结构在特定时期对于在全国范围内集中和调配经济资源支持国家重点建设,对于建立现代产业部门体系确曾发挥过积极作用。但是长期实行单一的生产资料公有制结构,并且不断强化这种结构,以行政强制的方式不断推进公有制的升级,却与中国社会生产力发展的基本现状不相适应。由于片面强调全民所有制形式的优越性,片面强调公有制规模越大、公有化程度越高越好,中国生产资料所有制结构的单一化不断强化。到1978年,在工业总产值中,国有工业占80.8%,集体工业占19.2%;在商业销售总额中,国有商业占90.5%,集体商业占7.4%,而个体商业仅占0.1%。生产资料所有制结构的单一化背离了中国社会生产力的发展实际,阻碍了社会生产力的发展,最终也背离了公有制发展所要实现的最终目标——提高广大人民群众的生活水平。

第二,经济决策权的高度集中与企业发展之间的矛盾。在商品经济阶段,企业本应是经济活动中的基本生产或经营单位,本应是具有自主经营、自负盈亏的法人实体,享有生产经营活动的自主权。然而,传统计划经济体制是建立在政府高度集权的基础上,经济运行和发展表现为完全的"政府过程"。政企职责不分,企业完全成为行政机构的附属物。任务由国家下达、产品由国家分配、人员由上级调派、设备由国家调拨、利润全部上缴、亏损也由国家承担。在传统的计划经济体制下,政府对整个社会的经济资源享有绝对的支配权,实际拥有全民所有的生产资料的所有权,还拥有对全民所有的生产资料事无巨细的占有、使用和支配权。本来应该由企业享有的权利都集中在政府的手中,企业没有独立的权利,企业完全成了依附于政府的被动的生产单位,完全成为了政府的从属单位。同时,传统观点认为,在生产资料全民所有制下,企业是由劳动者组成的,劳动者就是该生产资料的所有者,再不必彼此当外人看待,当然作为个人利益的聚合体就越过企业这一级经济组织,个人利益直接统一于社会利益之中,所以也就不去注意劳动者个体及企业群体的主体性地位问题,更谈不上权利与利益。在社会资源逐级向下分配时,不同层次的社会地位也就相应地占有不等量的资源和拥有不等同的权利关系。因此,企业单位也就有了相应的行政等级,"处级工厂"、"局级公司"等便应运而生。每个企业对应于一定的行政等级,都具有不同的级别,并且这种界别决定着其对社会资源的支配力量。因此,也导致传统

体制之下企业普遍追求不断的升级,迷恋于对更高行政级别的挂靠,而不重视企业自身的自我积累和发展。

不仅如此,政府在授予企业组织一定的经济资源支配权力的同时,还把政府的意志与一些社会性职能相应地单位化,形成所谓"企业办社会"的现象。这样,企业实际上成了政府职权的一个自然延伸部分,而不具有以契约关系和市场交换为纽带的企业所拥有的自主经营、自我发展的权利关系。在衡量企业成绩时是以完成任务的多少为指标来加以考核。因此,企业不必以市场收益为目标,不用考虑其产品是否积压、落伍,也不必忧虑在市场竞争中被吞没。同时,由于企业的行政升级与企业主管人员的身份地位待遇有着密切关系,所以企业总是偏好从外延上扩大生产规模。由于不用靠自我积累,也不用靠企业盈利,而是靠向政府国家要计划指标,争投资项目,所以,传统体制下的企业有一股不可遏制的"资金饥渴症"和"投资饥渴症"。

可见,在传统的计划经济体制下,经济决策权高度集中在政府的手中,侵蚀了企业的应有权利,使得企业缺乏自主发展的内在动力,缺乏自主决策、自负盈亏、自我积累、自我发展的能力,也缺乏谋求发展的外部压力,由此导致生产效率和资源配置效率的低下,损害社会生产力的发展。

第三,经济资源的计划配置与经济资源的优化配置之间的矛盾。传统计划经济体制是以计划为配置资源的基本方式,并且这种计划配置又以行政命令的方式来实施的,完全忽视价值规律和市场的调节作用。这种完全排斥市场、取代市场的资源配置方式主要基于这种观点:在社会主义计划经济中,由于计划的"自觉性"取代市场的"自发性",社会经济可以有计划按比例地协调发展,在资本主义市场经济中存在的经济周期性波动、生产过剩等问题都可以得到克服。事实上,这种观点在理论上和实践中都是难以成立的。

首先,从消费需求来看,其量就非常难以把握。人们的消费选择多种多样(有物质需求、服务需求等)、千变万化。而且,社会越发展消费选择就越广泛,消费变化频率越快,计划就越难以准确把握需求。而传统的计划经济体制,要想由计划控制需求,就必然压抑人们的消费选择自由,人为地制造"单一化"消费格局。可见,消费的自由选择与计划生产具有难以克服的矛盾。

其次,从生产供给来看,按照全社会是个大"工厂"、每个企业是单个"车间"的构想,生产供给的品种和数量似乎可以通过指令性计划执行。然

而,即使单一的国有制包罗全部生产领域,计划仍有难以办到的地方。而计划越全面,企业的自主权越小,它们的主动性、创造性、积极性就越低,这反过来又会对计划的执行造成负面的影响。

计划经济的实践表明,在经济资源的宏观配置方面,计划配置并不总是优于市场,计划浪费比市场浪费危害更甚。在实行计划经济的国家中,经常出现周期性比例失调的顽症。此外,"短缺"是计划经济国家的常见病,一方面人们需要的商品严重短缺,另一方面即便产品积压,只要已经列入计划,无论积压有多严重,产品仍然会被源源不断地生产出来。供给与需求脱节、生产与消费脱节,实际上也是计划经济的常态。由计划造成的经济资源的浪费有时比市场盲目性造成的资源浪费更甚。经济资源的计划配置与经济资源的优化配置之间的矛盾是计划经济体制内在的无法克服的矛盾。

第四,平均主义的分配制度与提高经济效率之间的矛盾。平均主义的分配制度是计划经济体制唯一可以选择的分配制度。尽管按照理论构想,在社会主义社会应该实行按劳分配,但在采用计划经济体制的情况下,按劳分配制度难以实行。由于劳动者提供的社会劳动量难以实际计量,按劳分配制度的实行存在技术上的障碍,而在生产条件等都由政府安排的条件下,即便能够区分劳动者的社会劳动量的差别,也不能按照这种劳动量来分配。因此,无论是在城市,还是在农村,实行的都是平均主义的分配制度,无论劳动者的贡献大小,干多干少一个样、干好干坏一个样。平均主义的分配制度使劳动者失去了积极劳动的经济动力。因此,就只有依靠行政强制和精神动员来促使劳动者劳动,行政强制和精神动员可以在短期或者在特定的社会、政治条件下发挥作用,但不可能在长时期中发挥作用,在社会生产力没有得到高度发展和劳动者还存在着独立的经济利益、劳动还是劳动者的谋生手段的条件下,行政强制和精神动员不可能成为常规性的长效刺激方式。由此来看,计划经济体制导致经济效率低下确实无法避免。

第五,经济组织结构上的条块分割与社会化大生产的矛盾。经济的日益发展,使得社会化大生产程度愈来愈高。各个地区之间存在千丝万缕、错综复杂的分工协作关系,只有通过市场才能得到有机联系与协调。但传统经济体制下按行政系统来组织管理经济,各企业分别隶属于不同的行政部门或行政区划,这些行政系统彼此自成体系,在一定程度上相互封锁,搞"大而全"、"小而全",形成了所谓的"诸侯经济"、"格子经济"。这种条块分割的局面使各地区各部门采取地方保护主义和部门保护主义政策,低水平的重

复建设泛滥，国民经济被肢解得支离破碎。这种状况，割断了社会化大生产的内在经济联系以及企业之间、部门之间、地区之间的经济联系，违背了社会化大生产的一般规律。这样，既不利于形成全国统一市场和各地优势互补，资源的充分利用，又不利于技术进步和劳动生产率的提高，同时还影响了专业化协作，造成了社会资源的巨大浪费和交易成本的增加。

综上所述，传统的计划经济体制不适应社会主义国家生产力的发展状况，阻碍着社会生产力的发展。因此，根据生产关系一定要适应社会生产力发展的规律，必须对这种经济体制进行改革。

第三节　社会主义经济体制改革

一、社会主义经济体制改革模式的探索

社会主义经济体制模式即社会主义经济体制的具体类型，是指对特定类型的社会主义经济体制的基本规定性及其基本运行机制的理论概括。

社会主义经济制度建立后，面临的一个重大的理论和实践问题就是如何根据自己的基本国情，选择适合本国社会生产力发展的具体经济体制。社会主义经济体制的建设者、实践者、改革者和经济学家根据各国的国情、经济体制实践或者通过对经济体制的内在机理的分析提出或者实行了不同的经济体制，进行了实践或者理论上的探索。以下模式是社会主义经济体制的建设者、实践者、改革者和经济学家在社会主义经济体制模式的探索中曾经实行过或者试验过或者提出过的模式，亦即包括实践模式和理论模式。

第一，军事共产主义供给制模式。这是社会主义经济体制的第一个模式，是一种在特殊历史条件下形成的经济体制模式，比较适合在战争时期或紧急条件下的国民经济发展模式。其主要特点是：国民经济活动的宏观决策权与微观决策权都集中在国家手中，经济运行依靠国家行政强制和精神动员，采取自上而下的命令式和垂直式方式进行调节，企业成为整个社会"大工厂"的一个"车间"。这种模式完全排斥商品货币关系和市场机制的作用。苏联战争时期实行的"战时共产主义政策"是这种模式的典型形式。由于这种模式十分吻合马克思和恩格斯对社会主义经济模式的设想，因而是计划经济中集权模式的典型。

第七章 社会主义经济体制及其发展完善

第二，传统的集中计划经济模式，亦称"斯大林模式"。这是20世纪30年代在苏联形成的，后曾为大多数社会主义国家所普遍采用的一种经济体制模式。这种模式的主要特点是：（1）宏观经济决策及整个国民经济的重大问题决策集中于中央政府，企业很少有自主权，其生产经营管理决策由国家决定；（2）经济运行以行政权力的等级结构为基础，采取自上而下垂直式的管理方式控制经济活动；（3）商品、货币关系和市场机制的作用被限制在狭小范围。从前面的考察和分析中可以看出，"斯大林模式"同"新经济政策"有某些共同之处，如允许商品和货币关系的存在，容忍市场机制在一定范围内发挥作用等，但它的基本精神和实际做法更多的倾向于"战时共产主义政策"。只是出于现实的考虑，在某些方面做了一些变通。

第三，竞争性社会主义经济体制模式，亦称"兰格模式"。它是波兰经济学家兰格阐述和总结出来的。这种模式的主要特点是：（1）生产资料公有制是社会主义经济基础，但容许存在部分私有制经济成分；（2）经济决策是一个分权的体系，即存在一个由中央计划层、企业和家庭（或个人）的三级决策体系；（3）社会生产的目的不是利润最大化，消费者偏好是生产和资源分配中的指导标准。因而必须坚持消费选择自由和职业选择自由，社会只存在真正的消费品市场和劳动服务市场，其他生产要素并不存在真正的市场。生产要素的价格不能通过市场均衡形成，而是由中央计划当局通过模拟市场竞争（反复试错法）确定。由此看来，"兰格模式"是一种试图与传统的集中计划模式决裂，但又带有"旧模式"因素的模式。他一方面承认只有市场竞争才能实现经济均衡，但另一方面又排斥生产资源的真正市场，所以"兰格模式"只能是一种改良化的集中计划经济模式，因为它未能从根本上摆脱计划经济的束缚。

第四，市场社会主义模式，亦称"南斯拉夫模式"或"自治社会主义制度"。它是南斯拉夫摆脱"斯大林模式"而进行的一次社会主义发展史上的勇敢实践与尝试。其主要特点是：（1）社会主义公有制主要是若干个集体经营的独立自治实体的集合，同时允许个体经济和私营经济在一定范围存在与发展；（2）国家、企业和家庭（或个人）三个层次的经济活动，依据市场变化情况进行分散决策；（3）国家给企业以充分自主权，市场调节在整个国民经济中起着普遍性作用，计划调节在经济运行中仍是必要的，但与市场调节相比处于第二位。"南斯拉夫模式"的"市场经济"与"工人自治"是紧密结合的，其核心是"工人自治"。由于实行"工人自治"，国家

191

就不能采用直接的指令性计划对企业进行控制,因此企业之间的联系不再通过国家计划这一中介环节,而是通过市场中介环节。这样,"市场经济"只是自治社会主义制度所借助的一种方式,而不是其本质内容。可见,南斯拉夫的市场经济不是完整意义的"市场经济",而是一种特殊形态的市场经济,或者说只是一种变了形的"市场经济"。

第五,"含有市场机制的计划经济模式",亦称"布鲁斯模式"或"分权模式"。布鲁斯是一位有改革实践经验的、对经济体制改革有过重大影响的波兰经济学家。他认为区分不同经济模式的标准是经济的决策层次及相应的决策方式。他将整个社会经济生活的决策权划分为宏观经济决策、微观经济决策和个人家庭经济决策三个层次。他认为三个层次的决策都集中于中央计划部门就是"战时共产主义"模式;三个层次决策均分散化就是"市场社会主义"模式;前两个层次的经济决策都集中于中央计划部门就是"斯大林模式";第一个层次经济决策集中于中央计划部门,后两个层次的经济决策分散化就是"分权模式",或叫"含有市场机制"的计划经济模式。在布鲁斯看来,"战时共产主义"模式和"市场社会主义"模式这两个极端模式都不可取;传统的斯大林模式将企业决策集中于中央计划当局,导致企业失去活力和效率,也不足取,因此,他提出,理想的经济体制模式是"分权模式"。为了实现从"集权模式"向"分权模式"转变,首要问题是扩大企业决策权,还权于企业。布鲁斯的经济体制改革模式理论对改革实践产生了积极影响,尤其是在经济体制改革的初期。但是,随着改革深入,其理论的不彻底就显现出来,因为如果仅仅强调"还权于企业",而不对生产资料所有制结构和实现形式进行重大调整,经济决策的分散化会受到根本的制约,合理的经济动力机制不可能形成。同时,如果计划机制不是建立在市场的基础之上,这种计划最终会成为僵化的计划。

第六,计划性市场经济模式,亦称"锡克模式"。该模式是由捷克斯洛伐克经济学家奥塔·锡克提出来的。该模式的主要特征是:(1)社会内部存在多元化经济利益主体,"全体企业职工集体所有制"是计划性市场经济的微观基础;(2)市场经济是该模式运行的前提,多元利益主体所产生的矛盾,只有通过市场才能得到协调和解决;(3)经济运行仍需要计划,但这种计划不是国家制定的对企业具有强制性的指令性计划,而是通过民主程序编制的由市场机制调节的,提供选择的计划。计划功能在于弥补市场的不足。锡克的计划性市场经济模式不是"含有市场机制的计划经济",而是

"含有计划机制的市场经济",其经济运行的落脚点从计划经济明确地转移到市场经济。这表明在东欧许多改革派经济理论家中,锡克对市场经济的认识最为深刻。

此外,匈牙利著名经济学家科尔内对传统的集权计划经济体制进行了全面、系统、深入的分析。他认为社会主义计划经济的典型形态是短缺经济。尽管导致短缺的因素很多,但根本原因在于社会的制度结构。传统计划经济体制形成的国家"父爱主义"保护下企业软预算约束是长期普遍短缺的直接原因。因此,要消除短缺经济,必须进行经济体制改革,引进市场机制,将计划机制与市场机制有机地结合起来,扬长避短。科尔内提出的社会主义经济体制改革的理想的目标模式是有控制的市场协调模式,这实际上是从另一角度表达了锡克模式的基本构想。

上述关于社会主义经济体制若干模式的阐述,主要侧重从理论上作出一种抽象与概括,目的在于说明各个不同模式的特征。其实在社会主义各国经济体制改革实践中的模式选择,并非完全拘泥于某一种纯粹的理论模型,而是根据诸种客观情况而表现得非常具体与复杂。因此对某种具体经济体制的考察,不能仅从理论上进行抽象分析,更重要的是要以经济体制的实际运行情况进行把握。

二、中国社会主义经济体制改革

中国原有的计划经济主要是在新中国成立后第一个五年计划期间逐步建立起来的。新中国成立初期,由于尚不具备在全社会范围内组织和管理国民经济的经验,于是向苏联学习,选择了高度集中的计划经济体制。这种经济体制在当时的历史条件下,对中国社会主义建设事业曾起过重要作用。但随着中国经济的不断发展,原有经济体制的那种统得过死,权力过分集中的弊端日益显现,它越来越与生产力发展的客观要求不相适应,成为妨碍社会生产发展的一种僵化体制。这种经济体制的主要弊端表现在:政企职责不分,条块分割,国家对企业统得过多过死,忽视了商品生产、价值规律和市场的作用,分配中存在严重的平均主义。中国原有的经济体制,已不是在某些局部方面而是在总体上不适应中国生产力发展的要求。因此,对传统经济体制进行改革,成为中国所面临的一项重大的历史任务。

其实,对于社会主义经济体制认识与实践的探索,从社会主义制度建立时就开始了。认识上的探索如1956~1957年关于社会主义条件下要不要市

场的讨论，1958～1959年关于价格形成机制的讨论等都涉及社会主义经济中的市场机制问题。实践上如家庭联产承包制曾于1956年和1961年两次较大规模地在农村实施，得到广大农民的支持与拥护。但这些探索从总体来看，仍未突破传统计划经济理论，计划经济理论仍是支配实践的指导理论，家庭联产承包责任制在"左"的路线的支配下，被视为"资本主义幽灵"而受到压制与批判。对于社会主义经济体制问题的系统的、全面的、深入的探索是从1979年经济体制改革开始后进行的。而且这种认识与经济体制改革的实践紧密相连，经济体制改革实践的重大进展，同时也标志着理论认识上的重大突破。改革开放以来对中国社会主义经济体制改革的探索主要经过了以下几个阶段：

第一，计划经济为主，市场调节为辅阶段。在中国的经济体制改革刚开始时，中国共产党就认识到传统的计划经济体制存在严重缺陷，在改革中探索将计划经济与市场经济相结合的路子。1982年，中共十二大提出了"计划经济为主，市场调节为辅"的指导思想，这对当时的经济改革具有重要的指导意义。在实践方面，农村实行家庭联产承包责任制率先揭开了中国经济改革的序幕。以家庭联产承包制为核心的农村经济体制改革，极大地调动了农民生产积极性，使中国农村经济摆脱了多年徘徊不前的困境，短短几年取得了巨大成就。

第二，有计划的商品经济阶段。1984年10月，中共十二届三中全会通过了《中共中央关于经济体制改革的决定》，第一次明确提出了社会主义是有计划的商品经济。这一对社会主义经济体制的认识与传统观点相比，在许多方面都有新的突破，其中最主要的突破表现在两个方面：（1）突破了把社会主义和商品经济对立起来的观念，第一次肯定了社会主义经济是商品经济，将商品经济视为社会主义经济的内在属性；（2）突破了把指令性计划视为社会主义计划经济本质特征的观念，强调指导性计划与指令性计划一样也是计划经济的具体形式，这就从根本上动摇了传统计划经济的基础。由此，中国经济体制改革的中心由农村转移到城市，开始了市场取向的城市经济体制改革。由于市场机制的引入和对国有企业的放权让利，极大地激发了企业与广大职工的积极性，工业生产出现了前所未有的高速增长。

第三，国家调节市场，市场引导企业阶段。1987年10月，中共十三大报告在有计划商品经济理论基础上对于社会主义市场机制进行了新的概括和说明，明确提出了社会主义有计划商品经济的新体制是计划与市场内在统一

第七章 社会主义经济体制及其发展完善

的机制，强调必须把计划工作建立在商品交换和价值规律的基础上，过去以指令性计划为主的直接管理方式已不能适应社会主义商品经济发展的要求，计划和市场的作用范围都是覆盖全社会范围的新的经济运行机制，并从总体上提出了新的运行机制应是"国家调节市场、市场引导企业"的机制。报告还提出：社会主义市场体系不仅包括一般商品市场和生产资料市场，而且还包括资金市场、劳务市场、信息市场和房地产市场等生产要素市场。"国家调节市场，市场引导企业"机制的核心是经济活动以市场为纽带，国家通过市场间接调控企业，而企业则面向市场，在国家指导下自主活动。国家—市场—企业间互动，达到宏观控制与微观搞活的统一，从而实现国民经济持续、稳定、协调发展。十三大报告与十二届三中全会"决定"相比，在对市场经济问题的认识上又有深化，主要表现在三方面：其一，"决定"虽强调发挥市场机制的作用，并扩大市场调节的范围，但尚未摆脱计划经济的"主辅论"框架，而十三大报告提出计划是建立在市场体制基础上的间接计划，市场体制是经济运行的基础，市场地位大大提高了，已是计划与市场两种机制相结合的"结合论"。其二，"决定"着重强调社会主义经济是商品经济，但尚未肯定是市场经济，而十三大报告则着重强调商品经济的运行机制，明确指出"国家调节市场，市场引导企业"机制的实质是以市场机制为基础的宏观间接调控；其三，"决定"将发展市场体系理解为发展商品市场，而十三大报告提出社会主义市场体系还包括生产要素市场，这已是市场体系的完整形态了。

第四，计划经济与市场经济相结合阶段。中共十三大以后，中国经济出现高速增长，但同时也出现经济过热的宏观失控现象。为了实现经济与政治稳定，国家加强了对经济的行政调整，直接计划调节作用有所加强，对市场调节作用的认识有所降低。当然，在这一阶段所强调的计划经济同传统的计划经济是有区别的。这时整个经济体制和经济理论的认识基本上仍然是建立在十三大所制定的基本理论的基础上：仍然肯定市场调节中优胜劣汰机制在经济发展中的积极作用，依然要进一步缩小指令性计划的范围。计划调节的内容主要是进行总量控制，经济结构和经济布局的调整以及对关系全局的重大经济活动的协调；国家管理经济的主要任务是制定合理的国民经济发展计划，规划和宏观控制目标；制定正确的产业政策、地区政策和其他经济政策，做好综合平衡、协调重大比例关系；综合运用经济、法律和行政手段引导和调整经济的运行。总之，对市场和计划的这些认识带有颇强的计划经济

倾向，是特定经济政治条件下进行治理整顿需要的产物。

第五，社会主义市场经济理论阶段。1992年底，中共十四大明确提出将建立社会主义市场经济体制作为中国经济体制改革的目标模式，明确指出要使市场在社会主义国家宏观调控下对资源配置起基础性作用。从理论上来看，实现了从传统计划经济向社会主义市场经济的历史性飞跃。从实践上来看，则表明中国经济体制改革进入了一个新的历史阶段。

1997年，中共十五大又进一步提出建立比较完善的社会主义市场经济体制的要求，构筑了建立社会主义市场经济体制的基本框架，即通过经济体制改革，使市场在国家宏观调控下对资源配置起基础性作用。为实现这个目标，必须坚持以公有制为主体，多种经济成分共同发展的方针，进一步转换国有企业经营体制，建立适应市场经济要求的产权明晰、权责分明、政企分开、管理科学的现代企业制度；建立统一开放的市场体系，实现城乡市场紧密结合，国内国际市场相互衔接，促进资源的优化配置，转变政府管理经济的职能，建立以间接手段为主的完善的宏观调控体系，保证国民经济的健康运行；建立以按劳分配为主体，把按劳分配与按生产要素分配相结合，坚持效率优先、兼顾公平的收入分配制度，鼓励一部分地区一部分人先富起来，走共同富裕的道路；建立多层次的社会保障制度，促进经济发展和社会稳定。

社会主义市场经济体制是一个庞大系统，它由相互联系和相互制约的若干环节构成：

第一，构筑社会主义市场经济的微观基础。要转换国有企业经营机制，建立现代企业制度，使企业由过去的行政附属物变成自主经营、自负盈亏、自我约束、自我发展的真正主体，这是构筑市场经济的微观基础。为此，首先，必须明确界定企业资产，包括按一定秩序与方法进行清产核资，防止流失。其次，真正实行政企分开，两权分离，探索和构建确保国家所有权——企业经营权的法人财产制度。国家作为所有者，负有限责任，作为调控者对企业负有协调、监督、保证和服务职责；企业拥有独立的法人产权，自主经营，自负盈亏。再次，企业按照财产构成可以有多种组织形式。单一投资主体可依法改组为国有独资公司，多个投资主体可依法改组为有限责任公司或股份有限公司。中小国有企业可实行承包经营、租赁经营和股份合作制等形式。此外，还要改革和完善企业领导体制和组织管理制度，坚持和完善厂长经理负责制的同时，注意发挥党组织的政治核心作用和职工代表大会参与企

第七章 社会主义经济体制及其发展完善

业民主管理的作用。

第二，建立统一开放、竞争有序的完善的市场体系。完善的市场体系是现代市场经济的重要特征，是构建市场经济体制的客观条件。它要求一切产品和生产要素都要进入市场，形成以商品市场为基础，以要素市场为重点的现代市场体系。为此，要特别注意发展资金、劳动力、技术、房地产等要素市场；要推进价格改革，除极少数重要商品和劳务收费实行国家定价外，其他产品和劳务由企业根据市场供求关系定价，并逐步与国际市场价格接轨。

第三，建立适应社会主义市场经济的宏观调控体系及政府职能。现代市场经济不是自由放任经济，必须加强政府的宏观调控。现代市场经济不能单靠"看不见的手"的调节，还必须利用和发挥"看得见的手"的作用，即加强政府对经济的宏观调控，但这种调控是间接的。为此必须转换宏观调控和管理方式，从过去指令性计划为主转向指导性计划为主、从个量控制转为总量控制、从实物控制转向价值控制、从静态控制转为动态控制等。为建立新的宏观间接调控体系，还需深化财政、金融、计划等方面的改革。财政体制改革的重点是深化税收、预算等方面的改革；金融体制改革的重点是完善和健全以中央银行为中心，从金融机构设置、资金运行格局、金融手段运用等方面改革，实现金融机构企业化、资金运动市场化、宏观调控间接化；要进一步加强和完善财政政策、货币政策、产业政策和收入政策在宏观调控中的作用。

第四，建立适应社会主义市场经济要求的以按劳分配为主体、按劳分配和按生产要素分配相结合的分配制度，完善社会保障制度。总的思路是在初次分配中体现效率优先的原则，坚持多劳多得，鼓励和提倡一部分地区和一部分人通过诚实劳动，凭借生产要素和合法经营先富起来；在社会再分配中体现公平原则，防止收入分配悬殊过大。同时，积极建立和完善失业社会保险、养老社会保险、医疗社会保险、社会救助、社会福利等社会保障制度，逐步使全体社会成员走上共同富裕之路。

第五，建立适应社会主义市场经济要求的市场秩序和法律体系。市场经济也是法治经济，为使市场有效运行，必须以法律形式规范市场，使市场行为有序化、规范化和制度化，保证市场交易和竞争的公平与公正。

总之，建立社会主义市场经济体制是一件浩繁而艰巨的系统工程，需要制定好总体规划，有步骤、有重点、分阶段地进行长期细致的工作。虽然，建成完善的社会主义市场经济体制不可能一蹴而就，但只要始终坚定地以建

立完善的社会主义市场经济体制作为经济体制改革的最终的目标,不断推进市场取向的经济体制改革,这个目标就一定会实现。

本章主要名词概念

经济制度 经济体制 经济形式 计划经济体制 市场经济体制 斯大林模式 兰格模式 南斯拉夫模式 布鲁斯模式 锡克模式

本章思考题与练习题

1. 分析经济体制同经济制度的区别与联系。
2. 试述影响经济体制的主要因素。
3. 评述传统社会主义经济体制产生的原因及其作用。
4. 传统社会主义经济体制与实践的矛盾主要表现在哪些方面?
5. 社会主义经济体制有哪些具体模式?各有什么特征?
6. 社会主义市场经济体制的基本框架和基本环节是什么?

第三篇
社会经济运行

第八章 微观经济运行

微观经济活动是社会经济运行的基础。居民个人是微观经济的主体之一,其经济行为与企业经济活动相互联系和相互作用,共同形成并决定着微观经济的运行过程。个人经济行为是指个人消费行为、投资行为和就业行为的总和。企业经济活动是微观经济活动的主要内容之一。企业产权制度和组织形式是企业经济活动的制度基础;企业的全部经济活动都是建立在成本和收益比较的基础上的;企业生产与扩大再生产、企业技术创新等构成企业经济行为的主要方面;资金的筹集和运用是企业经济活动的物质基础。

第一节 个人经济行为

一、个人消费行为

(一) 个人可支配收入

个人收入是指社会成员在一定时期内(通常为1年),通过不同途径或来源获得的收入总和。个人获取收入的途径或收入来源,受社会经济制度及经济体制的制约。不同个人的收入主要有:

(1) 劳动收入,包括工资、奖金、承包收入等;(2) 福利性收入,包括政府或企事业单位提供的各种补贴、救济金和其他福利性收入;(3) 投资收入,包括持有银行存款、债券和以其他形式贷出货币获得的利息收入,

以及股票投资的股息、红利和股票价格上涨获得的收入;(4)经营收入,即从事个体经济或私营经济活动获得的收入和利润;(5)租金收入,即向他人出租私有房屋或其他资产获得的收入;(6)其他收入,如保险公司赔款、馈赠、遗产继承等收入。

以上收入并不是每个居民都全部具有的,就大多数居民来说,个人收入主要由劳动收入、福利性收入和投资收入构成。

个人收入减去个人所得税后,余下的就是个人可支配收入。个人可支配收入的多少,主要由以下因素决定:

第一,国民收入的总量。个人从各种不同来源获得的收入都来自国民收入,它们是通过国民收入的分配和再分配实现的,因而国民收入的大小直接影响着个人收入的多少。国民收入的大小,取决于经济发展的快慢。经济发展越快,国民收入总量越大,个人收入增长也越快;反之,个人收入增长越慢,甚至可能下降。

第二,国民收入分配和再分配的方式和制度。国民收入在国家、企业和个人之间分配后,形成国家财政收入、企业收入和个人收入。个人收入作为国民收入的构成部分,其数量不仅取决于国民收入的总量,而且取决于国民收入各个组成部分的分配比例。在国民收入已定条件下,如国民收入分配比例向个人倾斜,个人收入就会增加;反之就会减少。国民收入分配的比例,最终取决于国民收入分配方式和制度。工资制度、税收制度、金融制度、社会保障制度等体制因素,都会影响国家财政收入、企业收入和个人收入在全部国民收入中所占的比例,从而决定着国民收入中最终分配给个人的可支配收入的数量。

第三,个人向企业和其他经济组织提供的生产要素的数量。首先是个人提供的劳动的数量和质量。在其他条件不变时,个人付出的劳动数量越多,质量越高,其收入水平就越高。其次是个人拥有的劳动以外的生产要素的数量。如个人所拥有的资金或其他资产越多,通过各种方式获得的收入也越多。再次是个人对其所有的其他要素的经营利用状况。如居民可以通过银行活期或定期存款获取利息,也可以通过股票投资取得股息、红利,还可以通过买卖股票取得价格涨跌的价差收入。在相同条件下,这些收入的水平是不相同的,这也会影响个人可支配收入的数量。

一般说来,居民的个人可支配收入,首先要将其中的一部分作为消费支出,用于购买商品和劳务,以满足现期的物质和文化生活需要,剩余的部分则

作为储蓄。因此，个人可支配收入在使用过程中可分解为消费和储蓄两个部分。

（二）个人消费选择

消费是个人经济行为的最终目标，无论是个人的投资行为还是就业行为，最终都是为了满足自身的消费。个人消费行为是指消费者评价、购买和使用商品或劳务时所做出的决策过程和采取的实际行动。个人消费行为是受其消费动机支配的。尽管不同个人的每一个消费行为的具体动机千差万别，但都可归结为"满足自身的需要"这一根本动机，而这种需要又包括生存需要、发展需要和享受需要。因此，个人消费行为的动机不外乎是为了满足自身生存、发展和享受的需要。

个人消费行为主要受以下因素的影响：

第一，个人收入水平。个人可支配收入的数量，是影响其消费行为的首要因素。它不但影响个人的消费总量，而且也影响其消费结构。当个人可支配收入较少、购买力较低时，消费者对各种商品和劳务的消费量就较少，货币收入主要用于购买生活必需品，以满足最基本的生活需要。当个人可支配收入较多、购买力较高时，消费者对商品和劳务的消费量就增加，消费结构也会发生变化，从而增加对质量好和价格高的商品和劳务的购买。从总体上说，个人消费是随其可支配收入的增减而增减的。

第二，商品自身的价格。一般说来，消费者对某种商品的需求量与该商品的价格升降呈反方向变化。某种商品价格上升，需求量减少；价格下降，需求量上升。但是，对于不同种类的商品，消费者对其价格变化的反应程度是不同的。用于满足生存需要的生活必需品，消费者的购买量在价格升降时的变化程度，一般要小于用于满足发展需要和享受需要的非生活必需品的购买量在价格升降时的变化程度。而且，在价格升降变化时，收入水平较高的居民的购买量的变化程度，小于收入水平较低的居民购买量的变化程度。

第三，相关商品的价格。当某种商品的自身价格不变而相关商品的价格变化时，消费者对该商品的需求量也会发生变化。对于替代品（指两种商品都可以满足消费者的同一种需求，消费者可以用一种消费品代替另一种消费品来满足自己的需要，如大米和面粉），如一种商品（大米）的价格不变，而另一种商品（面粉）的价格上涨，消费者就会减少对价格上涨商品（面粉）的购买量而增加对价格不变的商品（大米）的购买量。一种商品的需求量与它的替代品的价格是同方向变动的。对于互补品（指两种商品必须互相配合，才能共同满足消费者的同一种需要，如照相机和胶卷），如一

种商品（胶卷）的价格上涨，消费者不仅对该种商品（胶卷）本身的购买量减少，而且还会对与它互补的其他商品（照相机）的购买量减少；反之亦然。一种商品的需求量与它的互补品的价格是反方向变化的。

第四，消费者对未来的预期。消费者对未来个人收入和商品价格的预期，是影响其消费行为的重要因素。如果消费者预期其收入在将来较长时期内会稳定增加，他可能会以消费信贷的形式增加当前的消费支出；反之，则会削减当前的消费支出。如果消费者预期其希望购买的商品价格会上涨，他可能现在就会购买。

第五，消费者的偏好。消费者对不同商品的偏爱和喜好，称为消费者偏好，其变化主要取决于当地的风俗习惯和当时的社会风尚。在一定的收入水平和价格水平下，消费者最终选择购买某种商品，其偏好起着重要或决定性的作用。消费者对某种商品的偏好程度降低，他就会减少对这种商品的购买量；反之，就会增加其购买量。

（三）个人消费与储蓄

储蓄是个人可支配收入中用于现期消费支出后的余额，是居民对其现期消费的节制或延期。

个人消费支出在其可支配收入中所占的比重，称为消费倾向，可分为平均消费倾向和边际消费倾向。平均消费倾向是指平均每一单位收入中消费所占的比重，边际消费倾向是指每一新增收入中新增加的消费所占的比重。同样，储蓄在可支配收入中所占的比重，称为储蓄倾向，也可分为平均储蓄倾向和边际储蓄倾向。平均储蓄倾向是指平均每一单位收入中储蓄所占的比重，边际储蓄倾向是指每一新增收入中新增加的储蓄所占的比重。

从长期看，随着收入的增加，消费也随之增加，但收入的增加所引致的消费增量小于收入增量，因而边际消费倾向趋于递减。由于边际消费倾向递减，平均消费倾向也会随之递减。同样，储蓄随收入的增加而增加，且边际消费倾向递减，因而边际储蓄倾向趋于递增。由于边际储蓄倾向递增，平均储蓄倾向也会随之递增。

居民个人可支配收入，对居民的消费和储蓄具有决定性的影响。在可支配收入既定条件下，消费增加则储蓄减少，消费减少则储蓄增加，二者呈相反的方向变化。但是，从长期看，当年个人可支配收入的变动在影响居民的消费与储蓄时，还要受到这种收入变动的性质和居民过去可支配收入的积累状况等因素的影响。

居民当年的个人可支配收入，是由永久性收入和临时性收入构成的。居民的永久性收入，是指居民当年可支配收入变动后，可以在今后长期保持下去的可支配收入部分；居民的临时性收入，是指居民当年可支配收入中，无法在今后长期保持下去的那部分可支配收入。在一般情况下，居民永久性可支配收入增加，会按一定比例增加消费和储蓄。这时，居民的边际消费倾向和边际储蓄倾向都会增大。居民临时性可支配收入增加，可能会将其中的大部分用于储蓄，只将其中的小部分用于消费，则边际消费倾向极低而边际储蓄倾向极高；也可能会将其中的大部分用于消费，只将其中的小部分用于储蓄，则边际消费倾向极高而边际储蓄倾向极低。

居民过去可支配收入的积累状况不同，相同的可支配收入会有不同的消费和储蓄安排。一个在银行存有大量存款的人，他可能会将当年的可支配收入全部或大部分用于消费，不储蓄或只有少量储蓄，其边际消费倾向极高而边际储蓄倾向极低。一个在银行没有任何存款的人，他可能会从当年的可支配收入中挤出大部分用于储蓄，只将小部分用于消费，其边际消费倾向极低而边际储蓄倾向极高。

此外，不同收入水平的居民构成和居民之间的收入水平差距，也会对居民的消费与储蓄的总体状况产生影响。当全体居民中收入水平较高者所占的比重较大时，居民平均收入水平相对较高。这时，由于高收入居民的边际消费倾向比低收入居民的低，而其边际储蓄倾向比低收入居民的高，从而使全体居民的边际消费倾向趋低，边际储蓄倾向趋高；反之，当全体居民中收入水平较低者所占的比重较大时，居民的平均收入水平相对较低。这时，由于低收入居民的边际消费倾向比高收入居民的高，而其边际储蓄倾向比高收入居民的低，从而使全体居民的边际消费倾向趋高，边际储蓄倾向趋低。当全体居民的收入水平一定时，居民之间的收入差距越大，全体居民的边际消费倾向越低，边际储蓄倾向越高；反之，居民之间的收入差距越小，全体居民的边际消费倾向越高，边际储蓄倾向越低。

二、个人投资行为

（一）个人投资行为的含义

储蓄不仅具有延期消费的性质，而且还是谋取未来收入的手段。居民的储蓄不仅是对未用于现期消费的可支配收入部分的保存，而且通过储蓄中介，这部分收入将转变为生产经营者手中的资金。居民因此而获得的利息等

形式的收益,则是生产经营者使用居民提供的资金的代价。从这个意义上讲,储蓄便是一种投资。

所谓投资,就是资本的形成,是个人或机构对自己所持有的货币资金的一种运用,即购买金融资产或实际资产,以期将来能获得经常性收入或本金的增值。投资主体包括个人和机构两类:个人一般指自然人或家庭,机构一般指金融机构、各种基金、企业以及政府机构等法人团体。投资对象包括金融资产和实际资产两类:金融资产是以金融形式所代表的资产,如货币、外汇、银行存款、国债、公司债券、股票等;实际资产是以实物形式所代表的资产,如土地、厂房、机器设备、各种耐用消费品(如汽车)、住宅等。投资报酬或收益包括经常收入和资本利得两部分:经常收入包括经营收入和利润,以及利息、债息、股息、红利等按期配发的收入;资本利得是指投资本金的升值而带来的价差收益。

投资可分为直接投资和间接投资。直接投资是指把货币资金直接投入到实际生产、流通、服务和部分消费(如住宅)领域以期获得收益的活动,如开工厂、办商店、建医院等;间接投资是指把货币资金用于购买金融资产以期获得收益的活动,如银行存款、外汇、购买股票、债券等有价证券。间接投资还包括购买贵金属、古董、宝石、首饰、邮票、各类艺术品等。

投资按货币资金回收期的不同,可分为短期投资、中期投资和长期投资。短期、中期和长期的划分是相对的,在金融市场上,长期与短期的区分一般以1年为界限:1年或1年以内的为短期投资,1年以上的为中长期投资;或将1年或1年以内视为短期投资,2年以上至5年以内视为中期投资,5年以上视为长期投资。

总之,投资就是资产选择的实际行为,它不仅是指生产领域中的投资,更不仅仅是传统经济理论中的那种固定资产投资,而是指把货币资金转化为其他形式的资产的一切行为,其目的是使货币资金保值增值。

可以把个人投资行为的含义概括为:居民个人将其货币资金转换为其他形式的金融资产,以期将来获得与所承担的风险相应的经常性收入或本金的升值,实现货币资金的保值增值的一切活动。

任何投资,总是与风险相联系的。所谓风险,是指投入一定的货币资金在将来一定时期内发生亏损的可能性以及可能获得的收益大小的概率分布状况。风险存的必然性,在于资产的未来收益的不确定性,而这种不确定性,又是由经济方面的不确定性和政治、社会、自然变化的不确定性引起的。一

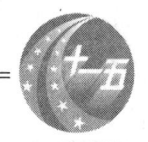

一般来说，投资收益与所承担的风险是直接相关的。收益越大，所承担的风险也越大；收益越小，所承担的风险也越小。购买政府债券、在银行存款的风险较小，收益相对较低；购买公司债券和股票的风险较大，收益相对较高。但在现实中，实际收益与所承担的风险并不完全对称，高风险不一定高收益，低风险也不一定低收益。这是因为风险与收益各自受不同因素的影响，投资者可以采用一定方法，如证券分散、期货交易等控制风险，提高收益。

（二）个人资产形式的选择

与个人投资行为的含义相对应，这里的个人资产是指个人拥有的以金融形式所代表的资产。因此，可以把个人资产定义为：个人所拥有的能在市场上进行交换，并能在将来一定时期内获得某种收入的债权或所有权凭证，主要是银行存款、外汇、国债、公司债券、股票等金融资产。

个人资产形式的选择，也就是对银行存款、外汇、国债、公司债券、股票等金融资产的选择。这种选择又称为个人投资形式的选择。影响个人资产形式选择的因素，主要是：

第一，不同金融资产收益率的差别。不同的金融资产，其收益率是不同的。活期存款的利率就低于定期存款的利率，短期存款的利率又低于长期存款的利率；债券利率一般高于同期存款利率，股息率一般又高于债券利率等等。如果其他条件不变，居民总是趋向于选择收益率较高的金融资产作为投资对象。

第二，不同金融资产的风险程度。在个人资产形式的选择中，收益与风险并存，收益以风险为代价，风险以收益为补偿。如果其他条件不变，居民一般趋向于选择风险程度较小的金融资产作为投资对象。

第三，金融资产的期限。在资产形式的选择中，投入货币资金是现在，获得收益是将来，在时间上有一段期限，对这个期限是短期、中期还是长期的选择，取决于投资者对未来的预期和偏好。有的人认为将来不如现在，则会选择短期金融资产作为投资对象；有的人认为将来比现在好，则会选择长期金融资产作为投资对象。一般说来，大多数人是中间派，既不喜欢太长也不喜欢太短。

第四，金融资产的流动性。这是指金融资产变现和转变为其他形式的难易程度。银行活期存款的流动性就大于定期存款，而债券和股票的流动性则取决于金融市场的发达程度。如果其他条件不变，居民趋向于选择流动性较

好的金融资产作为投资对象。

上述四个因素对个人资产形式选择的影响是有矛盾的：收益率较高的金融资产，其风险程度往往较大、期限较长、流动性较差；相反，风险程度较小、期限较短、流动性较好的金融资产，其收益率往往较低。同时，这四个因素对个人资产形式选择的影响程度，又是与居民的投资动机密切相关的。居民的投资动机，大体上可分为三种：一是为了获得利息、股息和红利等收益，简称为利息动机；二是为了购买住宅、家具和其他耐用消费品，以及为婚丧嫁娶等需要大笔开支的未来消费作积累，统称为特殊消费动机；三是为了子女教育、为失业和退休等提供生活保障，一般称为个人负担动机。如果居民的利息动机较强，其个人投资中收益率较高的金融资产可能会占较大比重；如果居民的特殊消费动机较强，其个人投资中流动性较好的金融资产可能会占较大比重；如果居民的个人负担动机较强，其个人投资中风险程度较小的金融资产可能会占较大比重。因此，居民在进行个人资产形式的选择时，必须综合考虑收益、风险、期限和流动性这四个因素的影响，根据自己的实际情况做出合理的决策。

个人资产形式的选择，实际上是一种追求收益、防范风险的活动。个人资产形式选择的目标，从根本上说，就是在把风险降到最低程度的条件下，使收益达到最大化。为实现这一目标，资产分散化就成为个人资产形式选择的重要原则。所谓资产分散化，是指投资者为了尽可能地避免风险，获得最大限度的有保证的收益而采取的一种资产有效组合方式，即人们常说的"不要把所有的鸡蛋都放在一个篮子里"。

为分散风险和避免风险，获得尽可能多的收益，居民在进行资产形式的选择时，绝不可孤注一掷，把所有的货币资金都用来购买某一种资产，而应分散投资多种经营。一是投资对象分散化，避免过度集中。各种资产的收益或价格各不相同，在资产形式组合中有的收益或价格下降，而其他的收益或价格可能上升，两相补偿，尽可能减少损失或保证收益。二是投资方向分散化，风险和收益相匹配。各种资产的风险程度和收益大小各不相同，在选择资产形式时，高风险高收益和低风险低收益的资产相互搭配，以便"进可攻，退可守"，立于不败之地。三是投资期限分散化，短、中、长期合理搭配。短期资产有较强的流动性，长期资产有较高的收益性，中期资产则两者兼顾。短、中、长期合理搭配形式的资产组合，既能保证充分的流动性，同时又有较高的安全性和收益性。

（三）个人资产形式的调节机制

个人资产的形式并不是一成不变的，而是可以相互转化或替代的。受经济周期、利率水平、物价水平和其他经济因素的影响和调节，个人资产的形式总是不断变化的。

一是经济周期对个人资产形式的调节。经济的周期变化，对证券市场的影响很大，特别是对股市的影响非常明显。在经济衰退和危机时，商品滞销，生产锐减，公司经营状况恶化，盈利减少甚至亏损，投资者纷纷抛售手中的股票和公司债券，转向购买国债和耐用消费品等实物资产，或增加银行存款。在经济复苏和高涨时，市场需求逐渐旺盛，商品畅销，投资增加，公司经营状况改善，盈利增加，投资者争相购买公司债券和股票，减少银行存款和对国债或耐用消费品等实物资产的购买。

经济周期对个人资产形式的调节，实际上就是经济增长对个人资产形式的调节。经济增长速度加快时，公司债券和股票价格上涨，个人资产形式由银行存款和国债等形式，转化为公司债券和股票；经济增长速度放慢时，公司债券和股票价格下跌，个人资产形式由公司债券和股票，转化为银行存款和国债等形式。但是，实践表明，有时情况并非完全如此，而是相反。因为在一定时期内，社会上的资金总量是既定的，当经济增长加快时，实际生产经营领域对资金的需求增大，资金多被吸引从事直接投资，证券市场上的流动资金减少，证券价格可能下跌；而当经济增长放慢时，从实际生产经营领域游离出来的闲置资金增加，即直接投资减少，证券（间接）投资增加，证券价格可能止跌回升。

二是利率水平对个人资产形式的调节。利率是资金的价格，对筹资者而言它代表筹资成本的高低，对投资者而言它代表投资收益的大小。因此，利率变动影响投资收益，从而成为调节个人资产形式的因素。

首先，利率变动影响公司成本和盈利进而影响股价。现代市场经济条件下，负债经营是公司经营的普遍现象，利率高低代表公司融资成本的高低。当利率提高时，市场资金供应趋于紧张，筹资成本增加，公司盈利相对减少，从而股价下跌；当利率下降时，市场资金供应增加，筹资成本下降，公司盈利相对增加，从而股价上升。其次，利率变动影响投资者的心理预期进而影响股价。利率是由资金市场供求关系决定的，同时又是国家调节和干预经济的重要杠杆。当国家调高利率时，投资者认为这是国家紧缩经济的利空消息，心理预期趋于悲观，抛售股票致使股价下跌。反之，当国家调低利率

时，投资者则认为这是国家刺激经济的利好消息，心理预期趋于乐观，抢购股票而使股价上涨。

利率提高，股价下跌，居民便会抛售股票，转而选择银行存款或购买国债；利率下降，股价上涨，居民便会抢购股票，而把银行存款或国债转化为股票。

三是物价水平对个人资产形式的调节。在一般情况下，物价上涨时，公司产品价格随之上涨，盈利和股息增加，股价上升，居民便会减少银行存款或对国债的购买，增加对公司债券和股票的购买；物价下跌时，公司产品价格随之下跌，盈利和股息减少，股价下跌，居民便会减少购买或抛售公司债券和股票，增加银行存款或购买国债和耐用消费品等实物资产。

在通货膨胀情况下，证券市场价格会由于物价猛涨而剧烈变动。在温和的通货膨胀时，公司产品销路旺盛，可通过提高价格而增加盈利，从而使股价上升，居民便会减少银行存款，增加对公司债券和股票的购买。但是，当通货膨胀愈演愈烈，发展为恶性通货膨胀时，一方面造成公司生产成本大幅度上升，另一方面造成投资者购买力的巨大损失。在这种情况下，居民便会从银行、证券市场抽走资金，用于抢购耐用消费品和金银制品等实物资产，严重时会导致金融市场的混乱甚至崩溃。

四是其他因素对个人资产形式的调节。主要是：第一，汇率。汇率对个人资产形式的调节，主要取决于一国经济、金融对外开放的程度。一般说来，本币汇率下调，既有利于出口创汇，又有利于吸引外资，某些股票价格上涨，居民减少银行存款和对国债的购买，增加对外汇和股票的购买；反之，本币汇率上调，出口减少，外资流失，某些股票价格下跌，居民则会减少对外汇和股票的购买，增加银行存款和对国债的购买。第二，税制。国家的税收政策和税制的调整变化，会对公司和投资者产生直接的影响。如调整变化有利于上市公司而不利于投资者，证券市场价格上涨，居民便会减少银行存款，增加对债券和股票的购买；反之，则会增加银行存款，减少对债券和股票的购买。第三，货币供应量。当国家扩大货币发行，增加基础货币供给时，通常会带动证券市场价格上扬，居民就会减少银行存款，增加对债券和股票的购买。相反，当国家减少货币发行和供给，证券市场价格下跌，居民则会增加银行存款和对国债的购买，减少对公司债券和股票的购买。

三、个人就业行为

（一）劳动供给行为

劳动是人类自身的资源，是最重要的生产要素之一。在市场经济条件下，劳动者拥有劳动的个人所有权，具有独立的经济利益。劳动者根据利益最大化原则，自主选择劳动方式和就业。他既可以把自己的劳动提供给企业或其他组织，以集体方式劳动和就业；也可以把自己的劳动与其所有的其他生产要素相结合，以个体方式劳动和就业。同样，劳动者根据利益最大化原则，自主决定是否劳动和就业、劳动多少以及从事何种劳动。劳动者的上述选择和决定，受劳动需求、市场工资率、劳动技能和其他生产要素状况等的影响和制约。

如果不考虑劳动者在各种劳动机会之间的选择，假定劳动者只选择劳动和不劳动（闲暇），那么在劳动市场上，劳动供给行为主要受以下因素影响：

第一，市场工资率的高低。所谓工资率，是指一定时间内劳动量的价格，即劳动的价格，如每人每小时的工资或每人每月的工资等，也就是人们习惯上所说的工资。

市场工资率的高低，是由劳动市场上的供给和需求两种力量相互作用决定的。劳动供给来源于劳动者或家庭，劳动者总是根据利益最大化原则，决定提供的劳动数量。当市场工资率提高时，劳动者提供的劳动数量增加，从而使劳动市场的供给量增加；当市场工资率降低时，劳动者提供的劳动数量减少，从而使劳动市场的供给量减少。因此，一般来说，劳动供给量的大小与市场工资率的高低呈相同的方向变化。劳动的需求来源于企业，企业根据利润最大化原则，决定使用的劳动数量。当市场工资率提高时，企业使用的劳动数量减少，从而使劳动市场的需求量减少；当市场工资率降低时，企业使用的劳动数量增加，从而使劳动市场的需求量增加。因此，劳动需求量的大小与市场工资率的高低呈相反方向的变化。

如果劳动的供给量大于劳动的需求量，就会使一些愿意工作的劳动者找不到工作，他们就会愿意以更低的价格提供劳动，从而使劳动市场的工资率趋于下降。反之，如果劳动的供给量小于劳动的需求量，就会使一些愿意招雇劳动者的企业招不到劳动者，它们就会愿意以更高的工资招雇劳动者，从而使劳动市场上的工资率趋于提高。只有当工资率恰好使得劳动的供给等于劳动的需求时，劳动市场才会处于均衡；劳动的供给等于劳动的需求时的工

资率即为均衡市场工资率。

第二，劳动者个人可支配时间。劳动者用于劳动和闲暇的时间是有限的，一天只有 24 小时，一个月只有 30 天等。因此，劳动者个人可支配的时间构成劳动者的资源约束。劳动时间增加，闲暇时间减少；反之，二者此长彼消。

劳动给劳动者带来收入，收入可以作为消费支出，购买商品和服务，使劳动者因消费商品和服务而得到满足。但劳动又给劳动者带来劳累和痛苦，即产生负效用，工资收入可看作是对这种负效用的补偿，即劳动的价格。闲暇使劳动者获得体力和脑力的恢复，并带来舒适和愉快的满足，即产生正效用。但闲暇又使劳动者丧失获得收入的机会，工资收入可看作是对这种正效用的代价，即闲暇的价格。劳动者在劳动市场上的收益最大化原则，实际上就是在既定时间约束条件下，选择劳动时间和闲暇时间，以便最大限度地满足自身的需要。

在劳动者个人可支配时间的约束下，工资率的提高意味着闲暇变得相对昂贵，劳动者倾向于用劳动代替闲暇，从而增加劳动闲暇时间而减少闲暇时间。这被称为工资率变动的替代效应。因此，工资率提高的替代效应使得劳动的供给量增加，工资率降低的替代效应使得劳动的供给量减少。如果劳动者的劳动时间不变，工资率的提高意味着劳动者在较少的劳动时间内就能获得较多的收入，他越有能力保持和享有更多的闲暇，倾向于减少劳动时间而增加闲暇时间；工资率的降低意味着劳动者在较多的劳动时间内才能获得和原来一样多的收入，他越无能力保持和享有更多的闲暇，倾向于增加劳动时间而减少闲暇时间。这被称为工资率变动的收入效应。因此，工资率提高的收入效应使劳动的供给量减少，工资率降低的收入效应使得劳动的供给量增加。

可见，工资率提高的替代效应倾向于使劳动的供给量增加，而收入效应倾向于使劳动的供给量减少，二者的作用方向相反。如工资率提高的替代效应大于收入效应，那么工资率的提高会引起劳动供给量的增加；反之，如工资率提高的收入效应大于替代效应，那么工资率的提高会引起劳动供给量的减少。一般来说，在工资水平较低的阶段，工资率提高的替代效应大于收入效应，劳动供给量随工资率的提高而增加。但是，随着工资率的不断提高，替代效应逐渐弱化，收入效应逐渐加强，当工资率提高到某一水平后，工资率提高的替代效应就会小于收入效应，劳动供给量随工资率的提高而减少。

第三，其他方面的因素。首先，人口状况，如人口规模和年龄结构，对劳动供给有较大的影响。一定时期内，人口规模越大，适宜劳动年龄人口所占的比重越大，劳动市场的供给量就越大；反之亦然。其次，教育事业发展的状况，如教育年限，教育的直接成本和机会成本、就业智能和技能的起点等，对劳动的供给，特别是对 16～22 岁青年人口的劳动供给有重大影响。这类人口的教育、培训年限越短，教育的直接成本和机会成本越大，就业的智能和技能起点越低，劳动的供给量就越大；反之，劳动的供给量就越小。再次，社会保障制度的完善程度，如失业保险和养老保险等收入保障制度，对劳动的供给，特别是对部分中年和老年人口的劳动供给有重要影响。保障收入越多，这类人口的劳动供给就越小。最后，宏观经济状况，如经济周期波动、繁荣与衰退的交替等。经济处于衰退时期，一部分劳动者会失业；失业者长期找不到工作，可能丧失工作的意愿，退出劳动市场，使劳动的供给减少。

（二）劳动力流动

劳动力流动是指劳动力在地区之间和产业之间的转移。由于各地区经济发展的不平衡，各个产业的技术经济特点不同，使得各地区、各产业的劳动需求和劳动供给不同，造成地区之间和产业之间的工资差别。劳动者根据利益最大化原则，不仅选择劳动和闲暇，而且选择在什么地区、在何种行业劳动和就业，从而导致劳动力在地区之间和产业之间的转移。

劳动力在地区之间的流动，有利于缩小地区之间的工资差别。假定地区之间的其他条件都相同，唯一的差别在于同质劳动的工资率不同。如果不考虑劳动力流动成本和阻碍劳动力流动的其他因素，那么，工资率低的地区劳动力就有向工资率高的地区流动的趋势。劳动力供给转移的结果是地区之间的工资率趋于缩小；只要地区之间的工资还存在差别，这种流动就不会停止，直到地区之间的工资率差别消除为止。

但是，劳动力在地区之间的流动，并不能最终消除地区之间的工资差别。这是因为，劳动力在地区之间的流动，在缩小地区之间工资差别方面存在着一系列的障碍和阻力。如果不考虑社会障碍和体制因素，这些阻力是信息偏误，信息成本和流动成本。劳动力在地区之间的流动，离不开准确的职业信息。搜寻恰当的职业信息既需要时间，又需要成本。更大的阻力还在于劳动力流动的成本，这种成本既包括直接的有形迁移成本，又包括间接的无形心理成本。迁移成本可以准确计量，心理成本难以计量。心理成本包括：

离开熟悉的生活环境，改变习惯的生活方式，到一个新的地区可能带来的不确定性等。

信息成本和流动成本对不同年龄的劳动者有着完全不同的影响。越是年轻的人，成本相对较小，而年龄越大的人，成本越大。从收益方面看，青年人从低工资地区流动到高工资地区就业，获得高工资的年限较长；反之，年长者获得高工资的年限较短。劳动者在做出流动决策时，要对流动可能得到的收益和付出的成本进行比较。一般来说，地区之间的工资差别越大，劳动力流动的倾向越强烈。青年人的流动成本较低，获得高工资的年限较长，流动倾向较强；年长者的流动成本较高，获得高工资的年限较短，流动倾向较弱。因此，劳动力在地区之间的流动，有利于地区之间工资差别的缩小，但不能最终消除地区之间的工资差别。地区之间工资差别的缩小和最终消除，只能依靠地区经济的发展。

产业和企业的技术经济特点，决定了不同产业和企业对高技能劳动和熟练劳动的需求不同。现代产业和资本、技术密集型企业，对高技能劳动和熟练劳动的需求较大；传统产业和劳动密集型企业，对高技能劳动和熟练劳动的需求较小。在劳动供给都相同的条件下，对这种劳动需求越大的产业和企业，该种行业和职业的工资率就越高；对这种劳动需求越小的产业和企业，该种行业和职业的工资率就越低。例如，科技工作者、医生等的工资水平就较高，而普通工人、一般劳动者的工资水平就较低。

同时，现代产业和资本、技术密集型企业，产品成本中人工成本占总成本的比重相对较小，工资率的任何一种变动，对总成本从而对产品价格的影响较小，因而具有支付较高工资的能力。传统产业和劳动密集型企业，产品成本中的人工成本占总成本的比重相对较大，工资率的变动对总成本和产品价格的影响较大，工资率提高的可能性和提高的幅度也就小。这正是一些现代产业和资本、技术密集型企业，劳动者的工资水平较高，而一些传统产业和劳动密集型企业，劳动者的工资水平较低的原因。

从长期来看，如果劳动者的劳动能力或天资都相同，并对各种劳动的偏好都相等，那么较高的工资率将会吸引更多的劳动者加入到这一行业中来，劳动力在不同产业和企业之间的流动引起的劳动者之间的竞争，将会促使工资率较高的行业和职业的工资水平下降，引起工资率较低的行业和职业的工资水平上升，最终促使各种行业和职业的工资率趋于均等。

但事实上，劳动者的劳动能力是不同的，他们在基本技能、健康状况、专业技术知识、特定职业技能等方面都存在着差异。劳动者劳动能力的差异，可能使从事某一职业的劳动者相对稀缺，劳动供给较少，因而稀缺劳动的工资率较高，具有特殊劳动技能的劳动者就会获得高于平均水平的"超额工资"。但是，大多数劳动者劳动能力的差异，主要来自人力资本投资的差异，这种差异可以通过后天的教育和培训得到缩小和弥补。具有特殊劳动技能的劳动者获得的"超额工资"，可以看作是人力资本投资的回报。因此，劳动者支付的教育和培训费用越大，这种职业的工资水平就越高。例如，电脑程序设计人员的工资一般就比电脑操作人员的工资高得多，博士生就比大学生的工资高得多等，就是这个道理。极少数劳动者劳动能力的差异，即使进行人力资本投资也不易缩小和弥补，他们具有的特殊劳动技能，是其他人花费再多的教育和培训费用也无法获得的，从而使他们在某种特殊职业的垄断地位难以消除。当这种特殊职业的劳动供给出现稀缺时，在需求的作用下，这类劳动者的工资就会急剧上涨。演艺界和体育界一些明星的收入，就是典型的例子。

通过以上分析，可以看出，劳动力在不同产业、行业和职业之间的流动比较困难，而在同类产业、行业和职业内部的流动相对容易。因此，一般来说，不同产业、行业和职业之间工资率的差别，要大于同类产业、行业和职业内部工资率的差别。

劳动者对职业的偏好是决定劳动力在不同产业和企业之间的流动从而决定劳动供给的一个重要因素。人们对某种职业越喜好，该种职业的劳动供给就越大，市场工资率就越低；反之，工资率就越高。决定劳动者职业偏好的因素主要有劳动强度、危险程度、环境条件和风险大小等。一般来说，劳动者是厌恶各类风险的，劳动者从事职业的劳动强度越大、危险程度越高、环境条件越恶劣和风险越大，这类职业的劳动供给就越少，市场工资率也就越高。例如，煤矿工人、长途汽车司机工作的危险程度较高，他们的工资就较高；脑力劳动的强度较大，因而脑力劳动者的工资较高；殡仪工人和勘探工人的工作环境较差，他们的工资也较高；等等。

（三）人力资本

人力资本是与物质资本相对的一个概念，是指通过教育和培训等投资而形成的，存在于人体中并能为劳动者带来持久性收入的劳动能力，它一般表现为劳动者所具有和掌握的文化科学知识、专业技术知识、特定职业技能和健康状况等。

人力资本的观念，早在政治经济学创立之时就已产生，亚当·斯密在《国民财富的性质和原因的研究》中曾对人力资本进行了概括。他指出，学习一种才能，需要受教育、进学校、做学徒，所费不少。这样费去的资本，好像已经实现并固定在学习者的身上。这些才能，对于他个人自然是财产的一部分，对于他所属的社会也是财产的一部分。劳动者增进的熟练程度，可以和便利劳动、节省劳动的机器和工具一样看作是社会上的固定资本。学习时固然要花一笔费用，但这种费用，可以得到偿还，赚取利润。①

科学技术不仅是生产力体系中的直接因素，而且是生产力中的主导因素。科学技术是第一生产力。科学技术不仅体现为技术和工艺，而且体现为人力资本。人力资本的积累和增加，对经济增长与社会发展的贡献，远比物质资本、自然形态的劳动力数量的增加重要得多。正因为如此，反映经济增长的国民生产总值的增长因素中，人力资本所占的份额越来越大。

人力资本的形成，来源于人力资本投资。人力资本投资是指能够形成和增强劳动者文化科学知识、专业技术知识、特定职业技能及生理、心理健康所花的费用以及有利于提高人力资本利用率支出的费用。劳动者的劳动能力或劳动者的知识技能和健康等是人力资本投资的对象。人力资本投资的方式主要有：

第一，各种形式的教育。这是人力资本投资的重要方式，在人力资本投资中具有十分重要的地位。无论投资主体是政府还是社会团体、劳动者个人及其家庭，用于各种形式的教育费用，都属于人力资本投资。各种形式的教育，侧重于人们对自然界、社会生产和社会发展认识能力的传授与发展，形成并增加人力资本的知识存量，表现为人力资本构成中的教育年限或学历。因此，通过人们受各种形式教育的年限、学历，可以衡量和比较劳动者或劳动者集体、一个国家或地区在某一特定时期的人力资本存量。

第二，职业技术培训。这是与各种形式的教育具有同等意义的人力资本投资，无论谁花费或支出的各种职业技术培训费用，都属于人力资本投资。各种形式的职业技术培训侧重于对劳动者职业、专业知识和技能的培养和训练，形成并增加人力资本的技能存量，表现为人力资本构成中的专业技术等级。同样，通过劳动者的各类专业技术等级，可以衡量和比较劳动者或劳动者集体、一个国家或地区在某一特定时期的人力资本规模。

---

① 亚当·斯密：《国民财富的性质和原因的研究》，商务印书馆1992年版，第257~258页。

第八章 微观经济运行

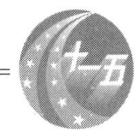

第三,健康保健。劳动者自身是人力资本的载体,人们的生理、心理素质状况是人力资本得以发挥作用的自然基础。用于健康保健、增进体质的费用,不论由谁来支出,都属于人力资本投资。各种形式的健康保健,侧重于人们生理、心理素质的改善和提高,形成并增加人力资本的体能存量,表现为人力资本构成中的健康状况。通过各种健康指标,可以衡量和比较个人或集体、一个国家或地区在某一特定时期的人力资本状况。

第四,劳动力流动。劳动力流动费用本身并不能直接形成或增加人力资本存量,但是通过劳动力流动实现人力资本的优化配置,调节人力资本分布的稀缺程度,是实现人力资本价值和增值的必要条件。因此,劳动力流动费用也属于人力资本投资。此外,劳动者获取劳动市场工资和职业信息的费用,企业雇用员工的考评费用等,也都被看作是人力资本投资。

人力资本投资,不同于物质资本投资和其他形式的投资,它具有如下特点:

第一,间接性。物质资本投资直接形成生产能力,投资收益也是直接的,即在什么领域投资,就在什么领域回收。如投资运输业、电站,企业购置资本设备等。人力资本投资并不直接形成生产能力,只有通过人力资本在生产过程中发挥作用,才能最终显示出投资的生产性。人力资本投资的收益带有社会性,因而不是直接的。无论是政府或其他组织为人力资本投资支付的社会成本,还是个人或家庭为人力资本投资支付的私人成本,其投资收益的回收都是间接的。

第二,迟效性。物质资本投资往往见效较快,如新的投资设备调试安装完毕,即可发挥生产性效能。人力资本投资是长期投资,需要经过较长时期才能见效,在其投资过程中不能立刻见效。只有通过一定时期的学习和培训过程,文化科学知识和专业技能不断积累和提高,达到一定的水平和程度,投资才能发挥生产性效能。

第三,长期性。物质资本经过一定时期的使用,会因磨损而丧失生产性效用。通过人力资本投资而形成和积累的人力资本,在劳动者劳动的全过程中都在发挥作用。虽然某些具体知识和技能可能会因社会经济或文化的发展出现"老化"而失效,但通过教育和培训而提高的学习和工作能力,会长久地在劳动者的整个职业生涯和社会生活中发挥作用。这就是知识和技能的创造性。

第四,风险性。任何投资都是有风险的,人力资本投资也不例外。通过

某种特定内容的教育和培训，使人力资本具有某种专门的性质。如这种专业性与劳动市场的需求失衡，使人力资本的供给大于需求，人力资本投资就不能获得预期的收益。特别是当教育和培训等人力资本投资不能预见到经济结构和劳动市场结构变动的趋势时，人力资本投资的风险性就更大。

人力资本投资的特点，决定了人们在做出人力资本投资决策时，必须对投资的预期收益和预期成本进行比较。就个人或家庭来说，接受教育和培训不仅要支付学费等直接成本，还要支付教育和培训期间放弃收入的机会成本，直接成本和机会成本构成人力资本投资的总成本。预期收益包括货币收益和非货币收益。货币收益是指获得的就业机会和收入，一般以工资为其表现形式。非货币收益是指高学历和技术等级给个人带来的社会评价和声誉，以及对个人消费行为和其他社会行为的有益影响等。仅就货币收益而言，如果较高层次的教育和培训所支付的成本得不到补偿，或者就业机会不如较低层次者，那么较高层次的教育和培训的需求就小，从而不能刺激较高层次的教育和培训方式的人力资本投资的增加，个人或家庭就会选择较低层次的教育和培训；反之，就会选择较高层次的教育和培训。

第二节　企业经济活动

一、企业制度与企业组织

（一）企业产权制度

1. 财产所有制、所有权和产权

当论及财产时，人们不能不问财物归谁所有，谁是财物的主人，以及与之相关的权利和收益如何分割等等问题。作为财产必须同时具备四个条件：第一，必须是独立或相对独立于主体的意志而存在的对象，也就是说财产必须是与财产主体分离开来的；第二，必须是能够被人们所拥有的对象，即必须能够为人们所控制和利用；第三，必须对人有使用价值；第四，必须具有稀缺性。

财物所以能够成为财产，关键在于占有，在于人和物之间客观存在的占有关系或占有权利。这种围绕财产占有关系或占有权利而建立的社会经济制度，就是财产所有制。财产所有制是人们在财产上形成的包括狭义的所有和占有、支配、使用、收益等关系。狭义的所有，指财产法律上的归属、所有关系，涉及财产归谁所有的问题；占有指人们直接掌握、实际控制和具体管理财产的关系；支配指人们最终处置、安排、调度财产和决定其使用方向的关系；使用指人们改变、消费财产的关系；收益指人们通过占有、支配和使用财产获取相应收益的关系。

在现实经济生活中，财产所有制关系受到正式规则（包括法律规则、社会契约和组织规则）和非正式规则（包括人们的文化传统、习惯和道德规范）的承认和保护，在法权方面分别表现为狭义的所有权、占有权、支配权、使用权和收益权。其中前四个产权反映了所有制主体的权利和职能，合起来简称为"四权"，"四权"加上相应的收益权，就构成了全部的产权或财产权。

狭义的所有权和产权是有联系的两个不同的经济范畴。两者的联系在于：所有权是产权的基础和核心，没有所有权就不存在产权问题；产权是所有权派生的经济权利，没有产权则所有权的权益无法实现；狭义的所有权是产权的一部分。但二者又存在区别：从所有制层面把握，狭义所有权是生产资料所有制在法律上的表现，表明财产的归属权利，即财产归谁所有、由谁支配、谁来受益的生产关系。而产权属于经济运行层次的范畴，是经济行为主体之间在财产营运中的权利关系，是指界定各经济行为主体占有和运用财产的权利边界和运行规则，即各经济行为主体涉及权利关系时可以做什么、不可以做什么，以及如何对自己行为负责的权责利关系。

产权作为人与人之间围绕财产营运而建立的经济权利关系，内在地具有排他性、有限性、可分解性和可交易性等性质。首先，特定财产的特定权利只能有一个主体，是甲的，就不是乙的。一个主体要阻止别的主体进入特定财产的领域，以保护其特定的财产权力这就是产权的排他性。如果没有这种排他性，不管是否是某一财产的主人，都可以一样地占有、支配和使用该财产，就无所谓产权，也没有界定产权的必要。其次，产权与产权之间必须有明晰的界限和数量限度，否则，权能的行使无法有效地进行，无法提高资源配置和使用效率，无法降低交易成本。再次，权能行使具有可分工性和利益的可分割性。产权的不同权能可以由同一主体行使转变为不同主体分工行使，就是权能的分解，相应的利益分属于不同的权能行使者，是利益的分割。权能分解是整合各个产权主体利益关系的需要，利益分割是权能分解的必然结果。最后，产权可以在不同主体之间转手和交易。产权的可交易性是

以产权的排他性、有限性和可分解性为前提的。只有排他性的、边界清晰的、可以分割并可计量的产权才有可能和有必要进入市场交易。

2. 产权制度及其对企业经济活动的影响

产权制度是制度化的产权关系或对产权关系的制度安排,是划分、界定、保护和行使产权的一系列规则。产权制度是所有制的具体化和经济制度结构中的一个运行层次。它通过发挥其激励和约束功能、资源配置功能以及收入分配功能影响企业行为和微观经济运行。

首先,任何一个经济主体,有了属于他的产权,不仅意味着他有权做什么,同时也意味着他能获取什么样的收益。这样,产权制度就通过权能分解和相应的利益分割对经济当事人产生激励作用。例如,现代公司的经理人员所以能努力从事经营管理,主要是因为他们掌握了经营权,使其拥有了管理公司的权利、责任和相应的收益,经营绩效的好坏与自身利益密切相关。

其次,任何一种产权都是有限的。产权的有限性决定了产权的权能空间和利益分配是有界区的。当产权制度确认和保证经济当事人可以在某种范围或以某种形式做什么和得到什么的同时,也界定了他们的权能和利益的边界。如果他们的行为超出了制度界定的范围,获取了不该得到的利益,就是越权或侵权,将为此承担相应的代价。因此,产权制度通过权能和利益界区的设置对经济当事人的经营行为产生了约束作用。

再其次,产权制度通过直接影响资源配置状况调节微观经济运行。具体说来,第一,设置产权本身就是对资源的一种配置,而一种稳定的产权结构也会形成相应的资源配置状况。第二,产权的变动会改变资源在不同经济主体间的配置,改变资源的流向和流量,从而改变资源配置状况。第三,各类生产要素通过市场交换而流动,是市场机制配置资源的基础。而生产要素交换的前提条件则是生产要素的产权明晰。第四,产权制度在一定限度内决定资源配置的调节机制。例如,高度集中的产权制度决定资源配置的计划调节,分散的多元化的产权制度决定资源配置的市场调节。第五,构建有效的产权制度是市场运行的客观要求。有效的产权制度不仅为市场机制正常发挥作用和市场秩序的确立提供必要条件,而且是节约市场交易费用的重要途径。

最后,产权制度通过收入分配功能规范经济主体的行为。权能的界定和产权在不同经济主体之间的分配,决定了相应的收入手段和分配形式。按生产要素分配的实质就是按生产要素的产权分配。既然产权本身是收入和获取

收入的依据，那么，对产权的划分和明确也就是对收入或收入依据的划分和明确。只要产权规则是明确规范的，收入分配就是规范的。只要产权能够得到保护，收入分配就能正常实行，收入就会得到保证。

（二）企业组织的主要类型

现实中的企业组织形式多种多样，各自适合于相应的行业或产品的生产经营活动。不同的企业组织形式有不同的产权结构，不同的责权关系，不同的法律地位，因此也就具有不同的运行机制和不同的企业行为特点。迄今为止，市场经济中有三种基本的企业组织类型，即业主制（或独资）企业、合伙制企业和公司制企业。

1. 业主制企业

业主制企业是一种自然人企业，是由一个公民投资开办的企业，投资者对企业债务承担无限责任。也就是说，企业主要用自己所有的全部财产对企业的债务承担清偿责任，而不能仅用投入该企业的资产来承担。

在业主制企业里，领导权与法律责任和承担的风险关系非常密切。企业主是企业唯一的所有者，他承担企业的全部风险，并单独对企业的债务负责。因此，他也单独拥有企业的全部决策权，除非他在经济困难时才把一部分决策权转让于债主。

业主制企业的所有者单独承担企业的全部风险，因此，全部利润由他享有，全部亏损也由他单独承担，并以其全部财产对企业债务负无限责任。

业主制企业的自有资金是受到企业主财产的限制的，因而这方面并没有一个具体的关于保证资金最低限额的规定。由于企业主是以其全部的私人财产对企业的债务负责，因而他投入企业的资本随时可以支用，也就是说随时可以转为家用。如果不考虑特殊的来源（如通过接受遗产获得资金等），独资企业资本的扩大主要是通过自我筹资途径，即依靠不支取所获得的利润来筹资。

虽然独资企业主可以独自决定企业利润的支取或储备，但对企业主来说，自我筹资能力总是有限的。因为，一般说来，独资企业主所获得的利润总得用以维持家庭生活，这也是和独资企业主的经营目标相适应的。由于家庭和企业之间的密切联系，许多独资企业主的经营目标并不是日益扩大企业的规模，而是想方设法从投入企业的有限自有资金中获取最大利润。暂时不必用于家庭生活的利润往往也不是投资于企业，而是投放在其他地方，以便在出现风险时保证家用。

在外部资金的筹措方面，各种不同的企业法律形式其信用基础也是不同的。它一方面取决于企业自有资金的多少和扩大自有资金的能力，另一方面也依赖于对债务所负的责任和法律规定。因为，通过这些可以使债权人觉得企业是否可以信任，是否有贷款价值，贷款是否可靠。此外，企业的实际经济状况，特别是企业的收益情况，声誉的好坏，企业主的工作能力，企业在市场上的地位等等，也对企业的信贷价值起着决定性作用。特别是在长期进行外部筹资时，如果企业的命运取决于企业主的命运时，对独资企业的信贷价值是会有消极影响的。因为企业主的死亡可以导致企业倒闭，这样，贷款人所承担的风险也就特别大。

2. 合伙制企业

合伙制企业是由二人或二人以上的业主按照协议投资，共同经营、共负盈亏的企业，合伙人对企业的债务负连带无限责任。合伙企业应当有书面协议。它与独资企业一样，也是一种自然人企业，不具备企业法人条件。

在合伙企业里，合伙人具有共同的经济利益，一致的权利义务，财产共有并由合伙人统一管理使用。合伙企业的生产经营活动，由合伙人共同决定、共同执行、共同监督。合伙企业的外部事务，由合伙人推举的代理人与第三人发生关系。第三人同合伙企业间的一切法律行为，不是同合伙企业本身订立的，而是和负责的合伙人订立的，并由该合伙人负责履行义务。代理人在执行权限内，不仅在法律行为方面有代理合伙人的权限，而且在非法律行为方面也可以代表合伙人，也就是说，代理人的行为与全体合伙人的行为发生同样的效力。

在合伙企业里，合伙人的风险是由合伙人现有的私人财产的多少来决定的，因此，一般不是按照股份多少来分配利润，而是按企业合同分配利润的。合伙制企业通常要为参加管理的股东协商确定一定的劳动报酬（企业主工资），这样可以先分掉一部分利润。然后，再按投入的资本根据书面协议商定的数额付给利息。剩余的利润按各股东以私人财产承担风险的多少来进行分配。如果企业合伙人书面协议或合同对利润分配没有做出规定，则剩余利润按投资份额平均分配。

目前，对合伙企业的盈亏分配，中国在法律上还没有作详细规定，一般是根据协议投资、共同经营、共负盈亏的原则，按投资份额平均分配盈亏。

合伙企业和独资企业一样，也主要靠现有私人财产或通过所获得利润的逐渐积累使合伙人的投资额增加，从而扩大自有资本。

在外部筹资方面，如果先不考虑那些不是由法律形式决定的因素，那么，合伙企业的信贷价值一般要大于独资企业，因为合伙企业中至少有两个合伙人负无限责任。

在合伙企业中，因某合伙人死亡而导致企业倒闭的危险性虽然很小，但某个合伙人的退出也会使企业的存在成为问题。所以，银行必须要考察，合伙企业合同对于意见分歧的情况作了哪些安排，银行方面能够得到什么样的承诺，以及在贷款期限内，银行所预测的风险是否不会由于合伙企业合同的变更而增大。

3. 公司制企业

公司制企业是一种所有权与控制权相对分离的法人企业，其典型形式是有限责任公司和股份有限公司。

（1）有限责任公司。有限责任公司是指股东以其出资额为限对公司承担责任，公司以其全部资产对公司的债务承担责任的企业法人。它是公司制企业的一种主要形式。

有限责任公司的股东人数通常有最低和最高限额的规定。英国、法国、日本等国都规定有限责任公司的股东人数必须在2～50人之间，当股东人数超过上限时，须向法院申请特许或转为股份有限公司。中国《公司法》规定，有限责任公司应由两个以上五十个以下股东共同出资设立。

关于有限责任公司股东出资总额的最低限额，也即注册资金的最低限额，中国《公司法》规定，以生产经营为主的公司为50万元人民币，以商业批发为主的公司为50万元人民币，以商业零售为主的公司为30万元人民币，科技开发、咨询、服务性公司为10万元人民币。

有限责任公司不得对外公开发行股票，股东的出资额由股东协商确定。公司的资本不分等额股份，股东之间所占份额可多可少。股东交付股金后不得抽回出资，公司一般只出具股权证书作为股东在公司所拥有的权益凭证，它不同于股票，不能自由流通，只有在其他股东同意的条件下才能转让，并要优先转让给公司原有股东。

有限责任公司的经营管理权是掌握在法定的机构手中的。

股东会是有限责任公司的权力机构，由股东（出资者）组成。它掌握着公司的最终控制权。股东会的职权主要是：决定公司的经营方针和投资计划；选举和更换董事；审议批准公司年度预算和决算方案；审议批准公司的利润分配方案和弥补亏损方案；对公司增加或减少注册资本做出决议；对股

东向股东以外的人转让出资做出决议;对公司合并、分立、解散和清算等做出决议;修改公司章程等。股东会通过决议要进行表决,股东按照出资比例行使表决权。

董事会是有限责任公司的经营决策机构,由股东代表和其他方面的代表组成。董事会对股东会负责,全权负责公司经营,拥有支配法人财产和任免经理的权力。董事长为公司的法定代表人。董事会的主要职权是:召集股东会,并向股东会报告工作;执行股东会决议;决定公司的经营计划和投资方案;制定公司年度预、决算方案;制定公司的利润分配和弥补亏损方案;拟订公司合并、分立、解散的方案;制定公司增加或减少注册资本的方案;决定公司内部管理机构的设置;聘任或者解聘公司经理;制定公司的基本管理制度等。

有限责任公司人数较少和规模较小的,可设一名执行董事,而不设董事会。执行董事可以兼任公司经理,其为公司的法定代表人。

有限责任公司可设经理。经理由董事会聘任或者解聘。经理对董事会负责,管理公司的日常生产经营活动。

有限责任公司可以设监事。公司经营规模较小时,可设1~2名监事,公司经营规模较大的,可设立监事会,其成员不得少于3人,并应在其组成人员中推选1名召集人。监事会由股东代表和适当比例的公司职工代表组成,具体比例由公司章程规定。董事、经理及财务负责人不得兼任监事。监事会依法监督公司的生产经营活动;检查公司的财务;对董事、经理执行公司职务时违反法律、法规或公司章程的行为进行监督;列席董事会会议。

在有限责任公司中,股东以其出资比例享受权利,获取利润,并以其出资额为限对公司承担义务和责任。

有限责任公司自筹资金的能力一般比独资企业和合伙企业要大。因为在有限责任公司中,投资者的责任仅限于其出资额,而且一般不参加经营管理,所以,有限责任公司有可能吸收那些不准备参与企业经营管理,也不愿承担无限责任的投资者。

在筹集外部资金方面,有限责任公司由于其投资者的投资要计入注册资金,公司把投资归还给投资者对债权人来说是无效的。而且,一个大的有限责任公司尽管只对公司债务负有限责任,但它的经济实力却往往比只拥有少量私人财产的独资企业和合伙更可靠,因而其信贷价值并不一定比独资企业和合伙企业低。

(2) 股份有限公司。股份有限公司是指其全部注册资本由等额股份构成并通过发行股票（或股权证）筹集资本，股东以其所持股份为限对公司承担责任，公司以其全部资产对公司的债务承担责任的企业法人。股份有限公司是一种更为规范的公司制企业，在市场经济发达的国家已成为普遍性的主导型企业组织形式。

股份有限公司的设立有两种方式：一种是发起设立方式，即由发起人认购公司应发行的全部股份而设立公司；另一种是募集设立方式，即由发起人认购公司应发行股份的一部分（一般不得少于35%），其余部分向社会公开募集而设立公司。向社会公开募集股份，须经政府有关部门批准，由依法设立的证券经营机构承销，由银行代收和保存股款。

股东持有的股份有限公司的股份，可以在依法设立的证券交易所上市进行自由转让，但不能退股，以保持公司资本的稳定。

为了维护广大股民的利益，防止不正当的交易，发起人持有的本公司股份，自公司成立之日起若干年内不得转让；公司董事、监事、经理持有的本公司股份应向公司申报，在任职期间不得转让。为了保护股东和债权人的利益，各国法律都要求股份有限公司的账目公开，在每个财政年度终了时要公布公司的年度报告和资产负债表，以供股东和债权人查询。

股份有限公司的股东大会是公司的最高权力机构。股东出席股东大会，所持每一股份有一表决权。股东大会做出决议，必须经出席会议的股东所持表决权的半数以上通过。股东大会对公司合并、分立或解散公司做出决议以及修改公司章程的决议，必须经出席会议股东所持表决权2/3以上通过。股东大会依法行使与有限责任公司股东会相同的职权。

董事会为股份有限公司的经营决策和业务执行机构，它对股东大会负责。董事长为公司的法定代表人。董事会的职权与有限责任公司的董事会的职权基本相同。董事会成员为5~19人，由股东大会选举产生。董事长、副董事长由董事会以全体董事过半数选举产生。董事会会议应由1/2以上董事出席方可举行，其决议必须经全体董事的过半数通过。董事应对董事会的决议承担责任。如果决议违反法律、行政法规或者公司章程的规定，致使公司遭受重大损失的，参与决议的董事对公司负赔偿责任。但经证明表决时有异议并记载于会议记录的，该董事可以免除责任。

股份有限公司设经理，由董事会聘任或者解聘。经理对董事会负责。经理的职权与有限责任公司经理的职权相同。经理列席董事会会议。

股份有限公司的监事会为公司业务活动的监督机构，其活动方式由公司章程规定。监事会成员不得少于3人，由股东代表和适当比例的公司职工代表组成。股东代表出任监事由股东大会选举和罢免；职工代表出任监事由职工民主选举产生和罢免。公司的董事、经理及财务负责人不得兼任监事。监事列席董事会会议。

一般来说，股份有限公司的资本总额均分为等额股份，以便于根据股票数量计算每个股东所拥有的权益和承担的义务。股东以其持有的股份为限享受权益、承担义务。

股份有限公司的自有资本规模一般要比独资企业、合伙企业和有限责任公司大，而且，由于股份有限公司可以采取募集设立方式，有条件的公司股票还可以上市，因而具有大规模的筹资能力，能够迅速扩大企业规模。在筹集外部资金方面，股份有限公司由于规模更大、实力更强、行为更规范，因而其信用一般也高于独资企业、合伙企业及有限责任公司。

（三）国有企业组织与经营机制

1. 国有企业的性质

世界上绝大多数国家都有国有企业，但各国建立国有企业的理由却不尽相同。在资本主义生产方式下，国有企业是为实现某些社会政策目标而建立的一种特殊的企业组织形式，也可以说是国家直接干预经济的一种方式，是弥补市场缺陷的一种手段。在社会主义国家，国有企业是被作为一般的企业制度和计划经济的基础而建立和发展起来的。因此，传统社会主义计划经济中的国有企业与资本主义市场经济中的国有企业在"制度逻辑"上是不同的。

在世界许多国家，在现代企业制度下，国有企业只是作为特殊企业，以特殊的法则来规范其行为，即使在成文的法规上将国有企业当作一般企业来对待，在实际运作过程中，国有企业仍然会受到一系列特殊因素的影响，其实际操作仍然是非常特殊的。

2. 国有企业的特点

（1）国有企业具有特殊的产权制度。在现代企业制度下，一般企业实行以自由契约为基础的法人制度，即自然人和法人可以按民法、商法、公司法等所规定的一般规则以及工商行政管理的一般制度，自由地建立企业，并按自己的意愿自己经营或委托他人经营企业。而国有企业并不是一般民事主体自由契约的产物，国有企业的财产是全民的，全民作为一个整体以及作为全民代表的国家都既不是自然人也不是法人。国有企业的这种产权制度的优

点是，可以克服一般企业的产权所有者的局限性，具有更大的承担风险的能力，投资者和决策者、经营者、劳动者之间的责、权、利关系可能变得复杂和模糊，难以仅仅用一般的民事法律来规范。所以，绝大多数国家都以特殊法律的形式对国有企业的运作进行规范，特别是对国有企业的经营决策权给予明确限定。

（2）国有企业特殊的产权制度决定了其经营行为有可能超越单纯的商业利益目标。因此，国家可以通过建立国有企业来实现一定的社会政策目标。例如，控制国民经济命脉、保障国家安全、提供生产和生活的基础设施、发展高技术产业，甚至维护公平、增加就业等。国有企业的这一独特优点，决定了大多数市场经济国家，包括像美国这样的对国家干预经济抱有强烈反感的国家，都建立有国有企业。同这一优点相联系的是，由于国有企业被赋予超越商业利益（利润）之外的其他目标，就可能削弱其市场竞争力。因此，当同一产业中存在同其竞争的其他企业时，国有企业往往表现得缺乏竞争力。所以，在大多数市场经济国家中，国有企业往往是同垄断经营相联系的。

（3）国有企业有特殊的融资渠道，包括财政拨款、国家银行贷款、国家向国际金融市场进行主权性融资（发行主权债券、接受外国政府贷款等），等等。在经济发展中，国有企业的强大融资功能，成为企业和产业成长的有力推动力。特别是在民间缺乏合格企业家，必须由政府来替代民间企业家建立重要企业的情况下，建立国有企业往往成为唯一可行的选择。同这一优点相联系的是，按如此特殊的方式进行投融资所建立的国有企业，如何保证资产的安全？如果没有有效的方式来确保资产安全，国有企业的资产流失就会成为一个严重的问题。

（4）国有企业通常具有较高的信誉，这不仅是因为国有企业以国家为背景，而且，因为国有企业通常具有比一般企业更强的稳固性。在所有的国家，国有企业的破产倒闭都不像一般民营企业那样简单。有的国有企业法律甚至明确规定，非经国家权力机关（议会）批准，国有企业不得关闭或改变经营方向。如此较高的信誉和稳固性，使国有企业能够保持较强的市场地位。同国有企业的这一优点直接相联系的一个弱点是：国有企业具有很强的退出壁垒。这导致两个不利的后果：（1）减弱了国有企业经营者和劳动者的竞争压力和危机意识，有可能对企业效率产生不良影响。（2）使国有企业的产业结构调整更为困难，有可能降低国有企业对市场变化的适应性。

(5) 国有企业总是同政府有密切的关系。国有企业的治理结构在形式上无论怎样相似于非国有企业，都不可避免地会受到政府的较大影响。这种影响来自两个方面：一方面，国有企业往往由政府特许经营一定的业务领域，可以获得垄断经营的优势，当国有企业遇到重大的不利影响时，有可能受到政府的特别关照，国有企业至少在向政府反映困难、要求关照方面，有较便利的条件和谈判地位；另一方面，国有企业往往受到政府部门的行政性干预。

3. 国有企业的地位

由于国有企业被赋予特殊的社会目标，所以观察世界各国的现实经济状况我们可以发现，在现代企业制度的整个系统中，国有企业总是居于特殊的地位。

国有企业是国民经济和国家安全的控制力量之一。为了保持国民经济的稳定发展和保证国家安全，国家必须采取包括建立国有企业在内的各种方式来控制整个国家的经济命脉。作为国家经济控制力量之一的国有企业，是国家可以掌握的应付突发事件和重大经济风险的战略团队。

国有企业是国家战略性产业和高技术产业的主干力量。为了建立和发展国家战略性产业和有力地支持高技术产业的成长，各国政府都建立了一批国有企业作为这些产业的骨干力量或先行者，这些国有企业往往体现了国家战略产业的核心技术水平和产业国际竞争力。

国有企业是重要的民族产业中起决定性作用的力量。任何独立国家的政府都负有支持民族产业发展的使命，在一些重要的产业中建立国有企业，作为民族产业的"拓荒者"，是发展中国家形成具有国际竞争力的民族产业的通行做法之一。

国有企业是社会生产和生活基础设施的主要供应者。在市场经济条件下，尽管市场调节是资源配置的基础性手段，但政府也有责任为经济发展和社会生活创造基础条件，这些基础条件具有公共产品的性质或公益特征。由国有企业来提供基础设施等公共产品和公益产品，是市场经济国家的通行做法。

国有企业往往是非国有企业不宜进入的特殊产业的生产者。在各个国家的各个发展时期，由于种种原因，总有一些特殊生产活动是不宜由非国有企业来承担的，例如，印钞制币、特殊矿产的开采、生产特殊药品、制造特殊武器等，因此，政府规定只允许国有企业经营这些产业。

二、企业的经济活动

（一）企业的成本和收益

一般来说，企业的目标是利润最大化，而利润等于总收益减总成本。因此，在企业经营中必须考虑企业的成本和收益及其比较。

1. 企业的成本

"成本"这个术语可以用各种不同方式来下定义，它的"正确"定义因情况不同而异。一般来说，成本是指为获得一件物品所要支付的价格。假如用现款购进一件产品并立即加以使用，在这种情况下，给它的成本下定义并加以测定，当然不会有什么问题。然而，把买来的物品储存一个时期后再来使用，情况就趋于复杂了。如果买进一项准备以不同的使用率在某个不定的期间来使用的固定资产，问题就显得更为尖锐了。那么，在任何一个特定时期使用这项固定资产的成本究竟是什么呢？

在具体应用场合下应该使用的成本数字叫做相关成本。当企业会计人员编制本企业所得税申报单时，法律要求他们列出购置生产用劳动力、原材料和机器设备等方面所实际支出的金额。因此，为了纳税，表现为企业实际支出金额的历史成本就是相关成本。这种相关成本也适用于企业向证券交易管理委员会提供的报告和它给股东提出的利润报告。

然而，对企业经营管理决策来说，历史成本就可能不适宜了。在一般情况下，现行成本和未来计划成本比历史成本较为恰切。例如，有一家公司存有1 000吨钢材，其原来进价为每吨2 500元，而现价已上涨了一倍，即每吨5 000元。如果这家公司现在要投标承建一项工程，它该如何规定该工程所要使用的钢材的成本？是每吨2 500元的历史成本，还是现行成本5 000元？回答显然是现行成本。这家公司必须支付单价每吨5 000元，才能重新购置它要耗用的钢材。因此，5 000元是上述公司用于投标承建这项工程的相关成本。然而，必须注意，供纳税用的钢材成本仍为历史成本2 500元。

同样，假设某企业有一台机器，其原价全部折旧完了，账面价值已等于零，在这种情况下，却不能认为其使用成本也为零。如果这台机器现在出售，可得价款10 000元，而一年后的售价估计仅为2 000元，那么，再使用该机器一年的相关成本将是8 000元。而且，这家企业使用该机器的真实成本8 000元与其所得税申报单上将会出现的"零"成本这两者之间并不存在什么关系。

(1) 机会成本。从经济资源的稀缺性这一前提出发,当一个社会或一个企业用一定的经济资源生产一定数量的一种或者几种产品时,这些经济资源就不能同时被使用在其他的生产用途方面。这就是说,这个社会或这个企业所获得的一定数量的产品收入,是以放弃用同样的经济资源来生产其他产品时所能获得的收入作为代价的。由此,便产生了机会成本的概念。一种东西的机会成本是指为了得到那种东西所必须放弃的所有东西。对企业而言,生产一单位的某种商品的机会成本是指生产者所放弃的使用相同的生产要素在其他生产用途中所能得到的最高收入。在经济学中,企业的生产成本主要应该从机会成本的角度来理解。

企业的机会成本有时是明显的,有时则不那么明显。企业生产的显性成本是指厂商在生产要素市场上购买或租用所需要的生产要素的实际支出。例如,某厂商雇佣了一定数量的工人,从银行取得了一定数量的贷款,并租用了一定数量的土地,为此,这个厂商就需要向工人支付工资,向银行支付利息,向土地出租者支付地租,这些支出便构成了该厂商的生产的显性成本。从机会成本的角度讲,这些支出的价格必须等于这些相同的生产要素使用在其他最佳用途时所能得到的收入,否则,这个企业就不能购买或租用到这些生产要素,并保持对它们的使用权。

企业生产的隐性成本是指厂商本身自己所拥有的且被用于该企业生产过程的那些生产要素的总价格。例如,为了进行生产,一个厂商除了雇佣一定数量的工人、从银行取得一定数量的贷款和租用一定数量的土地之外(这些均属显性成本支出),还动用了自己的资金和土地,并亲自管理企业。既然借用他人的资本需付利息,租用他人的土地需付地租,聘用他人来管理企业需付薪金,那么,同样道理,在这个例子中,当厂商使用了自有生产要素时,也应该得到报酬。所不同的是,现在厂商是自己向自己支付利息、地租和薪金。所以,这笔价值就应该计入成本之中。由于这笔成本支出不如显性成本那么明显,故被称为隐性成本。隐性成本也必须从机会成本的角度按照企业自有生产要素在其他最佳用途中所能得到的收入来支付,否则,厂商会把自有生产要素转移出本企业,以获得更高的报酬。

显性成本与隐性成本之间的区别说明了经济学与会计学在分析经营活动时的显著不同。经济学注重研究企业如何做出生产和定价决策,因此,当他们在衡量成本时就包括了所有机会成本。与此不同,会计的工作是记录和分析流入和流出企业的货币,因而他们主要关心显性成本,往往忽略了隐性

第八章 微观经济运行

成本。

（2）固定成本与可变成本。企业的总成本可以分为固定成本和可变成本。

不随产量增减而变动的成本叫做固定成本。固定成本包括：借入资金的利息、租用厂房和设备的租金、与时间转移有关的折旧费、财产税、减产期间不能解雇的职工的工资，等等。然而，从长期来看，却不存在任何固定成本。

可变成本恰与固定成本相反，它随着产量增减而变动。可变成本是产量水平的一个函数，它包括：原材料费用、与使用设备有关的折旧费、水电费等的可变部分、直接生产工人的工资、销货佣金和其他随产量增减而变动的投入要素的成本。从长期来看，所有的成本都是可变的。

（3）平均成本与边际成本。企业生产决策中的一个关键问题是其成本如何随着产量水平的变动而变动。这涉及两方面的问题：一是生产单位产品的成本是多少；二是每增加生产单位产品的成本是多少。前者是企业生产该产品的平均成本，后者是企业生产该产品的边际成本。它们都是从企业的总成本中派生出来的相关成本概念。

用企业的总成本除以总产量，就得到企业的平均总成本。由于总成本是固定成本和可变成本之和，因此平均总成本可以表示为平均固定成本与平均可变成本之和。平均固定成本是固定成本除以产量，平均可变成本是变动成本除以产量。边际成本是指额外一个单位产量所引起的总成本的增加。企业在决定其产量时，边际成本概念起着关键作用。

（4）短期成本和长期成本。一个企业的成本往往取决于所考虑的时间长短。特别是许多成本在短期中是固定的，但在长期中是可变的，因此，对于许多企业来说，总成本分为固定成本和可变成本取决于所考虑的时间长度。例如，一个汽车制造公司在只有几个月的时期内很难调整其工厂的数量和规模，因此，它可以生产额外一辆汽车的唯一方法是，在已有的工厂中多雇佣工人。这样，这些工厂中的成本在短期中是固定的。与上述情况不同，在几年的时期中，该汽车制造公司完全可能扩大其工厂规模，建立新工厂或关闭旧工厂，因此，其工厂的成本在长期中是可变的。

2. 企业的收益

企业的收益就是企业的销售收入。企业的收益可以分为总收益、平均收益和边际收益。总收益是指企业按一定价格出售一定量产品时所获得的全部

收入。平均收益是指企业在平均每一单位产品销售上所获得的收入。边际收益是指企业增加一单位产品销售所获得的收入增量。边际收益概念之所以重要,是因为当生产者继续其生产直到其边际收益等于边际成本时,他们便可得到最大利润。这是企业的最大利润点。

(二)企业的生产与扩大再生产

1. 企业的生产

(1)企业的生产要素。企业生产经营活动需要资本、劳动、土地等多种生产要素。这些要素是企业生产经营活动得以正常进行的必要条件,但又并非全部的条件。作为生产要素,它一般具有两个基本特征:一是它同时又是企业生产经营成果分配的基本要素;二是它必须有特定的人格化代表。

(2)生产函数。企业进行生产经营的过程就是从生产要素的投入到产品的产出的过程。生产过程中生产要素的投入量和产品的产出量之间的关系,可以用生产函数来表示。生产函数表示在一定时期内,在技术水平不变的情况下,生产中所使用的各种生产要素的数量与所能生产的最大产量之间的关系。任何生产函数都以一定时期内的生产技术水平作为前提条件,一旦生产技术水平发生变化,原有的生产函数就会发生变化,从而形成新的生产函数。新的生产函数可能是以相同的生产要素投入量生产出更多或更少的产量,也可能是以变化了的生产要素的投入量进行生产。

假定 X_1,X_2,…,X_n 顺次表示某产品生产过程中所使用的 n 种生产要素的投入数量,Q 表示所能生产的最大产量,则生产函数可以写成以下形式:

$$Q = f(X_1, X_2, …, X_n)$$

在经济学的分析中,通常假定生产中只使用劳动和资本这两种生产要素。若以 L 表示劳动投入数量,以 K 表示资本投入数量,则生产函数可写为:

$$Q = f(L, K)$$

2. 企业扩大再生产

(1)企业扩大再生产的基本特点。通常来讲,企业扩大再生产是指由于企业生产要素的增加而导致的企业生产规模的扩大。就是说,企业扩大再生产指的是企业的再生产是在更大的规模基础上进行的,而不是简单地指企业再生产效果的变化。

从本质上讲,企业扩大再生产主要来自于追求更高的经济效益的内在动力以及由于市场竞争而导致的外在压力。

从动态的角度讲，企业只有在长期内才可能变动全部生产要素，进而变动生产规模，实现扩大再生产。也就是说，在一般的意义上，企业扩大再生产总是表现为长期的动态过程。

（2）企业扩大再生产的规模报酬。规模报酬变化是指在其他条件不变的情况下，企业内部各种生产要素按相同比例变化时所带来的产量变化。可以说，企业之所以扩大生产规模，在一定程度上就是看中规模报酬的增加。但是，企业的规模与规模报酬之间并不存在简单的对应关系。企业的规模报酬变化可以分为规模报酬递增、规模报酬不变和规模报酬递减三种情况。

第一，规模报酬递增。产量增加的比例大于各种生产要素增加的比例，称之为规模报酬递增。例如，当全部的生产要素劳动和资本都增加100%时，产量的增加大于100%。产生规模报酬递增的主要原因是由于企业生产规模扩大所带来的生产效率的提高。它可以表现为：生产规模扩大以后，企业能够利用更先进的技术和机器设备等生产要素，而较小规模的企业可能无法利用这样的技术和生产要素。随着对较多的人力和机器的使用，企业内部的生产分工能够更合理和专业化。此外，较多的技术培训和具有一定规模的生产经营管理，也都可以节省成本。

第二，规模报酬不变。产量增加的比例等于各种生产要素增加的比例，称之为规模报酬不变。例如，当全部生产要素劳动和资本都增加100%时，产量也增加100%，一般可以预计两个相同的工人使用两台相同的机器所生产的产量，是一个这样的工人使用一台这样的机器所生产的产量的两倍。这就是规模报酬不变的现象。

第三，规模报酬递减。产量增加的比例小于各种生产要素增加的比例，称之为规模报酬递减。例如，当全部生产要素劳动和资本都增加100%时，产量的增加小于100%。产生规模报酬递减的主要原因是由于企业生产规模过大，使得生产的各个方面难以得到协调，从而降低了生产效率。它可以表现为企业内部合理分工的破坏，生产有效运行的障碍，获取生产决策所需的各种信息的不易等等。

（三）企业技术创新

1. 企业技术创新的作用

企业技术创新的主要结果是提高了生产率，不单是指劳动生产率，而是指全要素生产率。此外，技术创新也改变了企业对于生产要素特别是劳动力

的需求结构，改变了企业产品的性能和结构，诱发了新产品和新企业乃至新行业的产生，淘汰着技术上落后的产品、企业和行业，影响着企业之间的竞争方式和市场地位。

2. 企业技术创新活动的基本特点

企业技术创新的过程一般可分为三个阶段：即发明——设计创造新产品或新工艺；创新——把发明转化为商业应用；扩散或模仿——新技术在社会中的传播。尽管每个企业可能在任一阶段上引进或介入技术创新活动，其核心都是特定技术的商业应用。即对企业技术创新活动而言，最为关键和核心的并不是技术上的创新，而是技术创新在经济活动中的实际应用。

就内容而言，企业技术创新主要归结为两个方面：即工艺创新——指生产方法的改进和产品创新——指开发出新产品。

就主体而言，企业技术创新主要来源于企业家的创新精神。就是说，企业技术创新总是与企业家相联系，由企业家承担风险、开辟市场、筹集必要的资金、建立新的组织机构，并首次把新技术（包括工艺创新和产品创新）运用于生产经营活动和经济生活。

就条件而言，企业技术创新一方面受制于自身内部的主客观条件，另一方面也受到外界环境（特别是市场结构和政府行为）的影响。

3. 企业技术创新的环境约束

市场结构是影响企业技术创新的一个环境因素。一般来讲，在成本和需求等初始条件相同时，竞争的市场结构比垄断的市场结构的创新收益要更大些。就是说，在竞争的初始条件下，企业的经济利润（或垄断利润）为零，因而源于创新的盈利都是创新利润；而在垄断的初始条件下，企业在创新前就能获得经济利润（或垄断利润），因而创新导致的利润增量只是创新后利润的增加部分，并不是创新后利润的全部；再者，由于垄断企业为了提高创新后的市场价格，必须限制产量，因而垄断情况下的成本节约要比竞争情况下的成本节约少一些。当然，由于影响技术创新的因素非常多，究竟是垄断性企业更有利于实现技术创新还是竞争性企业更有利于技术创新，需要作具体的、系统的分析，特别是对于不同的产业，情况可能有很大的不同。

专利制度也是影响企业技术创新活动的一个环境因素。专利是政府依法授予企业或个人的在一定期限内生产或销售某种产品，或者使用某种生产过程（或工艺）的垄断权。因此，专利权是保护发明者利益的排他性权力。这样，一方面由于允许短期的技术垄断，使发明者或使用者有可能获得垄断利润,专利制度可以刺激企业更多地进行技术创新活动,促进生产率的提高;另一方面,由于专利权的合法垄断,新产品可能会定价很高,企业固然可以获得垄断利润,而消费者利益则可能受到损害。

政府的鼓励政策同样是影响企业技术创新活动的一个环境因素。政府对技术创新活动进行补贴或奖励,与企业签订研究合同或共同出资进行联合研究,都会在一定程度上鼓励企业进行风险性的技术创新活动。

三、企业资金的筹集和运用

(一) 企业资金的筹集

资金是企业进行生产经营活动的必要条件。筹集资金是企业向企业外部有关单位和个人或从企业内部筹措和集中生产经营所需资金的财务活动。企业筹集资金可以通过多种形式进行。

1. 自筹资金和外筹资金

这是从筹资渠道对于筹资形式的区分。自筹资金主要包括企业利润中用于生产发展基金、企业提取的折旧基金以及企业内部职工集资,等等。外筹资金包括银行贷款、社会集资(发行债券和股票)、国家财政投资、海外股权融资,等等。

2. 直接融资和间接融资

这是从融资形式对于外筹资金形式的一种区分。直接融资指企业通过发行股票和债券形式融资,间接融资指通过银行贷款形式融资。相比较而言,直接融资的长处在于可以为企业提供长期融资的手段,不受贷款期限和条件的限制,其短处是融资成本较高,风险较大。间接融资的长处在于可以为企业提供短期融资手段,方便快捷,其短处是贷款者需要受贷款期限和各种贷款条件的限制。

3. 短期筹资和长期筹资

这是从使用期限对于筹资形式的区分。短期筹资是指取得使用期限不超过1年的短期资金的活动。企业筹集短期资金的方式主要有商业信用、银行借款、应付费用、短期债券等形式。长期筹资是指取得使用期限超过1年的长期资金的活动。长期筹资的形式主要有发行股票、发行长期债券、租赁等形式。

(二) 企业资金的运用

企业资金的运用就是投资,而投资的目的是获取最大利润。在投资过程

中，企业要根据生产要求和市场规律选择投资方向和投资规模，同时还要受国家产业政策的调控和企业自身的预算约束。

1. 投资的分类

（1）企业投资按时间长短可分为长期投资和短期投资。长期投资一般指投资时间在1年以上，用于中、长期工程项目，或购买中长期债券，以及长期持有其他企业股票等投资行为，其目的主要在于获取投资收益。短期投资一般反映投资时间在1年以内，以融通资金为手段，以获取价差（或利差）为目的，短期购买有价证券或拆出资金的投资（融资）行为。这种分类有助于按时间长短把握投资的方向、数量和投资结构，有利于投资决策和强化投资管理，也有益于按不同类型投资预防投资风险和回避投资风险，因而是划分投资的主要标准。

（2）企业投资按投资对象（客体）还可划分为实物资产投资、无形资产投资以及金融资产投资（有价证券投资）。实物资产投资是指企业以机器设备、房屋建筑物、场地等固定资产和以原材料、工具器具、仪表以及其他流动资产为客体向其他企业、单位所进行的投资。以实物资产投资有助于企业利用闲置资源，最大限度地挖掘和利用企业的现有资源。无形资产投资是指企业以商标、专有技术、专利权、商业秘密以及商誉等无形资产向外部企业、单位所进行的投资。这种投资以不损害企业自身利益为前提，尽可能充分地利用企业所拥有的无形资产，以便为企业带来更多收益。金融资产投资是指企业购买有关部门、企业发行的有价证券，握有对有关方面、企业的债权或股权，按照事先约定的条件收取利得。这种投资能够充分利用企业的财务实力，发挥现有资金的作用，同时又以不影响企业自身资金调度和运用为前提，因而是比前两种投资更为灵活的一种投资方式。

2. 投资的成本、预期收益和风险

不管哪一种投资，都会有成本。负债投资要支付利息和股息、红利，以自有资金投资也要付出成本。投资必须考虑投资成本的大小。在计划经济条件下，投资主体是国家而不是企业，不管财政直接拨款或者是企业向银行贷款，企业是很少考虑投资成本的。在市场经济条件下，绝大部分的投资要成为企业的市场行为，企业成为投资主体后，企业能否盈利或盈利多少和投资成本高低直接相关。投资预期收益是由现期资本使用价值测算的，投资风险是由于投资回收期内市场变化的不确定性引起的。企业要避免投资风险，可能产生投资短期化和小型化，其结果不仅会使经济发展缺乏后劲，而且也会在不同程度上造成资本和资源使用的低效率和浪费。有战略眼光的企业家，通过对投资风险的预测和精心设计，是敢冒风险的。因为风险投资收益高于常规投资收益，风险越大，风险收益就越高。

3. 资金的时间价值

投资是较长期的市场行为。企业作为市场经济的行为主体，是根据市场信号和市场预期收益进行决策的。但市场信号是现期投资价格，它既有可能失真，也可能不反映投资远期的情况和产业政策的要求，这就会为投资带来较大的风险，甚至使投资预期收益落空。这就要计算资金的时间价值。资金的时间价值是指资金不同使用时期的价值。在一定时期内，把一定数量的资金存入银行和用于投入生产经营，带来的利息和利润数额是不同的，只有投资利润大于银行利息时，企业才会投资。

(三) 企业资金的循环和周转

1. 企业资本构成和资本结构

企业资本是指能为企业带来价值的各种形式的价值。从资本的实际内容看，大致可分为实业资本和金融资本。前者主要表现为工业资本、商业资本、农业资本、建筑业资本、运输业资本等多种形式，后者则主要表现为银行资本、证券化资本（或称为虚拟资本）等形式。

从资本的物质属性看，大致可分为有形资本和无形资本。前者主要表现为以厂房、设备、存货、土地、现金等形式存在的商品资本、货币资本、生产资本、土地资本等形式，后者则主要表现为技术资本、人力资本、商誉资本（或称为品牌资本）、虚拟资本等形式。

从资本的所有权层次关系看，大致可以分为终极所有权资本和派生法人产权资本。前者主要表现为私人资本、集体资本、国有资本等形式，后者则主要表现为企业法人资本形式。

从资本的产权结构看，大致可分为相对不可分割的独立产权资本和相对可分割的混合产权资本。前者主要表现为私人资本、集体资本、国有资本等形式，后者则主要表现为股份资本形式。

从资本的经营方式看，大致可以分为独立经营的资本和混合经营的资本。前者主要表现为终极所有权资本和企业法人资本的独资经营，后者则主要表现为终极所有权资本之间，企业法人资本之间，以及终极所有权资本与企业法人资本之间的混合经营。

不难看出，在资本的各种类型和表现形式之间存在一定的可兼容性。

企业的资本构成比例决定资本结构,而企业的资本结构又决定着企业的资产状况。若企业自有资本比例过小,利息负担过重,会加大企业经营和偿债风险。企业实业资本和有形资本比例过小,则会影响企业生产经营实业,容易产生泡沫经济。反之,如果企业自有资本过大,表明企业经营过于保守,未能充分利用外部资源促进企业发展。企业实业资本和有形资本比例过大,会限制其资本运营能力,影响企业资产的迅速扩张。

2. 企业资本形态和资本循环

企业的现实资本运动在生产过程和流通过程中,要经过购买阶段、生产阶段和销售阶段,企业资本分别依次采取货币资本、生产资本和商品资本三种形态。企业资本在运动中从一种形态转变为另一种形态,最后回到原来形态的过程叫企业资本的循环。

企业资本循环是资本运动三个阶段的统一。在企业资本周而复始的循环过程中,每种资本形态都可以作为一种循环的起点和终点。资本循环要求资本的三种形态在空间上并存和时间上继起。空间上并存要求企业必须把全部资本按一定的比例分成货币资本、生产资本和商品资本三部分,使企业在生产经营过程中既有用于购买生产资料和预付劳动报酬的货币资本,又有用于制造商品的生产资本和销售商品的商品资本,保证企业再生产顺利进行。时间上继起要求企业每一部分资本形态必须依次由一个阶段进入另一个阶段,由一种形态转化为另一种形态。继起性的破坏,将导致并存性的破坏。而并存性的破坏,则将导致资本循环的中断。资本循环的并存性和继起性互为条件,缺一不可。资本形态和循环阶段只有在运动中达到统一,资本循环才能正常进行。

购买阶段是企业生产的准备阶段,是在流通领域内进行的。企业用货币资本在市场上购置生产要素,为商品生产提供必要的前提条件。在购买阶段,企业资本是以货币资本的形式存在的,其作用是为价值增殖做准备。购买阶段结束后,货币资本就转化为生产资本,资本运动由购买阶段转入生产阶段。

生产阶段是资本循环的核心阶段,也是生产资料和劳动者相结合进行商品生产的阶段。在这个阶段中,劳动力的使用即劳动,一方面是具体劳动,其创造商品的使用价值,并将生产时消耗掉的生产资料的价值转移到新产品中去;另一方面是抽象劳动,其创造出新的价值。劳动者创造出来的新价值包括两个部分:一部分是劳动者必要劳动创造的价值,其构成企业的工资,另一部分是劳动者的剩余劳动创造的价值,其构成企业的利润和企业缴付的税收等。在生产阶段,企业资本是以生产资本形式存在的,其作用是生产商品使用价值和实现价值增殖。当生产过程结束后,企业资本就由生产资本变成了商品资本,资本运动也由生产阶段进入销售阶段。

销售阶段是企业资本循环的关键阶段,这个阶段能否顺利完成直接影响企业再生产。马克思把这说成是"商品惊险的跳跃。这个跳跃如果不成功,摔坏的不是商品,但一定是商品所有者"。① 在销售阶段,企业资本是以商品资本的形式存在的,其作用是把商品卖出去,实现商品价值和价值增殖。当销售阶段完成后,商品资本重新转化为货币资本,又回到起始阶段,从而完成了一次企业资本循环。

3. 企业资本周转

企业资本循环是不断进行的。企业资本循环的周而复始、不断反复的过程,叫做资本的周转。

资本周转速度是指资本在一定时间(一般是1年)内周转的次数。影响资本周转速度的因素主要有两个:一是资本周转时间;二是资本的构成,即流动资本和固定资本的比例。

资本周转时间是指资本从其出发点开始,经过一次循环再回到出发点所经历的时间,也就是资本通过购买阶段、生产阶段和销售阶段所需要的时间。具体说来,资本周转时间是由生产时间和流通时间构成的。生产时间包括:劳动时间,即劳动者与劳动资料相结合对劳动对象进行加工的时间;自然力对劳动对象独立发生作用的时间,即某些产品在生产过程中需要发生物理、化学或生理变化的时间;停工时间,即生产领域内机器设备暂时中止使用或者工人的休息时间;生产资料储备时间,即已经进入生产领域,但还没有开始生产过程的原材料和辅助材料的储备时间。流通时间包括商品的购买时间和售卖时间,即货币资本转化为生产资本的时间和商品资本转化为货币资本的时间。

固定资本是指投在机器、设备、工具、厂房等劳动资料上面的生产资本。其周转方式的特点是:资本一次预付出去,物质形态全部参加生产过程,其价值随着物质磨损程度逐渐转移到商品中去,未转移价值仍固着在原使用价值形态上,经过若干年后预付资本价值才能一部分一部分地周转回

---

① 《马克思恩格斯全集》第23卷,人民出版社1972年版,第124页。

来。流动资本是指投在原料、材料、燃料等劳动对象和劳动力上面的生产资本。其周转方式的特点是：其使用价值在生产过程中全部消费掉，其价值全部转移到新商品中去和劳动力价值再生产出来，商品售出后，预付资本价值一次全部流转回来。资本周转速度与资本周转时间成反比。因为固定资本周转速度比流动资本周转速度慢，所以资本构成中固定资本所占的比例大，整个资本周转速度就会减缓；流动资本占的比例大，整个资本周转速度则会加快。

企业在生产经营过程中必须合理运用资本，并采用有效措施加速资本的周转，以达到提高资本使用效率和实现利润最大化的目的。

第一，加速资本周转能够提高资本的使用效率和企业的经济效益。资本周转速度越快，资本停留在生产领域和流通领域的时间越短，同一资本的利用率越高，同一劳动者在同一时间创造的新价值也越多，提供的剩余价值也越多，从而年利润率、企业的经济效益必然越高。

第二，加速企业资本周转能够节省预付资本总额，特别是有利于节省流动资本。合理利用资本，加快资本周转，是减少占有资本量的重要途径。假定企业利润目标和生产规模既定，其他条件不变，资本周转速度越快，所需预付资本总量越少，从而达到了节约资本的目的。如果把节省下来的资本投入生产，就可以使企业生产规模扩大。

第三，加速企业资本周转能够缩短资本回收期，并有利于整个社会资本周转速度的提高。企业资本周转速度加快，在其他条件不变的情况下，资本回收期变短，并减少了资本的时间价值（资本未来值与现值的差额），因而降低了企业投资的风险。此外，企业资本周转速度加快，还会使整个社会的资本周转速度相应加快，这有利于整个社会商品供给与需求之间的平衡，并使经济发展速度与经济效益协调发展，实现国民经济的良性循环。

本章主要名词概念

个人消费品　替代品　互补品　消费者偏好　效用　边际效用　消费者均衡　投资　个人投资　风险　个人资产　资产分散化　市场工资率　人力资本　人力资本投资　机会成本　固定成本　显性成本　隐性成本　可变成本　平均成本　边际成本　总收益　平均收益　边际收益　资金循环　企业组织形式

第八章 微观经济运行

本章思考题与练习题

1. 试述决定个人可支配收入的主要因素。
2. 简述影响个人消费行为的主要因素。
3. 简述影响个人资产形式选择的主要因素。
4. 试述个人资产形式的调节机制。
5. 劳动力在地区之间的流动为什么不能消除地区之间的工资差异?
6. 试述人力资本投资的主要特点。
7. 试述机会成本及其在企业经营中的作用。
8. 比较说明显性成本和隐性成本、固定成本和可变成本、平均成本和边际成本。
9. 试述影响企业技术创新的主要环境因素。
10. 比较说明企业筹集资本的主要形式。
11. 试述企业资本循环和周转的主要特点。
12. 企业产权制度及其对企业经济活动的影响。
13. 比较说明企业组织的主要类型。

第九章 国民经济的总量平衡与宏观调控

本章讨论社会总供给与社会总需求的基本概念及其构成、社会总供给与社会总需求的决定及其相互作用和影响。在此基础上说明社会总供给与社会总需求的均衡与非均衡状态。在现代市场经济的运行过程中，政府的经济职能和对经济运行的宏观调控作用是非常重要的。因此，本章还论述政府宏观调控的目标与内容，财政政策在总量平衡中的作用及财政政策的主要内容，货币需求与货币政策，通货膨胀与通货紧缩，以及货币供应量的调节等。

第一节 国民经济的总量平衡

一、社会总供给与社会总需求

（一）社会总供给的含义及其构成

从最一般的意义上说，社会总供给是指一个国家在一定时期（通常是1年）内向社会提供的最终产品和劳务的总量。

所谓最终产品，即所生产的产品，不需要再加工，可直接供人们最终消费和使用的产品。之所以将这些产品称为最终产品，是相对于初级产品和中间产品而言。产品按其在生产过程中完成的状况和相互衔接的程序，以及使用去向，可分为初级产品、中间产品和最终产品。人们从自然界直接取得的，未经加工，也不能直接供消费的资源和产品称为初级产品。所生产的产品并非直接供人们消费和使用，而是有待于加工或继续加工后才能供人们消费和使用的产品称为中间产品。

形成社会总供给的是最终产品，而不是初级产品和中间产品，因而在对社会总供给进行统计时，要抛开初级产品和中间产品，以避免重复计算。

所谓劳务,即劳动服务。与物质产品相比,其特点是它的生产过程和消费过程在时间上直接结合在一起,它只提供某种特殊的使用价值(没有实物形态),以满足人们的需要。但这种特殊的使用价值与物质产品具有同样的功能和性质,都可以满足人们的生产或生活需要。在商品经济条件下,它们都是价值的承担者,都是社会总供给的构成部分。

社会总供给是由国内供给和国外供给两部分构成的。国内供给,即国内生产总值减去不可分配的部分。国内生产总值,是指一个国家(或地区)在一定时期内国内所生产的最终产品和提供的劳务总量的货币表现。从生产角度来说,它是国民经济各部门增加值之和;从分配角度来说,它是这些部门的劳动者个人收入、税金、利润、利息和固定资产折旧等项目之和;从使用角度来说,它是最终使用于消费、固定资产投资、增加库存及净出口的产品和劳务。不可分配的部分,指包括在国内生产总值内的林业和畜牧业自然增长部分。

国外供给,是指海关统计的进口总值。由于国内生产总值一般都是以本币为计量单位的,所以对进口值的计量,也应以本币为单位。

综上所述,社会总供给可以用公式表述为:

社会总供给 = 国内供给 + 国外供给
= 国内生产总值(扣除不可分配部分)+ 进口总值

(二) 社会总需求的含义及其构成

社会总需求是与社会总供给相对应的范畴,它是指在一定支付能力下社会对生产出来供最终消费和使用的物质产品和劳务的需求总和,即消费需求、投资需求、国外需求和政府需求四者的总和。由于政府需求不是用于投资就是用于消费,因而总需求又可以说是前三者的总和。

对社会总需求的理解,需要注意两点:第一,要区分"需要"和"需求"。"需要"是指在一定的社会经济制度和生产力水平下,人们想获得某种物质资料的要求。如通常所说的,社会主义的生产目的是为了保证最大限度地满足整个社会经常增长的物质和文化生活需要。这里说的需要,即是指在社会主义制度和一定生产力条件下,人们对物质和文化享受上提出的要求,这种要求随着社会生产力的发展而日益增长。可见"需要"是在不同经济条件下都可通用的一个概念。而"需求"则是一个与商品经济相联系的经济范畴。有了商品经济后,才出现了需求。需求是指在商品经济条件下人们的需要。是相对于一定的价格而言的,并受到人们所能支配的收入即支付能力的制约。在人们收入限度内所能支付的,并且按一定价格也愿意支付而形成的物质和文化生活需要,才是有效的需要,才能形成对物质产品和劳务的实际需要。这种有支付能力并愿意支付的有效需要,便称之为需求。所以,社会总需求是指有效的、具有支付能力的需求。第二,要区分对社会最终产品的需求和对社会总产品的需求。在分析社会总供给时,曾区分了中间产品和最终产品,在理解社会总需求的范畴时,也同样要注意二者的区分。社会总需求指的是对最终产品的需求,而不是对中间产品与最终产品总和的需求。

社会总需求由投资需求、消费需求和国外需求三部分构成。

投资需求作为一个总量范畴,是指整个社会在一定时期(如一年)内对投资品的需求。由于对各种投资品的需求,一般通过货币资金的支出表现出来,因此又称投资支出。从构成上说,社会总投资需求,既包括对固定资产的投资需求,又包括对流动资产的投资需求。用公式表示,就是:

投资需求(支出) = 固定资产投资需求(支出)
　　　　　　　　+ 流动资产投资需求(支出)

固定资产投资需求表现为全社会固定资产投资总量。它是反映固定资产投资规模、速度、比例关系和使用方向的综合性指标。

消费需求作为一个总量范畴是指整个社会在一定时期(如1年)内对消费品的需求。由于这种需求一般是通过货币资金的支出表现的,因此又称消费支出。从构成上看,社会消费需求包括公共消费需求和个人消费需求两部分。用公式表示:

消费需求(支出) = 个人消费需求(支出) + 公共消费需求(支出)

公共消费需求主要包括两部分:一是指非物质生产部门对公共消费品的需求,即为提高科学文化水平和居民素质服务的部门(如科学、教育、卫生体育和社会福利事业等)和为社会公共需要服务的部门(如国家机关、政党、社会团体和军队、警察等)对各种公共消费品的需求;二是指物质生产部门对公共消费品的需求(主要指用于集体消费的部分)。

个人消费需求是指居民个人日常生活中对各种消费品和直接为生活服务的劳务的需求。在个人消费需求中,小部分是自给性消费,如农民对农产品的自产自用,手工业者将部分产品留归己用等,都属于这种情况。其他绝大部分为商品性消费。商品性消费需求是反映商品经济发展程度和居民消费水平的一个重要标志。但由于社会总供给中包括农民或手工业者自己生产自己消费的那一部分,相应地在社会消费需求中,也应包括这一部分自给性消

费，从而使社会总需求和社会总供给在范围和口径上相互协调。

社会总需求的另一构成部分即国外需求。国外需求，是指海关统计的出口总值。随着开放的扩大，这部分需求不断增长，所以在考察社会总需求时，必须给予充分的重视。

综合上述，社会总需求的构成可以用公式表示：

社会总需求 = 投资需求 + 消费需求 + 国外需求
= 固定资产投资需求 + 流动资产投资需求
+ 社会消费需求 + 个人消费需求 + 出口总值

二、社会总供给与社会总需求的决定

（一）社会总供给的决定

从总量角度考察社会总供给，主要是分析社会总供给的规模。由于衡量社会总供给的指标与衡量经济增长、经济发展的指标有很大的一致性，所以总供给的决定因素同经济增长、经济发展的决定因素也具有很大的一致性，只是研究的角度不同。

影响总供给水平的因素是多方面的，而且，这些因素影响总供给水平的方式也有所不同。总的说来，社会总需求规模、市场的物价水平、统计期内的经济资源可供量，社会平均的单位资源利用效率、国家的经济政策以及经济制度等，是影响总供给水平的主要因素。

第一，总需求规模对总供给的影响。在任何情况下，商品的供给都只能通过满足市场的需求来实现其价值。因此，从微观的角度看，市场上对商品的需求引导着生产者向社会提供的商品品种和数量，而从宏观的角度看，社会对商品的总需求规模，影响总供给的水平。

社会对商品的总需求规模影响总供给水平，有两种情况：在商品的总供给大于总需求的背景下，总供给水平是由总需求的规模决定的。这时，所有厂商都是根据市场需求状况来调整自己的产量，从而使商品总供给水平能够保持在与社会总需求相适应的状态上（对总供给水平的需求约束）。在商品的总供给小于总需求的背景下，总需求规模虽然无法决定总供给水平，但它对总供给水平在短期内的提高，具有一定的拉动作用。因此，可以说，无论在什么样的总量环境中，社会的总需求规模都会对总供给水平产生影响，从这个意义上说，社会的总需求规模是影响总供给水平的恒常因素。

第二，物价总水平对总供给的影响。从宏观的角度看，由于商品的总供

给是市场上所有商品的供给之和,商品价格总水平是各种商品价格的加权平均值,因此,每种商品的价格高低对其供给量的影响,必定汇总为商品的物价总水平对商品总供给水平的影响,使之表现出一种正相关关系。

应该注意两种例外:一是在市场经济条件下,也会出现价格"刚性"的情况,即价格不能随供求关系的变动而变动,这样价格也就缩小甚至失去了对供给状况的影响。二是从单个商品的价格到所有商品的物价总水平,加权平均的过程有时会使不同商品价格的涨落相互抵销,使物价总水平保持相对稳定。但这时,总供给水平却仍可能发生变动。

从上述情况中可以看出,物价总水平对总供给水平的影响,不同于社会总需求规模对总供给水平的影响。但我们在进行宏观经济运行分析时,总是先假定总供给水平的变动与物价总水平变动的相关性,因此,一般都把物价总水平仍看作是影响总供给水平的恒常因素。

第三,统计期内的资源可供量。总供给水平不是始终能够随着社会总需求规模或物价总水平的变动而变动。当总供给的增加已经趋近于潜在总供给的规模时,无论社会的总需求怎样增加,物价总水平怎样上涨,总供给水平都难以继续提高。在这里,对总供给水平的限制性影响,显然来自于潜在总供给所依托的资源可供量。从这个意义上说,在短期内,资源可供量是一个既定量,它是决定总供给水平的限制性因素。在长期中,在总需求大于总供给的环境中,资源可供量会发生变动,这种变动是决定总供给水平的首要因素(对总供给水平的资源约束)。

第四,社会平均的单位资源利用效率。在统计期内经济资源可供量既定的情况下,当总供给的增加遇到资源可供量的约束时,如果单位资源的利用效率发生变化,总供给的水平仍然有可能发生变化。这时,如果单位资源的利用效率提高了,同量的经济资源便能形成更大规模的总供给。而如果单位资源的利用效率降低了,同量的经济资源所能形成的总供给数量便会减少。

第五,经济制度。经济制度不仅通过所有制关系、分配关系等影响劳动者积极性、创造性的发挥,从而影响人力资源的利用程度,而且也通过财政、金融、计划等体制影响资源配置方式,进而影响资本利用程度和资本利用效率。可见,经济制度合理与否会直接关系供给总水平的提高或降低。同人力资源、资本、技术进步等资源因素相比,经济制度对总供给水平的影响看来似乎抽象,然而却更为实际和深刻。

第六,国家的经济政策对总供给水平的影响。国家的经济政策对总供给水平的影响是显而易见的。比如，国家通过税收政策的调整，会直接影响所有厂商的供给规模。关于这方面的问题，在后面有关政府宏观调控的政策中，还要详细阐述。在这里，我们只要理解国家的经济政策是影响总供给水平的一个重要因素就可以了。

一般说来，国家的经济政策对总供给水平的影响，是通过对供给主体的经济利益施加直接影响的方式达到的。这种影响可以是中长期的，也可以是短期的，甚至可以是随机的。关键取决于国家宏观调控目标的要求。从这个意义上说，国家的经济政策是影响总供给水平的调节性因素，它与影响总供给水平的前几个因素是有所不同的。

（二）社会总需求的决定

社会总需求主要是由投资需求和消费需求两个基本因素构成，国外需求对社会总需求有一定影响，并非一个关键因素。这里主要分析前两个因素，即投资需求和消费需求。

第一，投资需求。从总量上看，投资需求表现为投资总规模。投资规模是由多种因素决定的。其中最根本最主要的因素是社会总供给（也即社会总生产）。假设技术已定，又假设社会总供给等于社会最终产值（暂将社会提供的劳务予以舍象），则在一定时期内的（如1年）社会投资规模，首先取决于社会最终产值及其增长率。假定社会最终产值中用于投资的比例已定，最终产值的量越大，投资规模则越大；反之则越小。

投资规模的确定还取决于积累效果。积累效果可定义为新增社会最终产值（新增国民收入）与积累资金之比，如果积累效果是好的，那么等量的积累资金可以带来更多的社会供给，从而使投资规模增大；反之，则会使投资规模缩小。提高积累资金的使用效果，是一条有效而实际的增产途径。

除上述影响投资规模的决定性因素之外，价格、利率、经济体制，乃至人们对投资收益的预期等也是影响投资规模的不可忽视的因素。价格对投资规模的影响是双向的，投资品价格上涨（或下跌），一方面可以加大（或减小）以这些投资品为原材料的投资成本，在产出品价格不变的情况下，使投资收益减少（或增大），从而抑制（或刺激）投资的增加（或减少）；另一方面，又可以使生产这些投资品的收益增加（或减少），从而刺激（或抑制）生产这些投资品的投资增加（或减少）。利率对投资规模的影响要具体分析。储蓄利率增加，以至高于投资利润率时，会抑制投资的增加；贷款利率增加（或下降），以至高于（或小于）投资利润率时，也会抑制（或刺

激)投资增加(或减少)。投资主体的投资收益预期对投资规模的影响则表现为,当预期投资收益增加时,投资将会增加;反之则会减少。

价格、利率、预期对投资规模的作用大小,要受经济体制的制约。在传统社会主义经济体制下,既存在扩大投资规模的"内在冲动"和相互攀比的"外在压力",又缺乏有效约束的经济机制,所以,社会经常出现投资饥渴、投资膨胀的问题。

第二,消费需求。消费需求是社会总需求的另一个构成部分。消费需求总量,即居民和社会集团对消费品和劳务消费量的总和,也称消费水平。

在一定时期内,一个社会最终产值中应有多少用于消费,是由客观经济条件决定的。消费基金的直接决定因素包括:社会总供给增长率、社会最终产值分为积累基金和消费基金的比率、消费品总量和人口基数及其自然增长率。

社会总供给的增长是消费基金增长的最根本的决定性因素。因为消费从根本上说是受生产发展程度制约的,用于消费的只能是已生产出来的产品和劳务。只有生产发展了,社会总供给增长了,消费基金才能够增长,居民的物质文化需要才能够得到满足。反之,消费增长也就成了无源之水。

消费基金的最高限,从经济上说是由积累基金的最低增长率决定的。其确定原则是:必须保证社会最终产值中积累资金的最低需要,即保证原有企业简单再生产的正常进行。由最低积累率决定的积累资金的最低限确定之后,由社会最终产值中减去由这个最低积累率计算得出的积累基金量,剩下的就是消费基金量的最高限。

消费基金的最低限是由人口的基数及其自然增长率决定的。其确定的原则是:要保证按人口平均计算的消费水平不低于基数水平,并争取有适当增长。如果低于这个最低限度,就会影响劳动力的再生产,影响劳动力素质的改善,挫伤劳动者的生产积极性,进而影响劳动生产率的提高,阻碍生产的发展。

无论是消费基金的最高限还是最低限,从物质上看,都还要受消费品使用价值构成及总量的制约。马克思在谈到社会再生产运动时指出:"这个运动不仅是价值补偿,而且是物质补偿,因而既受社会产品的价值组成部分相互之间的比例制约,又要受它们的使用价值,它们的物质形式的制约"。[①]

---

① 《马克思恩格斯全集》第 24 卷,人民出版社 1972 年版,第 437~438 页。

因此，我们在确定消费基数数量时，必须考虑它的实物形式，以使其价值形式与实物形式相适应。

上述因素，客观上规定了消费基金的可行区间。在这一区间内确定的社会消费基金计划，是可能实现的。但为了将可能性变成现实。国家还应该依据一定时期的政治经济形势，一定阶段的发展战略，并充分考虑原有的消费水平、消费习惯、消费方式，以及居民的消费期望等因素的情况下，选择一个最优的消费率，以保证将消费和积累、居民提高生活的眼前利益和推动国家经济发展的长远利益恰当地结合起来。

以上关于消费基金决定因素的分析是理论上的，从经济运行的实际过程看，消费基金来源于收入，各经济主体占有的可支配收入，是经过国民收入分配和再分配过程最终形成的。因而，一切影响国民收入分配、再分配的因素，都会影响消费基金的水平。

国民收入分配体制是影响收入，从而影响实际消费基金形成的一个重要因素。在高度集中的体制下，企业和职工对分配和收入的形成几乎没有什么决策权，消费基金的形成与企业经济效益没有联系，都是直接由国家规定、控制和调节的。这种体制下，容易出现追求高速度的倾向，因而也容易产生重积累，轻消费，重长远利益，忽视当前利益的倾向。同时，在重工业畸形发展，消费资料生产落后的条件下，扩大消费也很困难。结果，使消费率经常偏低，劳动者的积极性受挫伤，又势必会阻碍生产发展。在高度分散的经济体制下，国家在客观上虽然也可以制定某种社会计划，但它对企业没有约束力。国家也不能集中足够的纯收入，缺乏足够的宏观调节力量，经济权力多分散在企业手中，消费基金的形成也由企业自行决定。

税收是影响可支配收入，从而影响实际消费基金形成的另一个重要因素。税收可以直接影响国家、企业、个人对于纯收入的分配比例。国家征税越多，可供企业分配的纯收入越少；反之则越多。社会纯收入减去国家集中的纯收入以后，剩余的则构成企业纯收入，即企业基金。它按一定比例分为生产发展基金、福利基金和奖励基金三部分。后两部分主要用于消费。可见，影响企业纯收入的因素也间接影响消费基金的形式。

价格水平是影响居民实际消费水平的另一个重要因素。在物价总水平上涨时，如果居民以货币表现的可支配收入及消费支出按同一幅度提高，则居民的实际消费水平不变；如果居民的货币收入提高的速度超过物价总水平的上涨，则居民的实际消费还会增加。反之，居民实际消费水平则会下降。价

格水平的变化，还会通过与储蓄利率相关的变动影响消费基金的形成。如果价格总水平的提高超过利率的提高，即出现"负利率"，居民将会减少或停止新的储蓄，甚至向银行提取存款，这样便会大大增加现实消费基金的形成，从而提高消费水平。

（三）社会总供给与社会总需求的相互作用

社会总供求除了分别决定于其他若干因素之外，它们之间也是相互影响和决定的。在二者相互关系中，总需求对总供给的影响是第一位的，这是市场经济的一般性特征。总供给对于总需求的决定作用在分析总需求决定时已经作了分析，现在集中分析总需求对总供给的决定和影响。

在市场经济条件下，社会实际有效总供给的形成，最终取决于市场实现的社会总需求，在市场上未能实现的供给只是潜在的供给，而不是现实的供给。从这个意义上可以说，社会总需求也是社会总供给的决定因素之一。

社会总需求对总供给的作用是通过其自身变动发生的。

社会总需求变动包括总量变动和结构变动两层基本含义，现将结构变动存而不论。所谓总量变动就是在不同时期总需求规模的扩张或收缩，它包括两个方面的内容：一是总需求绝对量的变动；二是总需求相对量的变动。前者是指不涉及总供给关系，仅就其自身而言的扩张或收缩；后者是指相对于总供给而言的需求总量的扩张或收缩。由于总需求变动不是孤立存在的，而是与总供给作为一个统一体，两个集合力量来相互发生作用的。因此，研究总需求变动对总供给的影响，不仅要重视总需求绝对量的变动，更要重视其相对量的变动。

根据总需求变动的性质划分，主要存在两种形式的总需求变动：均衡变动和失衡变动。

总需求的均衡变动，是指总需求在总量上的扩张或收缩与供给大体一致或者均等的状态，由于总需求完全等于总供给只是一种理论抽象，在实际经济生活中存在的只是近似的相等。因此，总需求的均衡变动是相对的而不是绝对的，只要总需求在总量上的变动与总供给变动的差值不足以影响经济的正常运行，则可以认为总需求处于均衡变动状态。

总需求的失衡变动（也称非均衡变动），是指总需求在总量上的扩张和收缩与总供给脱节的变动状态。如果总需求扩张过度，就是需求膨胀型失衡变动；如果总需求收缩过度，则是需求不足型失衡变动。可见，总需求的失衡变动具有膨胀型失衡变动和不足型失衡变动两种形式。

第九章　国民经济的总量平衡与宏观调控

社会总需求变动对社会总供给产生的效应可能是积极的，也可能是消极的。实际后果如何，一方面取决于社会总需求变动的经济环境；另一方面取决于社会总需求变动的状态。

假定社会总需求变动的状态是合理的，则社会总需求变动效应就取决于当时的经济环境。

在一定时期内，如果一个国家可供利用的生产资源总量，即资本、劳动力等已定，所达到的技术水平和管理水平以及各个生产部门的组成（即产业结构）也已确定，那么这些生产要素供应的状态就可以决定这一时期最大可能的总供给水平。但是，在一定时期一个国家实际达到的社会总供给水平不一定就是最大可能的供给水平。如果存在生产能力利用程度低，一部分生产能力出现闲置的状况，社会总需求变动（扩张）对于刺激生产发展和社会供给增加就具有决定性的意义。社会总需求增长了，社会总供给将随之增长，直至现存的生产资源和生产能力得到充分利用为止。如果实际达到的社会总供给水平超过了最大可能的供给水平即经济过热，如生产设备超负荷运转、劳动力广泛加班加点等，这时社会总需求的收缩对于抑制经济"过热"也同样具有决定性的意义。在上述两种情况下，社会总需求变动对于社会总供给的影响都有积极意义。如果情况相反，即在生产能力闲置时，压缩社会总需求，在经济过热时，扩张社会总需求，这种社会总需求变动对社会总供给的效应将是消极的，后果将是严重的。

三、社会总供给与社会总需求的均衡与非均衡

（一）总量平衡公式

在分析社会总供给与社会总需求总量平衡公式以前，我们首先考察一下国民经济中收入流量的流转过程，这是讨论社会总供求均衡的基础。

在开放经济条件下，整个国民经济包括四个部门，它们是企业部门、家庭部门、政府部门和国外部门。这四个部门之间相互提供产品、劳务及服务活动，与此同时相应获得销售收入、要素收入等各种形式的报酬。彼此之间这些联系通过三大市场来实现，它们分别是产品市场、要素市场及金融市场。整个国民经济的收入流转过程可以通过图9-1来描述。

国民经济中的四大部门在任何市场上的任何交易都可以分为两方面：供给和需求。就图9-1所表明的一国的市场交易而言，可以分为总供给和总需求两大类。

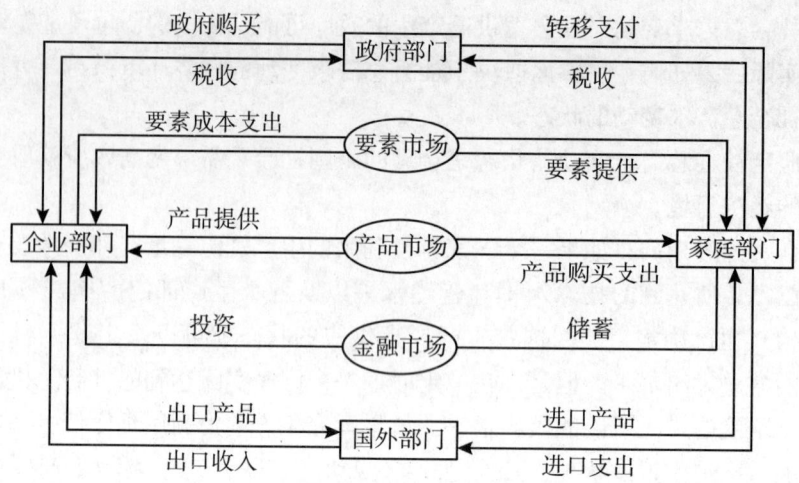

图 9-1 国民经济中收入的流转过程

从总供给角度看,一国的总供给是所有产品及劳务的供给总和,由产品的市场总值来体现。而这些产品是由各种生产要素生产出来的,根据产值耗尽原理,产品的市场总值可以分解为各种生产要素得到的收入总和,所有这些收入又可进一步细分为消费、储蓄、税收和进口四部分。因此有:

$$总供给 = \frac{所有产品的供给总和}{} = \frac{各种生产要素得到的收入总和}{} = 消费 + 储蓄 + 税收 + 进口$$

从总需求的角度看,一国的总需求就是对产品的需求总和,它由消费需求、投资需求、政府购买及出口构成,于是有:

$$总需求 = \frac{对产品的需求总和}{} = 消费需求 + 投资需求 + 政府购买 + 出口$$

总量平衡就是总供给等于总需求的状态,由上面分析可知总量平衡公式应表示为:

$$消费 + 储蓄 + 税收 + 进口 = 消费需求 + 投资需求 + 政府购买 + 出口$$

(二) 社会总供求的均衡条件

均衡是指某种事物双方力量保持一种均等的态势。经济学中的均衡包括两方面含义:一是市场供给和需求两个变量相等;二是指决定供求的各经济行为主体不存在改变自身和他人行为的动因和能力。在实际经济运行中,均衡是相对的、暂时的,非均衡则是绝对的、长期的。下面对社会总供求的均衡条件做具体讨论。

第九章 国民经济的总量平衡与宏观调控

第一,封闭条件下社会总供求均衡的一般条件。在封闭条件下,社会总需求=投资需求+消费需求,如果令I代表投资需求,C代表消费需求,社会总需求即等于C+I。社会总供给=国内供给=国内生产总值(扣除不可分配的部分)。国内生产总值(扣除不可分配的部分),从生产角度来说,又是国民经济各部门增加值之和;从分配角度说,是这些部门劳动者的个人收入、税金、利润、利息和固定资产折旧诸项目之和;劳动者的这些收入有两种用途,即用于最终消费和储蓄,令用于消费的部分为C,用于储蓄的部分为S,则社会总供给就等于C+S。

由社会总需求的变动与社会总供给相适应,可得出封闭条件下社会总需求和社会总供给平衡的一般公式,即:

$$C+I=C+S$$

即: $$I=S$$

这一平衡公式的实现条件是:(1)国内生产总值(扣除不可分配的部分)必须全部转化为投资支出和消费支出;(2)具有储蓄全部转化为投资的健全机制;(3)无论是投资支出,还是消费支出都能得到实物保证。

上述社会总需求与社会总供给的平衡式的实质是要说明,社会经济要顺畅运行,就必须保持总量平衡,即价值上得到实现,实物上得到补偿。

需要指出的是,在实际经济生活中,这一平衡式要求的条件不一定完全具备。例如,储蓄转化为投资,实际上是把一部分消费基金转化为积累基金,这将会受到物质方面的限制,它要求有足够的生产资料作保证。同时,储蓄转化为投资,对一定时期现实消费基金形成不能不产生巨大影响,储蓄愈多,消费基金转化为积累基金愈多,现实的消费支出就愈是受到限制。因而要求妥善处理这个问题,创造条件以保持社会经济的协调发展。

同时,在实际生活中,社会总需求完全等于社会总供给的情况是极为偶然的。如果以(社会总供给-社会总需求)÷社会总供给表示供需差率,则只要供需差率保持在一定幅度内,而不影响国民经济正常运行,便可以认为社会总供给与社会总需求是基本平衡的。

第二,引入财政收支后社会总需求和社会总供给的均衡条件。国家的财政收支,包括中央和地方的财政收支,为简明起见,可统称为政府收支。

由于财政支出(G)不是用于投资就是用于消费,财政收入(Gr)实际来源于国内生产总值,所以财政收支(即政府收支)实际是包含在社会总供给和社会总需求之中,财政收支平衡应该作为社会总供求平衡的构成因

素来分析。考虑到国家财政收支状况对于社会总供给与总需求的状况有重大影响,所以在社会总供求的平衡条件公式中,可以将政府收支因素突出,变为:

$$C + I + G_T = C + S + G$$

但须注意,加入政府收支后,原来平衡式中的 C+S 就不再代表全部的社会总供给,而是代表扣除政府财政收入的总供给,原来平衡公式中的 C+I 也不再代表全部的社会总需求,而是代表扣除政府财政支出的总需求。

在社会总供求平衡条件公式中,将政府财政收支因素进行单独分析的意义在于,它强调在市场经济条件下,政府收支平衡对于整个宏观经济平衡的重要作用。在上式中,如果 C+I 与 C+S 是平衡的,整个宏观经济平衡与否就取决于 G_T 与 G 是否相等了。如果 C+I 与 C+S 是不平衡的,也可以通过 G_T 与 G 的差额来弥补。故政府的财政收支可以作为宏观经济调控的重要杠杆。

(三) 社会总供求失衡的表现形式及其成因

在市场经济体制下,由于经济活动是分散的。其决策是按照各经济主体的利益和意图进行的,它们的活动不可能完全和国民经济运行的整体目标相适应;同时,在纸币流通的情况下,由于信息的不完全性和人们处理信息能力的局限,货币发行量要达到与流通中实际需要的货币量完全相符,也是极其困难的;由此就产生了社会总供给与社会总需求失衡的可能。其表现形式:一是社会总供给大于社会总需求;二是社会总需求大于社会总供给。

社会总供给大于社会总需求是指社会总需求绝对或相对不足而形成社会总供给绝对或相对过剩的情况。在假定资源得到充分利用,社会生产力水平得到充分发挥,亦即社会总供给处于正常状态的前提下,如社会总供给大于社会总需求,则意味着社会总需求绝对不足而社会总供给相对过剩。其主要表现是:(1) 经济停滞,即经济呈现零增长、负增长或只有微量增长;(2) 社会劳动力的需求减少,就业水平下降;(3) 企业产品销售困难,实际存货水平上升。

社会总供给大于社会总需求的后果是显而易见的。如果一种经济长期陷于这种失衡状态,首先受到冲击的是企业,企业的产品要么卖不出去而造成积压,并由此导致资金周转不灵,甚至不得不停产或减产;要么就只好降价销售,企业减少盈利甚至发生亏损乃至破产。其次,居民也将受到严重影响,由于整个经济陷于不景气状态,社会就业机会明显减少,一部分劳动者

第九章　国民经济的总量平衡与宏观调控

陷于失业或半失业状态，收入会受到直接影响，即使仍处于就业状态的劳动者，也会由于企业不景气而使工资水平下降，因而导致生活水平下降。最后，就整个国民经济而言，由于供给大于需求，经济将陷于停滞状态，而一旦陷于这种状态，经济的发展，效益的提高，居民生活的改善，则都受到严重制约。

导致社会总供给大于社会总需求的可能性存在于商品的生产和交换之中。在货币作为一般等价物成为流通媒介之后，商品生产者不再为使用价值而生产，而是为价值生产，商品必须转化为它的对立物货币，其价值才能得到实现。然而，货币却往往不能立即转化为商品，于是便发生了买（需求）和卖（供给）的分离。供给和需求的分离，生产过程和流通过程的分离，产生了供给大于需求矛盾的可能性。但是，如果社会上存在的是简单商品生产而不是社会化大生产，这种供给大于需求的现象还只表现在局部的狭小范围内，尚不致形成全社会的供给和需求失衡。而一旦商品生产发展到社会化大生产阶段，随着生产规模和市场规模的扩大，商品生产的基本矛盾即私人劳动（或局部社会劳动）和社会劳动的矛盾也将随之扩大，当生产和市场的扩大不能同步进行而又缺乏有力的宏观调控时，就会逐渐演变成社会总供给与社会总需求的失衡。这种失衡，如不及时进行有效地宏观调控，将导致资源浪费和经济超常波动。社会总供给大于社会总需求的失衡状态由可能性是否会演变成现实，主要在于社会能否对国民经济进行有效的宏观调控。

如果社会总需求持续地超过社会总供给，影响了国民经济的正常运行，这种社会总需求大于社会总供给的状态，便是需求膨胀。

需求膨胀有如下一些表现：（1）经济增长过快，超过资源的供给能力和国民经济所能承受的程度，由此引起结构失调，效益下降，瓶颈制约突出；（2）投资基金和消费基金的增长超过国民收入的增长，呈现"双膨胀"的态势；（3）信贷支出额大于存款额，出现信贷膨胀；（4）作为以上几种状态的综合表现，便是通货膨胀。流通中的货币量过多，从而导致货币贬值，物价上涨。通货膨胀也有不同形式，在一般市场条件下，如果流通中的货币量过多，会表现为物价的直接上涨，这可称之为公开型通货膨胀。但在有行政干预的市场条件下，例如在行政体制下，流通中的货币量过多不直接表现为物价上涨，而可能首先表现为货币流通速度减慢，商品脱销或供应紧张，这可称之为抑制型或隐蔽型通货膨胀。如果流通中的货币量继续增大，则即便在限制性市场上，由于经济规律的客观强制作用，也会最终迫使限制

性市场价格突破原来的限制而有所上涨。所以公开型通货膨胀同隐蔽型通货膨胀在实质上是一致的。

社会总需求持续地大于社会总供给会产生严重的后果：首先，它会使经济处于过热状态，最终损害经济增长。在供给既定合理的情况下，社会总需求持续地大于总供给有几种可能：或者是消费适中而投资膨胀，或者是投资适中而消费膨胀，也可能是投资消费双膨胀。无论是哪种情况，都将会导致资源的过度利用，损害经济持续增长机制，并导致结构扭曲，浪费大量劳动。其次，当社会总需求大于社会总供给所导致的经济过热状态难以为继时，国民经济运行就会由热变冷，形成大起大落的经济超常波动。再其次，还将导致价格扭曲，使资源配置非合理化。最后，社会总需求大于社会总供给所导致的通货膨胀还会使居民的实际生活水平下降。

造成社会总需求大于社会总供给的原因，除了前面分析的以货币为媒介的商品交换所导致的买卖分离、供求分离、生产流通分离和宏观调控不力等一般原因外，不同体制下还有不同的具体原因，因此应进行具体分析。

在非市场机制条件下，社会总需求大于社会总供给的原因可以从两个方面说明：一种来自需求方面。在行政体制条件下，通行软预算约束，所以政府和企业都存在持续的投资饥渴倾向。在货币发行不能受到严格控制时，由投资饥渴导致的投资膨胀便表现为名义国民收入大于实际国民收入，并由此导致社会总需求大于社会总供给。这种状况有时甚至与总供给的绝对水平无关，总供给增长，总需求也增长，而且总需求的增长速度总是大于总供给的增长速度。另一种来自供给方面。直接原因在于供给效率过低，包括资源配置效率过低、组织效率过低和由技术创新不足引起的动态技术效率过低；深层的原因则是特定的决策机制、动力机制以及收入与资源分配机制等，还有同所有制及经济体制有关的一系列更深层次的制度因素，尤其是缺乏动力机制或激励机制所致。通常所说的行政体制中的"大锅饭"、"铁饭碗"所产生的弊端就是这种情形的描述。

一方面是供给不足，一方面是需求过旺，二者作用的结果，就会出现持续的社会总供给小于社会总需求状态。

在市场机制条件下，如果价格调整能在瞬间完全实现，那么至少从理论上说，社会总需求同社会总供给可以保持平衡。然而，由于信息的不完全性和不及时性，以及经济运行的不确定性，社会总需求和社会总供给要实现完全平衡几乎是不可能的。

第二节 政府与经济活动

一、市场经济中政府的经济职能

政府在社会中的职能是多样的,既有贯彻政治主张、维持社会秩序、发展社会文化方面的职能,又有推动经济增长、提供经济运行环境方面的职能。

在市场经济条件下,市场机制在资源配置中起基础性作用,它通过对经济人的经济利益的调节,进而改变经济人的行为,达到资源优化配置的作用。但市场并不是万能的,它也有其弱点和不足的方面,即存在"市场失灵"现象。

由于存在着市场失灵,试图把资源配置和经济发展的重任全部交由市场承担,必然会产生与预期效果相反的结果。可见,在充分发挥市场机制作用的同时,还必须发挥政府纠正市场失灵,适度干预社会经济活动的作用。在现代市场经济条件下,政府的这种作用主要有以下几个方面:

第一,通过经济政策、经济立法和司法以及工商行政管理等办法,确立和维护社会经济秩序,保证企业和个人的经营活动有一个良好的外部条件。例如,通过税收、补贴、行政监督、法规等措施消除外部不经济,通过制定反垄断法等法律维护公平竞争的市场环境。

第二,通过一系列经济政策及相关措施进行宏观调控,实现一些市场机制无法自发实现的宏观社会经济目标,如充分就业、价格稳定、经济持续增长、国际收支平衡等。

第三,按照社会效益原则从事公共产品的生产。包括加强基础设施建设;建立完善的警察和国防体系;支持和承担科学技术研究与社会文化教育等,从而为社会经济全面发展创造条件。

第四,通过社会福利和社会保障制度,纠正社会分配不公,消除收入差距的过分扩大,提高社会经济环境的稳定性。

二、政府宏观调控的目标和内容

宏观调控就是国家通过各种宏观政策、经济杠杆对市场经济的运行从总量和结构上进行调节、控制的活动,宏观调控的主体是国家,调控的对象和

客体则是市场经济运行的过程及其结果。

宏观调控是市场经济发展的产物，是与建立在高度发达的社会分工和社会化大生产基础上的现代市场经济紧密联系的经济范畴。在早期的市场经济条件下，大多数国家对社会经济活动主要采取自由放任的政策。但是随着社会生产力的发展，资源配置的社会化和复杂性产生了一系列市场无法自动解决的问题。如周期性的经济危机，失业状况日趋严重，对公共产品的需要无法满足，环境恶化状况不断加重，通过膨胀和通货紧缩旷日持久等，迫切需要政府对市场经济运行进行干预和调节。20世纪30年代严重的世界性经济危机的爆发，造成了对社会生产力的极大破坏，此后政府介入并干预社会经济活动逐渐成为经常性的现象。政府干预除了体现在直接参与某些公共设施和产业的建设、经营外，更多地体现在宏观调控上，即通过财政政策、货币政策、收入政策的综合运用影响社会总供给和总需求关系。

从一般意义上看，在现代市场经济条件下，政府宏观调控的基本目标可以归纳为经济稳定化、资源配置最大化和分配公平化三种。这三大基本目标又可分解为许多具体的目标。宏观调控目标是全国经济社会发展的目标，是政府制定各种宏观政策和综合运用各种调节手段的依据。宏观调控的主要目标和内容应包括以下几个方面：

第一，平衡社会总供给与社会总需求。经济总量平衡，即社会总供给与总需求的平衡，是经济稳定发展的基本前提。总量平衡关系综合反映了社会经济运行的全部过程和成果，即总生产、总分配、总流通和总消费的状况。总量关系对形成市场运行的总趋势起决定作用，在买方市场与卖方市场中的企业行为、政府政策及市场实现等方面都有明显的不同。此外，总量平衡还是实现稳定的经济增长、充分就业和物价稳定等宏观调控目标的基础，经济总量失衡本身就意味着生产要素配置比例的失衡。总供给与总需求的平衡，单纯依靠市场调节是不够的，必须由政府的宏观调控来实现。

第二，保证物价稳定和充分就业。物价稳定和充分就业是经济总量平衡状态的具体表现，也是宏观调控的重要目标。物价稳定并非指物价保持不变，而是避免价格水平持续、剧烈地上涨。保证物价稳定主要是防止通货膨胀，采取通货紧缩和其他紧缩政策。但经济紧缩政策往往会抑制经济增长速度，带来就业困难，可能使更多的人处于失业和半失业状态。物价稳定和充分就业的这种矛盾，要求政府根据不同时期的具体情况在各种经济政策间进行合理选择，既要控制通货膨胀，又要实现充分就业。

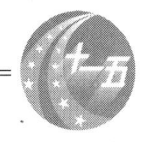

第九章　国民经济的总量平衡与宏观调控

第三，保持国民经济稳定持续的增长。国民经济持续稳定的增长是宏观调控目标中的核心问题。经济增长的速度要合理，既要保持较高的速度，又要避免经济的大起大落。现实经济增长率的选择，主要受制于积累投资水平和资金使用效率。积累投资水平要受到社会消费水平的限制。在国民收入一定的情况下，社会消费水平与投资率呈相反方向变化，投资率越高，则消费率越低；反之亦然。在资金投入效率一定的情况下，经济增长率的高低主要取决于投资率的高低。而资金投入产出效率的提高，能在投资率不变的情况下，更快地实现经济增长，或在增长目标一定的条件下，降低投资率和提高消费率，改善居民生活。该比率的变动与投资结构和产业结构的调整有密切关系。投资率和资金使用效率的合理选择，单靠市场是不能实现的，要求政府实行一系列刺激经济增长和防止经济过热的政策措施，对国民经济增长进行合理、有效地调控。

第四，优化经济结构。国民经济的健康发展，要求有合理的产业结构和区域结构。宏观经济结构的优化，能使社会供给更好地满足社会多种需求，防止结构性的供需失衡，提高社会资源的利用效率，实现经济增长。就产业结构而言，尽管市场活动可以调节产业结构，推动技术进步，促进高新技术的产业化，但这种调节是一种事后调节，是以一定程度的经济波动和资源浪费为代价的。而且市场不可能根据国民经济发展的需要，自动地向某些重点产业倾斜，例如社会效益超过自身效益的基础产业。所以，必须由政府制定和实施产业政策来加快产业结构的优化。此外，国民经济的区域结构也必须由政府制定地区发展规划来调整，因为市场调节的结果往往是扩大地区差距。

第五，实现公正的收入分配。公正的收入分配是关系国民经济能否顺利发展的重要环节。它有利于保持社会的稳定，为发展创造良好的社会环境；同时也能够促进劳动生产率的提高和经济发展。通常社会分配不公有两种表现形式：一种是收入的平均主义，干多干少、干好干坏一个样，这是传统计划体制的主要弊端；另一种是收入差距悬殊，主要表现为在大部分居民收入水平很低的情况下，出现了一批高收入阶层，城乡居民及不同地区间居民收入差距的不断拉大。二者都违反了公平的基本原则。对于前者是要引入市场机制予以解决；对于后者需要政府运用税收和各种福利措施，调控收入分配的差距，促进社会公平原则的实现。

第六，保持国际收支平衡。在开放性的经济系统中，国际收支状况对国

民经济发展具有重要的影响。积极吸引外资，发展对外贸易，可以弥补本国资金不足、技术缺乏和需求不足的矛盾。但借入外资需要还本付息，进口需要用出口创汇来抵补，反过来也会限制本国经济的增长。在现今世界经济形势中，国际收支的严重逆差会损害长期的经济增长能力；过度顺差又易引发国际间的贸易争端。对国际收支宏观调控的目标是，促进对外贸易的发展与国际资本流动，以保障国际收支的平衡。

上述宏观调控的目标构成了一个相互联系、相互制约的目标体系。要保持经济总量平衡，必须消除失业和通货膨胀，而总量平衡又是国民经济持续快速增长的条件。经济结构的优化、社会收入的合理分配、国际收支的基本平衡也是长期保持经济总量平衡，实现持续、稳定和快速增长的重要条件。但在一定条件下，目标之间可能会发生矛盾和冲突，例如较高的经济增长率必然会导致物价水平的上升。因此，要实现宏观调控的主要任务就必须协调各有关目标，使之共同实现。当然，在不同时期和不同情况下，宏观调控的侧重点是有所不同的，相互之间必须讲究优先次序和配合关系，有时也不得不暂时牺牲某个目标，作出现实有效的最优调控决策。

第三节　财政收支与财政政策

一、总量平衡中的财政

在现代市场经济中，总量平衡指的就是社会总供给与社会总需求的平衡。能否实现总量平衡，关系到社会经济能否稳定协调发展。影响总量平衡的因素比较多，从其基本因素方面观察，主要是影响社会总供给的因素和影响社会总需求的因素两大类。凡是影响社会总供给和总需求变化的因素，都会从不同方面，以不同方式和程度，影响总量平衡关系。在各种影响总量平衡的因素之中，财政的影响力和作用尤为突出。

财政是一种政府行为，是以政府为主体的分配活动，它在满足社会公共需要方面具有不可替代的作用。一般地说，社会公共需要在任何社会形态下都是存在的，不因社会形态的更迭而消失。但在不同的经济发展阶段、不同的社会形态之中，社会公共需要的主要内容会有所不同。一般地说，在现代市场经济条件下，为了弥补市场机制的缺陷，政府要运用财政手段介入和干

预社会经济活动，以保证社会经济持续、健康发展。

财政是影响总量平衡的一个重要变量。财政影响总量平衡，是通过财政发挥其自身的职能而实现的。首先，财政具有资源配置职能。在没有政府干预的条件下，市场会通过价格与产量的平衡关系自发地配置资源，实现供求平衡。由于市场机制本身存在缺陷，使得市场自发地形成的配置状态不可能实现最优化。财政通过自身的收支活动，可以引导资源的流向，进而改变社会总需求和社会总供给原有的格局，形成新的总量平衡关系。例如，通过财政支出结构的变化，改变生产性与非生产性支出比例、购买性支出与转移性支出比例，进而改变社会资源配置状态；通过政府投资、税收和补贴，调节社会投资规模、投资方向，调节社会消费规模、消费方向，促使社会总供给与总需求达到新的平衡。其次，财政具有收入分配职能。收入分配的目标是实现公平分配。公平分配包括经济公平和社会公平。经济公平强调的是要素投入和要素收入相对称；社会公平强调收入差距维持在社会各阶层居民所能接受的合理范围。在没有政府干预的条件下，市场分配虽然体现出效率原则的情况，但并不能有效地防止因收入分配悬殊所导致的社会矛盾。财政介入收入分配活动，可以通过再分配对工资、企业利润、租金收入、财产收入、股息收入等进行调节，通过转移性支出保障每个社会成员维持起码的生活水平和福利水平。由于边际消费率会随着收入的增长而呈递减趋势，财政对收入分配的调节，在一定程度上有利于最终消费需求的增长。最后，财政具有经济稳定与发展职能。经济稳定包含充分就业、物价稳定和国际收支平衡等多重含义。发展不仅意味着产出的增长，而且还包括由增长而带来的结构变化以及经济条件、政治条件和文化条件的变化。在没有政府干预的条件下，社会总供给和社会总需求的平衡量是比较难以实现的。即使依靠市场力量使总供给和总需求达到平衡，不仅需要经过较长时间的调整才能实现平衡，更为重要的是会付出巨大的代价或社会财富的巨大浪费才能达到平衡。财政实现经济稳定和发展，可以通过财政政策来达到。当社会总供给超过总需求时，财政可以实行扩张政策，增加支出和减少税收或者二者并举，由此扩大总需求；当社会总需求超过总供给时，财政可以实行紧缩政策，减少支出和增加税收或者二者并举，由此抑制总需求。

二、财政赤字

政府收支数量的多少、收支的构成和收支的范围都对整个国民经济的运

行产生一定的影响。政府的收支具体表现为政府的财政收入和财政支出。政府的财政收支活动既是政府管理国家的基本工具，又是调节经济运行的重要杠杆。政府当年的财政收支对比有三种情况，即一是收入大于支出有结余；二是收入与支出相等；三是支出大于收入有逆差，即赤字。收支正好相等的情况在理论上是可以成立的，但从实际经济运行来看，几乎是不存在的。就现代市场经济国家而言，财政赤字已经是一种世界性经济现象。

在如何理解财政赤字的问题上，需要分析政府支出与收入。在政府支出中，要注意区分强制性的支出与随意性支出。所谓强制性的支出，是指在现存的法律中明文规定的政府支出义务。随意性的支出则相反，它不是由法律规定的，而是直接取决于政府决策人的决策或取决于最高权力机构的协商过程，例如行政管理费支出、外援经费支出等等的数额大小，都属于随意性支出。强制性的支出和随意性的支出在一国的财政过程中都是不可或缺的。如果一国的政府支出基本上是随意性支出的话，则财政支出的变动性必然很大。如果一国政府支出基本上是强制性支出的话，则政府就会丧失对支出的调节权，因而也丧失了运用政府支出这一杠杆来调节经济的主动权。财政收入可分为税收和其他收入两大类，其中国家凭借政治权力占有的税收是财政收入的主体收入。中央政府当年的支出总额超过当年收入总额的部分叫做财政赤字。

在计算财政赤字的问题上，通常有两种不同的口径。即：（1）（经常支出＋债务支出）＞（经常收入＋债务收入）；（2）经常支出＞经常收入。按第一种计算口径，债务收入计入正常财务收入，相应地把债务还本付息也计入正常支出。按第二种计算口径，债务收入不列为正常收入，相应地债务的偿还也不列为正常支出，但利息的支付都列为正常支出。如果把债务收入列为财政收入，那么财政向银行的透支或借款也是一种债务，也应列为财政收入。既然债务收入列为财政收入，债务的还本付息就要相应地列为支出。按此办法处理，财政收支就永远是恒等的，不存在财政赤字和财政结余。由于第一种计算口径存在着缺陷，所以按经常支出＞经常收入口径计算财政赤字规模应成为通例。

一般说来，在现代市场经济中，如果一个国家的税制健全，那么该国的财政赤字规模大体上由以下三个因素决定，即经济周期、通货膨胀与经济增长。在经济周期的繁荣时期，由于国民收入水平高，政府税收将增加，而在政府支出中，转移支付会下降，从而使政府财政赤字减少；在经济周期的衰

第九章 国民经济的总量平衡与宏观调控

退时期则相反。

经济增长率与通货膨胀率对财政赤字的效应是通过名义国民收入上升与下降来发生作用的。当经济增长并且伴随通货膨胀时，名义财政收入必定会上升。当居民名义收入由于经济增长或纯粹由于通货膨胀而上升时，其收入水平从低等级跨入高等级，而按累进所得税制，进入较高名义收入等级的公民应缴纳更高税率的个人所得税，从而使得政府的财政收入增长。在既定的财政预算条件下，财政赤字的规模与经济增长和通货膨胀的变动呈反方向运动。

中国财政赤字在很大程度上属于经济改革和经济发展的代价，可视为经济改革和经济发展的机会成本。中国是一个发展中大国，人口众多，农业比重较大，总体生产率水平低下。国家财政首先要满足众多人口的生存和政府机构运行的需要，维系社会安定；国家财政还要担负着繁重的经济建设任务，特别是要加大对基础设施、基础产业的投资，为经济健康发展提供良好的环境；中国的经济体制正处于转变过程中，政府陆续实施各项改革措施，减收增支项目较多，在财政收入增长较慢而财政支出增长较快的情况下，出现财政赤字在一定意义上可以说是不可避免的。

从理论和实践上看，财政赤字对经济的影响和财政赤字规模的大小有关，但更主要的还取决于财政赤字的弥补方式。如果财政赤字主要通过财政向银行透支，即通过财政性货币发行来弥补的。这种方式会增加货币供给量，从而增加社会总需求。如果通过财政向银行借款来弥补赤字，会增加基础货币供给，但不一定必然引起货币供给量过度，也不必然导致通货膨胀。尽管如此，也绝不意味着财政向银行借款没有极限。如果政府用发行公债弥补财政赤字，这一问题比起用向银行透支或借款弥补财政赤字要复杂得多。这需要结合购买者的情况进行分析。当居民个人或企业或商业银行作为公债的购买者时，其结果是购买力的转移或替代，不会增加社会的货币供给量。

通过发行国债弥补财政赤字，是世界各国的普遍做法。随着中国财政体制和金融体制的改革不断深入，已逐渐把发行国债作为弥补财政赤字的主要方式。但是，债务作为弥补财政赤字的主要来源，它将会随着财政赤字的增长而增长；随着债务的增加也会加大财政赤字。当财政赤字达到一定规模之后，对经济持续健康发展也会造成不利影响。因此，必须控制国债发行规模，提高国债的管理和使用水平。

财政赤字与赤字财政不是同一概念的两种不同的表述，而是有较大的差

别。财政赤字只表明财政支出大于财政收入,在账面上表现出入不敷出,即存在逆差。而赤字财政,是指国家有意识地用财政赤字来调节经济的一种经常性的政策,也就是经常地通过财政赤字来扩大政府支出的规模,刺激社会有效需求的增长。赤字财政的基本思想是由凯恩斯提出的,在西方市场经济国家曾被广泛地运用。虽然赤字财政可以在一定时期内具有扩大总需要的作用,但随着政策的延续和巨额赤字的叠加,难免产生对私人消费和投资的排挤性影响,甚至使"寅吃卯粮"的局面更加严重,进而导致虚假繁荣。

三、财政政策

财政政策是指一国政府为实现一定的宏观经济目标而调整财政收支规模和收支平衡的指导原则及其相应的措施。它是由税收政策、支出政策、预算平衡政策、国债政策等构成的一个完整的政策体系。

财政政策作为政府的经济管理手段,主要有四个方面的功能。第一,导向功能。财政政策的直接作用对象是财政收支及其平衡关系,其导向功能是通过调整物质利益关系而对人们的经济行为及国民经济的发展方向发挥导向作用。财政政策不仅引导人们什么应该做,什么不应该做,而且还通过利益分配机制,告诉人们怎样做更好。财政政策既可对其调节对象直接发挥作用,又可对非直接调节对象产生影响。第二,协调功能。主要表现在对社会经济发展过程中的某些失衡状态予以调节。如通过改变各社会集团和成员在国民收入中所占的比重,调整社会分配关系,防止两极分化;通过转移支出政策来协调个人之间的收入水平,达到公平分配的目的;通过支出政策、税收政策、预算政策、补助政策的综合运用,从各个方面协调人们的物质利益关系。第三,控制功能。财政政策的控制功能表现在,政府通过财政政策对人们的经济行为和宏观经济运行的制约或促进,实现对整个国民经济发展的控制。第四,稳定功能。是指政府通过财政政策,调整总支出水平,以达到总需求水平与总供给水平基本平衡,从而实现国民经济的稳定发展。财政政策稳定功能的主要特征是反周期性和补偿性。正是由于财政政策具有上述功能,所以政府在宏观调控中根据经济运行的实际情况,经常使用并不断调整财政政策。

根据财政政策在调控经济活动中所起的作用,财政政策可以划分为不同的类型。根据财政政策具有调节经济周期的作用来划分,财政政策可以区分为自动稳定的财政政策和相机抉择的财政政策两种类型。所谓自动稳定的财政政策，是指能够根据经济波动情况自动发生稳定作用的政策。所谓相机抉择的财政政策，是指政府根据当时的经济形势采用不同的财政措施，以消除通货膨胀或通货紧缩，防止经济过热或经济过冷的政策。根据财政政策在调节国民经济总量方面的不同功能，财政政策又可以区分为扩张性财政政策、紧缩性财政政策和中性财政政策。扩张性财政政策，是指政府通过财政分配活动增加和刺激社会总需求的政策。一般情况下，当社会总需求不足时，通过扩张性财政政策可以使总需求与总供给的差额缩小以至于平衡。紧缩性财政政策，是指政府通过财政分配活动来减少和抑制总需求的政策。一般情况下，当社会总需求过旺时，政府往往采用紧缩性财政政策以抑制通货膨胀，求得总需求与总供给的大体平衡。中性财政政策，是指政府的财政分配活动对社会总需求的影响，既不扩张，也不紧缩，而是保持中性。

财政政策是宏观经济调控活动中的主要政策手段。财政政策的实施，一般情况下要达到如下目标。（1）稳定物价。稳定物价，并不是冻结物价，而是把物价总水平的波动控制在经济稳定发展所许可的范围之内。（2）收入分配公平。收入分配公平，是实现社会经济稳定与发展的重要问题。收入分配不公平，贫富悬殊过大，不利于社会经济的稳定。（3）经济适度增长。保持经济持续增长，对于发展中国家而言，是至关重要的。但经济增长并非是速度越快越高越好，而应当根据财力、物力的可能和社会发展的需要，以可持续的适度增长为目标。财政政策在取向上不仅着眼于推进经济增长，而且对保持适度的社会储蓄率、投资率、消费率发挥积极的影响作用，为国民经济适度增长创造条件。（4）社会生活质量逐步提高。社会全体成员需要的满足程度，不仅仅取决于个人消费需求的实现，而且取决于社会公共需要的实现。而社会公共需要的实现又主要依靠财政来提供。

财政政策主要包括财政支出政策和财政收入政策。财政收入主要来源于税收，所以财政收入政策主要是指税收政策。财政支出主要用于政府购买、公共工程建设和财政补贴等，财政支出政策通过国家预算支出的编制和执行来实现。

财政政策主要是通过以下手段来实施：

第一，国家预算。国家预算即国家财政年度的收支计划。一方面，它可以通过国家预算收支总规模来调节社会供求总量的平衡，收缩预算支出规模可以降低社会总需求，扩大预算支出规模则可刺激社会总需求；另一方面，通过预算支出结构的变动能够调节国民经济若干比例关系。

第二，税收。税收是国家凭借政治权力，对部分社会产品进行分配以取得财政收入的一种形式。税收的总量调节作用是双重的，既改变需求也改变供给。减税可以刺激经济增长，增税可以抑制通货膨胀；对不同地区实行优惠政策，可以引导资金流向；对不同行业实行不同的税率可以调节产业结构；对所得税实行累进税率可调节收入分配。

第三，国家信用。国家信用是国家按照经济有偿原则筹集和供应财政资金的一种分配手段，其主要形式是国债和国家向银行等金融机构的财政性借款，能够调节投资结构和产业结构，调节积累与消费的比例和货币流通。

第四，财政投资。财政投资即国家财政安排的预算内投资。它是进行国家重点建设和其他大中型项目的主要资金来源，是形成国有资产的主要基础。财政投资的增减可引起社会总需求的增减，并可调整产业结构和投资结构。

第五，财政补贴。包括生产性补贴和生活补贴，生产性补贴可以保证某些亏损或微利企业的生存发展，也可用以鼓励某个行业的发展；生活补贴用以补助居民的生活。财政补贴可以稳定生产和生活，并具有调节供求的作用。在财政政策运用中，各种手段应相互协调，并且要与货币政策的目标相一致。

第四节　货币流通与货币政策

一、货币需求和货币政策

货币需求状况是货币政策选择的重要依据。正因为货币需求问题的重要性，经济学界对货币需求理论进行了长期的研究，直至目前为止，尚未对货币需求作出一个公认的界定。

西方货币需求理论沿着货币持有动机和货币需求决定因素这一脉络，经历了传统货币数量学说、凯恩斯学派货币需求理论和货币学派货币需求理论的主流沿革。其中凯恩斯学派货币需求理论和货币学派货币需求理论至今仍对许多国家的货币政策选择产生较大影响。凯恩斯将人们保持货币的动机分为交易动机、预防动机和投机动机。所谓预防动机的货币需求，是指人们为了应付紧急情况而持有一定数量的货币，其需求量的大小取决于收入的多

第九章 国民经济的总量平衡与宏观调控

少。所谓投机动机的货币需求，是指人们为了在未来的某一适当时机进行投机活动而保持一定数量的货币，其需求量的大小受利率水平的高低影响。交易性货币需求量的大小，同时受到收入水平和利率水平的影响。新剑桥学派对凯恩斯货币需求理论加以发展，提出了货币需求有三类动机，即商业性动机、投机性动机和公共权力动机。货币学派的代表人物弗里德曼认为，与消费者对商品选择一样，人们对货币的需求同样受到三类因素的影响，即收入或财富的变化、持有货币的机会成本、持有货币给人们带来的效用。

在中国经济理论界，根据马克思的货币理论并借鉴西方货币需求理论，结合中国的国情，提出了决定中国交易与贮藏货币需求的因素，这些因素包括收入水平、收入的分配结构、市场供求状态和利率等。其中，收入水平是决定持币者与贮藏需求的一个经济变量。随着居民个人收入的快速增长，企业收入的迅速增加，交易货币需求会增加，贮藏货币需求则增长更快。在收入量为一定时，因收入分配的结构不同，对货币需求的影响不同。当预期物价上涨率居高不下时，人们会持有更多的货币，以随时购买物品，从而增加货币的交易需求；反之，人们就会增加储蓄，从而增加货币的贮藏需求。利率对个人的货币需求有一定的影响，利率的提高会减少人们的交易货币需求而增加贮藏需求。随着社会主义市场经济的建立，利率对货币需求的影响趋强。

尽管人们对货币需求的理解未达成共识，但市场经济的发展需要客观上要求货币政策发挥调节作用，因而不同国家在不同时期，依据对货币需求的不同理解，制定出不同的货币政策。

货币政策是中央银行代表中央政府，为实现宏观经济调节目标而制定的各项管理和调控货币供应量与货币流通的措施的总称。货币政策由中央银行通过利率、信贷、汇率、货币发行、外汇管理及金融法规条例等金融工具来实施，以经济增长和稳定币值为目标。

政策目标是货币政策的一个重要组成部分。不同国家在不同时期，有不同的货币政策目标。例如，美国联邦储备银行曾经把经济增长、充分就业、稳定物价和国际收支平衡作为货币政策目标，日本银行在1998年新银行法实施前，把稳定物价、国际收支平衡和维持对资本设备的适当需求作为货币政策目标。中国中央银行即中国人民银行的货币政策目标，是保持货币币值的稳定，并以此促进经济增长。又如，在国际金本位时期，各国中央银行货币政策的主要目标是稳定币值和汇率。第二次世界大战后的较长时间里，大

多数国家是以充分就业为货币政策的首要目标。20世纪70年代中期以后,"滞胀"促使许多国家的货币政策目标先后转为以稳定货币为主。

货币政策目标是通过货币政策工具的运用来实现的。货币政策工具主要有三个,即法定准备金率、公开市场业务和再贴现率。

第一,法定准备金率。法定准备金又称存款准备金,是指中央银行规定商业银行和金融机构按一定比例将所吸收存款的一部分交存中央银行。所交存的准备金与存款额的比例就是法定准备金率。这一比率的变动直接影响着商业银行的贷款规模。要说明"法定准备金"的问题,首先必须介绍"派生存款"的概念。在市场经济条件下,商业银行在吸收存款后,除保留一定比例的准备金以满足日常经营需要之外,大部分作为贷款放出,这些贷款又会被借款人存入银行,或由借款人支付给其他人而被其他人存入银行,从而形成和贷款额大体相等的存款,即"派生存款"。同样的,这种派生存款又会形成新的派生存款,如此循环往复,最终形成数倍于初给存款的存款总量。显然,派生存款总量与初始存款数量成正比,与存款准备金率成反比。因此,如果中央银行调低法定存款准备金率,商业银行则减少了上缴中央银行的存款准备金数量,相应增加了本身的贷款规模,再通过存款倍数派生机制,以数倍规模扩大货币供应量,可以刺激有效需求的增加。例如法定准备金率由13%降至12%,派生存款总量将会增大7%~8%;反之,如果中央银行调高法定准备金率,则会导致货币供应量的收缩,从而抑制总需求的膨胀。改变准备金率被认为是一项强有力的手段。

第二,公开市场业务。公开市场业务是指中央银行在金融市场(又称公开市场)上买卖各种政府债券,如国债、公债,以及银行机构发行的证券等,以调节货币供应量的活动。公开市场业务要逆经济风向行事。当总需求不足,失业增加,经济走向衰退时,中央银行在金融市场上买进政府债券,放出货币,势必会增加存款及派生存款,扩大货币供应量,迫使利率下降,进而引起投资增加和需求扩张,推动经济增长和就业增加;反之,当总需求膨胀,价格水平上升时,中央银行则卖出政府债券,收回货币,从而紧缩银根,减少货币供应量,以抑制需求扩张和通货膨胀。公开市场业务作为中央银行的重要政策手段,涉及面较广,对货币供应量的调节及时、灵活,因而得到了广泛地运用。有效运用这一手段,要以较为发达的金融市场为前提。

第三,再贴现率。再贴现率是中央银行在商业银行以有价证券作抵押向

商业银行贷款时的利率。在商业银行资金不足时，可以向中央银行筹资，它可以把企业向它贴现的票据再贴现给中央银行取得资金，也可以开出期票并用政府债券作担保获得中央银行的贷款。这样，中央银行就可以通过调节再贴现率来影响商业银行的借款成本，从而达到调节商业银行贷款规模，调节货币供应量的目的。当中央银行认为总需求不足，失业有持续增加的趋势时，就降低再贴现率，扩大贴现的数量以鼓励商业银行发放贷款，刺激投资；反之，当需求过大，出现通货膨胀时，就提高再贴现率，减少贴现数量，以限制商业银行发放贷款，抑制投资。

上述三大货币政策工具都属于对货币总量的调节，从而影响整个宏观经济。除此之外，还有一些选择性货币政策工具，可以用来对某些特殊的信用加以调节。其中有消费者信用控制、证券市场的信用控制、不动产信用控制、优惠利率、预缴进口保证金等。在消费信用膨胀和通货膨胀时期，中央银行采取消费信用控制措施，可以起到抑制消费需求和物价上涨的作用。反之，在消费需求不足和通货紧缩时期，央行取消消费信用控制，甚至鼓励开展消费信用业务，则可以起到刺激消费需求和遏制通货紧缩的作用。证券市场信用控制，有助于抑制证券交易过度投机活动；不动产信用控制，对于抑制房地产交易投机活动也有一定的作用；预缴进口保证金，类似证券保证金的做法，在一定程度上有利于抑制进口的过快增长。

中央银行使用什么样的货币政策工具以实现其特定的货币政策目标，没有固定不变的模式，只能根据不同时期的经济环境等客观条件而定。

货币政策的运作基本上也可以归结为两种类型：一是扩张性货币政策；二是紧缩性货币政策。当经济衰退时，总需求不足，失业率上升，中央银行应采取扩张性货币政策，即放松银根，扩大货币供应量，以刺激有效需求的增长。可供选择的手段主要有增发货币，降低法定准备金率；降低再贴现率；购进政府债券等。当经济高涨，形成通货膨胀压力时，中央银行应采取紧缩性货币政策，即紧缩银根，减少货币供应量，以抑制总需求的过度膨胀。除了提高法定准备金率；提高再贴现率；抛售政府债券外，还可以采用道义上的劝告；控制分期付款和抵押贷款的条件等手段。当然，货币政策手段有其自身的局限性，其作用受到许多因素的制约。

在运用货币政策时，需要针对不同情况，选择具体的手段组合，并与财政政策和其他经济政策相匹配。就财政政策和货币政策的一般结合形式而言，大致有两类情况和四种形态：一类是正结合，分为松财政和松货币、紧

财政和紧货币两种形态;另一类是逆结合,分为紧财政和松货币、松财政和紧货币两种形态。就一般情况而言,通常多以松紧搭配为选择目标。

二、货币供应量的调节

货币政策的主要内容就是中央银行通过对货币供应量的调节来影响总需求并最终影响宏观经济。因此,货币政策选择离不开对货币供给形势的分析判断。对货币供给的分析,首先必须回答什么是流通中的货币。这个看起来是个极其简单的问题,实际上,并不容易回答。在社会经济生活中,存在着形形色色的货币,如现金、信用货币、电子货币等。货币供给指的是经济生活中企业和居民所拥有的货币的总和。现金存量仅仅是货币供给的构成部分,而不等同于全部货币供给。

流通中的货币是由现金与存款货币所构成。为了便于对货币供给的监控,人们通常把货币供应量划分为三个层次,即:

$$M_0 = 流通中的现金$$

$$M_1 = M_0 + 活期存款$$

$$M_2 = M_1 + 定期存款$$

调控货币供应量,需要对货币供应量究竟是外生变量还是内生变量作出判断。如果认定货币供应是外生变量,就等于说货币供给这个变量并不是由经济因素,如收入、储蓄、投资、消费等所决定的,而是由货币当局的货币政策决定的,货币当局能够有效地通过对货币供给的调节影响经济活动。如果认定货币供应是内生变量,就是说,货币供给的变动,货币当局是决定不了的,起决定作用的是经济体系中实际变量以及微观主体的经济行为等因素。在西方主要经济学流派中,凯恩斯学派认为货币供给是由中央银行控制的外生变量;新剑桥学派认为,货币供应量的多少并不完全由中央银行自主决定,在很大程度上中央银行是被动地适应公众货币需求而进行了货币供给活动。新古典综合学派则认为,货币供应量主要是一个受经济体系内诸多因素影响而自行变化的内生变量,它主要是由经济而不是由中央银行所决定。

尽管对于货币供应是外生变量还是内生变量的争论仍在继续,但对于货币供应量过大,造成社会总需求过旺,或者货币供应量过小,造成社会总需求不足,从而影响宏观经济的正常运行,在这个问题上各派的观点则比较一致。因此,对货币供应量的调控是必要的。

第九章 国民经济的总量平衡与宏观调控

本章主要名词概念

社会总供给 社会总需求 国内生产总值 投资需求 消费需求 充分就业 财政赤字 国家预算 法定准备金率 公开市场业务 再贴现率

本章思考题与练习题

1. 社会总供给与社会总需求各有哪些部分构成？
2. 影响社会总供给的因素有哪些？
3. 国民经济总量平衡的公式是什么？
4. 简述社会总供给与总需求均衡的条件。
5. 社会总供给与总需求失衡的形式及原因是什么？
6. 政府宏观调控的目标和内容是什么？
7. 财政收支对总量平衡有何影响？
8. 如何评价赤字财政政策？
9. 实现货币政策的工具主要有哪些？

第十章 国民收入分配与社会保障

国民收入分配过程包括初次分配和再分配两个阶段。生产过程中所创造出的国民收入经过初次分配和再分配而形成最终收入。社会保障是社会化大生产的产物，它既是经济发展和社会进步的标志，又是市场经济运行的安全网与稳定器。本章从国民收入分配入手，分析社会保障制度的建立及其主要内容。

第一节 国民收入分配

国民收入从形成到使用要经历比较复杂的分配过程，这个过程分为初次分配和再分配两个阶段。经过初次分配形成的收入形式是"原始收入"，经过再分配形成的收入是最终收入。

一、国民收入的初次分配

中国现阶段是以公有制为主体、多种所有制经济共同发展的所有制结构。因此，国民收入的初次分配是在国有企业、集体企业和非公有制经济的范围内以不同的形式进行的。

国有企业创造的国民收入，是企业总产值扣除生产资料消耗后的那部分净产值，也就是企业劳动者当年创造的新价值。这部分新价值在初次分配中分解为三个部分：（1）上缴国家的税金形成国家集中的纯收入，由国家统筹在全社会范围内使用；（2）以企业基金的形式归企业支配，用于生产发展和企业内福利；（3）企业员工的工资，这部分以按劳分配方式进行分配。

城镇集体所有制企业创造的国民收入经过初次分配形成四种原始收入：（1）上缴国家的税金；（2）集体企业上缴集资单位，形成集体单位的内部合作基金；（3）集体企业内部留利，用于企业的发展和福利；（4）集体企业的员工工资。

农村的集体经济单位创造的国民收入经过初次分配后形成三种原始收入：（1）农村集体经济单位的提留，以形成公积金和公益金，这部分收入的形成方式在改革中正在进行规范；（2）以管理费形式提留给乡级政府组织，这部分会随着农村基层政府组织的改革进行调整；（3）农民家庭的纯收入。

私营企业创造的国民收入经过初次分配也形成三种原始收入：（1）上缴国家的税金；（2）企业主支配的收入；（3）分配给企业员工的工资。

个体生产者创造的国民收入经过初次分配形成两种原始收入：（1）上缴国家的税金；（2）个体生产者自行支配的纯收入。

三资企业创造的国民收入经过初次分配形成四种原始收入：（1）上缴国家的税金；（2）按股权或契约分配给外国投资者的利润；（3）企业基金；（4）企业员工的工资。

由上可见，国民收入经过初次分配形成的各种原始收入，确定了物质生产领域的劳动者、企业、国家之间的利益分配关系。

二、国民收入的再分配

国民收入再分配是在初次分配的基础上，由国家把集中的收入按照一定的原则和规范进行统筹使用。

国民收入再分配的原因有四个方面：（1）满足非物质生产部门发展的需要；（2）满足重点建设的需要；（3）建立和发展社会保障体系的需要；（4）为防范不确定的偶发事件和自然灾害，建立社会后备基金的需要。

国民收入再分配通过以下途径最终完成。

国家预算是国民收入再分配的主要途径。国家预算是国家的基本财政收支计划，通过这一途径，国家把集中的收入以预算支出的方式用于生产性和非生产性建设的需要，在非生产性支出中，有相当的比例形成国家保障制度的资金来源。

价格杠杆是再分配的重要渠道。在市场经济体制中，价格变动是对各方经济利益的再调整，从而引起国民收入的再分配。

国民收入经过初次分配和再分配，形成积累基金和消费基金两大部分。积累基金主要包括：扩大再生产基金、非生产性建设基金和社会后备基金。消费基金主要包括社会消费基金和个人消费基金。

第二节 社会保障制度的目标

社会保障是国家以法律、规章确立对遇到疾病、生育、年老、死亡、失业、灾害或其他风险的社会成员给予相应的经济的、物质的服务和帮助,以保障其生活需求的社会经济福利制度。

一、公平与效率

社会保障制度具有两个最基本的功能,储蓄功能和再分配功能,通过这两种功能在社会公平与经济增长之间保持平衡。公平与效率是社会发展的两大目标,任何一个社会经济系统的正常运行都离不开它。

公平不是平均分配,不是结果公平,而是机会均等,权利平等。也就是说,社会应当以公正的、不偏不袒的态度对待每一个成员,应该尽可能地创造条件给每个成员提供相同的机会和权利,让他们在同一条起跑线上参与公平竞争,谋求自身的发展。社会保障领域中的公平,是指每个社会成员在生活发生困难时,都可以普遍地无例外地获得社会保障的机会和权利,社会成员在社会保障面前,人人平等。这样,社会成员就能够在基本生活有保障并解除后顾之忧的条件下参与社会竞争,不会因先天不足或生活无着落而输在起跑线上。

效率是指经济活动中劳动耗费与劳动成果的比较,换言之,即投入与产出的比较。人们从事经济活动总是力求以最少的劳动耗费获取最多的劳动成果,或以最小的投入取得最大的产出,以实现资源的高效、合理配置,促进社会生产力的发展。社会保障领域中的效率,就是要在社会保障中融入自我保障机制,通过个人缴费的方式增强自我保障意识,使每个社会成员从关心自己切身利益出发,努力工作,奋发向上,从而提高生产效率。例如养老金的待遇水平必须与在职时的工资水平挂钩,和在职时的劳动贡献相联系的规定,就充分体现了效率原则,从而能够激励劳动者勤奋工作。

在社会保障领域,公平与效率存在着既统一又矛盾的关系。统一表现在以下两个方面:一是公平为效率提供动力。社会保障高举"公平原则"的大旗,保障社会成员的基本生活和劳动力再生产的顺利进行,解除劳动者生、老、病、死的后顾之忧,维护着社会的安定,这有利于调动劳动者的工

作积极性，促进经济发展和效率提高。二是效率为公平提供物质基础。因为效率是社会生产力发展的前提，是通向社会公平的桥梁。在一个效率低下，物质匮乏的社会里谈不上社会公平，充其量也只能是公平地分配贫穷。所以任何损害效率的行为都将损害公平，最终实现不了社会公平。只有最大限度地提高资源配置效率，充分解放和发展社会生产力，实现个人收入和经济总量的快速增长，才能增加积累，进而达到更高水平的公平。

然而，公平与效率又是会发生矛盾的。因为社会保障体系中的社会救济、社会优抚和社会福利，其经费主要来源于国家财政，所以凡符合条件的社会成员都可以无条件享受，此类社会保障的给付是向低收入者、贫困者倾斜，权利的享受无须以承担义务为前提。至于社会保障体系中的社会保险，虽然此项基金是由国家、企业、个人三方共同承担，但它的给付与劳动贡献也没有严格的对等关系，以致会出现多交费少受益，或者少交费多受益，甚至不交费也受益的情况。社会保障明显的权利均等性、利益共享性，导致给付与劳动贡献的脱钩，因而会削弱对劳动者的激励作用，进而损害效率。

为了在社会保障领域寻找公平与效率的最佳结合，就要贯彻既保障生活又有利于促进生产的方针。

首先，社会保障要与生产力发展水平相适应。生产力的发展是社会保障发展的物质基础，生产力的发展水平决定社会保障的水平。社会保障的项目、范围和水平如果超过生产力发展水平，就会使国家和社会背上沉重的包袱，从而影响经济的发展。相反，如果社会保障的发展滞后于生产力的发展水平，同样也会制约经济发展，进而影响社会安定。所以社会保障的项目、范围、水平必须从实际出发，与国情、国力相适应，统筹兼顾、循序渐进。必须在生产发展、经济增长的基础上，完善社会保障项目，扩大社会保障范围，提高社会保障水平。

其次，要强调权利与义务的统一。即凡是有劳动能力的社会成员，必须先履行劳动和缴费的义务后，才能享受社会保障的权利。社会保险待遇标准要与劳动贡献挂钩，体现一定的差别，以激励劳动者的生产积极性。这就是说，社会保险金的给付，要与劳动者的贡献大小，即工龄或缴费期限的长短、工资水平、缴费金额的高低挂钩，使缴费年限长，缴费金额多的劳动者，领取的社会保险金也多；反之则少。使劳动者切实体会到现在努力工作，多作贡献，不但可以多得报酬，将来也可以多领取社会保险金。这样，就能促进效率的提高。

最后,社会保障制度的制定要尽可能地科学、合理、详尽。不能带来负面效应,更不能出现逆选择。如果失业保险金发放时间过长,失业保险待遇水平又与在职时的收入水平相差无几的话,那么失业者就会无所事事,不求进取。他们依赖失业保险,可以长期无业逍遥,既不必为寻找新工作而四处奔波,又不必为上岗就业付出艰辛。那么失业保险不但不能营造一种失业者迫于生计而积极进取的氛围,反而还会带来负面效应,引起在业者的不满情绪,打击他们的劳动积极性和工作热情。这样既损害效率,也无法体现公平。

二、风险、社会安全与社会保障制度

风险是指灾害和意外事故及其所带来的经济损失发生的可能性。由于人们对某一种具体风险无法确切地知道其何时发生以及带来多大损失,所以,风险又可以理解为经济损失的不确定性。人们在生产劳动和日常生活中,经常会遇到各种各样的风险并由此造成一定的经济损失,如自然灾害、年老、疾病、伤残和失业等。这些风险是客观存在的,人们无法通过有效的预防避免一切风险事故的发生。为了维持社会生产正常进行,保证社会成员生活的安定,必须采取有效措施,对上述风险所造成的经济损失及时给予补偿。这些措施包括动用个人储蓄,组织社会救助等,也可以由国家或社会出面建立一定的组织机构,用一定的方式筹集一笔备用基金,当社会成员遭遇风险并造成经济损失时,即由基金给予一定的经济补偿,这后一种办法就是所谓的"保险"。

保险作为一种经济学术语,随着保险经济活动和保险科学的发展而日益具有广泛的含义。人们一般把保险区分为广义和狭义两部分。就广义而言,保险是指由多数社会成员根据合理分摊风险和经济损失的原则建立后备基金,用于对少数遭遇风险事故并造成经济损失的成员给予适当经济补偿,以保障社会生产正常进行和社会成员生活安定,最终实现社会稳定和经济繁荣的一种互助型社会经济形式。就狭义而言,保险是指由专业保险公司按商业原则开办的商业保险形式。

按保险的实施形式,可将保险分为自愿保险和法定保险两类。自愿保险是投保人和保险人在平等互利、等价有偿与协商一致的基础上,通过签订保险合同而建立的保险关系。法定保险又称强制保险,即由政府颁布法令、法规,凡在规定范围之内的单位和个人,不管愿意与否,都必须依法参加的保险。

社会保险属于广义的范畴，是一种强制保险。社会保险是规避社会风险的一种有效手段，它通过国家立法规定，强制征集社会保险基金，再通过互助共济原则，给遭遇风险的社会成员以必要的经济补偿，保障生活，安定社会。

社会保障制度是市场经济运行的安全网。在市场经济条件下，要实现经济增长，必须充分利用市场机制。然而，市场机制在给经济带来效率和动力的同时，又会产生负面效应。这是因为，它在通过竞争追求高效率的同时，必然会排斥老、弱、病、残、伤等不能正常从事生产劳动的人，而这些人群的基本生活若难以维持，就会产生严重的社会问题，这就是市场机制的失效和失灵之处，而社会保障恰恰能弥补其不足。通过社会保障体系中的社会救济，可给社会贫困者提供最低生活保障，通过社会保障体系中的社会保险，可给因遭遇各种风险造成经济损失的社会成员以收入补偿，保障其自身及其家人的基本生活。社会保障给被竞争淘汰出局的失败者，社会生活中的脆弱人群编织了一张安全网，解除人们的后顾之忧，为市场经济的高效运行营造一个良好的社会环境。

社会保障制度是市场经济的减震器。任何时代和任何社会的进步发展，都离不开稳定的社会秩序和社会环境。而各种风险的客观存在，又往往会给社会成员带来危机感，当社会成员遭遇风险致使生活陷于困境之际，国家和政府如不能及时提供帮助，进行解救，社会就有可能因此动荡不安。由此可见，社会保障不仅仅是物质帮助和经济补偿，更重要的是让社会成员产生心理安全感，增强其对政府和社会的信任感及亲和力。从世界各国实施社会保障的实践来看，都把社会保障视为"减震器"。第二次世界大战以后，主要资本主义国家社会经济发展相对比较稳定，即使在20世纪70年代发生严重经济危机的情况下，也没有出现剧烈的社会动荡，这不能不归功于健全的社会保障制度，它是稳定社会的重要支柱。

社会保障产生的效应能增强社会成员的生活保障感、心理安全感和社会公平观，这是维护社会安定的首要因素。所以社会保障体系是社会安全体系，是社会的"稳定器"。

三、经济与社会的协调发展

社会保障制度既是社会制度，也是经济制度，谋求经济与社会的协调发

展是其重要目标。

第一,社会保障制度有利于提高劳动力素质,保证劳动力再生产顺利进行,促进经济增长。社会生产是一个不断重复、周而复始的再生产过程。作为社会生产主体的劳动者,必须不间断地生产和再生产出劳动力来,以保证社会生产的正常进行。否则,社会生产将成为无源之水,无本之木。然而风险是客观存在的,劳动者在生产过程中,不可避免地会遇到疾病、意外伤害以及失业的威胁,影响身体健康和正常的劳动收入,从而危及劳动力的再生产。而社会保障能为遇险劳动者提供各种保障,使劳动力得以恢复,劳动力再生产得以延续。例如,医疗保险给患病劳动者提供的医药费补贴和基本医疗服务,能减轻疾病所带来的痛苦,预防病情进一步恶化,保护和改善劳动者的健康状况。劳动者有了健康的体魄,归根结底能提高劳动生产率,促进经济和社会发展。失业保险所提供的失业保险金能使暂时失去工作机会的劳动者维持基本生活,不致因收入中断陷于贫困而导致劳动力萎缩、落伍;失业保险所提供的转业培训费,则可以提高失业者的素质,增强竞争能力,为重新上岗创造条件。有了失业保险,就能稳定社会,安定民心,促进经济和社会的协调发展。

第二,社会保障制度有利于调节收入差距、保持社会稳定。社会保障从一定意义上看,就是国家通过法律保证下的经济手段,对社会个人消费品分配实行的直接干预。这种干预的基本目标,就是调节社会成员个人收入上过大的差距,使之保持适度的水准,从而实现人们对社会分配公平的普遍要求。这个基本目标的实现,又有助于消除社会矛盾,协调人与人之间的关系,保持社会稳定和经济发展。在市场经济条件下,由于人们的劳动能力,社会机遇和家庭赡养负担存在的差异,必然会产生个人收入和家庭生活富裕程度上的差别。劳动能力较弱或家庭负担较重的劳动者,平时生活拮据,再遇上劳动风险,就会使生活陷入困境,贫富差异进一步扩大,这种现象如不加以调节,必然会激化社会矛盾,最终殃及社会安定。社会保障可以通过国家以法律手段,强制征集保障基金,再分配给收入低下或丧失收入来源的劳动者,帮助他们渡过难关,弥补初次分配"事实上的不平等"带来的差异,以利社会安定和经济发展。

第三,社会保障制度能筹集经济建设资金,调节国民经济运行。社会保障体系中的社会保险基金依法强制征缴,具有较高的稳定性。筹集到的基金除用于当前支付外,尚有一定水平的结余。如养老保险,当人们一开始参加工作，就必须缴纳保险费，但其享用却要到退休以后，几十年沉淀下来的基金，数目相当可观。这笔基金可在较长时间内投资于基础设施和重点项目的建设，促进经济持续高速增长。另外，社会保险基金的筹集支付及其投资活动，本身就是一种国民收入分配和再分配活动，它必然会对国民经济的运行产生调节作用。当经济衰退失业率提高时，由于失业保险金给付的增加，抑制了个人收入减少的趋势，增加社会需求，刺激消费，对经济衰退起到自动缓解作用；而当经济高涨失业率下降时，失业保险金支付相应减少，这样又可以抑制消费，缓解经济过热趋势。因此，社会保障的目标不仅仅体现在为人们提供基本生活保障，还可以为国家筹集建设资金，调节国民经济的运行。

第三节 社会保障的主要内容

社会保障包括社会救助、社会保险、社会福利等。社会救助是社会保障的最低目标，社会保险是社会保障的基本目标，社会福利是社会保障的最高目标。各种形式的社会保障相辅相成，构成一个完整的社会保障体系。

一、社会保险

社会保险的保障对象是社会成员中最活跃、最富有创造力的人群——劳动者，因而是社会保障制度的主干和核心。

为维持社会生产正常进行，保护社会劳动力的健康成长，保障社会成员生活的安定，国家有必要采取措施，建立相应的组织机构，通过一定的途径和方式筹集保险基金，当社会劳动者丧失劳动能力或失去工作机会时给予一定的经济补偿，保障其基本生活需求。因此，我们可以这样表述社会保险的定义：社会保险是在既定的社会政策指导下，由国家通过法律手段对社会全体劳动者强制征缴保险基金，用以对其中丧失劳动能力或失去劳动机会的成员提供基本生活保障的一种社会保障制度。其内涵是：

首先，社会保险是一种社会政策，是在国家法律或法令保证下实施的，为达到既定社会目标的一种强制性措施。

其次，社会保险又是劳动者的一种权利，是由国家法律保证实施的，在履行缴纳保险费的义务之后，每一个社会成员都有享用社会保险来保障个人

及其家属的基本生活的权利。

再其次，社会保险又是一种有效的经济补偿手段。它通过所有成员的互助共济实现对少数遇险成员的收入损失补偿，使遇险成员的经济损失降到最低程度。

最后，社会保险作为现代社会保障体系的一部分，还体现了由国家根据全体社会劳动者的共同需求，采取保险的形式对个人收入实行调节，是一种特殊性质的个人消费品的再分配形式。

在我国，社会保险目前由养老保险、失业保险、医疗保险、工伤保险与生育保险等内容组成。

第一，养老保险。养老保险是指劳动者在到达法定退休年龄，丧失劳动能力时，按国家规定退出工作岗位并享有社会给予的一定的物质帮助和服务的一种社会保险制度。

第二，失业保险。失业保险是指对劳动年龄人口中有劳动能力并有就业愿望的成员，当其因非自愿原因暂时失去劳动机会，无法获得维持生活所必需的工资收入时，由国家或社会为其提供基本生活保障的社会保险制度。

第三，医疗保险。医疗保险是指劳动者因疾病、负伤、生育等需要诊治时，由社会提供必需的医疗服务和物质帮助的一种社会保险制度。

第四，工伤保险。工伤保险是劳动者在劳动过程中因意外事故受伤、致残或职业病伤害等，暂时或永久丧失劳动能力，甚至死亡，由国家和社会对劳动者及其家属提供物质或经济上的帮助的一种社会保险制度。

第五，生育保险。生育保险，是国家和社会对女职工因怀孕和分娩而暂时中断生产和工作时给予物质帮助的一种社会保险制度。

二、社会救助

社会救助是社会保障的最低层次，是最后一道防线。在市场经济条件下，由于各种主客观的原因，总会有一部分没有收入来源但处于贫困状态而难以维持生计的社会成员，需要通过社会救助给予最低生活保障。

社会救助也称社会救济。它是指国家和社会对无劳动能力和生活来源的社会成员以及因自然灾害或其他经济社会等原因导致生活困难者，给予临时或长期物质帮助的一种社会保障制度。社会救助作为社会保障体系的组成部分，是社会成员应享有的基本权利，是国家和社会应尽的责任和义务，是政府解决社会问题的重要手段，也是稳定社会经济秩序的一种重要机制。

社会救助的内容包括三个方面：救济、救灾、扶贫。

第一，救济。社会救济分为城市救济和农村救济。城市对社会贫困者，要给予必要的物质救援。目前，中国城市社会救济各类对象的救济标准是由各地依据本地区具体情况确定的，并随物价的变动而调整。制定救济标准的依据，一是当地群众的生活水平；二是国家的财政能力。救济标准只能维持最起码的生活水平。高了国家财力难以承受；低了救济对象生活得不到保障。救济款主要用于购买绝对必需的商品和劳务。

第二，救灾。它是指国家或社会对因灾害造成生存危机的社会成员进行抢救与援助，以维持其最低生活水平并使其脱离灾难和危险的一项社会救助工作。这些灾害的主要特点是人力不能抗拒并造成物质财富的损坏和人身伤亡。灾害救助面向社会全体成员，只要遭受各种自然灾害的袭击导致生活困难的社会成员均可获得来自国家和社会的援助。救灾是一种需要紧急处理的短期行为，必须以最快的速度向灾民提供资金和物资帮助，包括灾害发生时对灾民的紧急抢救和援助，灾后重建时期维持灾民的最低生活水平，甚至维持简单再生产也成为救灾工作的重要内容。

第三，扶贫。在农村是指从政策、资金、物资、技术、信息、劳务、就业等方面对农村贫困户给予扶持，使其通过发展生产，脱贫致富的工作。扶贫是社会救助工作的延伸和发展，变单纯的生活救济为生活救济和扶持生产相结合。在城市是指居民最低生活保障制度，政府对城市中的贫困居民按照最低生活保障标准进行基本生活保障的制度。最低生活保障是社会救助的基础和核心，是一项生命线工程，它能保障贫困家庭的起码生活，维护宪法赋予每个人的生存权利，保持稳定的社会生活秩序。

三、社会福利

社会福利，是指国家或社会通过有关政策或立法，向全体社会成员提供的、旨在改善和不断提高其物质文化生活水平和质量的资金保障和服务保障。随着人们生活水平和文化素养的提高，资金保障将居于次要地位，而服务保障的地位将得到不断的提升。

社会福利体系由以下三部分组成。

第一，社会补贴。这是政府在出台某项政策措施时，为确保人们的生活水平不因实施这一政策或措施而下降，对相关社会成员提供一定的资金补助或物资帮助。如物价补贴、副食品消费补贴、交通费补贴以及其他一些补贴

等。在社会补贴中，教育福利占有很大的比重。如义务教育津贴、高等学校助、奖、贷学金，职业培训津贴以及其他教育津贴。国家财政拨款是社会补贴的主要来源，国家财政、劳动、教育、民政部门将用于社会补贴的经费层层下拨，直接发放到享受对象手中。

第二，职业福利。这是各单位为同系统、同行业、同单位职工及其家属设立的福利设施及发放的福利津贴。其覆盖范围基本囊括所有职工甚至家属。如福利设施就有职工食堂、托儿所、幼儿园乃至小学、中学、浴室、理发室、电影厅、体育馆、阅览室等。除了提供这些福利设施，职工的工资单上还包括各种福利津贴，如书报费、交通补贴费、洗理费、老年人津贴、特种行业补贴等。职业福利在中国各行业和单位中普遍存在，但享受福利待遇高低不一，这是各单位为增强自身凝聚力，吸引人才并鼓励他们在岗位上长期服务的举措。

第三，社会服务。这是国家和社会通过社区组织和福利机构为解决脆弱人群的实际困难有针对性地提供设施与服务的福利项目。社会服务的主要载体是社区，社区服务带有显著的地缘性，服务对象可以在其居住地附近享受各种服务。社区服务注意社会效益，不以营利为目的。服务资金来源于社会赞助、政府资助、自筹资金和一部分有偿服务收入。社区服务倡导奉献社会、不求回报，志愿者和社会工作者是社区服务的骨干力量。

本章主要名词概念

社会保障　社会保险　养老保险　失业保险　工伤保险　医疗保险　生育保险　社会救助　城市居民最低生活保障制度　社会福利

本章思考题与练习题

1. 试述国民收入初次分配与再分配的区别与联系。
2. 试述社会保障领域中公平与效率的关系。
3. 试述社会保障制度与经济社会协调发展的关系。
4. 试述社会福利体系的构成。
5. 简述社会保险的主要内容。
6. 简述社会救助的主要内容及其作用。

第四篇 社会经济发展

第十一章 经济增长与经济发展

影响经济增长的主要因素是生产要素投入量的增加和要素使用效率的提高；随着一国经济发展水平的提高，客观上要求一国的经济增长方式从粗放型增长向集约型增长转变，经济增长总是在波动中实现的；经济发展作为从传统经济向现代经济的转变过程，包括经济增长和结构变动这两个方面，它具体表现为一国的工业化、城市化过程；当前，人类面临着越来越严重的资源、环境与经济发展的矛盾。解决这一矛盾的唯一选择就是走可持续发展的道路，为此，就要注重环境保护，正确处理和协调人口、资源、环境、经济与社会之间的相互关系。

第一节 经济增长

一、经济增长及其影响因素

经济增长是指一个国家或地区产品和劳务产出数量的增加。经济增长的快慢一般用国民生产总值的增长率来衡量。

经济增长是总需求和总供给共同作用的结果。全社会各个企业生产出来的产品和劳务，只有被社会各经济单位购买了，才形成实际国民生产总值。例如，假定潜在总供给为100，总需求为80，那么实际国民生产总值就是80；如果潜在总供给仍为100，总需求从80增加到100，那么实际国民生产

总值也就增加到100；如果潜在总供给是100，总需求膨胀到120，由于在短期内企业的产量受潜在生产能力的限制不可能马上增加，因此，社会各经济单位能买到的产品和劳务数量只能是100，因而实际国民生产总值仍然是100。因此，经济增长受总需求和总供给状态的影响。

从短期看，由于潜在生产能力变化不大，因此一国的经济增长主要受总需求的影响，并随总需求水平的变动而变动。如果在某一时期，总需求水平下降，尽管这时潜在生产能力不变，但实际经济增长率仍会下降。如果在这时，总需求水平上升，产出数量从而经济增长率也会随之提高。

从长期看，总需求总会和潜在生产能力相一致。因此，经济增长从根本上看只能是潜在生产能力增加的结果。导致潜在生产能力增加的因素有两大类，一类是生产要素投入量的增加；另一类是生产要素使用效率的提高。

（一）生产要素投入量的增加和经济增长

生产要素包括劳动力、资本、自然资源。劳动力是生产要素中能动性的要素，是经济增长的直接推动者。特别是劳动力要素中的企业家才能，更是各种生产要素的灵魂，是经济增长的重要决定要素。从各国经济发展史可以看到，劳动力对经济增长的作用正逐渐从数量推动转向质量推动。特别在第二次世界大战以后，随着科学技术的进步所引起的劳动生产率的提高和技术密集型产业逐渐替代劳动密集型产业，经济增长对劳动力数量的需求不断下降，而对劳动力质量的需求上升。因而，为提高劳动力质量而进行的人力资本投资构成经济增长的重要源泉。

资本是经济增长的物质条件。这里的资本是指物质资本，即指在一定时间内用来生产其他产品的耐用品，它以厂房、机器设备等形式存在。在发展中国家经济发展的初期，资本是经济增长的最稀缺因素。因为在这时，劳动力数量众多，自然资源一般也较丰富，技术进步虽然是经济增长的源泉，但它往往需要通过投资于新设备才能实现，而且许多技术革新的实现也必须以充分的物质资本的积累为前提。因此，对于发展中国家来说，加快资本形成是促进经济增长的重要任务。资本通过投资而形成，投资则来源于储蓄。

自然资源是存在于自然界中，能够为人们发现经济用途并加以利用的自然要素和条件。按照自然资源的天然特点，大致可分为四类：（1）生态资源，如阳光、风力等；（2）生物资源，如植物、动物、微生物等；（3）土地资源；（4）矿产资源，如石油、煤炭等。按照自然资源耗竭和更新的特点，又可以分为可再生资源（太阳光能、风力等）和不可再生资源（石油、

煤炭等）两大类。一个国家的自然资源状况对经济增长具有重要的促进或制约作用，即丰富的自然资源会有利于一个国家经济的持续增长，而缺乏所需的自然资源则会对经济活动造成限制，特别在一国经济发展的初期更是如此。对于发展中国家来说，在经济发展初期都要伴随着一个缓慢而艰难的资本积累过程，需要依靠大量的投资，然而这个过程在具备丰富自然资源的国家中就显得相对容易一些。如亚洲的马来西亚，拉丁美洲的委内瑞拉、智利等国，它们利用优越的自然条件，建立起相关产业，并通过出口换取所需的资本从而大大缩短了资本积累过程，为经济起飞打下了基础。相反，一些自然资源贫乏的国家，如亚洲的孟加拉国和南部非洲的一些国家，自然资源条件对于这些国家的经济增长形成明显地制约。不过，随着一国经济发展水平的提高和技术进步，自然资源条件对经济增长的制约作用会下降。首先，随着技术进步，不少资源是可以替代的，如许多金属构件就可由塑料或陶瓷替代，甚至随着技术进步，人们不仅会发现资源的新用途，还会发明出许多新材料。其次，随着技术进步、生产率的提高，人们对原材料等自然资源的依赖性下降，特别是新技术革命下产生的许多新产业，所耗费的资源极小。最后，由于运输业和运输技术的发展，运费的降低，可以通过进口来弥补本国资源的不足。

（二）生产要素使用效率的提高和经济增长

同样的要素投入，由于使用效率不同将产生极不相同的经济增长率。随着人类社会所面临的人口、资源、环境问题的加剧，通过提高生产要素的使用效率来促进经济增长具有更重要的意义。影响生产要素使用效率的因素主要有：技术进步、经济体制、结构变动等。

技术进步是提高生产要素使用效率的最直接因素。技术进步有狭义和广义两种理解。狭义的技术进步主要是指生产和生活领域内所使用的工具和工艺水平的提高，也就是在硬件技术应用方面取得的进步。广义的技术进步是指经济增长中扣除劳动力和资本的增加对经济增长的贡献之外，其他使经济增长的所有因素，它不仅包括生产设备的更新、生产工艺和方法的完善、劳动者素质的提高等，而且还包括管理制度的改善和管理水平的提高，采取新的组织与管理方法，改善资源的配置方式等。这里所说的技术进步就是指广义的技术进步。

在经济增长中，技术进步是作为一种渗透性要素作用到劳动、资本、自然资源等要素上，通过提高生产要素的质量、系统地改善生产要素的组合过

程从而提高生产要素的使用效率，促进经济增长。首先，技术进步促进了生产设备技术水平的提高和生产工艺水平的改善，从而提高了投入产出率。其次，技术进步促进了劳动者素质的提高，这不仅使劳动者能与先进的设备、先进的工艺相互配合，并充分发挥作用，而且促进劳动者生活方式的改善和观念的现代化。再其次，技术进步促进了宏观和微观管理的改善和提高。最后，技术进步使经济结构发生巨大变革，促进产业结构合理化，从而使宏观结构效益和资源配置效率得到提高。各国经济增长的事实也证明，技术进步对经济增长的作用愈来愈大。美国经济学家库兹涅茨认为，发达国家的人均收入的增加有50%~70%来自于技术进步而产生的生产率的提高。特别是随着20世纪90年代知识经济的兴起，科学研究与创新在国民经济持续增长中的支持作用日益增长，从而形成了以高新技术产业为主体的知识经济下的经济增长。

产业结构变动是影响经济增长的重要因素。产业结构是指国民经济中各产业之间的比例关系和结合状况。由于预见力不足和生产要素难以在产业间充分自由地流动，经济是非均衡的。这样，劳动力和资本等要素使用在不同产业其生产率和收益是有差别的。因此，推动产业结构调整和优化，促进要素从生产率较低的产业向较高的产业转移就能够提高产出水平，加速经济增长。随着人均收入水平的提高，人们的需求结构将会发生变化。如果产业结构不能随着需求结构的变化而变化，那么必将导致供求结构的失衡，大量的资源滞留在供过于求的衰退产业中，这必然引起经济增长率下降。反之，如果能适时调整结构，推动资源从衰退的产业向兴旺的产业转移，就能促进资源配置效率的提高，推动经济增长。第二次世界大战后迅速崛起的日本、韩国等国家和地区的经济增长过程表明，加快产业结构转换是推动经济增长的重要因素。

经济体制是影响经济增长的核心因素。任何社会的经济增长过程都不能离开一定的社会经济体制，都必须借助于一定的社会经济体制的作用才能实现。经济制度是人类社会发展一定阶段生产关系的总和。一种社会形态经济制度的核心，是该社会的财产制度，以及由此决定的社会分配制度和交换制度。经济体制则是经济制度的具体实现形式，它是人们在经济活动过程中，各种经济行为规则、政府的经济法规、经济的组织制度和监控制度的总和。根据生产关系一定要适合生产力规律，经济体制状况对经济增长有促进和阻碍作用。当经济体制和生产力发展相适应时，就能促进经济增长；当经济体

制和生产力发展水平不适应时,就会阻碍经济增长。20世纪70年代以后,以美国经济学家科斯、诺思等为代表的新制度经济学派也深入地研究了制度和经济增长的关系。他们认为,制度和资本、技术等要素一样,是经济增长的一个内生性变量。诺思还从历史的角度证明了这样一种情况,即技术条件基本不变,只要经济制度发生变化(包括组织形式的革新、市场制度的变化、经营管理方式的革新、产权制度的变革等),生产率也能提高,经济也能增长。

二、经济增长方式

经济增长方式是指经济增长的方法和途径。它说明经济增长是如何取得的,有哪些特征。如前所述,影响经济增长的因素可以分为要素投入量的增加和要素使用效率的提高这两大类,根据这两大类因素在经济增中所起的作用大小,可以把经济增长方式划分为两种。一种为粗放型经济增长方式。在这一种增长方式中,经济增长主要依靠在原有技术水平基础上生产要素投入数量的增长而实现。另一种为集约型经济增长方式。在这种方式下,经济增长主要靠生产要素使用效率的提高来实现。

一个国家或地区在一定时期内采取什么样的经济增长方式不是人们主观意志的产物,而是该国资源禀赋状况、经济发展阶段、经济体制等因素综合作用的结果。在一个国家的工业化初期,经济的粗放增长有其必然性。首先,从资源供给状况看,相对于较为弱小的工业规模,各项自然资源较为丰富,劳动力数量众多,但科技进步缓慢、资本缺乏,因而客观上存在着经济粗放增长的空间;其次,从人们的需求结构看,由于人均收入水平低,人们对产品档次要求也不高;最后,在工业化初期,由于经济落后,工业基础薄弱,为了建立起较为完整的工业体系,只能靠大量投资,上新项目、铺新摊子来扩大生产规模。在以上条件下建立起来的产业主要以劳动密集型、资源密集型、资本密集型的产业为主,如轻工业和原材料工业、能源工业等基础工业,发展这些产业主要靠大量的劳动、自然资源、资本等要素的投入。

当一个国家初步实现工业化后,一方面,由于经济总量不断增大,人口增加,使经济增长和资源、环境的矛盾日益突出,粗放型经济增长越来越受到资源约束和环境压力;另一方面,由于初步实现了工业化,建立了比较雄厚的工业基础,科技也得到相应的发展,国内经济各部门对科技的吸纳力大大加强,从而为经济的集约增长提供了可能。因此,随着工业化的推进,经

济发展水平的提高,经济增长的供求环境必然发生变化,因而客观上要求整个经济从粗放型增长转向集约型增长。但是能否顺利地完成这种转变,还取决于体制条件。

在计划经济体制下,企业作为政府的附属物,没有独立的经济地位和权益,要素的供给和产品的流向基本上听命于政府的计划安排。企业的主要目标在于扩大生产规模、增加产量;企业没有追求技术进步,降低成本提高效率的内在动力和外在压力。从宏观上看,由于国家统一制定计划、统一安排生产、统一安排投资、统一调拨物资、统一财政收支等,这势必造成粗放式的宏观经济管理方式。而且,由于信息不充分造成宏观上的决策失误,从而导致地区间、部门间的结构失衡,导致资源配置效率的低下。因此,在传统的计划经济体制下,必然形成一种既无有效激励,又无硬预算约束的经济增长机制,从而内生出追求速度、投资饥渴、数量扩张和效益低下等资源配置偏好,这种体制内在地规定了其增长方式是粗放型的。

在市场经济体制下,从宏观上看,供求机制、价格机制和竞争机制,会通过完善的市场体系把资源配置到生产效率较高的企业和部门,从而保证了资源的配置效率。从企业层次上看,追求利润的内在冲动和竞争的外在压力,促使企业在给定的产出条件下尽可能地减少要素投入,从而迫使企业想方设法采用新技术,改善经营管理,提高资源产出率,降低产品消耗率,从而提高经济的集约化程度。因此,在市场经济体制下,市场机制的自发作用会促使一国的经济增长方式随着经济发展水平的提高,国内外经济环境的变化逐渐地从粗放型增长转变为集约型的增长。当然,在自由市场经济条件下增长方式的这种转化是一个缓慢而漫长的自发过程。而日本以及新兴工业化国家和地区的经济发展实践说明,在充分发挥市场机制作用的基础上,政府通过产业政策对经济进行有效地、适当地干预会加速这一转变过程。

三、经济波动与经济周期

如前所述,一国的经济增长是由总需求和总供给共同作用的结果,而总需求和总供给又分别受多种变量的影响。在一个比较长的时间内,例如,一年、两年或更多的年份中,所有变量的稳定不变是不可能的。而任何一个变量的变化,都会对总需求或总供给进而对经济增长状况发生影响。从总需求方面看,投资、净出口都是易于变动的因素;从总供给方面看,重大的技术进步、新资源的重大发现、体制的变动、重大自然灾害等等都会影响潜在生产能力；而要素价格的重大变动（如石油价格的涨跌）等则会在短期内对产出水平产生冲击。因此，生产力水平或高或低，经济增长率的忽上忽下，构成经济增长的常态，我们把这种现象称之为经济波动。经济增长总是在不断波动中实现的。

经济周期是一种经济波动，是经济扩张与收缩有规律地周而复始，反复出现的一种现象。经济周期波动一般要顺次经过繁荣、衰退（危机）、萧条、复苏四个阶段。经济周期是在商品经济和社会化大生产基础上产生出来的一种经济现象。

关于经济周期的原因，学术界有多种解释。代表性的理论有：（1）马克思、恩格斯的基本矛盾理论；（2）萨缪尔森的乘数—加速数模型理论；（3）其他理论，包括消费不足理论、投资过度理论、货币信用过度理论、创新理论、心理理论、太阳黑子理论、政治周期理论等。关于经济周期的类型，一般分为三种：短周期、中周期和长周期。短周期又称短波，也称基钦周期，指一个周期平均长度约为 40 个月。中周期又称中波，也称朱拉格周期，指一个周期平均长度为 8~10 年。长周期又称长波，也称康德拉耶夫周期，指一个周期长度平均为 50 年左右。

经济波动（经济周期也是一种经济波动）是社会化大生产条件下经济增长的常态，人们能够做到的是避免大起大落的波动，使经济的波动保持在一定的范围之内。

第二节 经济发展

一、经济发展的含义

经济发展指不发达国家经济摆脱贫困、落后，实现现代化的过程。经济发展从广义上看，是一个伴随着经济增长而出现的经济、社会和政治结构以及观念习俗的变化过程。对此，美国经济学家库兹涅茨曾对什么是经济发展作了一个精确的说明。他认为，经济发展首先表现为一个国家满足本国人民日益增长的各种需要的能力持续地提高，而这种提高是建立在应用各种先进的现代化技术基础之上，而要保证先进技术的不断开发和充分发挥作用，则必须有相应的制度和意识形态的调整。在库兹涅茨的以上说明中，一个国家

满足本国人民日益增长的各种需要的能力持续地提高就是经济发展。

经济发展和经济增长有着密切地联系。经济增长是经济发展的基础和前提，没有经济增长，没有产出的增加就不可能有经济发展。但是，并不是所有的经济增长都能带来经济发展，很多发展中国家的经济是只有经济增长而没有发展。例如，利比亚的经济增长主要是由外国公司拥有产权的初级产品出口的增长引起的，但由于缺乏结构变革，其他经济部门未能出现补充性增长；又由于缺乏制度变革，未能把实际收入公平地分配到人口的各个阶层，使两极分化严重，贫困人口的生活水平并没有提高，从而出现有增长而无发展的局面。又如，中东的一些石油输出国，石油出口的增长带来了巨额的财富，导致人均国民生产总值的快速增长，但分配不公，贫富悬殊，也没有带来产业结构的变化和人口素质的提高，经济增长并未导致相应的发展。综上所述，经济增长并不是自然而然地能带来经济发展。

由于经济发展的含义比经济增长要广泛得多，因此就不能只用人均国民生产总值来衡量经济发展水平。从20世纪70年代开始，世界各国一直在探索用什么样的指标来衡量一国的经济发展水平，许多学者提出了各种指标体系。美国经济学家艾尔玛·阿德尔曼和塔夫物·莫里斯根据社会、经济和政治因素之间的相互关系而提出了衡量经济发展水平的指标。这些指标主要有：传统农业部门的大小，二元结构的程度，城市化的程度，基本社会组织的性质，本地中产阶级的地位，社会流动性的大小，识字率，大众传播媒介的水平，自然人口生育率，观念现代化程度，国家一体化的程度和民族团结意识，政府机关的效率，领导层对经济发展的支持，政治稳定程度，人均国民生产总值，人均实际国民生产总值增长率，自然资源蕴藏量大小，总投资率，工业现代化水平，工业化的变化程度，农业组织的性质，农业技术现代化的水平，农业劳动生产率的改善程度，有形的经常资本充足程度，有形的经常资本的改善程度，税收制度的有效性，税收制度的改善程度，财政制度的有效性，人力资源的改善程度，对外贸易的结构等。

综上所述，经济发展不仅意味着一个国家（地区）产品、劳务产出量的持续增加（经济增长）和经济结构的变化，而且还意味着整个社会面貌的变化；经济发展的本质意义就是社会全体成员物质、文化生活质量的不断提高。

一切社会变革的基础是经济的变革，作为经济学科的政治经济学，主要研究经济发展过程中的经济方面的变化，这种变化突出表现在两个方面，一

是产出量的持续增加（即经济增长）；二是经济结构的变化。如果我们对经济发展作狭义上理解，那么经济发展就是经济增长和经济结构变化的统一。关于经济增长我们在第一节已作了分析，在本节我们主要分析经济发展中的结构变化。

二、经济发展与工业化

工业化是指一个国家或地区随着现代工业（特别是制造业）的持续增长，现代工业在国民经济中的比重不断提高，并不断按现代工业的技术改造包括农业、服务业在内的整个国民经济，并使之现代化的过程。工业化不仅仅是工业的扩展、壮大，也包括建立在现代工业技术（大机器生产）之上的农业、建筑业、服务业等产业的现代化过程。

从经济发达国家的历史看，工业化开始于产业革命（又称工业革命）。产业革命引起以手工技术为基础的工场手工业向采用机器的现代工厂制的过渡。产业革命在18世纪60年代始于英国，首先从纺织业开始，80年代因蒸汽机的发明和采用而得到进一步发展；随后遍及化学、采掘、冶金、机器制造等部门；最后遍及农业，通过农业机械化和生物化、化学化推动了农业现代化。继英国之后，在19世纪，法国、德国、美国等国也相继完成产业革命。工业化是人类生产的具体方式发生根本性演变和进步的过程，即生产迂回化的过程。在工业化过程中，人们越来越远离那种直接用简陋的工具生产消费品的生产方式，越来越多地运用复杂的机器进行生产，从而使生产效率大幅度提高。工业化总是和技术进步与资本有机构成的提高联系在一起的。

各国经济发展的实践和现代经济学的理论研究表明，工业化是发展中国家实现经济发展的主要途径。

首先，从人们需求结构变动看，随着人均收入水平的提高，食物和非耐用消费品的消费支出比重不断下降，制成品、服务产品的消费支出比重不断上升。而前者基本上是由农业部门生产，后者基本上是非农产业生产的。因此，随着经济发展和人均收入的提高，就要求非农产业比农业有更快的发展。

其次，工业化可以大幅度提高全社会的劳动生产率。在传统经济中，人们以经验和简单的工具进行生产，劳动生产率十分低下，社会产品的数量也十分有限。只有进行工业化，把生产方式转移到充分利用科学技术基础上的大机器生产，才能大幅度提高劳动生产率，从而增加社会总产品。

再其次，工业化有助于发展中国家在国际贸易中摆脱"贸易条件"恶化的不利地位。发展中国家由于工业落后，因此在和发达国家的产品交换中，往往处于不利地位，即发展中国家出口到发达国家的产品大都是农产品、矿产品等初级产品，这些产品因加工程度浅而价格低廉；发达国家出口到发展中国家的产品大都是经过深度加工的制成品，其价格较高。这种国际贸易中的比价关系，使发展中国家处于收入净流出的不利地位。为了改变这种被动局面，发展中国家就必须进行工业化，发展自己的工业。

最后，工业化也是一个国家经济实力和国际地位的基础。在现代社会中，一个国家特别是大国，如果没有强大的现代工业，就不可能有强大的国防，也就很难有效地抵御外国的侵略和保障本国人民的安全，很难在政治、经济、军事外交诸方面获得完整的独立主权。

正由于工业化有以上方面的重要意义，在第二次世界大战后，很多发展中国家都把实现工业化当作获得较快经济增长的主要战略。

随着一个国家工业化的推进，一方面现代工业的总量持续扩大，表现为在国民经济中现代工业的产值比值和就业比重不断上升，从而引起三大产业之间结构的重大变动；另一方面现代工业内部也发生着重大的结构变动。根据各国的历史资料，在市场机制的作用下，整个工业化进程一般划分为重工业化和高加工度化两个阶段。

重工业化是指整个工业由以轻工业为重心的发展阶段向以重工业和化学工业为重心的发展阶段推进。在这一过程中，重工业、化学工业在国民生产总值中的比重将不断提高。

高加工度化有两重含义：（1）在国民经济中加工组装工业的比重不断增长，加工工业的发展大大快于原材料工业的发展速度；（2）产品深度加工的链条不断延长，因而附加价值不断增大。

工业结构的高加工度化使得工业增长对原材料的依赖程度到一定时期会出现相对下降的趋势，从而对能源、资源的依赖程度也将相对下降，生产结构将多层次化，中间产品的价值在总产值中的比重将上升。

随着高加工度化的不断推进，耐用消费品工业高度发达，耐用消费品也将在全社会高度普及，市场逐步饱和，这导致工业（主要是制造业）的增长率下降。从经济发达国家的经济发展历史看，在现代工业增长放慢的同时，第三产业却迅速增长，其产值比重和就业比重不断上升并逐渐超过第二产业。当第三产业中的信息产业（或称知识产业）所占比重不断增大，并对国民经济产生重大影响时，工业社会也就过渡到信息社会（或称知识经济社会）。

三、经济发展与城市化

城市化，从其最一般的意义上理解，也就是指随着经济发展，城市人口占总人口的比重不断上升的过程。一个国家或地区城市化水平的高低，可以用城市化率来表示。所谓城市化率，就是某个国家或地区城市人口占总人口的比重。

城市化在不同发展阶段具有不同的特点，作为发展中国家的城市化，主要表现为农村人口转化为城市人口的过程，它包括三方面的内容：第一，农村人口不断由农村向城镇地区集中。这种集中包括农村人口流向原有城市，也包括在原来的农村社区，通过非农活动和非农人口聚集，使这一社区转化为城市社区。随着经济发展，农村人口不断向城镇聚集，引起城市规模不断扩大，城市数量不断增加，城市人口所占比重不断上升，乡村居民和农业人口所占比重则相应减少。第二，随着城市数量增加、规模扩大，城镇的形态和分布，由一个个相对独立的状态转变为互相联系、日益密切的城镇体系，城市经济在国民经济中逐渐占主导地位。第三，城市的经济关系和生活方式广泛渗透到农村，使农村的经济关系和生活方式逐步城市化。

发展中国家城市化过程是一个随着工业化而发生的城乡区域经济的现代化过程，它和工业化有着内在的联系。工业化是推动城市化发展的基本动因。原因在于：

第一，现代工业的建立和工业化的发展促进了工业的集中，必然会导致原有城市的扩大和新的工业城市的形成。现代工业是一种社会化大生产，任何一个企业不仅会同社会上其他经济部门和企业存在着紧密的经济联系，而且还必须依赖于必要的社会共同资源、交通运输、市场以及为生产和生活服务的各种公共设施。因此，企业对经济效益的追求，决定了企业在空间上必须尽可能的集中以发挥其聚集效应。随着工业生产在空间上的集中，连锁地引起了人口、消费以及科学、文化与市场等现代城市要素的集中，从而使原来的城市规模不断扩大，并在那些适宜兴建工业的农村社区建立起新的城市。

第二，工业化的发展所带来的产业结构的变化以及农业劳动生产率的提高，必然会导致农业人口的减少和非农业人口的增加。这是因为，一方面，

随着工业化的推进，工业为农业提供越来越先进的农用生产资料，有力地装备了农业，提高了农业的劳动生产率，使众多的劳动力有可能从土地中释放出来；另一方面，随着工业化的推进，产业结构剧烈变动，现代非农产业的不断扩大，导致对非农业劳动力的大量需求，引起农业劳动力大规模向非农产业转移。由于现代非农产业在聚集效应作用下大都集中在城市，因此，以上过程也就表现为农村人口向城市流动。

第三，工业化改变了城市的地位，使城市经济成为国民经济的主导。在产业革命前的社会中，社会财富主要来源于农业；而在产业革命后，从根本上改变了社会的整个物质基础，以大工业为基础的城市经济成为国家经济生活的主体，生产力前进的动力和重心从农村转移到了城市。

综上所述，现代工业和城市发展是紧密联系在一起的，现代工业需要城市，同时也创造着城市。工业化所带来的社会生产力的进步不断为城市化的发展创造着必要的经济条件；而城市化的推进又为工业化的进一步发展提供新的基础；工业化和城市化的相辅相成，共同推动着整个经济的结构转化。

在城市化进程中，依照城市化率的高低和城市化率提高速度的快慢可以把城市化依次划分为三个阶段：

第一，起步阶段。在这一阶段，现代大工业刚刚建立，工业结构还不完善，对农业剩余人口的吸收能力较弱，特别是具有很强劳动力吸纳能力的第三产业还不发达。因此，这一阶段城市化总的特点是发展速度比较平缓。

第二，加速阶段。从发达国家历史上看，城市化率达到30%及其以上时，就开始进入加速发展阶段。在这一阶段，工业化已进入较高发展阶段，社会日益服务化，劳动力不断向第三产业转移，因而城市化进程大大加快，城市数目和城市人口成倍增加。在城市数目激增、规模迅速扩大以及城市功能不断发展、联系日益密切的基础上，初步形成了全国性的现代城市体系。

第三，成熟阶段，一般一个国家城市化率达到70%左右时，就进入成熟阶段。城市化进入这一阶段后出现了一些的新的特点：（1）从总体上看，人口向城市集中的速率已大大放慢，如进入20世纪50年代以来，发达国家除英国城市化率超过90%以外，其他各国一直在70%~80%之间徘徊；（2）从人口流向上，由乡村流向大中城市为主要形式转变为流向中小城市为主要形式；（3）许多大城市人口停止增长甚至减少，并且在大城市中的中心地区人口减少，向郊区小城镇或乡村迁移，即所谓"郊区化"（逆城市化）；（4）由于在同一地区相继形成了几个大城市，而且相邻的一些大城市

第十一章 经济增长与经济发展

都在向郊区发展，结果城市之间的郊区相接，形成了许多都市带、都市圈。社会生产力的巨大进步，新科技的发展，现代交通运输和通讯技术的出现是城市化迈向这一阶段的基本前提。

四、二元经济结构与经济发展

发展中国家与发达国家工业化初期的情况相比，有一个重要的特点，即庞大的传统农业和规模较小的现代经济同时并存。当代的工业化发达国家在早期进入现代经济发展阶段时，虽然在工业与农业、城市与乡村之间存在着发展差距，但是，这种差距是农业生产和技术进步特点所导致的发展时差的表现。从经济特点看，农业和工业都是按照商品经济规律来运行的，它们之间在劳动生产率上的差距并不十分悬殊。但是，当今的发展中国家的情况却与此不同。

发展中国家在进入现代经济发展阶段以前基本上是一个以传统农业（包括依附于农业的手工业和传统商业）为主体的自给性经济，即传统经济。第二次世界大战后，发展中国家政府所面临的国内外政治、经济环境迫使他们在社会经济条件（商品经济发展程度）还没有发育成熟的情况下提前发动经济增长。他们在传统农业部门的生产方式没有得到任何改造的情况下，通过政府投资和引进外资在一些沿海、沿江的大中城市建立起一些现代工业和第三产业，即现代经济部门。这些现代部门是从外部嵌进的，不是经济体系内部产生发育起来的。这样就出现了两个按不同规律运行、劳动生产率和人均收入差距悬殊的产业部门同时并存的经济结构，一个是以传统农业为主体的传统经济，另一个是以现代工业为主体的现代经济，二元经济结构就这样形成了。因此，发展中国家的经济发展过程也就表现为二元经济的转化过程，即以传统农业为主体的传统经济的逐渐衰微，以现代工业为主体的现代经济日益增长，并最终取代传统经济的过程。

经济结构的转化是通过资源在不同产业之间的重新配置实现的。二元经济结构的发展、转化也就是通过以农业劳动力为主体的各种资源在产业间、区域间的重新配置，即农业劳动力转移实现的。

在工业化过程中，劳动力在产业间会重新配置。一方面随着以现代工业为主体的现代非农产业的发展、壮大，农业劳动力不断从农业部门流入非农产业，从而使非农产业的就业比重（现代非农产业劳动力占总劳动力比重）和产值比重（现代非农产业增加值占国内生产总值比重）不断增长；另一

方面，农业劳动力不断向非农产业转移，也使农业剩余劳动力对土地的压力减轻，从而使以土地集约化经营为主要目标的农业现代化和农村发展得以顺利进行。农业和非农产业的以上互补作用，最终导致产业间"二元性"的消除，走向均质化，即现代化。

农业劳动力在城乡区域间的重新配置表现为城市化。在市场经济条件下，由于聚集经济的作用，现代非农产业主要聚集在城市。因此，在劳动力从农业流向非农产业的同时，必然引起劳动力从农村向城市的区域间流动，从而导致城市人口占总人口的比重不断上升，城市经济在国民经济中的地位不断增强并最终占据统治地位。

可见，经济发展的二元经济转化过程，也就具体表现为工业化、城市化的过程。

第三节　可持续发展

一、经济增长的外部性

人们在经济增长中获得了日益丰富的产品和劳务的同时，也要为此付出相应的代价（成本）。如果说，在生产活动中企业所有的成本和收益都能计入由企业本身承担的私人成本和收益中，反映在价格上，那么在市场机制的作用下，企业根据收益和成本的比较做出的生产决策将使整个社会得到最大福利。

但令人遗憾的是，生产活动中的所有收益和成本并不是都能计入企业的私人成本和收益之中。这样就产生了企业生产活动中私人成本和全部成本（社会成本）的不一致性，这种不一致是外部性的表现之一。外部性的存在，导致市场机制失灵，使其不能导致社会福利最大化。

外部性可分为正的外部性（有利的外部性）和负的外部性（有害的外部性）两种。正的外部性是指某经济行为主体的活动使他人受益，而该主体又无法从收益方得到相应的报酬。由这种外部性引起的收益称之为外部收益。负的外部性是指某个经济行为主体的活动使他人受损，而该主体却没有为此承担成本。由这种外部性引起的损失称之为外部成本。

经济活动的负外部性广泛存在于社会生产的各个领域，环境污染就是其

第十一章　经济增长与经济发展

突出的表现。企业生产产品必然产生废水、废气、废物，由于安装净化设备会增加产品的私人成本，因此，如果没有外部的干预，那么追求收益最大化的企业必然会选择任意排放，从而对环境产生污染。这样，随着经济增长和整个社会生产总量的增加，企业排放的数量越来越大，环境污染也必然日趋严重。人类社会自工业革命以来，虽然社会财富得到了巨大的增长，但生态环境问题也日益成为危害人类社会的严重问题。

二、经济发展与环境保护

环境是指与人类密切相关的、在自然或人类作用下形成的物质和能量以及相互作用的总和。它主要包括生态系统以及人们对之作用而产生的各种依存关系。人类社会和环境密切相关：（1）环境直接或间接影响人类的生活质量。良好的环境（清新的空气、洁净的水、美好的自然景观等）给人们提供美的享受，理想的工作、休息和娱乐环境；环境的恶化带给人们精神压力，影响人们的健康。（2）环境直接影响经济运行。自然环境既直接为人们的生产提供自然条件，又通过对污染物的净化和分解，为生产的持续进行提供环境和资源条件。而环境质量的恶化、环境资源退化则会减少资源的供给，降低环境对污染物的净化功能，影响经济的正常运行。（3）生态环境系统的平衡是人类生存和经济发展的保障。例如，森林的水土保持作用，湿地的水净化作用，大气层中的气体结构对气候的影响等。

一国的环境状况和经济发展水平密切相关，从当代西方发达国家的历史进程看，随着经济发展，人均收入水平的提高，经济发展和环境状况呈"倒U"型变动。

在经济发展的较低阶段，经济活动规模小，产业结构主要以农业为主，生产活动排放的废物不仅数量较为有限，而且大多可生物降解。因此，在这一阶段，环境污染不仅在数量上还是程度上都是有限的。

当一个国家进入工业化阶段后，一方面经济活动规模迅速扩张；另一方面，在产业结构中，高污染的制造业比重不断上升，这样，环境也就开始恶化。特别是当一个国家从以轻工业为主体的工业结构向以重、化工业为主体的工业结构转化时，污染物的排放量更是急剧增加。同时在这一发展阶段，人均收入水平不高，因而人们主要追求物质产品的丰富，而对环境状况大都采取漠不关心或无可奈何的态度。因此环境的治理和改善还未摆上应有的位置。这样就决定了在这一阶段，人均收入的提高和环境恶化同步推进。经济

发达国家历史上的许多重大的环境问题就是在这一阶段发生的。

随着经济发展，当人均收入水平提高到更高阶段后，整个社会的环境质量又会逐步改善。这是因为：（1）产业结构发生了重大变化。一方面在三大产业中，高污染的第二产业比重下降，而低污染的第三产业（服务业）比重上升，农业也由石油农业向生态农业转化；另一方面，在第二产业内部，产生"三废"较多的原材料工业的比重下降，比较清洁的高、新技术产业（机械、电子等）比重上升。这样，整个经济污染物排放总量减少。（2）随着经济发展，技术水平提高，生产设备利用效果提高，这样也使生产同样数量的产品所排放的污染减少。（3）随着经济发展人均收入的提高，环境质量成为人们生活质量的重要因素，人们普遍重视环保问题。整个社会用于环保的资源投入增加，环境治理能力不断增强，从而引起环境质量不断改善。

综上所述，从西方经济发达国家的历史进程看，随着人均收入水平的提高，环境质量有一个先恶化，后又逐步改善的过程。

但是，经济发达国家环境状况倒"U"型变动的事实，并不意味着人类的发展必须经过一个先污染后治理的过程；并不意味着在经济发展没有达到一定水平之前，污染扩大是必然的，人们整治与否都无济于事。人是有思想的，环境污染又是人类行为的结果，当后进国家看到先行国家的经济发展所带来的环境恶果时，他们可以，也能够采取一些措施来减轻经济发展的环境代价。

从经济发达国家的历史看，其大规模的环境污染，开始于18、19世纪的工业化，而环境的改善只不过是20世纪50年代特别是70年代以来的现象。因此，按照大多数西方国家经济发展和环境状况的自然演进过程，从环境恶化到逐步改善经历了上百年的时间。而中国这样的发展中国家工业化进程大大快于西方国家，经济总量的增长速度迅速，必然导致污染排放更为集中。如果不加治理，任其环境恶化，等到人均收入提高到发达国家的水平后再来治理，其后果将是灾难性的。因此，作为发展中国家就应该在经济发展的同时，兼顾环境，尽可能降低发展的环境代价。

解决环境问题的基本手段有两种：一是政府干预；二是在明晰产权的基础上通过市场解决。

政府干预的基本思路是外部成本内部化，即通过政府的强制，由产生外部性企业来承担污染造成的社会损失，从而将外部性产生的外部成本纳入企

业的生产决策之中。具体做法有:

第一,征收排污费。政府根据企业排污的数量收费,污染费是按照平均每一单位污染量征收的,因此排污越多,收费也越多。这种污染费称之为"庇古税",因为,英国经济学家庇古在20世纪20年代首先提出通过向产生污染的企业征收税收的办法来解决外部性问题。

第二,规定污染标准。从理论上讲,污染程度为零是最优。但是在一定的技术水平下,某些产业只要进行生产,就不可避免地造成污染,要想彻底消除污染,除非该企业全部停产。因此,最优的污染程度只能是较轻的污染程度。这样控制污染的另一种政策是设定排污标准。政府通过调查研究,确定社会所能忍受或承受的环境污染程度,然后规定各企业的允许排污量。凡排污量超过规定限度的,则给予重罚或令其停产。

第三,合并企业。即让外部性制造者与受外部性影响的企业合并。以化工厂和农场为例,如果这两个单位合并为一个公司,那么化工厂的生产给农场带来的损失,就成了该公司的内部成本(私人成本)。这样,公司在决定化工产品产量时,就不能不考虑污染成本。为了公司利润最大化,决策者必须考虑外部性,协调化工产品生产和农业生产这两项业务间的关系,这种协调会使资源得到最优配置,使污染达到社会最优标准。

解决环境问题的第二种手段就是明晰产权。美国经济学家科斯认为,外部性之所以产生,就是因为产权界定不明晰。产权不明晰,就无法确定究竟谁应该为外部性承担责任。比如化工厂和农场,到底是化工厂因污染环境而给农场以赔偿呢,还是农场应该付钱给化工厂请求化工厂治理污染,从而减少污染的排放呢?归根到底,是农场有权拥有不受污染的周边环境,还是化工厂有权自由地向周围排放污水、废气?科斯认为,如果产权是明晰的,双方的协商又是毫无成本的,那么在有外部性的市场上,交易双方总能通过协商达到资源的最优配置,不管产权划归哪一方——这就是著名的科斯定理。

以化工厂污染所造成的外部性为例,不管是给予化工厂有污染的权利,还是给予农场不受污染的权利,都可以通过化工厂和农场之间的自由交易使污染符合社会最优标准。我们首先假定法律规定农场有不受污染的权利。这时化工厂要想生产就必须向农民购买这种权利。如果双方交易成本为零,在双方讨价还价的购买过程中,将会使化工厂的污染水平(即化工品产量)达到一个双方都满意的水平。

假如化工厂拥有污染的权利,而农场没有禁止化工厂污染的权利,这时

农场要减少受污染程度，必须向化工厂支付一笔费用，让化工厂减少污染的排放（即减少化工品产量）。如果化工厂认为接受农场的支付而减少污染是值得的，它就会接受这笔费用而减少污染。如果双方协商、谈判的成本为零，双方协商的最终结果也将会使化工厂的污染水平（即化工品产量）达到一个双方都满意的水平，即符合社会最优标准。

以上分别阐述了解决环境问题的两种手段，从更深入的层次分析，解决环境问题需要两种手段的结合，即在明晰产权，充分发挥市场机制作用的基础上，发挥政府的干预作用。而且，在许多场合，由于产权的明晰界定是困难的，甚至不可能的；在一些场合，交易成本十分巨大，因此，在环境问题上，政府的干预更显重要。

三、经济社会可持续发展

可持续发展，是自20世纪80年代以来，人类社会总结自己的发展历程，重新审视自己的经济社会活动与发展行为而提出的一种新的发展思想和发展模式。

第二次世界大战后，经济发达国家开始了战后的重建，发展中国家也大规模地开始了工业化进程。虽然不少国家人均收入有了很大的提高，但也出现了许多不良后果，如发展中国家人口急剧增加，世界各国间和一些发展中国家内部贫富差距日趋扩大，环境污染日益严重，生态平衡遭到破坏，不可再生资源迅速消耗等。面对以上问题，人们在积极地探索新的发展道路，寻求正确的摆脱困境的方法和途径。人们越来越明白一个道理：发展，必须是可持续的发展。

1987年，联合国通过了由世界环境与发展委员会提出的纲领性文件：《我们共同的未来》。该文件在系统地阐述了人类面临的一系列重大经济、社会和环境问题的基础上，对可持续发展作了一个广为人们接受的定义，即可持续发展是一种既满足当代人的需要，又不对后代人满足其需要的能力构成危害的发展。

可持续发展理论是对现代经济发展理论的新发展，它将人口、环境、资源、技术、制度等因素综合起来分析，将它们作为发展的内在因素，拓宽了经济发展理论研究的视野。可持续发展以提高全体人民的生活质量，保障人类基本需求为目标，这一点是与经济发展的内涵及目的相同的。同时，可持续发展还强调保护资源和生态环境，不对后代人的生存和发展构成威胁。因

第十一章 经济增长与经济发展

此，衡量可持续发展除了经济、社会目标外，还有环境指标，三者缺一不可。

经济发展是可持续发展的基础。可持续发展并不否定经济增长，尤其是发展中国家的经济增长。第一，只有经济增长，才能改变发展中国家经济落后状况，才能为消灭贫困、提高全体人民的生活水平、促进人的全面发展提供物质基础。第二，经济增长也是解决资源和环境问题的根本保证。只有经济增长了，才能有经济实力，并运用先进的科学技术解决耗费资源过多的问题；才能进一步开发替代资源以增加资源供给；才能解决环境污染问题。第三，持续的经济增长，既为技术发明和创新提供动力，同时也为之创造了必要的条件。因此，经济增长是可持续发展的基础、前提。

人口和资源、经济与社会系统的协调是可持续发展的核心。人口作为实现发展的要素之一，其数量和质量必须和资源、环境、经济与社会系统相协调。

首先，从人口数量看，人口的过快和过慢增长都会阻碍可持续发展。当前对于发展中国家来说，主要问题是过快的人口增长对资源、环境产生的沉重压力。为满足过度增长的人口群体生产和消费的需要，必然造成对资源的过度需求，导致资源过度消耗，随之而来就是森林和草场的破坏、土地沙漠化、温室效应等问题，从而破坏了生态环境的平衡。因此，对于发展中国家来说，可持续发展要求控制人口增长，实现人口和资源、环境的平衡。

其次，从人口素质看，可持续发展要求重视人力资源投资，提高人口素质。（1）人力资本的提高，将通过劳动者技能的提高，技术工艺操作水平的改善而增进物质资本和自然资源的使用效率，节约自然资源和物质资本。（2）人力资本与其他生产要素的结合，能使经济产生递增收益，这是人力资本所包含的生产能力，它对于持续经济增长和资源的永续利用十分重要。（3）人力资本还具有自我配置能力，即它具有针对改变了的自然环境和人类环境做出有效地适应，正确地把握和采取行动，重新配置资源，以获取更多经济成果的能力。人力资本的配置能力，给可持续发展提供了可能性。面对环境污染，不可再生资源耗竭等难题，促进人力资本的积累，将提高人们进行可持续发展的意识和能力。

自然资源的永续利用是可持续发展的基本条件。各种物质产品都是自然资源经生产过程转化而来，若资源是匮乏的，无论技术多么先进，生产都不可能进行下去。当前世界各国都不同程度地承受着经济发展与资源环境的压力。如何缓解这一压力，实现资源的永续利用是人类面临的共同课题。为

此：(1) 必须改变以往的生产方式和消费方式，合理利用资源，杜绝浪费并努力提高资源利用效率，并大力开发新的资源。(2) 不超过生态供给阈值利用资源。生态供给阈值以内，生态系统或可再生资源具有自净或恢复能力。在生态阈值内利用资源能保证人类的持续利用；一旦持续超过这个阈值，则生态系统再生资源或净化的能力将萎缩或丧失，造成永久的损失。(3) 坚持平衡替代原则。即应使不可再生资源的耗竭率不超过寻求作为替代用品资源的速率。(4) 坚持公平性原则。这里的公平性，是指资源利用的代内公平和代际公平。代内公平要求各国之间同代人资源分配和利用的公平性。目前的现实是占世界人口 1/4 的发达国家在利用地球资源上占据优势，其消耗的资源占全球的 4/5，可持续发展要求改变这种状态。因为一方面从伦理上的社会公正角度看，社会需要兼顾穷人的利益，缩小贫富悬殊；另一方面各国间对资源占有的不平等，会迫使穷国过度或滥用有限资源以求生存。由于全球的环境问题是相互联系和影响的，世界某一地区的不持续，很可能导致整体的不持续。因此，发达国家对发展中国家各个方面的帮助是绝对必要的。代际公平要求开发利用资源时，不仅要考虑当代人的利益，而且必须兼顾后代人的需要，使后代人不至于丧失与当代人平等的发展机会。

环境保护是可持续发展的重要组成部分。但长期以来，人们在处理发展与环境的关系时，片面强调发展而忽视生态环境的保护，致使发展和环境的互馈关系日趋恶化，环境问题日益成为威胁人类社会经济发展的严重问题。可持续发展认为经济发展和环境保护是相互联系，不可分割的，并强调把环境保护作为发展进程的一个重要组成部分，把环境状况作为衡量发展质量、发展水平、发展程度的重要标准之一。

科技进步是可持续发展的动力。当前人类社会正面临着资源、环境与经济发展的突出矛盾，而解决这一矛盾的重要手段是科技进步。首先，从总体上看，资源环境问题的根源是科技水平落后，资源利用效率低下，生态环境遭到破坏。其次，资源、环境问题的解决依赖科技进步，这是因为：(1) 技术进步能提高资源利用效率，从而在经济效益提高的同时，减少污染物排放，消除过度消耗资源的现象；(2) 技术进步有利于人们更好地认识环境污染的产生过程及危害，并为治理污染提供手段；(3) 生物工程技术、太阳能开发技术等方面的技术进步，"清洁生产"与环保产业的兴起为资源、环境问题的解决提供了有效的途径。

有效的制度安排是可持续发展的保证。对于发展中国家，特别是像中国这样正从计划经济向市场经济转变过程中的发展中国家，制度应是经济运行和发展的内生变量，有效的制度安排对可持续发展起着无可替代的促进作用。在各种制度安排中，明晰的产权制度是最重要的。首先，产权明晰能较好地解决"公用地的悲剧"①等滥用资源的难题，限制了资源开发的速度，有利于环境污染的控制。同时，产权的所有者从经济人的理性出发，通过对产权保障内的稀缺资源的利用和再生的统筹安排，不仅可以使个人收益最大化还会使社会收益最大化。其次，明晰的产权，特别是知识产权使得发明创造者个人收益率接近社会收益率，因而可以激励发明和创造；最后，明晰的产权是构造市场经济的基础，而市场经济是迄今为止最有活力、最有效率的配置资源的制度。

综上所述，可持续发展是一种多要素、全方位的综合的发展，它不仅取决于经济因素，而且取决于与经济因素有紧密联系的非经济因素。它是21世纪全人类正确处理和协调人口、资源、环境、经济与社会间相互关系的共同发展战略，是人类生存与发展的必由之路。

本章主要名词概念

经济增长　技术进步　经济增长方式　经济周期　经济发展　二元经济结构　工业化　城市化　可持续发展

本章思考题与练习题

1. 论述影响经济增长的主要因素。
2. 经济增长方式的转变需要什么样的体制条件？
3. 如何看待经济波动与经济周期？
4. 论述经济增长与经济发展的关系。
5. 为什么说工业化是发展中国家实现经济发展的主要途径？
6. 如何理解工业化与城市化的关系？

---

① 1968年，经济学家哈丁（G. Hardin）发表了题为《公用地的悲剧》的著名论文。他在文中描述了这样一种情形：有一个对所有放牧者开放的公共牧场，每一个理性的放牧者都想在公共牧场放养尽可能多的牲畜，因为每增加一头牲畜，他获得由此带来的全部收入，而增加牲畜给草场带来的损害却由全体放牧者分担。于是每个放牧者都去努力增加自己的牲畜，最终导致牧场过度放牧而退化，直至毁灭。

7. 如何理解发展中国家的二元经济结构及其转化？
8. 如何理解经济发展和环境状态的"倒U型变动"现象？
9. 如何通过政府干预解决环境问题？
10. 什么是科斯定理，如何通过明晰产权来解决环境问题？
11. 理论联系实际谈谈你对可持续发展的认识。
12. 论述人口、资源、环境、科技、制度和经济社会发展的相互关系。

第十二章 产业结构与产业地区布局

产业结构与经济增长有着非常密切的关系。产业结构的演进会促进经济总量持续稳定地增长，后者也会推动前者的加速演进。本章将以产业结构优化理论为指导，阐述产业结构演进规律、结构变动的影响因素、产业地区布局原则、地区分工与地区结构优化以及产业政策规划与实施等内容。

第一节 产业结构及其演变规律

一、产业划分和产业结构

产业的含义具有狭义和广义之分。狭义上是指工业，而广义上则泛指为国民经济提供产品和劳务的部门的总称。它包括大到部门，小到行业，从生产到流通、服务以至于文化、教育等现代经济生活中国民经济的各行各业。换句话说，广义的产业是一个"集合"概念。以下是几种有代表性的产业分类方法。

第一，马克思的两大部类分类法。马克思根据各类物质产品在社会再生产过程中的价值补偿和实物替换的不同，将物质产品的生产部门划分为生产资料（Ⅰ）和消费资料（Ⅱ）两大部类。生产资料部类（Ⅰ）可以分为生产生产资料和为生产消费资料提供生产资料的生产部门；消费资料部类（Ⅱ）又可分为必要生活资料和奢侈品两个副类，马克思分析并说明了各个产业部门应均衡发展。在新中国成立后的长期经济实践中，又将两大部类法具体化为农业、轻工业、重工业，它是按照生产对象的性质和生产方法的差异而划分的。两大部类理论是马克思再生产理论的重要组成部分，它对研究社会主义市场经济条件下的产业结构合理化是适用的。但是无论两大部类结构，还是农轻重结构，均限于物质生产部门，不包含非物质生产部门。这

样，便不能揭示产业结构演变的一般趋势和规律。

第二，三次产业分类法。按照经济活动的先后层次或与自然界的关系进行划分，第一次产业的属性是直接作用于自然界，生产初级产品的产业，包括种植业、畜牧业、渔业、狩猎业和林业等部门，以上各业的总和又称广义农业。第二次产业则是加工取自于自然的生产物，也就是将初级产品加工成为满足人类生活进一步需要的物质资料产业，包括制造业、建筑业、电力、煤气、供水等，再加上采掘业和矿业又称广义工业。第三次产业则是提供满足人类基本物质资料需要以外的进一步需要，或为传递物质产品而进行服务的产业，包括运输业、通讯业、仓储业、商业、餐饮业、金融业、房地产业、科教文卫事业、国防等，可称为广义上的服务业。第一、二次产业都是有形物质财富的生产部门，第三次产业则是由前二者衍生的无形财富的生产部门。联合国经济合作与发展组织进一步对三次产业的划分标准和范围进行了统一，划定了统一口径。三次产业分类法是现代市场经济理论中最重要的产业结构分类方法之一，特别是知识经济时代，技术创新速度加快，新兴产业加快速发展，该方法对于全面认识和研究各产业部门（尤其是非物质生产部门）之间的关系和趋势具有重要意义。

第三，按资源密集度分类的生产要素分类法。即根据产品生产中劳动、资本、知识等生产要素的比重或不同产业再生产过程中对各种资源的依赖程度的不同而将全部生产部门划分为劳动密集型产业、资本密集型产业和知识密集型产业三大类。

劳动密集型产业是指在生产中需要大量活劳动，因而体力劳动所占比例较大的产业。它具有投资少、单位投资能吸收较多劳动力、劳动者占用固定资产的数额低、技术操作要求较低、资金周转快等特点。如，纺织业、日用品业、服装业、餐饮业等。

资本密集型产业是指在生产中需要投入较多的资金，工人的技术装备程度较高的产业。它具有技术装备先进，因而资本有机构成高、原材料消耗量大和劳动生产率高的特点。如钢铁制造业、重型机器制造业、石化工业等。

知识密集型产业是指知识（包括技术、信息等在内）含量高、科研人员比重大，因而脑力劳动地位重要的产业。如电子计算机、新型材料、生物工程、航空航天产业、金融保险业等。

这种划分方法能较客观地反映一国的经济发展水平，对于研究不同产业特征及其优点，有效利用经济资源，发展比较优势产业，提高竞争优势和宏

第十二章 产业结构与产业地区布局

观经济效益具有重要意义；同时可用来分析产业结构高度化的情况，有利于一国根据产业结构演进趋势制定相应的产业发展政策。

二、产业结构演进的一般趋势

产业结构演进，从横向上是指各产业部门及其内部各行业之间相对均衡、协调发展的合理化格局；从纵向上是指产业结构本身所固有的从低级到高级演变的高度化趋势。产业结构演进的一般规律表现为，在技术进步的推动下产业结构不断地实现合理化与高度化。产业结构演进同经济发展紧密相关，作为以往经济增长的结果和未来经济增长的基础，产业结构的演进成为推动经济发展的主要因素。

发达国家与新兴工业化国家的经济增长和社会经济发展大致经过了以下几个阶段：

第一，为进入现代经济增长准备条件的阶段，即工业化初期积蓄能量的阶段。由于总体上人均国民生产总值（GNP）水平较低，不可能形成稳定的、较高的资本积累率，也就不可能形成完备的工业物质技术基础和具有出口竞争力的主导产业群。这一时期的主导产业是：农业—工业（矿业和轻纺工业），即以投入活劳动为主的产业，产业结构处于由落后农业为主的传统结构向工业化结构转化时期。基本特征包括：（1）第一次产业在GNP中的比重逐步降低，但仍占相当大的比重，农业劳动力在总就业人口中仍占绝对份额；（2）第二次产业处于建立和初步发展期，成长速度有加快趋势，但基本是指轻加工工业，制造业远未成为主力军；（3）资源密集度是以劳动密集型为主，经济增长方式呈粗放型，产业结构低度化。同时，产业间关联作用弱，产业组织形式是小型化和分散化。

这一时期经济发展中的主要矛盾表现为总供给结构不完整和短缺，国家主要目标是初步建立一个独立的、比较完整的工业体系，填补某些产业部门空白，促进以传统农业为主的结构向工业化结构的转换，解决总量矛盾。

第二，工业化的中期和经济高速增长阶段。其基本特征：（1）第二次产业加速增长，无论其产值占全社会GNP的比重，还是就业人数在总就业人口中所占比重都是最高的。第一次产业增长不断降速，其产值结构和就业结构比重下降，比较劳动生产率的差异迫使农业中游离出来的劳动力向第二、三次产业转移。尽管如此，由于工业的大发展，进而农业机械化程度的逐步提高，仍引致农业产量和净产值继续增长。（2）工业内部结构变动渐

快。正是由于工业资本积累和人均收入的双重提高,技术创新得以加快,促使资本、技术密集型产(业)品供给较快增长并日益国际化;具有出口竞争力的制造业快速成长成为整个产业结构的核心。具体到产业内部看,现代制造业中的加工度与附加值较高的行业,如汽车、钢铁、石化、大型机械设备等产业,技术密集型产业,如电子器件、科技仪器等产业所占比重日益增大,知识密集型和新兴产业不断问世,但后者对经济增长的影响力不大。(3)这一阶段之中、后期经济增长突飞猛进,使总量矛盾渐渐缓解,甚至可能出现供给相对过剩。人均收入的提高也会使需求结构变化,供需结构的不协调成为新的现实问题。随着社会分工与协作日益细化和密切,产业组织形式也发生重大变化,演进为大批量生产体系。(4)二元经济结构显著转化。现代工、农业体系并存,社会基础设施得到重大改善,城乡差别明显缩小,都市人口占总人口的比重由工业化初期阶段的 1/3,上升到 2/3。

第三,工业化后期的经济稳定增长阶段。其具有以下基本特征:(1)第二次产业增长相对减速,第一次产业完全现代化和进行集约式经营,并从追求数量转向追求质量,向精加工、系列性、功能性、绿色食品等方向发展;其产出量已远远超过本国需要而出口,但其就业人口大幅度降低,在某些发达国家甚至只占总就业人口的 3%~5%。第三次产业在 GNP 中的比重升居第一,其主导产业为金融、信息、咨询、保险、计算机软件服务等新服务业。(2)从工业内部看,资本密集的重化工业比重不断下降,反映当代高新科技的部门(行业)不断涌现和迅速成长为主导产业。伴随着市场经济的真正成熟,经济增长方式从根本上实现集约化。(3)二元结构消失或基本消失,乡村生活现代化,全社会绝大部分人口居住和工作在城市。

第四,后工业化与经济可持续发展时代。这是信息业、高科技制造业与其他新兴服务业占主导地位的经济社会,以知识为根基的信息化导致产业整体素质的提高。这一阶段的特征表现在以下几方面:(1)主导产业群发生质的飞跃。工业经济时代占统治地位的是以物质与能量的生产为重心的制造业;而知识经济时代是以知识与信息的生产与使用为重心,并与现代制造业相融合,因而主导产业知识化与信息化成为大势所趋,现代制造业与高素质新兴服务业一体化而成为主导产业群。这一质变推动了经济的持续而稳定地增长。(2)产业结构性质趋"软"。从经济增长依靠提高体力劳动者的生产率的方式转变成以提高智力劳动者的知识生产率为核心的方式,知识(技术)密集型产业成为先导产业;知识与技术创新在产业间的传递全方位化,导引"边缘产业"不断问世,也使得结构"软"性化必将发生;制造业生产方式由大批量、少品种和不稳定的高效率型转向它的反面,社会生产从机械(自动)化制造,发展到信息化制造。这样,就使更多就业者转而用更多的时间从事知识的生产和传播,大大减少了从事直接生产的劳动力。(3)知识的使用具有非极限性和非独占性,知识复制越多,成本越低,边际效益越高。以知识产业为结构主体的知识经济增长具有连续性,衰退周期被知识与技术创新的连续性、扩散性和产业化所淡化,使经济增长与发展得以稳定、持续下去。(4)工业经济步入知识经济。知识产业取代传统的制造业居于产业结构的核心地位,知识和人才资源成为产业经济和社会发展的决定性因素,过去发展物质经济伴生的外部副效果,如环境污染、生态平衡破坏程度等大大降低;即使是传统物质产业部门,其技术、知识含量也不断提高,产业经济向低物耗型、资源循环再利用型和绿色经济转变,整个社会经济真正实现可持续发展。

三、产业结构变动的影响因素

(一)需求结构的变化

需求结构变化对产业结构的变动的影响最为直接。

首先,产业结构变动取决于中间需求和最终需求的比例。一个产业的中间需求越大,该产业部门就越具有原材料性质;最终需求越大,就越具有提供最终产品的性质。这意味着中间需求和最终需求的比例关系变动将导致产业结构的相应变动,最终需求结构和规模的变化是促进产业结构演进的最重要的动因之一。

其次,人均收入水平不同阶段上的个人消费结构。当收入极为有限而不能满足所有层次需要时,温饱目标至关重要,居民自然倾向于把有限的收入用于购买生活必需品,主要是引导或带动了农业和轻纺工业优先发展,这既是工业化能够起步在需求结构上的根据,也是工业化首先从轻工业起步的需求依据。同时边际储蓄倾向,即储蓄增量与收入增量的比例低,也决定了既无实力发展资本或技术密集型产业,也无资本对传统产业进行全面的技术改造,产业结构轻型化。在人均收入中等水平阶段,温饱问题基本解决,随着收入的增长,需求结构的重心由必需品转向非必需品。边际消费倾向,即消费增量与收入增量的比例的提高,使居民把增加的收入用于购买高档耐用消费品。相应地,使提供资本物品的产业也发展起来,并反过来推动农业和轻

工业的生产效率大幅度提高,为主要提供耐用消费品和设备的重工业上升为主导地位提供资本和劳动力,从而促进了产业结构高度化。在人均收入高水平阶段,不论从数量上还是档次上,物质享受已得到极大的满足,个人需求趋向多层次、多样化、个性化和时尚化,这样的消费结构必然带动多层次的产业结构递进升级,促进高加工度化和以信息咨询业等高科技和知识密集型产业为中心的现代服务业的蓬勃发展。个人消费结构是对产业结构变动影响最大的需求结构因素。

再其次,消费和投资的比例。在最终需求中的消费和投资的比例直接决定了消费资料产业同生产资料产业的比例关系,前二者比例的变动直接引起后二者的比例变动。德国经济学家霍夫曼以消费品工业净产值与资本品工业净产值的比例,即"霍夫曼比例"为理论依据,考察了 20 个国家 18 世纪以来的工业化史和统计资料,发现这一比例在发展过程中是持续下降的,即它是一个由消费品工业占主导地位,向资本品工业占主导地位的工业化渐进过程。

最后,投资结构。投资是构成现实最终需求、形成新的生产能力和实现产业扩张的重要条件。因此投资结构,即资金投向不同产业方向所形成的投资配置量比例,是改变原有产业结构的直接原因。因此,政府为达到优化产业结构的目标,就常常通过制定或修订投资政策,变动投资结构来贯彻调节意图。

(二)供给结构的变化

首先,生产要素的拥有状况和它们之间的相对价格水平。劳动力是最基本的生产要素,劳动力的数量和素质是产业结构演进的必要条件。在其他条件不变的情况下,只要固定资产的生产能力能够承受,中间产品供应能够保证,一个新的或扩张中的产业部门拥有的劳动力越多,该部门就能得到较快发展。另外,在其他因素可变的情形下,如技术结构不断变动的现实经济生活中,产业部门的更替变换就需要以劳动力具有充分的产业间可转移性为条件,后者又从根本上取决于劳动力素质。

资金供应状况是通过资金总量和资金投向两方面影响产业结构变动的。在其他条件不变的情况下,一个产业部门拥有资金愈是丰富,愈是能够得到加快发展。随着技术创新和生产设备日益大规模化,没有庞大的资金支持就无法发展重工业和新兴产业。同时,资金在不同产业部门的投向偏好会改变现有产业的存量结构和形成新的增量结构,即投资结构变动通过影响社会资

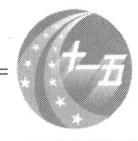

产总量在各产业配置构成的变动,而影响产业结构动态。可以说,资金供应总量和供应结构的变动是产业结构变动的直接原因。

其次,技术创新与技术结构变动是产业结构优化变动的决定性因素。技术结构是指先进程度不同的各种技术之间的质的组合与量的比例关系。从本质上讲,技术结构在同一产业内部反映了资源的组合方式,在产业间反映了资源的转换关系。推动技术结构变动的动因则是技术创新。纵观世界产业结构演变的历史,技术创新在本产业内部的传递与在相关产业间的扩散,从而技术结构的合理化与高级化的程度直接影响着产业结构的合理化与高度化。历次产业结构和产品结构的变革总是以技术创新及相应的技术结构变革为先导的,而历次技术结构变革又都是以技术创新的产业化和对传统产业的改造、升级,相应的以产业结构、产品结构和商品进出口结构的优化而告终。

最后,自然资源禀赋差异对不同的国家或地区的农业、采掘业、轻纺工业的发展有不同程度影响。如资源匮乏的国家或地区不可能形成资源开发型产业,而是致力于构建资源加工型的产业结构。当今,自然资源拥有状况对工业部门结构的影响变得具有相对性,受资源稀缺制约的国家或地区可以借助于科技创新和国际贸易来缓解和克服自然资源对其经济发展的约束。

（三）国际贸易

开放条件下,一国产业结构的形成和调整不仅受国内市场需求结构和供给结构因素的影响,还受其国际贸易状况的影响,这种影响是通过国际比较利益机制来实现的。一国产业结构在国际交换过程中,出口产品通常是由国内市场价值小于国际市场价值,本国具有比较优势的产品;而进口商品则相反。开放程度越高,国内产业结构与他国的产业结构关联程度也越高,这会在一定程度上改变国内产业之间的投入产出关系,使得本国产业既有可能利用他国产业弥补自身发展不足,也有可能因依赖外向关联而抑制了本国产业的自身发展。可见,产业结构是贸易结构的基础,决定了一国贸易结构的状况,而贸易结构是产业结构的反映,并引导着一国产业结构的变动。

（四）制度安排

经济体制模式决定了产业结构的调节或转换机制,并通过国家与企业的关系直接或间接影响产业结构变动。产业结构调节机制是指在经济系统内部,通过各产业部门间的相互联系和相互影响来实现产业结构从失调到协调,从低级状态向高级状态演进的手段和方法。现代经济史表明,任何一个国家的产业结构在横向（合理化）和纵向（高度化）演进的过程中，产业结构调节机制都起着至关重要的作用，其性质、功能和效率在很大程度上决定着产业结构演进的方式和效果。根据体制因素可将产业结构调节机制分为：

第一，政府调节机制。它是政府从宏观经济角度考虑，主要以产业政策的设计与实施，对产业结构进行整体调节。具体操作上，政府以政令或计划形式直接调整产业结构，并借助信息、协调关系的通报，建立投资审批或许可证制度以及相应的机构对企业进行"指导"和"劝说"。政府权威对经济资源具有很强的动员力量，能够依据政策偏好，集中投资，在短时间内使某些重点产业优先建立起来。但若政府调节机制运用过度或不合时宜，其本身所固有的局限性会暴露无遗：一是下达指令的方式属于硬性调节，调节幅度大而弹性小，从而易产生调节过度和结构变动的波动；二是政府从供给推动方式出发对产业结构调节，可能产生方向性误导，再加上垂直封闭的决策传递系统，使得调整往往是在结构失衡达到很严重时才可能进行，难以克服部门结构中资源配置效益的低效化；三是在政府调节机制下，各方利益差异的存在和协调难度大，易导致调节目标变形，形成偏斜度很大的，通常是重型化的产业结构。

第二，市场调节机制。即依据经济运行本身固有的内在自行调整力量来促使产业结构实现横向和纵向演进。在市场经济体制条件下，由于同等份额的资源在不同的产业中形成不同的效益，即"利润差别"这一事实，就促成了资源向高效益、高生产率的产业转移和配置，从而推动产业结构优化。但是世界产业结构演变的实践又证明，市场调节机制对产业结构的优化变动是有局限性和盲目性的，有时会造成对瓶颈产业调节的失效、产业进入的障碍、市场信息的不完全、产业结构轻型化，等等。

以上分析说明，产业结构优化不可能是纯粹自觉或自发的，而只能是自发与自觉双重调节的过程。市场调节机制配置资源的效率高于计划调节机制，但在明确市场对配置资源，调节结构的基础作用的同时，政府有必要制定合理而有预见性的产业结构政策，以避免投资行为的盲目性，规划好鼓励优先发展的部门和需要援助的衰退部门，确定主导产业、基础产业和战略产业的发展顺序，多使用经济手段，在增强政府监督与引导功能的同时，注意减少政府干预的效率损失，提高宏观经济效益和经济结构整体素质。

第十二章 产业结构与产业地区布局

第二节 产业发展的地区布局

一、地区经济发展的不平衡性

一切产业经济活动都是在空间上进行的,这里的空间就是指"地区"。经济学意义上的地区,是按均质区域划分法划分的地区为主(该区域内的不同地区在自然、经济、社会发展等方面程度相近),兼顾具有经济合作关系的地区概念。狭义上讲,地区经济则是指按照劳动地域分工原则建立起来的具有地区特色或优势地域性经济。地区经济发展就是指以实现区内城乡居民生活水平的不断提高为目标,以地区经济增长和结构优化为中心的地区经济持续、稳定、协调的进步。地区经济发展反映在多方面,需要一个指标体系进行说明和衡量。

地区经济运行状况。它主要由地区经济增长率指标来反映,如人均国民收入或人均国民生产总值增长率水平。可以用平均增长速度来反映地区经济增长的快慢;也可以用不同地区增长率的对比,说明该地区在全国经济增长中的地位、贡献及地区经济转型的变化过程。

地区劳动生产率水平。一个地区劳动者提供的商品和劳务的能力或效率是衡量该地区经济上先进与落后的根本尺度。同时,劳动生产率的提高意味着活劳动和物化劳动的节约。因此,该地区的平均劳动效率不仅决定该地区的人均国民收入水平,而且决定着是否可实现经济的持续增长。

地区经济结构。一个地区各产业之间和产业内部各行业之间是否协调发展,基础产业、新兴产业、高技术产业、出口产业和第三次产业等在地区产业结构中的地位如何,决定着地区结构合理化和高度化的水准,进而决定地区经济发展水准和地区间的发展差距。

地区市场化程度。包括商品化率;市场主客体结构、时空结构和供求结构、价格结构等是否合理;市场规则是否健全,竞争是否活跃而有序;行业分散与集中程度以及市场进入障碍状况;市场流通组织、管理组织和调节组织是否布局合理、协调发展;等等。

城市化水平。包括地区内城市数量、城市人口、城市就业规模和结构、城市设施等指标。城市化与地区工业化阶段密切相关,城市化发展状况对扩

大消费规模、优化需求结构和产业结构，进而刺激内需，带动就业和经济增长，扩大地区财政收入等具有十分重要的作用。

此外，地区固定资产投资状况、就业状况、财政运行状况、物价水平等也可作为地区经济发展的分析指标。

地区经济是一种具有区域特色的国民经济，既有一般综合性国民经济特性，又有区域的特征。因此影响地区经济发展的要素既有国民经济发展要素，又有区域构成的特有要素。地区经济的构成要素是广泛存在于区域之中的经济发展要素，包括自然、社会、经济、传统等多方面，如区域的地理位置和自然资源禀赋、人口、劳动力、资本、技术、市场、产业结构、组织管理能力与效率和文化传统等，都直接或间接影响着地区的经济发展。

地区间经济发展要素在区域间的分布不仅在数量上而且在质量上差异较大，因而地区间经济发展存在非均衡的现象。同时，地区间的发展要素状况在发展中会发生变化，有些要素具有很强的流动性，如劳动力、资本等会在地区间流动。资本总是从高工资区域流向低工资区域，即发达地区对不发达地区的投资活动，购买不发达地区的原材料与产品或向其提供成品设备，这有利于欠发达地区的发展。但劳动力则从低工资区趋向高工资区流动，即由欠发达地区流向发达地区，这又将不利于欠发达地区的经济发展。当然，这种市场效应也是可变的，随着欠发达地区经济条件的逐步改善，以及发达地区先进生产力的波及效应增强，欠发达地区的经济落后格局将大大改变。

二、产业地区布局的原则

产业地区布局是指产业各部门、各环节在地域上的有机组合分布，是产业运行规律在空间上的具体表现。地区布局是指企业的空间定位，即将企业设在何处。它主要研究在经济发展的不同阶段，各产业空间组合的最佳形式和一般规律，以求合理利用资源，求得最小的区域产业配置成本和最大的区域效益。产业布局通常所遵循的一般规律是比较优势规律，其基本原则包括以下相互联系而非相互孤立的几方面。

第一，指向性原则。所谓指向性就是在考虑了其他因素的条件下，突出其中一个决定性引力因素，使产业建立在与这种因素最近的地点。具体包括：（1）运输指向。不同产品的原料生产是有差别的，原料消耗量大，从而运输费用占价格比例较高，劳动力成本比重小的产业部门应尽量靠近原料供应丰富的地区或把企业选在运输费用最低的位置。产业发展最终要取决于

消费，企业与市场的距离直接关系到产成品运输成本和间接影响产品实现价值的速度，因而企业布点时应多加考虑。随着技术创新的加快、新兴产业的兴起和运输事业的发达，特别是电子网络技术的普及，运输指向相对削弱，原材料的替代性也大大提高，市场功能指向相对增强。（2）劳动力指向。在劳动力费用占成本比重最大时，工厂区位便指向廉价劳动力区域。（3）关键因素指向。在生产过程中有些因素并不过高地影响成本，但对生产能否成功却具有关键性影响，产业应依据这样一些关键因素，如科研、人才、动力和具有不可替代的天然材料等指向进行布局。一个技术推广型企业应该靠近科研基地；高新技术企业应有密集的高级科技人才为依托，在高素质人才聚集的地区，发展技术集约度高的产业，产业结构必呈高度化倾向，产业运行比较也必然是高效率和高效益的；能耗高的产业一般指向能源基地；以水资源（如生产矿泉水、酿酒）进行产品生产的企业和木材加工业等必须建在原料产地，等等。

第二，地区之间合理分工的原则。合理分工指任何一个地区进行产业投资时，必须根据本地区的资源条件，扬长避短，发展优势或相对优势产业，形成具有地区特点的投资布局和主导产业。指向性原则与合理分工、地区经济专业化观念是相通的。

第三，效率优先，兼顾公平的原则。产业布局的总体目标是实现全国产业的合理分布和经济资源在国家各个区域的公平配置。必须考虑产业在各地区布局非均衡的现实条件下，在把地区经济不断引向高水平的过程中，谋求在地区之间，建立一种和谐关系，以消除非均衡发展的副作用。做到这一点，从根本上讲，要求国家在制定产业布局规划时，必须兼顾效率和公平的要求，并根据社会经济的具体情况，确定两者的主从关系，在经济发展的不同阶段适度倾斜、总体协调，既保证重点地区（产业）优先发展，又从不断缩小区域间的经济水平和收入水平的差距出发，保证落后地区一定的经济速度和经济效率，保证全国性产业布局协调。

第四，可持续发展原则。一个地区最不具有流动性和最能够反映地区优势的是其自然资源和环境。目前，许多发展中国家存在资源耗竭和生态环境破坏的严重问题，始终走不出"贫穷—人口膨胀—生态环境恶化—贫穷"这一怪圈。发展中国家普遍面临发展经济和保护环境的双重任务，我们不能再走先破坏，后治理的道路，把生态环境问题积存起来留给后代解决，而必须边发展边治理和保护，实施可持续发展战略。在规划产业地区布局时，要

坚持经济效益、社会效益和生态效益相统一的原则。

三、地区经济分工与结构优化

地区之间的各种生产要素禀赋及其生产要素的相对价格之差异决定着不同地区间"比较优势"的差异和地区分工水平的差异，后者构成地区经济结构差异。它反映着国民经济各地区间结合的性质与结合的水平，地区结构差异形成并促进着区际差异。

地区经济的协调发展或克服区际差异需要正确的区域经济政策，而制定区域政策的理论依据则是关于地区分工的比较优势理论和由此形成并表现地区分工的地区结构理论（主要是地区主导产业理论）。

地区比较优势包括静态比较优势和动态比较优势。从静态角度分析就是由地区各种经济发展条件好坏形成和表现的此区域主导产业群与彼区域主导产业群的差异性。静态比较优势只是地区潜在的比较优势，它能否真正成为地区现实的比较优势还要取决于市场的需求情况、体制模式和其他相关因素的影响。正是由于各地区的生产要素禀赋不同，同时为了将潜在的优势化为现实，有效利用各种要素，各地区在地区分工以至国际贸易中就应利用其禀赋好、相对丰富的生产要素进行生产经营，这样才能处于比较有利的地位。反之，若不顾地区实际条件，强求利用禀赋差、相对稀缺的要素从事生产经营，则会处于不利地位。也正是这种资源分布与相应地对资源需求之间存在的不对称现象，是推动各地区间相互依赖、相互补充的内在动力和制定区域协作和联合政策的重要基础。我们要发挥地区优势和特色，构建新型的地区分工与协作体系，就要合理利用静态比较优势。

但是地区比较优势不是一成不变的，而是可变的。动态比较优势是指可以由人类的经济活动造就出来的比较优势，它在经济或科学技术发展到一定程度或阶段后对经济活动的影响力会大大增强，其重要性往往超过了静态比较优势，并成为决定地区分工和产业布局，进而地区经济发展的关键因素。某一时期具有比较优势的产业，随着时间推移，原先赖以高速增长的优势条件，不断变更以至丧失，这时就不能死抱住某种产业不放；相反，有的产业，原先发展的条件不好，但随着时间的推移并通过主观努力，不利条件向有利方向转化，发展前景看好。因此，就应有意识地扶持、培育有前景的产业，把握分工格局的转换。

现代地区经济成长过程，本质上是产业部门的成长过程。地区结构的优化，实质上就是生产要素在各地区之间合理配置前提下，保证先行地区的发展需要和各地区的协调跟进；还同时是正确地处理地区的主导产业与相关产业的动态关系，合理确定其发展规模和速度。依此为核心，使各地区能充分发挥地区优势、相互配合，既提高区内与区外经济上的互补性，又协调地区主导产业与其他非主导产业的关联关系，提高区域（内）间各产业的关联度，最终消除地区经济发展的不平衡性。这既是地区结构优化的终极目标，也同时是判断地区结构是否趋于优化的标志。

在中国，当前地区结构优化还面临着另一个迫切需要解决的现实问题，就是地区间产业结构趋同化现象。该现象是指地区产业结构类似，同类和同水平投资项目同时出现的经济现象。

既然产生地区经济发展不平衡的根本因素是地区结构差异，导致地区结构差异的因素既有中央政府在一定时期实施非均衡发展战略的一面，又有地方政府寻求地方利益的自我实现的一面。因此，相应的治理机制也便有二元化的特征。

中央政府应从国家经济的长期稳定协调发展的需要和整体利益出发，对产业投资与产业布局政策统筹规划，既突出区域特色，又实现产业的全国均衡配置。尤其是通过国家的投资、购买和转移支付等途径，帮助落后地区解困脱贫，以逐步缩小后进地区与先进地区的结构差距、发展差距和收入差距，最终实现共同富裕。

地方政府要本着国家利益高于地方利益和全国经济一盘棋的思想，本着加强地方经济间的分工协作，合理配置生产要素，提高地区资源配置效率的原则，从地区本身的区情出发，分析本地区产业结构的状况及其优劣所在，即发现和结合本地区在全国地域分工中的地位和优势，使得地区结构优化政策能充分体现本地区的强点和特色，促使地区扬长避短，因地制宜，优势互补，形成具有经济区域性或全国意义的专业化产业，掌握地区经济发展的主动权。在此基础上，加强地区之间的协作与联合，加强区内经济的综合发展。欠发达地区还可借助于国家必要的倾斜政策，逐步加快培植其持续发展的能力和潜力，并在条件成熟的情况下促进落后地区的快速发展。

贯彻区域政策迫切需要进行制度创新，转换地方政府职能，打破地区行政保护体系，建立正常的资本退出机制。在竞争大环境中，若要地方经济实现规模经营、淘汰落后、促进创新和产业结构优化，就需要健全相应的资本退出市场，这是地区产业结构优化的重要手段。地方政府要打破保守、封闭

和具有行政色彩的经济组织体系，积极欢迎非本地区的优质企业跨地区、跨行业、跨所有制对本地区劣质企业进行资产重组，实现资源的合理流动与优化配置。

当然，地区结构的优化不是一蹴而就的，最重要的是要适应知识经济时代世界产业分工与贸易新格局的挑战，化地区优势为国家优势，化国内优势为国际优势，化比较优势为竞争优势，变垂直分工为垂直分工与水平分工兼具，形成以水平分工为主的分工与贸易格局，积极参与国内和世界经济竞争，并从中占据一席之地。

第三节 产业结构优化与产业政策

一、产业结构的合理化

产业结构优化是指推动产业结构合理化和高度化演进，持续产生产业结构效应的过程。良好的结构效应反映出通过产业结构的优化，推动和保持经济总量的高增长率。产业结构优化的内在机理是通过调整影响产业结构的决定性因素，使产业结构得以合理化和高度化，进而通过产业结构的这种优化变动对经济增长产生积极影响，国民经济获得比正常速度快得多的增长。

产业结构合理化是产业结构优化调整的两个基本目标之一。它是指一国产业结构中各产业或行业之间总体上保持较密切的有机关联性和比例协调性，使结构不均衡的损失最小化或协调性效益最大化，导引经济增长过程呈稳态运行。具体的要求是：

第一，各产业间的素质协调。这并不是指它们之间的技术水平和劳动生产率等指标相当，而是指相关产业间信息传递系统完备，不存在知识与技术水平的断层，产业技术创新的分布与扩散效果较符合其运动规律；同时也不存在劳动生产率的强烈反差，否则就必然产生具有破坏性的结构摩擦。

第二，各产业间相对地位协调。在经济发展的特定阶段，各产业因经济作用以及相应的增长速度有别，而处于相异的地位。和谐的相对地位不是指增长率的完全一致，而是指各产业部门的增长速度在不均匀前提下的差距适当，表现出它们之间有序的即主次分明、轻重缓急适宜的排列组合。和谐的相对地位实际要求和反映着各产业间的利益分配与联系机制运行良好,并且是经济进一步增长与可持续发展的条件之一。所以,产业间的相对地位不仅要符合国民经济增长的内在要求,而且还要适应经济社会进程的总体客观趋势。

第三,产业间关联方式协调。各产业间的相互依存和相互影响是通过相互之间的投入与产出在时空上的联系实现的。因而,协调的联系方式表现在:(1)在投入产出关系的基础上互相依存,互相推进对方,而不是以其他产业的相对甚至绝对衰退或以结构的强烈逆转为代价来求得本产业的超前发展。(2)产业间的空间关联相宜。即地区间经济联系应密切化,产业地区布局合理化,地区产业的垂直分工与水平分工得当,在各展所能,发挥优势前提下,地区产业经济分工与协作总体系效率高,从而产生强大的产业结构整体效应。

第四,供给和需求数量与结构协调。在需求正常变动而不是畸变的前提下,供给能较迅速地做出调整数量和结构的应变反应,具有较强的适应性,使在时间和程度上衡量的供求失衡的损失最小化。这也是判断产业结构是否合理化的标志之一。

二、产业结构的高度化

这是产业结构优化调整的基本目标之二。产业结构高度化是指通过知识与技术的创新和扩散,使资源或要素在各产业间的配置格局,即产业结构由低度水准向高度水准演进,进而促进产业结构效应显著提高的过程。高度化目标主要包括三方面特征:

第一,在整个产业结构中,由第一次产业占优势比重向第二次产业,进而向第三次产业占优势比重演进,新兴服务行业不断涌现,并最终占据主导地位。

第二,在制造业内部,由劳动密集型产业占优势比重加快向资本密集型,进而技术与知识密集型产业占优势比重演进,高技术产业不断涌现并成为主导产业。这是一个典型的资源密集度依次升级和产业结构效益大幅度提高的过程。

第三,在整个工业内部,由加工初级产品向加工中间产品,进而向加工高质量最终产品为主转变;由分散式小规模生产向集中式大批量生产,进而向集中度与分散度相适宜、小批量多品种个性化生产为主转变。工业结构依

次经过三个纵向演进阶段：（1）重化工业化。它是以轻加工业为中心的发展向以重化工业为中心的发展推进。（2）高加工度和高附加值化。以原材料工业或低加工度、低附加值工业为重心的结构向以高级技术密集、精（深）加工、高附加值组装工业或科技尖端工业为重心的结构推进，体现产业技术关联后倾化。（3）作为这两个阶段的必然延续，便是产生和推进知识高度集约化，向以知识与信息运用为特征的现代制造业为重心推进，工业结构软性化，带来经济增长质量稳定而持续地上升。

创新是产业结构高度化的主动因和中心内容。所谓创新是指引入一种新的生产函数（如技术、知识、制度等），以提高社会潜在的产出能力和效率；通过创新的扩散，还会引致关联产业的一系列积极变化。创新对产业结构高度化的推动机理在于，一是不断使需求收入弹性高的产业上升为主导产业；二是创新速度分布的差异导致生产率上升率不均等，进而不断使生产率增长率快的产业带动主导产业部门的优化更迭；三是创新还通过使国际贸易的相对优势的迅速改变，而推动产业结构高度化。

产业结构的合理化和高度化并不是相互孤立或割裂的单方面运动，二者相互贯通、相互依托、相互促进、相互制约，共同作为国民经济稳定协调持续增长的客观要求。

第一，产业结构高度化的坚实基础来自于合理化，后者是前者的首要保证。产业结构的高度化离不开协调化，在结构不均衡情形下就单方面强调创新，盲目推进高度化发展只能适得其反，造成虚高度化外壳掩盖下结构进一步畸形化。因此，只有适时推进产业动态协调至具备一定基础，进而促进了经济增长总体趋势不变，才能推动高度化。换句话说，在此条件之前，应保持结构的相对稳定性。第二，要实现国民经济整体素质的提高和经济持续增长，就必须从根本上促进产业结构升级，即不断促进知识与技术创新的产业化和对传统产业的改造。第三，合理化与高度化是有机结合的。要实现前者必须在后者的动态过程中进行，结构协调是一个不断调整产业间比例关系和提高产业间关联作用程度的进程，在这一进程中内在的各种具体结构和要素配置均相应直接、间接地得到优化调节，产业整体素质也得以提升。以合理化促进高度化，以后者带动前者，推动结构在更高层次上实现协调，相互在本身的运动中实现对方，才能达到产业结构优化目的。可见，从长期动态过程看，产业结构合理化与高度化演进过程是同一过程的两个方面，存在时空上的连续性与继起性的统一，不能看作是两个或两次过程。

三、产业政策

(一) 产业政策的作用

产业政策是国家为了促进市场机制的发育,纠正市场机制的缺陷及其失败,对特定产业活动以干预和引导的方式施加影响,进而促进国民经济快速协调增长的、带有宏观性和中长期性的经济政策,是一个国家的中央或地区政府为了其全局和长远利益而主动干预产业活动的各种政策的总和。产业政策是现代经济增长和可持续发展的客观需要,具体来说:

第一,弥补市场缺陷,实现可持续发展的需要。由于市场经济主要依靠以"看不见的手"和资源的趋利性流动重组来实现资源的优化配置。因此,它不可避免地导致经济生活调节的经常性失灵现象,如市场信息的不对称性、市场垄断、公共物品和外部效应的存在。各国实施产业政策的最普遍的经验是通过规划和推行产业政策能够从一定程度上打破垄断,形成有效竞争,加快基础产业和设施的建设,保护人类的生存环境,在不损害未来人利益的前提下,提高当代人的福利,实现经济与社会的可持续发展。

第二,降低极化效应,实现产业结构优化的需要。市场经济条件下,各种生产要素受利润最大化规律驱使而从欠发达地区向发达地区流动,使发达地区经济增长进入扩大性的良性循环,欠发达地区总是难以摆脱落后的恶性循环局面。期望完全依赖市场机制去实现区域经济均衡发展是不现实的,政府可以也必须采取有效的产业政策,促进区域均衡发展,防止区际差异过大。通过制定与实施产业政策,政府可以支持基础产业的大规模发展,加快主导产业发展,扶植幼稚产业(多是高新技术产业),使其成长壮大,援助与调整衰退产业,从而推进产业结构的合理化与高度化。只有借助于产业政策,弱化极化效应,实现产业资源的全局性优化配置,才能取得现代经济的持续稳定快速增长。

第三,适应世界经济新格局,贯彻国家经济发展战略的需要。在经济全球化、一体化的进程加快的条件下,发展中国家要获得比较利益,趋利避害,增强本国产业的国际竞争力,保障国家的经济安全,借助于"外力"实现国家经济超常规发展,利用后发优势,缩短赶超时间,都要依靠产业政策,通过理性的政府适度干预实现上述目标。

当然,产业政策本身并不是万能的,同市场存在失灵一样,作为政府干预经济的手段,产业政策也并非在任何产业领域都能产生同等的、预期的作用。由于经济过程的复杂性、不确定性和不重复性，使得对经济发展的预测有局限性，政府也同样存在失灵，指望政府能把一切都安排好的想法是幼稚的。同时，实施产业政策也是需要花成本的，不仅政府本身要进行投资，而且需要出台一系列倾斜政策，产业政策力度越大，政策投入（政策倾斜本身也是一种投入）就越大。加之，政策执行中的走样，产业政策失败就难以避免。所以不可片面夸大产业政策的作用。

（二）实施产业政策的主要手段

产业政策的实施手段可以分为间接诱导、直接干预、制度变迁和法律规制四大类型：

第一，间接诱导。它包括政府启动经济杠杆进行间接管理和通过政府所掌握或控制的信息传递，广泛地对有关产业和企业活动实施诱导。前者主要有：财政、金融、外贸、价格和政府定购手段；后者主要有发展计划、政府所组织的权威信息发布以及有关经济信息（特别是政府意图的日常传递）等。显然，这两种间接干预手段都是通过对企业经济活动的调节，来引导企业行为趋向于实现政府意图。第二，直接干预。这是指政府依照法律规定，在其范围内运用行政权力，实行直接经济管理，包括市场进入管制、数量管制、价格管制、技术管制、环境保护管制等形式的政府行政管制。第三，制度变迁。这是适用于长期政策目标的政策手段，主要有：有关流通、分配领域的制度变革，如预算制度、税收制度、金融制度变迁；有关所有制及产业组织形式的改革，如土地制度、产权制度、产业组织制度等改革；有关劳动制度改革，如就业制度、职业培训制度、失业保障制度等变革。产业政策是一种制度安排，上述制度的变革，可以使市场活动者及时进行政策的长期效应评估，做出理性反应。第四，法律规制。即通过立法和严格监督方式来规范和干预企业行为，它通常适用于法制健全、执法严格且有比较成熟和稳定的产业政策的国家。

（三）产业政策的主要类型

产业政策的内容、目标和手段必须符合时代特征，适应时代发展的需要，并随着国内经济发展和国际产业与贸易分工格局的变动而进行阶段性调整。比如，工业化初期、中期、后期或后工业化时代的产业政策必然是相互有别的。再如，当前各国政府都在思考如何适应经济全球化、知识化的挑战，借助于产业政策演变，加快本国产业结构的调整，以获得更有力的国际分工地位，提高民族产业的国际竞争力。

第十二章 产业结构与产业地区布局

产业政策是一个体系,大致可分为产业结构政策、产业组织政策、产业技术政策和产业布局政策四大类,其中产业结构政策处于中心地位。

1. 产业结构政策

产业结构政策通常是指政府按照产业结构合理化和高度化演变规律,一国特定时期经济与社会发展战略以及世界产业结构发展趋势来制定的影响和推进本国产业结构优化调整,促进现代经济增长的产业政策。具体内容涉及重点产业、基础产业(包括生产基本生产资料的基础工业和与其相关联的基础设施)、支柱产业(指那些在当前和未来经济发展过程中,在国民生产总值和工业总产值中的份额迅速增大,以至在产业结构中占有举足轻重地位的产业部门,又叫主导产业)、战略产业(指能够在未来成为主导或支柱产业的新兴产业,通常是高新技术产业)以及衰退产业(指由于非主观原因陷入停滞甚至萎缩的产业)的扶持或调整。

确定产业发展的重点顺序是产业结构政策的重要环节。政府重点产业发展顺序的实际安排,一般以基础产业为先,以消除瓶颈效应,而后再是其他产业,并且无论是重点发展产业还是发展顺序的选择,一般也都随着经济增长和结构变动而呈现出特定的时限性。在特定的政策期内政府鼓励乃至扶植上述产业形成相对较大的投资规模和物资、人力投入,取得相对较高的增长速度,以及享有相对较优的发展环境。

产业结构政策既是实现现代经济增长的本质要求,又是一国经济发展战略的具体体现。积极制定和实施产业结构政策,有利于正确引导市场调节机制,降低产业结构自发调整的成本;也有利于引导投资方向,调整投资结构,优控投资规模;更有利于综合利用经济杠杆引导产业协调、高效发展,实现宏观调控目标。因此,产业结构政策是否合理不仅是发展中国家实现赶超目标的必由之路,而且关系到发达国家能否持续保持自身优势地位。

2. 产业组织政策

产业组织是指生产同类商品的生产者在同一市场上形成的相互关系,也就是产业内企业间的相互关系结构。企业间在市场上的相互关系结构涉及一对矛盾,即规模经济与竞争活力的矛盾。协调两者关系很重要,忽视其中任何一方,都将不利于产业内资源的有效配置。而市场力量本身既无力制止大规模企业的垄断行为倾向,也不能自发地避免过度竞争。于是政府制定规则,规范企业的市场行为,从而提高市场效果就很有必要。产业组织政策就是指政府为了获得理想的市场效果、实现产业内资源合理配置与有效利用所

制定的干预和调整市场结构和市场行为，调节企业间关系的公共政策。其核心和实质是通过调节企业间相互关系或协调竞争与规模经济的矛盾关系，既缓解垄断对市场经济正常运行的破坏，促进有效竞争的形成，又维护一定的规模经济水平，增加有效供给，保持产业的国际竞争力。

产业组织政策一般分为反垄断政策、规模经济政策和直接规制政策三大类。第一类政策是通过制定和严厉实施反托拉斯、反不正当竞争行为的政策，预防垄断性市场结构的形成，禁止和限制市场活动者任何形式的勾结行为，保护中小企业的利益和共同发展，维护正常的市场秩序。第二类政策是指政府为了鼓励专业化、大批量生产经营，限制过度竞争，实现资源的有效分配，达到规模经济效益而对进入实行管制的政策。其反面就是降低退出壁垒政策，也就是为规模不经济或不盈利的企业提供一条高效和低成本地转移配置不当资源的途径，它需要配套提供相应的财税、金融、工商行政管理等方面的改革措施。第三类政策主要指对于自然垄断性产业，政府为了防止资源的低效配置和保证行为者的公平利用，从而稳定产品供给，公正地分配收入，稳定物价而以法律授权，通过许可等手段对企业的行为加以规制，包括进入与退出规制、数量与质量规制和价格规制等。

3. 产业布局政策

产业布局政策是指政府从国情国力和各个地区的综合条件出发，结合产业的经济技术特点和发展趋势，规划和干预产业在地域或空间上的分布与组合，以实现经济的可持续发展和社会福利的提高。其主要内容包括地区发展的重点产业的选择和产业集中发展策略的制定等。从本质上讲，产业布局的合理化也就是地区分工关系的合理化，因此，产业布局政策实际上应该是产业政策与区域政策的结合，当它作为产业政策的组成部分发挥作用时，就是考察地区合理分工问题；当它作为区域政策体系的组成部分时，就是建立地区间的产业合理分工。在经济发展的不同阶段，产业布局政策的侧重点应不同。

4. 产业技术政策

产业技术政策是指国家制定的用以引导、促进和干预产业技术进步的政策的总和。它以产业技术进步为直接的政策目标，是保障产业技术适度和有效发展的重要手段。由于其几乎涉及国民经济的所有产业，因此，产业技术政策也往往被看作是整个国家的技术政策。具体包括：（1）产业技术进步的指导性政策。即政府确定产业技术的发展目标、具体规划和指导各技术进

第十二章 产业结构与产业地区布局

步主体的行为的相关政策。(2) 产业技术进步的组织政策。即政府主持或参与旨在加速推进产业技术进步的各种组织制度与组织形式的安排。(3) 产业技术进步的奖惩政策。为了建立起切实有效的技术进步激励机制，使企业成为技术创新主体，政府通过制定直接或间接的经济刺激和制裁政策，对民间科研机构、企业的研究开发以及技术引进、扩散工作进行劝诱和鼓励，对技术进步迟缓者或缺乏技术进步具体规划和措施者实施经济惩罚等。

本章主要名词概念

产业结构　区际差异　地区经济分工　产业结构优化　产业结构合理化　产业结构高度化　产业政策　产业结构政策　支柱产业　产业技术政策

本章思考题与练习题

1. 什么是三次产业分类法？
2. 如何理解产业结构演进的一般趋势？
3. 影响产业结构变动的主要因素有哪些？
4. 如何评价产业结构的两种调节机制？
5. 产业地区布局应遵循哪些基本原则？
6. 如何利用地区比较优势实现地区结构的优化？
7. 请结合中国国情谈谈产业结构合理化与高度化之间的关系？
8. 试述产业政策的作用。
9. 试述产业政策的主要实施手段。
10. 试述产业政策的主要类型。

第五篇
国际经济关系

第十三章 国际分工与国际经济关系

随着各国经济的发展，社会分工也不断深化，并超越了国界，从而形成了国际分工和国际经济关系。本章阐述国际分工的演变发展过程和基本理论，国际分工的格局对一国产生的影响和作用。在国际贸易方面，阐述贸易条件及其变化的理论，探索实践中国际贸易政策的运用；介绍世界贸易组织的基本知识。在国际金融方面，从国际资本流动的形式出发，阐述国际金融市场的结构，汇率制度的变迁，汇率对国际经济的重大影响作用。

第一节 国际分工

一、国际分工的理论分析

国际分工是指世界上各国之间的劳动分工，它是社会分工发展到一定阶段，国民经济内部分工超越国家界限发展的结果。

国际分工是生产力发展到一定阶段的结果，它经过了以下几个阶段：

第一，萌芽阶段（15世纪末至18世纪上半期）。15世纪末地理大发现和16、17世纪手工业向工场手工业的过渡，为资本主义国际分工的形成创造了条件。出现了宗主国与殖民地之间的最初的分工形式。

第二，形成阶段（18世纪60年代至19世纪60年代）。在这个时期，英国等欧洲国家先后发生了产业革命，建立了大机器工业。大机器工业的建

第十三章 国际分工与国际经济关系

立为国际分工的形成奠定了物质基础;大机器工业的巨大生产能力和规模,一方面使其产品销售及原材料供应必须寻求国外市场;另一方面又为交通运输和通讯工具发展提供了物质基础。

第三,发展阶段(19世纪末至第二次世界大战)。随着资本主义世界体系形成和新的生产力的发展,资本主义的国际分工体系也形成了。

第四,深化发展阶段(第二次世界大战以后)。其具体体现为:(1)在国际分工格局中,处于主导地位的是工业国之间的分工;(2)各国间工业部门内部分工逐渐加强;(3)发达国家与发展中国家之间的工业分工也在发展,而工业国与农业国、矿产国的分工在削弱;(4)出现了有组织协议式的国际分工;(5)国家分工从商品生产和贸易领域向服务部门渗透,出现了二者相互结合、相互促进的格局。

影响国际分工发展的主要因素有:第一,社会生产力是国际分工形成和发展的决定因素;第二,自然条件是国际分工产生和发展的基础;第三,人口、劳动规模和市场制约着国际分工的发展;第四,资本输出与资本流动是国际分工深入发展的重要条件;第五,各国政策对分工有重要的影响,尤其是一国开放程度直接影响该国参与国际分工的程度。

英国古典经济学家亚当·斯密在《国民财富的性质和原因的研究》中提出了三个分工原理:第一,分工是提高资本主义生产力的主要手段。第二,分工起因于商品交换。第三,社会分工发展顺序为:农业—工业—商业。斯密把生产性分工的思想推广到国家之间的分工。他提出了"绝对优势说"作为国际分工的基础,即一国在某种产品的生产依赖固有的自然优势,或拥有先进技术而达到了优势,所花费劳动成本绝对地少于他国。只要一国占有这种绝对优势,它就应该发展这种产品生产,并且出口这种产品,以换回他国具有绝对优势的产品。

继斯密之后,一些经济学家如英国的大卫·李嘉图、约翰·穆勒,瑞典的赫克歇尔和俄林等进一步发展了国际分工理论。大卫·李嘉图在《政治经济学及赋税原理》中提出国际分工的基础在于"比较成本学说"。该学说认为,即使在生产上没有任何绝对优势的国家,由于这个国家与其他国家在生产各种商品上相对成本不同,仍可通过专门生产其比较成本低的产品以换取它自己生产中相对成本较高的产品,从而得到利益。约翰·穆勒在《政治经济学原理》一书中论述了"相互需求原理"。其主要内容是国际商品交换比例是在比较成本确定的范围内,由相互需求的强度决定。赫克歇尔和俄

林作为现代国际贸易理论的开创者,对国际分工进行新的发展。新要素论进一步丰富了国际分工学说,他们提出除了传统的资本、劳动和自然资源等要素外,人力资本、研究与开发、规模经济与管理、经济信息等因素也发挥着重大作用。

二、国际分工的形式

根据不同的标准进行分类,可以有不同类型的国际分工。按国家性质来划分,可以分成发达国家之间的分工,发展中国家之间的分工和发达国家与发展中国家之间的分工。按生产关联性划分,可以分成两种类型:垂直型分工和水平型分工。所谓垂直型分工是指经济发展水平不同的国家之间的分工,一般是指先进国家与落后国家之间的分工。这种分工主要表现在初级产品和工业制成品、劳动密集型产品和资本密集型产品之间的分工。采用这种类型分工的产业间有较强的关联度,从历史上看,主要集中在工业部门。随着科技进步,当代国际分工的垂直型体现在科研与生产的分工。所谓水平型分工是指经济发展水平相同的国家之间的分工,一般是指发达国家之间的分工。采用这种类型分工的产业间没有较强的关联度。

科技革命进一步促进了经济国际化,从而加强了国际分工与合作。当代国际分工发展的一个重要趋势是从生产的分工向科研与生产的分工发展,从制造业与初级产品的分工向高技术产品与传统工业的分工转变。20世纪90年代以来,经济全球化的浪潮,使不同社会制度和不同发展水平的国家都参加到一体化的全球经济体系之中。而经济全球化就其实质来说,是国际分工持续深化和发展的最新表现。西方发达国家是全球化最大的受益者,发展中国家也从经济全球化中得到了利益,如一部分发展中国家获得了吸引外资、引进技术设备、学习先进管理经验、开拓国际市场方面的机遇。但是,经济全球化也带来了负面效应,直接表现为南北经济差距有进一步扩大的趋势。

三、世界经济的相互依赖

当代世界各国在经济上的相互依赖,是通过国际经济传递机制来进行的。"传递"是指一国的经济盛衰对另一国的影响。一般情况下,国际经济传递是由一国的开放部门影响到非开放部门。国际经济传递机制主要有:国际贸易传递机制;国际资本传递机制;国际劳动力流动传递机制;国际信息流动传递机制。

国际贸易传递机制的过程如下：（1）世界市场价格变动—国内开放部门（经营对外贸易部门）价格变动—国内非开放部门价格变动。（2）国内价格变动—产量与就业变动。（3）产量与就业变动—整个经济的变动（上升或下降）。影响该传递的因素包括：一国经济的开放程度；一国进出口在世界总出口值中的比重，以及一国对某些世界性商品的供求在该种商品的世界总供给量和总需求量中的比重；双边贸易关系；各国经济发达程度等。

国际资本传递的渠道主要有：（1）信贷关系的传递渠道。国际借贷关系的紊乱，将造成国际金融市场的混乱，影响各国的金融稳定。（2）利率差异的传递渠道。当国际金融市场的利率与一国利率有差距时，国际资本便会流入或流出，这会影响其他国家的资本供给和利率，导致各国的通货膨胀率与世界通货膨胀率一同浮动。（3）各国货币政策的传递渠道。当一国通货膨胀率高于世界其他主要国家的通货膨胀率时，国内货币供应较多，信用较松，资本流往国外，对国际收支产生影响。尽管本国采取紧缩政策，但本国的通货膨胀率已传到国外。同理，当世界其他国家通货膨胀率高于国内时，世界通货膨胀率会传递到国内。（4）汇率传递机制。一国为了扩大出口，宣布对外贬值，那么就会产生失业传递到其他国家。影响该传递的因素主要有：国内外资本的交叉程度；一国金融市场的发达程度。

国际劳动力的传递机制。关键性人才的流动会产生经济影响，侨汇的汇出可能会影响一国国际收支的均衡，高级人才的流动意味着资本的流失，大量劳动力的流动使得工资水平发生变化。影响该传递的主要因素有：一国的国民教育水平；劳动力在国外的就业结构；各国工资差异；各国劳动力政策等。

国际经济信息传递机制。国际经济信息传递机制的渠道主要有：（1）商业化渠道传递。国际信息咨询公司提供咨询服务的方式有两种：一种是信息的咨询服务，即受托方为用户提供有关国内经济和国际经济的信息，并向用户收取一定的信息咨询费；另一种是信息的查询，主要是通过一定的途径为用户查询国际上数据库或信息网的有关经济信息资料，然后由用户支付一定的费用。（2）公共媒介渠道传递。其中主要有以下方式：报纸及各种形式的出版物传递；广播、影视、网络、电话、电报、传真等传递；国际展销会、博览会、发布会等；大量公务、商务、旅游人员的国际间往来传递。（3）内部交流渠道。主要是通过信息交流协议或在本系统内部渠道进行的信息传递，前者如政府间或行业间订立的信息交换协议。后者如跨国公司和

跨国银行所进行的公司和银行内信息传递。(4)经济组织渠道。据统计，目前世界上共有国际性、区域性和专业性的较稳定的经济组织 1 100 多个，其中影响较大的有 500 多个。目前，专门从事信息国际间交换与传递的经济组织主要有两个，即政府间信息局和国际信息处理联合会。

世界经济相互依赖有着不同的情形，有对称的均衡依赖，也有非对称的非均衡依赖。前者是指各国经济发展水平相当，后者是指各国发展水平差异较大。在对称的均衡依赖的情形下，双方的经济发展并非取决于相互依赖。如发达国家之间的依赖，发展中国家之间的依赖。在非对称的非均衡依赖的情形下，一方经济发展受另一方经济发展所支配，如历史上帝国主义与殖民地附属国之间的依赖。在经济全球化的浪潮下，当代发达国家与发展中国家之间的依赖仍然具有这种性质。

第二节 国际贸易关系

一、贸易条件及其变化

贸易条件是一种交换关系，是一个国家以出口交换进口的条件。从实物形态来看，当出口产品能交换到更多进口的产品时，贸易条件改善了；反之，则是贸易条件的恶化。从价格来看，贸易条件是一国的出口商品价格与进口商品价格之比。

贸易条件可分别表示为以下几种形式：

第一，总贸易条件。是指一国进口贸易总量与出口贸易总量的比率，即 $T_g = Q_m/Q_x$（其中，T_g 为总贸易条件；Q_m 为进口贸易量；Q_x 为出口贸易量）。

第二，纯贸易条件。是指一国出口价格与进口价格的价格之比。即 $T_n = P_x/P_m$（其中，T_n 代表纯贸易条件；P_x 代表出口价格；P_m 代表进口价格）。

通常采用贸易条件指数来反映贸易条件的变化。贸易条件指数是比较不同时期贸易条件的变化，即计算出平均的进出口价格之后，还需要和基期的进出口价格相比较，得出进出口价格指数。当贸易条件指数大于 1 时，对本国来说贸易条件就是改善了，这时一国同样数量的出口商品可以交换比过去更多的进口商品，这或者是因为与基期价格相比较，进口价格下降，而出口价格不变，或者是出口商品的价格比进口商品的价格上升得更快。相反，当贸易条件指数小于 1 时，就是贸易条件的恶化。

在发展中国家的国际贸易关系中，出现了贫困化增长的现象。贫困化增长是指生产扩大，出口增加，但出口的相对价格下降，同量出口可换回的进口下降，总体福利水平下降。

例如，一个国家迅速扩大咖啡豆的生产能力，它希望大量增加咖啡豆的出口以换回更多的制造品。假定该国咖啡豆的出口量已经占世界出口总量的相当大的比重，而其他国家对咖啡豆的需求又缺乏弹性，即对咖啡豆的需求不会因其价格的下跌而大量增加。因此该国大量增加咖啡豆出口的结果将导致世界市场价格的大幅度下降，该国咖啡豆供应量的增加不但没有提高其国民收入，反而使该国蒙受损失。

出口贫困化增长产生的条件是：出口国是单一经济的发展中国家；出口的产品为初级产品或劳动密集型的产品，出口量较大，足以影响世界价格的波动；该种产品的需求弹性较小；国民经济的发展高度依赖该种产品的出口。

南北贸易的核心问题之一是不平等交换问题。许多经济学家指出现存的交换关系本身就存在着对发展中国家的经济发展极其不利的因素。从 20 世纪 50 年代开始的关于南北贸易条件恶化的探讨，到 70 年代以后建立国际经济新秩序的辩论，都对南北贸易问题的研究和南北贸易理论的发展起了很大的推动作用。

20 世纪 50 年代初期，阿根廷的经济学家普雷维什与印度经济学家辛格首先阐述了发展中国家的贸易条件会不断恶化的观点。普雷维会什在联合国拉丁美洲经济委员会秘书处工作时，于 1950 年在他提交的一份名为《拉丁美洲的经济发展及其主要问题》的报告中，提出了一个以发达国家为中心、发展中国家为依附地带的全球模型。他认为，国际经济体系是由中心体系和外围体系所构成，中心体系由发达国家构成，外围体系由发展中国家构成。两个体系的技术结构根本不同，中心体系是技术的创新者和传播者，外围体系则是技术的模仿者和接受者。两个体系的产业结构也完全不同，中心体系生产和出口制成品，进口初级产品，外围体系则生产和出口初级产品，进口制成品。因此在国际分工中，中心体系处于独立的、主宰的地位，而外围体系则处于依赖的、从属的地位。中心体系获得技术进步的全部成果，外围体系则不仅分享不到中心国家的技术进步成果，连自己的技术进步成果也几乎完全被中心体系所掠夺。在两个体系的贸易交往中，贸易条件越来越不利于

外围体系,越来越有利于中心体系。

普雷维什认为,造成发展中国家贸易条件不断恶化的主要原因包括:(1) 技术进步的利益不能平均分配。发达国家的技术进步实现后,其出口产品的生产率提高了,但出口产品的价格却不一定随着下降。如果企业家和生产要素的收入增加,并且增加的幅度比生产率提高的幅度还大,则价格不但不会下降,反而会上涨。普雷维什发现,在发达国家中,制造业的劳动生产率的提高改善了他们的工资收入和资本利润,这些国家工资和利润的提高甚至相对地大于生产率的增长。而在发展中国家中,初级产品劳动生产率的提高只是降低了初级产品的国际价格。因此随着新技术的运用和劳动生产率的提高,发达国家将保有由于工业技术进步而产生的全部利益,而发展中国家则将其技术进步的果实转移了一部分给发达国家,因而发展中国家的经济状况反而会恶化。(2) 进口需求收入弹性不同。初级产品的收入弹性一般都小于1,也就是说对初级产品需求的增长低于收入的增长。随着北方国家收入的提高,它们对南方国家出口产品的相对需求就会越来越少,而南方国家生产力的增长又迅速地扩大了初级产品的供给,其结果只能是初级产品的国际价格下跌。相反,南方国家进口产品中制成品的需求收入弹性较高,从而使北方国家的出口产品价格不断上升。(3) 经济周期的影响。当经济繁荣时,初级产品和制成品的价格都会上涨。在经济衰退时,产品价格则会下降,但是,由于制成品市场具有垄断性质以及发达国家由于存在着强大的工会组织而导致的工资刚性等特点,使得制成品价格的下降幅度远远小于初级产品价格的下降幅度。因此,经济周期也使南方国家的贸易条件恶化。

进入20世纪80年代以来,一些经济学家对南北贸易中的不平等交换问题又有新探索。美国哥伦比亚大学的罗纳德·芬德利教授认为,从短期来看,国际间的贸易均衡决定于对南北方国家出口产品的供给与需求。北方国家的经济增长率决定于经过技术进步和劳动生产率调整过的劳动力的增长率,即所谓自然增长率。南方国家的经济增长率则依赖于南北之间的贸易条件。如果对南方国家的出口产品的需求大于供给,南方国家的贸易条件就会得到改善,南方国家的经济从而也就能够得到快速的增长。相反,如果对南方国家的出口产品的供给大于需求,南方的贸易条件就会恶化,南方国家的经济增长率从而也会下降。从长期来看,北方国家的技术进步或者投资的增加都能提高北方人民的人均收入,同时并不影响贸易条件。但是,南方国家劳动生产率的提高或者投资的增加都可能引起贸易条件的恶化,并最终使人

均国民收入下降。根据芬德利的理论，保护贸易对北方国家来说是有害无益的，自由贸易政策是北方的最佳政策，而南方国家的保护关税，出口加税等可以改善其贸易条件。因此，适度地采取保护贸易手段符合南方国家的利益。也只有当南方国家能够改善其贸易条件的情况下，才能使北方国家的经济增长同时造福于南方国家，否则南方并不能分享北方国家经济增长的好处，北方也无从成为南方经济增长的动力。

事实上，发展中国家贸易条件恶化的问题是多方面因素造成的结果，其中确有初级产品本身的供求问题，但最根本的原因是不合理的国际经济秩序。

在发展中国家倡议召开的1974年4月联合国特别大会上，明确提出了破除旧的国际经济秩序，建立新的国际经济秩序的任务。在这次大会通过的两个文件《关于建立新的国际经济秩序》和《行动纲领》中，规定了打破发达国家对国际经济的垄断，建立新的国际经济秩序的一系列重要原则。这些原则包括：各国主权平等，维护领土完整；一切国家都有权对其自然资源和国内一切经济活动行使永久主权，包括控制跨国公司的活动，直到采取国有化措施；发展中国家有权建立原料和初级产品生产国联合组织；加强发展中国家经济、贸易、财政、技术等方面的合作；重新确定贸易条件，保证发展中国家的产品更多地进入发达国家市场；重新谈判发展中国家的债务问题，通过延期付款、重新安排利息的支付或冲销贷款等方式来减轻发展中国家的负担；改革现存的国际货币基金组织，使其能够稳定地向发展中国家提供经济援助，实现联合国官方的发展援助目标，发达国家应逐渐增加援助，其官方的发展援助应占其国民生产总值的0.7%。这些原则的确立是发展中国家与发达国家进行长期斗争的结果，是它们取得的重大胜利。这两个文件以及在此基础上于1974年12月联合国第29届大会通过的《各国经济权利和义务宪章》、1975年2月发展中国家原料会议上通过的《达喀尔宣言》、1979年2月77国集团部长会议通过的《阿鲁沙宣言》，成为发展中国家在国际经济领域开展斗争的纲领性文件。但是，虽然发展中国家在建立国际经济新秩序方面取得了一些成就，由于发达国家出于对自身利益的考虑而对此不抱积极态度，甚至进行多方抵制，国际经济新秩序的建立至今进展缓慢。

二、贸易自由与贸易保护

从对外贸易产生与发展以来，对外贸易理论存在着自由贸易理论和保护贸易理论两种派别。与此同时，对外贸易政策交替采用着两种基本对立的形式，即自由贸易政策和保护贸易政策。

自由贸易理论认为：在自由贸易条件下，各国发挥各自比较优势，取得比较利益，从而在全世界实现福利最大化。自由贸易政策的主要内容是：国家取消对进出口贸易的限制和障碍，取消对本国进出口商品的各种特权和优待，使商品自由进出口，在国内外市场上自由竞争。

保护贸易理论认为：一国政府应通过制定某种保护性的措施，而使本国的生产者在其国内市场上获得足以同外来的进口商品进行竞争的优势。贸易保护的主要形式有：(1) 进口关税。即在外国商品进入本国时，对他们征税。(2) 进口限额。它通过签发进口许可证来控制进口商品的数量。(3) 国家垄断贸易。这是指由国家授予国有企业垄断某些商品进口的权利来达到限制进口商品数量的目的。(4) 外汇管制。它是指一国政府通过法令对本国的国际结算和外汇买卖实行管制，用以实现国际收支平衡与本国货币汇率稳定的一种制度。它体现在出口所得需按官方汇率出售给指定银行，进口用汇需得到有关当局的批准，本币出入境受到严格管理，个人用汇受到限制。(5) 禁止进口。一般是针对本国利益或经济发展会产生重大不利影响的商品，如低收入国家严禁奢侈品。(6) 本地购买法。政府颁布法令，要求进口商优先购买本国企业生产的商品。(7) 非关税壁垒，如卫生检疫制度等。

三、世界贸易组织与国际贸易关系

世界贸易组织简称世贸组织。它是根据乌拉圭回合多边贸易谈判达成的《建立世界贸易组织协议》于1995年1月1日建立的，取代了1947年的关税与贸易总协定。世界贸易组织是多边贸易体系的法律基础和组织基础。它规定了成员方的协定义务，以决定各成员方政府如何制定和执行国内贸易法律制度和规章。同时，它还是各成员方进行贸易谈判和解决贸易争端，发展其贸易关系的场所。

世界贸易组织是在关贸总协定的基础上建立的，并形成了一套较为完备的国际法律规则，它与关贸总协定相比，主要有以下特点：组织机构的正式性；世界贸易组织协定的法律权威性；管辖内容的广泛性；权利与义务的统一性；争端解决机制的有效性；与有关的国际经济组织的一致性等。

世界贸易组织奉行以下基本原则：

第一，非歧视原则。这条原则是世界贸易组织最为重要的原则，是该组织的基石。它是通过世界贸易组织的最惠国待遇条款和国民待遇条款来体现的。它的基本要求是缔约国一方现在和将来所给予任何第三国的一切特权、优惠及豁免，也同样给予缔约国对方。

最惠国待遇的基本要求，是使缔约另一方享有不低于任何第三国享有的待遇。它要求每一个缔约国在进出口方面应该以相等的方式对待所有其他缔约国，而不应采取附加条件的歧视待遇。这种最惠国待遇的实施不得以任何政治或经济要求作为先决条件。但这项条款有若干例外，以限制最惠国待遇的适用范围。如最惠国待遇条款不适应于总协定签定时已经存在的特惠关税、关税同盟、自由贸易区以及毗邻国家之间对边境贸易所给予的优惠待遇。

国民待遇条款是缔约国一方保证另一方的公民、企业和船舶在本国境内享有与本国公民、企业和船舶同等的待遇。世界贸易组织的国民待遇条款要求每一缔约国对任何缔约国的产品进入其国内市场时在国内税费等经济权利方面应与本国产品享有同等待遇，不应受到歧视。但是国民待遇适用的范围常有一定的限制，并非把本国公民的一切权利均包括在内，例如沿海航行权、领海捕鱼权、购买土地权、零售贸易权等。通常这些权利都不包括在国民待遇条款的范围之内，一般只准予本国公民享有。

第二，关税保护原则。世界贸易组织允许对国内工业进行保护，但只能利用关税进行保护，不得采用其他限制进口的措施。采用这一原则的目的是使保护的程度有最大的透明度，便于对各国的保护水平进行比较，以降低贸易壁垒。

第三，贸易壁垒递减原则。成员方之间通过谈判降低各自的关税水平，并将这些减让的税目列入各国的关税减让表，使其"约束"起来，从而为发展成员方之间的贸易打下一个稳定和可预见的基础。

第四，公平竞争原则。这主要是指反倾销和反补贴。所谓倾销，是指企业以低于国内市场价或低于其成本价向国外出口产品。反补贴是指反对政府对出口补贴。

第五，一般禁止数量限制原则。原则上取消进出口数量限制。但是有例外条款，如允许发展中国家为避免外汇储备急剧下降而实施数量限制等。

第六，磋商调解原则。该原则的目的在于求得当事人各方均能接受的解决争端的方法，以保持缔约国之间权利和义务的平衡。

第七，对发展中国家的优惠待遇原则。主要体现为对发展中国家的贸易与发展应尽量给予关税和其他方面的特殊优惠。如发展中国家之间进行关税减让时可以不把达成的减让给予发达国家；发展中国家成员可以享受发达国家成员提供的普惠制待遇等。

世界贸易组织包括的范围有关贸总协定乌拉圭回合多边贸易谈判达成的协定。具体包括：多边货物贸易协议，服务贸易总协定，与贸易有关的知识产权协定，争端解决规则和程序谅解，贸易政策评审机制，多边贸易协议，1994年关贸总协定等。

世界贸易组织的职能有：第一，促进"建立世界贸易组织协议"和多边贸易协议的执行、管理和运作，并为其提供一个组织。第二，为成员方提供谈判的场所和谈判成果执行的机构。第三，管理争端解决的规定和程序的谅解。第四，管理贸易政策的评审机制。第五，为达到全球经济政策一致性，世界贸易组织将以适当的方式与国际货币基金组织及世界银行及其附属机构进行合作。

第三节 国际资本流动

一、国际资本流动的形式

国际资本可分为商业资本、产业资本和银行金融资本，其中银行金融资本是主体。国际资本流动表现为商业资本、产业资本和银行资本输出（或输入）的流动。

发达国家扮演了国际资本的主要供给者和需求者的角色，发达国家对国际资本的供给包括银行资本、国家资本、企业资本和社会资本等形式，它们各自有着不同的运动规律。发展中国家也有国际资本的供给，但主要是对国际资本的需求。发展中国家在取得民族独立和国家主权后，经济发展成为中心问题。在国内出现储蓄缺口和外汇缺口的情况下，有必要引入外资弥补国内资金的不足。

国际资本流动的形式主要有国际直接投资和国际间接投资。

国际直接投资是指投资者直接在国外开办企业或经营其他企业。它不但是单纯的资金外投，而且是资金、技术、经营管理知识的综合体由投资国的特定产业向东道国特定产业的转移。它包括独资经营、合资经营和合作经营、合作开发等形式。

国际间接投资包括国际证券投资和中长期国际信贷两部分。国际证券投资为主要部分。国际证券投资是指法人或自然人购买国际证券以获取利息或股息的投资行为。国际证券基本可分为国际债券和国际股票两大类。国际证券投资有如下特点：第一，投资方式灵活多样；第二，可降低投资者投资风险，增加投资的安全性；第三，可增强资产的流动性；第四，对融资人而言可以节约融资费用。

跨国公司是国际直接投资的载体。它的基本特征是在全球范围内建立生产基地，在全球范围内销售其产品，通过垂直一体化的组织形式，利用转移定价的方式来谋取高额的利润。跨国公司对外直接投资的原因主要有：市场的不完全；企业拥有某种市场优势；区位因素；产品的生命周期；以及来自管理者的推动等。跨国公司实力随着服务业跨国经营的发展和跨国公司本身操纵的流动资金的增加而扩大，跨国公司对资本流动的影响远远超出了单纯的直接投资的范围，直接成为国际间接投资的关键参与者。

跨国公司同样是国际证券市场的关键性力量。绝大多数跨国公司都是国际主要证券市场的上市企业、股票市场、债券市场成为跨国公司筹措资金的重要场所。跨国公司利用国际资本市场实施多元化经营，充分发挥巨额短期闲置资金的效用。

二、国际金融市场的结构

随着国际经济关系的发展，国际金融市场也在不断扩大。国际金融市场包括国际货币市场，国际资本市场，外汇市场，国际黄金市场。

国际货币市场也称国际资金市场，是经营短期（1年以内）资金借贷的市场。其特点是调节短期资金的流动性。主要满足工商企业，银行以及各国政府的短期资金融通的要求。根据不同的交易品种，可分为银行短期信贷市场，短期证券市场和贴现市场。

银行短期信贷市场是指商业银行为各国政府和跨国公司提供的短期融资。20世纪60年代，伦敦出现了银行同业间的英镑资金拆放市场。这个市场的利率，即伦敦银行同业间拆放利率，已成为国际贷款制定利率的基础，

其他国际贷款所使用的利率一般为伦敦银行同业拆放利率加上一个加息率来计算。目前银行同业间拆放成为短期资金市场上重要的业务。

短期证券市场的交易对象是短期信用工具。它包括国债、可转让的银行定期存单、银行承兑票据和商业票据等证券。目前在各类短期金额工具中，国债的数量是最大的。

贴现是把未到期的信用票据按照贴现率扣除从贴现日到票据到期日的利息，向贴现公司换取现金的一种方式。贴现市场上交易的短期金融工具除国债和其他短期债券外，主要是银行承兑的票据和商业票据。贴现率高于银行贷款利率。持票人向贴现公司办理贴现后，贴现公司可以把票据向中央银行进行再贴现。贴现市场是短期资金市场的重要组成部分。

国际资本市场是指进行1年以上的国际性中长期资金交易的市场，是国际金融市场的重要组成部分。其主要职能是筹资和运用中长期的资金，为工商企业、中央政府弥补财政赤字和地方政府某项特定的用途而提供的1年以上的中、长期的资金借贷。通常把1～5年期称为中期，5年以上称为长期。国际资本市场按照筹资方式分为银行中长期借贷市场，证券市场。

银行中长期借贷市场是传统的国际资本市场。中长期贷款包括银行同业的双边贷款和银团贷款两类。双边贷款由一家银行向另一家银行提供，其规模、金额、期限、币种等都较灵活。银团贷款是由一家银行牵头，组织数家银行共同对借款人提供的数额大，期限长的贷款。

证券市场是从事证券交易的场所。在证券市场上通常进行交易的证券主要有两大类：国际债券、股票。20世纪80年代以来，出现了筹资证券化的趋势，证券市场在国际资本中占据越来越重要的地位。

外汇市场是外汇交易的场所。它有两种形式：一是固定场所的有形市场，一是没有固定场所的无形市场。前者是指外汇交易所，参与交易者于一定时间集合在一定地点进行外汇买卖，欧洲大陆的德、法、荷、意等国多采取这种形式。后者通过电报、电话和电传等现代化通讯工具的发展所构成的交易网络来进行外汇交易，没有固定的交易地点，英、美、加拿大和瑞士等国均采用这种方式。第二次世界大战后，随着国际间经济关系日益频繁，外汇交易也日趋复杂，兼以现代化通讯工具的发展，无形市场的外汇交易已占了主导地位。

目前，国际影响较大的外汇市场主要有：纽约、伦敦、巴黎、法兰克福、苏黎世、东京、香港、阿姆斯特丹等。伦敦、纽约、东京则是其中最主要的三个国际性外汇市场。

国际黄金市场是一个集中进行黄金买卖的交易中心，是各国完整的金融市场体系中的重要组成部分。国际黄金市场的交易主要有现货交易和期货交易。黄金现货交易是指双方成交后在两个营业日之内进行交割的业务。黄金的现货主要是指金块（砖）、金锭、金条和金币。伦敦黄金市场是传统的现货交易中心。黄金期货交易是指交易双方签订合同并交付押金后在预约时间进行交割的业务，其目的一是保值，二是投机。

三、汇率制度

汇率也称汇价，是一个国家的货币折算成另一个国家货币的比率，即在两国货币之间，一国货币单位用另一国货币单位数量来表示的价格。

国际上对汇率的标价方法有两种，即直接标价法和间接标价法。直接标价法，又称应付标价法，是用一单位的外国货币作为标准，折算成一定数量的本国的货币来表示其汇率。用直接标价法表示的汇率升跌与本国货币对外价值的高低成反比例的变化。目前，包括中国在内的世界大多数国家都采用这种标价法。间接标价法，又称应受标价法，是用一单位的本国货币作为标准，折算成一定外国数量的货币来表示其汇率。用间接标价法表示的汇率升跌与本国货币对外价值的高低成正比例的变化。目前，世界上采用间接标价法的只有英国和美国。英国一直采用间接标价法；美国原来采用直接标价法，但从1978年9月1日起，除了美元对英镑的汇率仍采用直接标价法，对其他货币的汇率改用间接标价法。

汇率决定的基础是货币本身所具有的价值或所代表的价值。货币作为一般等价物，本身具有价值或代表一定的价值。汇率作为不同的货币比率，实际上是各国货币之间的价值之比。在金本位制下，由于汇率决定的基础是铸币平价，黄金可以自由输出入，运输黄金的费用占黄金的价值的比重很小，因此，金本位制下的汇率较稳定。而在纸币流通的体制下，汇率不稳定。

汇率的变动对经济具有多方面的影响。首先，汇率的波动会使一国外汇储备资产的实际价值发生变动。其次，汇率的波动会引起国际资本的转移，尤其国际短期资本将对此作出灵敏反应。再其次，汇率的波动会影响国内商品供求而影响物价水平。最后，汇率的波动会影响一国进出口贸易的变化。

从历史上看，汇率制度可分为固定汇率制度和浮动制度。

固定汇率制度是指根据不同货币含金量的对比制定出的不同货币之间的

汇率,或者由政府用法令规定的本国与他国货币之间的汇率。这种汇率具有相对稳定性,故称为固定汇率。

固定汇率制度经历了两个阶段——金本位制下的固定汇率制度和以美元为中心的国际货币体系下的固定汇率制度。金本位制下的固定汇率制度从1816年英国通过金本位法案至20世纪30年代,持续了一百多年。在金本位制下,各国货币的比价是以各自货币的含金量之比决定的,决定汇率的基础是铸币平价。因此,这种汇率具有相对稳定性。随着资本主义基本矛盾加剧,尤其是1929~1933年的世界经济危机,储户挤兑,资本外逃,银行纷纷倒闭,金本位制下的固定汇率制度彻底瓦解。以美元为中心的固定汇率制度的特点表现为"双挂钩",即美元与黄金挂钩,各国的货币与美元挂钩。1945年成立的国际货币基金组织确立了以美元为中心的国际货币体系。根据国际货币基金组织的协定,规定美元与黄金的固定比价为1盎司黄金=35美元,各国货币按其含金量规定出与美元的固定比价;各国货币与美元的比价确定之后不得超过平价1%;若超过1%,则各国中央银行有义务进行干预,以有效保持固定汇率;各国中央银行可以随时以美元向美国兑换黄金。但是,要维持这种固定汇率制度必须具备两个基本条件:一是美国国际收支经常保持平衡;二是美国有足够的黄金储备,能够满足他国持有的美元兑换黄金的需要。但是,由于经济发展不平衡的规律,1971年美国宣布美元停止兑换黄金,1973年2月以美元为中心的固定汇率制度崩溃。

浮动汇率是指一国货币的对外汇率不予固定,根据外汇市场的供求状况任其涨落。浮动汇率制度可分为不同类型,根据政府是否干预分为自由浮动和管理浮动。自由浮动是一种完全根据外汇市场供求情况而自发决定本国货币与外国货币之间的汇率,汇率的波动的幅度不受限制,政府不作任何干预的汇率制度。管理浮动是指政府确定本国货币汇率的波动范围,在这一范围内波动,政府不加干预,如果汇率波动超过该范围,则进行干预,从而使汇率波动尽可能保持在有利于本国利益的水平上。

根据浮动方式划分,分为单独浮动、联合浮动、钉住一篮子货币浮动,以及钉住某一种货币浮动等。

单独浮动,是指一国货币汇率根据外汇市场供求状况单独浮动,不与其他国家货币汇率采取联合行动。

联合浮动,又称共同浮动,是介于固定汇率与浮动汇率之间的汇率。一些国家组成经济共同体(或货币集团),在共同体内部各国实行固定汇率,

而这些国家对共同体外的国家实行联合浮动的办法,这就是联合浮动。

钉住"一篮子"货币浮动。这是指一国货币与"一篮子"货币定出固定比价,并随着篮子里的货币汇率的波动而浮动。"一篮子"货币是由不同国家的货币而组成的一组货币。

钉住某一种货币浮动,是指一国货币与某一种货币定出固定比价,并随汇率的波动而波动,而对其他国家采取浮动汇率。

一般来说,发达国家实行单独浮动或联合浮动的汇率制度,绝大多数发展中国家则实行钉住"一篮子"货币或某一种货币浮动。浮动汇率制度可以在一定程度上防止国际游资的冲击,减少本国外汇储备的流失,但也可能造成汇率的频繁波动及波幅较大。

本章主要名词概念

国际分工 贸易条件 贸易自由 贸易保护 世界贸易组织 国际直接投资 国际间接投资 国际金融市场 固定汇率 浮动汇率

本章思考题与练习题

1. 国际分工的形式主要有哪些?谈谈你对目前国际分工格局的看法。
2. 试分析中国加入世界贸易组织的利弊。
3. 贸易保护的主要措施有哪些?
4. 如何理解贫困化增长?试用案例加以分析。
5. 怎样看待国际资本流动的趋势?
6. 简述国际金融市场的结构。
7. 浮动汇率的特点与作用。

第十四章 经济全球化与区域经济集团化

当代国际经济关系发展的趋势是经济全球化与区域经济集团化。本章主要分析经济全球化对世界经济产生的影响，区域经济集团的形成、发展的原因及影响；分析各国如何面对全球化带来的机遇和挑战，如何通过积极参与国际经济合作，在竞争中谋求本国经济的持续发展。

第一节 经济全球化的特点及其影响

一、经济全球化的含义

经济全球化是当代经济生活中最重要的现象之一。从广义上看，全球化不单是指经济生活的国际化，而且包括政治、文化和社会生活的全球化。既表现为孤立的地域国家走向国际社会的进程，同时也表现为全球经济、政治、文化交流日益发展的情况下，各国相互影响合作互动的日益加强，使其逐渐普及推广成为全球通行标准的状态和趋势。如果从更深的层次上理解全球化的概念，那么全球化所描述的全球范围的深刻变化并不是新现象，从西欧资本主义在全球的扩张开始到国际分工和世界经济的形成，再到今天四大要素的自由流动，都是全球性变化的特征。从本质上看，全球化就是生产力与生产关系在时间与空间上在全球维度的扩展。

可见，全球化一词除了包含着经济的内容以外，还涉及了社会、文化、政治、法律等各个方面。正是从这个意义上，全球化并不是人类某一发展阶段上的状态，而是一个不断变化的过程和趋势。它是人类不断跨越空间障碍和制度、文化等社会障碍在全球范围内实现物质与信息的充分沟通，以达成更多共识和共同行为的过程。

在全球化进程不断加速的过程中,经济因素起了最为重要的作用,经济全球化是全球化的重要内容和主要推动力。所谓经济全球化是一种新的国际关系体制,它是世界各国在全球范围内的经济融合,是在科技和生产力达到更高水平,阻碍生产要素在全球自由流动的各种壁垒不断削减的情况下,规范生产要素自由流动的国际规则逐步形成并不断完善的过程。

经济全球化与全球化是两个不同的概念。二者的范围不同,全球化包含着经济全球化;二者研究的方法不同,经济全球化主要应用经济学的研究方法,而全球化由于其涉及的内容的广泛性,使用的方法也是多学科的。

要理解经济全球化的内涵,还必须弄清楚它与全球经济一体化的区别与联系。全球经济一体化是经济全球化进程中最高级的阶段。经济一体化重要的内涵是各个国家能让渡部分主权在全世界范围内建立起相对稳定和牢固的协调与合作机制,并建立相应的超国家的机构。与之相比,经济全球化则主要体现在经济活动的全球化、全球经济的市场化和经济活动在全球范围内的信息化。二者的联系在于:经济全球化是一体化的基础,只有实现了经济全球化,才能有全球经济一体化,而经济一体则是在契约和组织上将全球化固定下来;全球化是经济发展的必然趋势,一体化则是人类顺应这一趋势做出的主观上的努力。

二、经济全球化的主要特征

经济全球化从总体上看主要表现为经济的全球市场化、科技的全球扩散、经济运行的信息化以及全球经济的自由化,这反映在生产、贸易、金融、投资等各个方面。具体来说,它有以下六个方面的特征。

(一) 生产活动的全球化

生产活动的全球化是在生产的国际分工的基础上发展而来的,全球化的进程使过去传统的国际分工正在发展成为世界性的分工。

第一,国际分工的内容发生了变化,从以自然资源为基础的分工逐步发展成为以现代工艺和技术为基础的分工。把天赋和历史形成的劳动生产率的差别作为国际分工的唯一因素的传统观点已无法用来说明今天国际分工的形成。世界范围生产力的发展水平是引起和决定国际分工的主要力量。从产业部门之间的分工发展成为产业内部的产品的分工,从产品分工到产品生产的专业化分工,从生产领域的分工发展到服务领域的分工,无一不是生产力进步的结果。一个国家只要符合国际分工链条上某一环节的优势,就可以通过

参与国际分工将这一优势转化为利益。

第二，生产活动的全球化表现在生产关联型的国际分工从垂直型分工发展成为水平型分工，从注重产品的前后向联系发展到重视产品型号、产品零部件的分工以及产品工艺流程的分工，经济发达水平相近的国家参与分工的可能性增大。

第三，国际分工的形成机制正在由市场主导转向跨国公司和区域集团主导。在跨国公司全球战略的影响下，公司内部的分工日益成为国际分工的主要形式。区域集团的发展出现了一体化的经济组织，它们成为影响区域内国家之间、产业间、产品间分工的主要力量。

第四，世界性的生产网络正在形成，各国国内的生产活动已经成为世界生产的一部分，成为产品价值链上的一个环节。处于这一体系中的国家，将本国的优势通过参与国际分工配置到世界经济范围内，可以获得更大的经济利益。

（二）科技成果在全球范围内的迅速扩散以及由此引发的世界范围内产业结构的调整

第二次世界大战以后的第三次科技革命是人类科学技术的一次全面飞跃。这次革命与前两次科技革命一样也是从发达国家开始的，其核心和关键性的技术仍然由发达国家所控制。但是，由于新的国际分工体系已经形成，跨国公司的触角已经遍布全世界，加上信息技术的应用，使一些成熟的技术和关联性技术得以迅速地扩散到全世界，高技术产品的生命周期也大大缩短。从事技术贸易不仅可以给发达国家带来丰厚的利润，而且可以利用对技术的控制权扩大在发展中国家的市场份额。

技术的全球扩散以及由此导致的各国间联系的加强，使全球产业结构的调整成为可能。这种产业结构调整不只是涉及一些产业的整体转移，更为突出的是同一产业的一部分生产环节的转移。过去产业结构的调整通常是在一个国家内部进行，这种调整的时间长，成本高，新产业的成长往往伴随着旧产业衰退的痛苦和一系列棘手的经济社会问题。而在全球化的过程中，西方国家特别是经济比较开放的国家，如美国和英国，借助于国际分工体系和国际投资，正在经历从工业经济向"知识经济"的转变，它们将一些国内需要调整的部门转向接受投资的国家，将本国不具有比较优势的生产环节转移到具有相对优势的国家和地区。这种转移主要采取了两种形式：一是发达国家之间通过跨国公司之间的交叉投资、企业兼并，在更大的经济规模基础上配置资源，开拓市场，更新技术，实现了资金和技术密集型产业的优化和升级。整个20世纪80年代的国际直接投资中的95%都是发达国家间的相互投资，其结果是出现一批国际化程度很高的部门。二是发达国家将劳动与资源密集型的产业向发展中国家转移，尤其是将一些劳动密集型的生产环节向发展中国家转移，这一过程在20世纪90年代出现高潮，使发展中国家接受的外资大幅度地提高。

（三）投资活动遍及全球，形成了规范的全球投资框架

伴随着科技革命的发展和各国的对外开放，国际直接投资进入了空前活跃的时期，其主要特点是：

第一，国际直接投资的主体和投资方式日益多元化。发达国家都继续扩大本国在国际投资领域的影响，但发展不平衡。美国凭借其技术优势和资本优势，一直保持着对外投资大国的地位，而日本进入20世纪90年代以来，由于国内经济不景气，泡沫经济破灭，对外投资总量有较大幅度减少。广大的发展中国家通过外向型战略的实施，经济实力明显增强，也加入到对外投资的行列中。对外直接投资的方式从股权投资到非股权投资、从设立新企业到收购兼并，出现了多种投资方式并存的局面。

第二，国际直接投资的总量增长迅速，成为世界经济增长的主要推动力。全球对外投资的增长远远高于同期世界生产和国际贸易的增长速度。

第三，对外直接投资的产业分布和地区分布继续发生明显变化。发达国家对外直接投资的产业分布从初级产品部门转向制造业，特别是注重对资本和技术密集的制造业的投资。对第三产业的投资增长最快，比重也最高，其中以信息服务和金融服务为主。

第四，各国政府对外国直接投资的政策正在走向自由化。根据联合国贸发会议发布的投资报告，目前世界上绝大多数国家实行了投资自由化政策，并对外资的国民待遇、利润汇出、再投资方面给予政策优惠。各国的投资环境也正在明显改善。

（四）多边贸易体制的最终确立，贸易自由化的进程不断加快

第二次世界大战以后，国际贸易自由化席卷全球，20世纪50年代和60年代资本主义世界经济的发展使国际贸易自由化迅速发展成为一种趋势。在经历了20世纪70年代的危机和80年代的调整之后，世界范围内出现了有管理的自由贸易，关税与贸易总协定的完善成为贸易自由化的主要推动者。1995年1月1日，世界贸易组织正式宣告成立，它在促进贸易的自由化、规范化和法律化方面比关贸总协定有了根本性的进展，标志着贸易自由化发

展到了一个新阶段。

涉及少数国家和地区的多边贸易协定的发展也加速了贸易自由化的进程。目前全球区域经济一体化组织不断增多，加入区域集团的国家也越来越多，贸易自由化的范围也在进一步扩大。

贸易自由化进程的加快促进了商品和生产要素的自由流动，加深了各国间的相互依赖，各国对出口贸易的依存度都有程度不同的提高。

（五）越来越明显的金融全球化

金融全球化主要表现在：金融市场规模的扩大，形成了全球金融市场，包括国际信贷市场、国际债券市场、国际股票市场、国际外汇市场和国际衍生金融工具市场；各国经济增长对国际资本市场的依赖度增强；科技革命又加速了国际金融的信息化和时效性；金融全球化产生了防范金融风险的要求，并对政府宏观调控的能力提出了挑战。

（六）全球性经济规则的产生

经济全球化必然会导致一系列全球性经济规则的产生，从这个意义上说，经济全球化是一个制度变迁过程。它要求参与这一进程的国家放弃或出让部分主权，形成一系列共同的规则。迄今为止，这类规则还是由发达国家主持制定的，发展中国家要参与全球化过程必须首先加入规则的制定过程，以确保本国利益得到承认。

三、经济全球化的影响

迄今为止，经济全球化是一个由发达国家主导的制度变迁过程，随着这一过程的不断深化，它已经表现出明显的两面性，即经济全球化一方面促进了社会生产力的发展；另一方面，全球化过程必然会对世界经济产生消极的后果，带来全球经济的动荡和不稳定。

（一）经济全球化对世界经济的积极影响

经济全球化大大加快了生产社会化和国际化的进程，极大地促进了社会生产力的发展，具有明显的历史进步性。这主要表现在：

第一，经济全球化使各种资源在全球范围内进行配置，有助于各国经济的优劣势互补和资源利用效率的提高。

第二，经济全球化有助于科学技术的发展及其在各国间的传播和应用。现代科学技术的研究与开发需要投入大量的资金，很多高科技项目需要多个国家、多学科人才的合作才能完成，而一旦取得成功则使很多国家共同受

第十四章 经济全球化与区域经济集团化

益。全球化使这种合作变得更加方便，合作方式也更加灵活。

第三，经济全球化促进了世界产业结构的调整与升级。在全球化的影响下，参与国际分工是各国正常生产的必要条件。不同发展水平的国家形成了完整的产业链，产业结构出现了世界范围内的梯度推移，这就为不同国家产业结构的调整提供了机遇。

第四，经济全球化促进了世界市场的扩大和贸易自由化进程的加快。各国为了加入到世界经济的大循环中，实行了外向型发展战略，鼓励投资和贸易自由化。世界贸易组织的建立和扩大，形成了多边贸易体制，为贸易与投资自由化做出了制度性安排。

第五，经济全球化促进了国际经济关系的调整。经济全球化使国际经济关系更加复杂，由国别关系、地区关系发展成多极关系和全球关系，并对处理这些关系的协调机制提出更高的要求。

（二）经济全球化对世界经济的消极影响

经济全球化加剧了世界经济的动荡和不稳定，使世界经济的不平衡得到了进一步的扩大，加大了国家之间的贫富差距。经济增长速度和各国经济发展水平两类指标的统计表明，经济全球化的程度与一个国家的经济发展水平成正比。因此，以美国为代表的发达国家一直作为世界经济的主导力量并通过全球化进程扩大了它们对世界经济的控制能力，而大多数发展中国家则处于全球化浪潮的边缘，它们在世界经济中的地位进一步下降。

经济全球化进程也是资本主义基本矛盾及资本主义国家的国内经济问题在全球范围扩散的过程。一个国家国内经济不稳定必然对其他国家产生不良的影响，一个国家的金融动荡也会对其他国家乃至整个世界产生巨大冲击，金融风险明显增加；经济全球化对各国民族产业和民族经济的发展产生了一定的阻碍作用。

经济全球化对国家主权产生了强大的冲击。经济全球化冲破了国家自然疆界的限制，扩大了货币、技术、信息对经济生活的作用，引起了传统的国家主权内容的变化，一个主权国家拥有的权利现在变成了国际共有的权利，使各国的经济活动更多地受国际惯例和国际规则的约束。

（三）经济全球化对发达国家经济的影响

经济全球化极大地促进了发达国家经济的增长和向信息经济时代的转变。首先，经济全球化过程中的多数规则都是由发达国家制定的，因而在其推行过程中也必然使这些国家占尽先机；其次通过推进自由贸易，使发达国

家的资源优势迅速转化成竞争优势和利益优势，获得了源源不断的利润；发达国家通过其巨型跨国公司将其投资和生产遍布世界各地，大大降低了生产成本，加强了对发展中国家经济的控制；经济全球化为发达国家利用手中掌握的闲置资本加强对国际金融市场的控制和在国际金融领域的投机活动创造了条件。

（四）经济全球化对发展中国家经济的影响

经济全球化对发展中国家来说既是机遇又是挑战。首先，经济全球化为发展中国家提供了机遇。经济全球化为发展中国家对外开放，加快本国经济发展提供了前所未有的好机会，有利于它们吸引外资以弥补国内建设资金的不足；通过引进先进技术和管理经验，缩短与世界先进水平的差距，提高本国企业的技术吸收能力和技术创新能力；发展中国家参与全球化进程可以最大限度地将本国的比较优势转化为利益优势，从而在世界经济中占有一席之地；发展中国家通过参与全球竞争，加快本国人力资源的开发和利用；经济全球化有利于发展中国家国内产业结构的升级；经济全球化有助于发展中国家市场体制的建立和完善。其次，经济全球化对于发展中国家也是巨大的挑战。在全球化提高了发展中国家经济发展水平的同时，国内所创造财富的相当大部分以各种途径流入发达国家手中；具有传统优势的民族产业在全球化的冲击下日益萎缩；资源环境状况急剧恶化；等等。

可见，必须清醒地认识到经济全球化带来的经济和社会方面的变化和影响，并且根据本国的实际制定适合自己的发展战略，最大限度地趋利避害，以实现本国经济社会的持续稳定发展。

第二节　世界经济区域集团化

世界经济在多极化发展的同时，也出现了经济区域集团化，这是战后世界经济发展中出现的新现象。区域经济集团是指两个或两个以上独立的国民经济结合成为一个更大范围的经济区，它是通过有关国家之间签署某种条约、协议而结成为区域性一体化的国际经济组织。

一、区域经济集团化的内容和特点

区域经济集团化是各成员国根据平等互利和自主的原则，在共同战略的

第十四章 经济全球化与区域经济集团化

基础上,在各自政府一定授权的共同机构的领导下,通过共同协商使区域内各国经济生活由国家过程逐步转变为国际过程。

区域经济集团化主要包括以下内容:

第一,在生产领域按市场机制和区域内互利原则协调生产,促进区域内国际分工的深化,在生产和技术广泛协作的基础上,实现本区域内生产的规模经济效益,以增强区域经济实力。

第二,制定适当的地区性贸易保护政策,以利于保护区域内各国民族经济的发展,尽量减少区域经济利益与全球经济利益矛盾。在流通领域促进市场一体化,通过消除各种障碍,实现商品、劳务、资本和技术信息在区域内市场上的自由流动。

第三,协调或制定区域内各成员国经济增长和发展战略。

第四,在金融货币方面。协调各成员国之间的汇率,共同对区域内金融市场实行干预,进而建立起统一的货币政策和货币体系。

第五,在政治和法律领域内,统一各国干预经济生活的各种法律条例和行政命令,逐步建立起统一各国经济政策的协调程序。

第六,协调区域内各成员国之间在经济活动中所出现的其他问题,避免成员国之间的过度竞争,为此需要成员国让出一部分国家主权。

区域经济集团的组织形式按其一体化程度的不同分为以下五种:

(1) 自由贸易区。这是区域经济集团最低级的形式。它要求废除区域内各成员之间的贸易障碍,但各成员对区域外的国家仍然保持各自的关税制度。如欧洲自由贸易协会。

(2) 关税同盟。它除了要求废除成员间的关税外,还要求有统一对外的关税制度,并按照已经协调好的比例分配进口配额和关税收入。如东非共同市场。

(3) 共同市场。除了实行区域商品自由流通和统一对外关税外,还实行了生产要素的自由流动,协调各成员方货币,联合干预汇率浮动幅度,进而建立起统一的货币制度。如欧洲经济共同体。

(4) 经济同盟。在区域内实行毫无限制的生产要素自由流动,制定统一的产业政策,协调各成员方的经济、金融、科技和社会政策,废除政策上的歧视。

(5) 完全一体化。各成员国统一市场、统一货币、统一经济发展规划、统一制定财政和社会政策,并类同联邦制,设立一个中央机构负责对所有事

务进行调控,直到所有成员国都受其制约。

区域经济集团不论其组织形式如何,地理范围大小有何不同,一体化的合作方式有何特色,它们都有一些共同特征:

(1) 区域性。区域经济集团都是在同一个区域内两个或两个以上的国家或地区结成的超国家经济组织,成员资格的区域性是其基本特征。组成区域集团的国家大多处在同一区域,它们是在各国间发展经济合作的基础上建立的。近几年区域集团的成员资格也发生了某些变化,出现了不同地区国家参与某一区域集团。

(2) 以共同的经济利益为导向。区域集团的建立具有促进成员国经济利益最大化的独特优势,这是各国参与区域集团的根本出发点,也是区域经济集团进一步发展的基础。

(3) 以经济大国为核心。由于区域集团是在世界经济多极化格局竞争条件下不断形成和发展的,因此都是以某个大国为核心。作为核心国不仅要具有雄厚的经济实力,而且还应具有平衡区域内各国经济利益的能力。

(4) 它们都是由政府出面签定一体化协议后建立的。这种一体化的协议,成为区域性一体化组织发展合作的机制。如果没有政府出面参与,单靠民间的合作不可能发展成区域经济集团。

(5) 以经济一体化为目标。区域经济集团内部要达到共同的经济利益必须实现区域内的经济一体化,而且随着经济利益要求的不断提高,经济一体化的程度也不断加深。

(6) 参与区域经济集团的国家可以享受集团各种协议带来的利益,并以出让部分主权和承担规定义务为代价,不能各行其是。区域一体化组织是一个超国家的机构,它在区域经济范围内有经济政策决策和经济协调的权利。在这个机构权限内,各独立国家的主权受到限制,成员国可通过参与该组织各种政策的制定和实施,以获得预期的利益。

区域经济集团与其他国际经济组织的区别:

(1) 与跨国公司的区别:从理论上讲,跨国公司推行的全球化战略属于微观经济一体化,也是企业集团经营的一体化;而区域经济集团是政府间协调和区域性多边政府协定的产物,它的活动范围有地区局限,在这个范围内,它属于宏观经济一体化。跨国公司作为企业集团经营活动的地区分布具有全球化特征,但仅限于经济活动;而区域经济集团的活动内容具有综合性,涉及经济、政治、科技、文化等多个领域的合作和协调。

第十四章 经济全球化与区域经济集团化

（2）与国际性部门或商品联合组织的区别：区域经济集团是成员国经济各方面的合作和协调；而国际性部门或商品联合组织则仅限于某一部门或某一产品出口方面的定额或补贴的管理，如欧洲煤钢联营和石油输出国组织。

二、区域经济集团化的发展格局

从第二次世界大战以后至今，世界现存 30 多个区域经济集团，其中有三个规模最大、影响也最大、最有代表性的区域经济集团，即：（1）成立最早、影响最大、一体化程度最高、运作最规范的欧洲联盟；（2）实力与欧盟接近，正向南美洲扩散，但一体化程度还比较低的北美自由贸易区；（3）囊括人口最多，影响潜力巨大，具有独特合作形式的亚太经济合作组织。应该说，研究战后区域集团的发展，主要就是研究这三个有代表性的区域性集团的形成和发展。

（一）欧洲联盟

欧洲联盟是第二次世界大战后第一个成立的区域经济集团，它的前身是欧洲经济共同体。欧共体的宗旨是：加强成员国在经济上的联合，制定共同的经济政策，消除分割成员国的关税壁垒，逐步实现商品、劳务、资本、技术在成员国间的自由流动，以促进区域内各国经济增长、贸易平衡和公平竞争，实现各成员国的经济和社会进步。

欧共体在一体化的道路上取得了一系列进展，现已发展成一个经济和政治联盟。这些进展主要包括：建立工业品关税同盟；实施共同的农业政策；统一对外渔业政策；建立货币联盟；1991 年 12 月，欧共体各国签订了《马斯特里赫特条约》，就建立欧洲经济和政治联盟达成协议。1999 年 1 月 1 日，欧元正式启用。欧洲联盟在一体化道路上越走越远，对周边国家或地区产生了深远的影响。

（二）北美自由贸易区

欧洲统一市场的形成和发展，迫使美国加快了建立美洲经济圈的步伐。北美自由贸易区和美洲经济圈的组建实际上分三个步骤。第一步是建立美国、加拿大自由贸易区；第二步是把墨西哥吸收进去，建立三国自由贸易区；第三步是加强与拉美国家的经济合作，目标是实现美洲自由贸易区，最终形成一个幅员广大的美洲经济圈。

北美自由贸易协定包括关税和非关税减让表以及各类有关投资、服务

业、金融服务贸易的自由化承诺与保留的附件。该协议的主要目的在于为三国货物与服务贸易提供广阔的统一市场，提高三国工商企业在国际市场上的竞争力。实现这一目标的主要手段是取消三国间的关税和非关税壁垒，促进货物与服务贸易的自由流动，形成良好的投资环境以及增加北美地区的投资机会。

（三）亚太经济合作组织

亚太地区各国和地区经济发展水平不一，互补性强，有利于区域内经济合作的发展。亚太地区幅员广阔，资源丰富，各国地区生产要素禀赋状况差异大，区域内各国和地区优势明显又各不相同，区域内水平分工与垂直分工相互交叉。美国是资金与技术实力最强的国家；日本也是世界技术强国但自然资源和劳动力缺乏；地处大洋洲的澳大利亚和新西兰则拥有比较先进的科学技术，地域辽阔，自然资源丰富，劳动力短缺；地处亚洲的中国、韩国、新加坡、中国台湾等都具有沿海优势，经济增长速度较快，但技术和资金相对不足。成员国（地区）的互补性成为这一地区经济合作与国际分工的基础。

1989年11月，在澳大利亚前总统霍克的倡议下，亚太经济合作组织第一届部长级会议在堪培拉召开，它标志着亚太经济合作由过去的民间论坛发展成政府间的磋商，从而拉开了亚太地区更为广泛的经济合作。此后，亚太经济合作组织的成员国（地区）不断增加，由最初的12个创始国（地区）发展到今天的18个成员国（地区），并且在制度化建设方面也取得了较大的进展。

与欧盟和北美自由贸易区这两个区域经济集团相比，亚太经济合作组织有三个特征：一是合作形式的灵活性。亚太经济合作组织是一个比较松散的地区性经济论坛，自成立之初就是一个促进地区性合作的协商机制。在其发展中，没有签订过任何多边协定，其下设的多个委员会也只是在信息交流、研究共同问题和开展联系等方面起协调作用。二是合作方式的多样性。由于互补性明显，亚太经济合作就从两个方面多层次展开，即贸易与投资自由化和经济技术合作并重，不同发展水平的国家（地区）之间的多方合作。因此，亚太地区还存在着次区域经济组织。三是开放性。亚太经济合作组织多年来坚持区域开放主义原则，主张内部投资与贸易自由化成果也适用于非成员国（地区）。

上述三大区域集团构成了当今世界区域经济集团化发展的基本格局，尽管它们在产生的时间、发展速度、一体化的程度、组织形式和经济实力上存在较大的差距，但却从总体上反映了世界经济区域集团化发展的趋势。

第三节　国际经济关系的发展趋势

国际经济关系是指世界各国和地区对外经济关系的总和。其主要表现是各国和地区之间的经济贸易往来；各国和地区之间的经济合作；各国和地区之间经济一体化和经济全球化的发展。这三个层次是国际经济关系发展的不同阶段，它们都以商品和货币的流动为载体，以国家为主体。

一、和平与发展

当今国际经济关系发展的两大潮流是和平与发展，这是世界各国和地区经济发展不平衡的结果，这种不平衡导致了各国和地区间既相互联系、相互依存，又相互矛盾、相互斗争，构成了"东西南北"关系。东西关系是从世界经济的社会性质出发，是现存的两种社会制度的相互关系，就是东西方从冷战走向和平；南北关系的核心就是经济问题，是发达国家与发展中国家的关系问题，也就是发展中国家的经济发展问题。

第二次世界大战结束后，世界经济的东西方关系进入了长达40年的"冷战"时期。到20世纪60年代，以美国和苏联为核心的两大阵营长期处于"并存和对抗"的关系中，这种对抗是两种社会制度的根本对立，由此形成了两种体系、两个对立的军事集团、两个平行的市场以及两个对立的经济集团。这期间曾出现过几次局部战争，出现过多次经济封锁，使东西方进入了长期对峙、互相对立的格局。60年代末到80年代后期，随着苏联经济实力和军事实力的增强，两个阵营的核心国家进入了争夺世界霸权的斗争，由于社会主义阵营出现了分化，因此这场斗争虽然仍表现出两种社会制度的对抗，但已趋于复杂化。除苏联外，一些社会主义国家开始改善同西方的关系特别是经济技术联系。这期间两大阵营中各个国家的经济政治发展不平衡更突出地表现出来。在西方，美国集中力量搞军备竞赛，本国经济增长速度受到影响，而日本和西欧国家则实现了赶超，成为世界经济的两个极点，使整个世界进入了三足鼎立的格局。在东方，一些国家开始反思传统经济体制的矛盾，注重本国经济建设和经济发展。因此，两种社会制度的对抗已不再是东西方关系的主流。

20世纪80年代末的苏东剧变,彻底结束了"冷战",东西方关系趋于缓和,和平的环境为各国经济发展创造了条件。各国之间的竞争都程度不同地转化为经济竞争,其核心则是技术和人才的竞争。为了实现经济的高速增长,社会主义国家开始经济转轨,除中国以外,这些国家的转轨因采用所谓"休克疗法"呈现出三个共同特点:(1)形成了以私有化为基础的多种经济成分并存的所有制结构,私营经济占GDP的比重均已超过50%;(2)经济转轨付出了较高的成本,出现了经济衰退和通货膨胀;(3)转轨绩效差异较大,东欧国家经济发展不平衡的状况进一步加剧。中国因实行了"渐进式"改革战略,坚持社会主义公有制占主体地位,改革中未出现大的经济波动,实现了30多年的高速增长。在西方,美国经济在新技术特别是信息技术革命的推动下,产业结构优化速度加快,经济增长的技术含量明显提高,经济稳定增长和可持续发展成为各西方国家追求的目标。

南北关系的核心是经济问题,也就是发展中国家的经济发展问题。第二次世界大战后,南北关系随着殖民地国家纷纷取得民族独立而进入了一个新时期。由于生产国际化和国际分工的发展,发达国家与发展中国家之间的相互依赖进一步加深。从发达国家看,它们在原料、市场和投资方面对发展中国家的依赖愈益严重;从发展中国家看,它们在生产、贸易、金融、技术等方面对发达国家的依赖度也明显提高。为此,发展中国家纷纷实行外向型发展战略,通过开放本国市场来换取本国经济发展急需的资本、技术和先进的管理经验,并在利用外资的同时加快本国产业结构的调整。

尽管如此,就目前国际经济的运行机制来说,发展中国家仍然处于不利的地位。这不仅是因为发展中国家因经济技术水平落后而在国际竞争中处于劣势,更重要的是因历史原因形成的发展中国家的经济基础与在世界经济中的地位,使这些国家的经济结构极为落后,劳动生产率低,市场经济刚刚起步,经济发展极为艰难,必然受制于发达国家。从发展趋势看,南北差距还在进一步扩大。所以,发展中国家争取建立国际经济新秩序的斗争还远远没有结束。

在今天,建立国际经济新秩序已被赋予新的内涵。经过多次南北对话和联合国贸发会议的激烈争论,国际经济新秩序应当在解决以下问题上有明显进展:一是要有利于发展中国家维护本国的主权和保护本国自然资源。二是改善贸易条件,稳定或提高初级产品的价格。三是实施必要的国际金融调

第十四章　经济全球化与区域经济集团化

控，减少发展中国家的债务负担。四是通过国际立法规范发达国家尤其是跨国公司对发展中国家的侵害。

二、竞争中的合作

在和平与发展的潮流中，无论是经济转轨国家还是发达的市场经济国家，都在寻找可持续发展的战略。这一战略必定要放在国际化背景下加以考虑，一个国家必然要立足国际市场来选择本国的发展战略。由于世界经济的全球化和区域经济集团化的发展，各国都以自己不同的民族经济体系参与到国际分工与国际竞争中，受经济发展不平衡规律的作用，不同国家之间不仅存在着激烈的竞争，也出现了广泛的合作。这种竞争中的合作既发挥了各个国家的比较优势，也在合作中获得了明显的经济利益，且合作形式趋于多样化。

发达国家之间经济合作的经济基础是国际分工尤其是水平型国际分工及其发展。促使它们进行合作的主要动因是：（1）资本对利润的贪欲是合作的内在驱动力。在国家垄断资本主义制度下，垄断资本要求有稳定的高额垄断利润，各垄断资本之间的合作以及代表垄断资本利益的国家间的合作就顺应了这一要求。（2）资本参与国际竞争的外在压力。在激烈的国际竞争中成长起来的巨额垄断资本，已成为国际贸易、国际投资领域的主体，它们之间的竞争容易造成更大的损失，因此需要合作。（3）科学技术的发展为跨国间的合作和协调这种合作提供了方便的物质条件。（4）出于共同维护资本主义世界经济体系的需要，发达国家用合作的方式来共同应对发展中国家要求建立国际经济新秩序的斗争。

发展中国家之间的经济合作，又叫"南南"合作，这是国际经济合作的主要内容。发展中国家历史上都曾沦为殖民地或半殖民地，第二次世界大战后它们都经历了争取民族独立和民族解放的斗争，今天也都面临着发展民族经济，赶超发达国家的共同课题，这就构成了"南南"合作的基础。因此，自20世纪70年代以后，发展中国家从生产、金融、贸易、投资以及科技、教育和其他领域开始了交流与合作。

"南南"合作的主要形式有组建经济联盟或共同体；建立共同的贸易机构和金融机构；各种专项合作；发展中国家的国际会议等。

发达国家与发展中国家的经济合作一直是在平等与不平等、合理与不合理的矛盾中建立并发展的。由于世界经济中起支配作用的是价值规律，因此

对发展中国家而言,没有完全平等的贸易与投资合作关系,但这种合作又的确是一种"双赢"的结果。其合作的基础仍然是国家之间的相互依赖性和相互依存的不确定性。

适应各种经济合作的需要产生了国际经济协调。最初出现国际经济协调是两次世界大战期间,而今天的国际经济协调则主要服务于各种形式的合作与冲突。从协调的范围看,主要有国别协调、地区协调和多边协调。从协调的内容看,主要是危机预防、危机处理。从协调的主要手段看主要是政策协调和共同干预。国际经济协调的政策主要是财政政策、货币政策,并以共同干预汇率和协调国际收支为重点。

国际协调的主要方式根据协调的程度不同分为四种:

(1)危机处理。在国际经济运行的各个环节一旦出现严重问题,会给世界经济产生极大的破坏。因此,危机处理方式显得非常重要。通常情况下,这类国际协调都是由国际经济组织或某个发达国家为主,组成国际银团对危机国家实施救援贷款,以缓解危机状况,防止危机蔓延到其他国家。作为接受救援的国家则往往要做出一些承诺,并在政策和经济结构调整上做出某种让步。

(2)汇率和国际收支方面的协调。由于汇率和国际收支会影响一个国家的国民经济总量,同时它也是各国共有的变量,容易引起国别之间的"政策溢出效应"。因此,对二者的国际协调不仅可以维持世界经济体系的正常运行,而且为一国减少来自于另一国的经济冲击提供了可能性。

(3)全球范围的宏观经济政策的协调。由于经济全球化的影响,各国经济的相互依赖加深,一国实行的宏观经济政策必然会对另一国产生影响,为此需要在政策目标和政策手段上进行必要的沟通。每年一度的西方七国首脑会议、七国财长会议、七国中央银行行长会议就是旨在协调各国的宏观经济政策。

(4)专项协调和制度化的协调。专项协调一般是针对突发和临时性的事件;制度化的协调则是通过某些多边或双边共同认可的规则或者是某种协定的条款,适用于解决某一类问题。如世贸组织的有关规定,区域经济集团的一体化协定等。

第十四章 经济全球化与区域经济集团化

本章主要名词概念

经济全球化　区域经济集团化　自由贸易区　关税同盟　共同市场　经济同盟　南南合作

本章思考题与练习题

1. 如何理解经济全球化的含义？经济全球化与经济一体化的区别是什么？
2. 经济全球化有什么主要特征？
3. 论经济全球化的影响。
4. 区域经济集团化的特征和内容是什么？
5. 分析当今区域经济集团化的发展格局。
6. 国际经济关系发展的新趋势包括哪些内容？如何看待这些趋势？

后 记

HOU JI

本书作者是近几年在国内外获得经济学博士、硕士学位的中青年教师,在高等院校从事政治经济学的教学和研究工作。在教学和研究实践中深深感到,传统的社会主义政治经济学教材已不能适应经济改革和经济发展的新形势,不能指导社会主义市场经济建设的实践。虽然现在各家都在修订政治经济学教材,但是,政治经济学教材不在体系、方法、内容上作根本的改造,而只在原有的框架内修修补补是没有出路的。政治经济学教材的更新改造需要动大手术。基于这种认识,我们联合全国16所高校在教学第一线的中青年教师合作编写了这本教材,试图打破政治经济学的各种老框框,力图在体系、方法和内容上都有所创新。

参加本书编写的有山东大学经济学院博士生导师于良春教授,武汉大学经济学系博士生导师曾国安教授,山东经济学院王丽副教授,华南师范大学经济系李健英副教授,中山大学经济系朱淑枝副教授,南京大学国际商学院杨德才副教授,福建师范大学经济法律学院王知桂副教授,山西财经大学经济系郝云宏教授,云南大学经济系金荣教授,青岛大学杨民刚教授,浙江大学经济学系许庆明教授,山东大学经济学院邓苏副教授,南开大学经济研究所罗润东副教授,郑州大学商学院尹效华副教授,华东师范大学社科部潘英教授,中南财经政法大学经济学院蔡玲副教授,山东大学经济学院徐超丽教授,江西财经大学国际经贸学院黄建军副教授。

本书由于良春教授担任主编,提出写作计划和提纲,并对全书统改定稿。许庆明教授、徐超丽副教授、曾国安教授担任副主编,协助主编对全书的修改定稿做了大量工作,并提出了许多很好的思路和意见。

参加这次教材编写的同志,都是长期从事政治经济学教学和研究的教师,他们都谙练马克思主义经济学的基本原理,并对当代经济学的发展有深

后　记

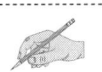

入的了解和研究。编者的初衷是想既坚持马克思主义政治经济学的一般原理，又能增强政治经济学的现实感，反映当代经济学发展的成果。这是一次尝试，但愿得到同行和专家的理解和指正。

本书的研究写作得到了山东省教委教学改革研究立项的支持；山东大学教务处处长徐向艺教授、副处长龙世立副教授、经济科学出版社财经编辑室侯加恒主任、吕萍副主任等给予了热情帮助和支持，在此表示由衷的感谢。

作　者

2000 年 12 月

第二版后记

本教科书第一版出版后，受到社会各界的热情支持和鼓励。《人民日报》和《光明日报》分别对本书做了介绍，并给予很高的评价。全国 30 多所高校采用了本教材。2002 年，教育部经过专家评审，将其列为全国"十五"重点规划立项教材。借此机会，我们在广泛征求意见的基础上对第一版教科书进行了修改。希望能得到国内同行的支持和指正。同时也借此机会向所有对本教科书给予过支持的同志表示诚挚的感谢。

山东大学威海分校的崔宇明副教授参加了第二版的撰写与修订工作。

作　者

2003 年 1 月

第三版后记

  本书在《政治经济学》体系、内容等方面的创新成果得到了社会各界的认同。2002年，教育部将本书列为"十五"国家级规划教材。2006年，教育部又将本书的修订版列为普通高等院校"十一五"国家级规划教材。全国已有50多所高校采用本书作为基础课教材。

  为了更好地满足《政治经济学》教学改革的需要，更好地反映当代经济学发展的新成果，我们对本书尚存在的不足之处和各方面的建议进行了认真的分析，制定了详细的修订方案。在此基础上，由本书的主编和副主编分工协作，共同完成了第三版的修订工作。

  希望本书能够在大家的关心和支持下不断地得以完善，对所有给予本书关心和支持的同志表示由衷的感谢。

作　者

2006年6月

第四版后记

本书自第一版出版至今已经有十几年的时间了。在此期间，有关专家与高校师生对本书给予了关注和支持，并提出了许多很好的意见和建议。在使用本书进行《政治经济学》教学的过程中，我们也深切地感到，要更好地体现经济学在不断发展中取得的新成果，适应教学改革和提高教学效果的需要，本书需要在使用中不断地修改与完善。这是一个长期的任务。为此，我们在本书第三版的基础上，总结教学过程中的体会，汲取各方面的宝贵意见和建议，进行了系统的、较大幅度的修订。

参加本书第四版修订工作的同志有：于良春、徐超丽、侯风云、陈新岗、孟杰、郭川、殷卫东、张浩。

诚挚地感谢所有对本书给予过关心与支持的专家学者和高校师生。

作　者

2012年2月